強世功 著

法律人三部曲

法律人的城邦

（增訂版）

開明書店

目　錄
CONTENTS

第一部分　法律人共同體

第二部分　法治與憲制

第三部分　經濟社會與文化

第一部分

法律人共同體

法律人共同體宣言 *

一

在《社會契約論》中，盧梭曾經以上帝般的口吻斷言：人生而自由，卻無往不在枷鎖之中。無論這句話包含了多少我們所不贊成的悲天憫人的救世情懷，但是，它陳述了一個不容置疑的事實，我們生活在種種社會枷鎖之中。其中最為沉重的枷鎖不過是專制狀況下毫無希望的奴隸般的生活，因此，馬克思號召全世界無產階級團結起來打碎身上的鎖鏈以便獲得整個世界。然而，儘管我們打碎了束縛在身上的枷鎖，我們似乎獲得了解放和自由，我們發現自己依然處在種種永遠無法打碎的枷鎖中，這就是構成我們生活的種種社會關係的束縛（如果我們將社會關係也看作是枷鎖的話），這種枷鎖來源於我們的生活，我們無法逃脫的社會生活：家庭、種族、社區、政黨、國家等等。

由於出生的血緣導致我們必然處在家庭或者家族的羣體中，即使沒有這樣的羣體，我們的膚色會將我們自動地歸入到某個種族中；出生的地點或者生活的地方使我們不得不處在一個社區中，最終處在一個國

---

* 原載《中外法學》，2001 年第 3 期。

家中，成為它的子民。儘管說這種社會關係的枷鎖是與生俱來的，是我們無可逃脫的，但是，令我們驚訝的是，在多數情況人們往往是積極地、爭先恐後地加入到一個羣體中，自願地接受枷鎖（這種社會關係）的束縛：由於自己的政治主張而加入到一個政黨或者社團中，儘管它可能被當權者認為是反動組織；由於自己的經濟利益而加入到某個行業協會中，儘管可能由此損失自己的一些利益；由於自己的信仰而加入到某個宗教羣體中，即使是受到圍剿的邪教也在所不惜；由於自己的地位或者愛好而加以到形形色色的俱樂部中，既是付出很高的費用也無所謂。更讓我們驚訝的是，接受這種枷鎖的目的恰恰是為了獲得自由或者爭取自由。為了自由而身戴枷鎖，為了自由而逃避自由。

於是，我們疑惑的是，原子主義的個體如何在這種世界上存在？彼此孤立的個體儘管可能獲得他想要的自由，但是如何抵制專斷權力對其自由的限制和剝奪？這樣的問題自然會帶到我們對共同體問題的思考中。不過，我們將個人主義、自由和共同體這樣的話題留在別處去討論。我們的結論只有簡單的一句話：人必然生活在共同體之中，個人的自由必須在共同體的相互關係中得以實現。無論它是天然形成的共同體（家族、種族、社區、國家等），還是人為建構的共同體（政黨、教派、協會、俱樂部等等），無論是通過利益關係建立的利益共同體，而是通過符號關係建立的意義共同體或想像共同體。

在我們近代不長的歷史上，我們曾經動用了各種各樣的力量和技術，除了常規的戰爭、暴力、恐嚇、祕密警察之外，還發明了訴苦、揭發、批鬥、談心、陽謀、摻沙子、憶苦思甜、引蛇出洞、反攻倒算、秋後算賬等等，其目的就是為了瓦解和打碎維繫傳統社會的種種枷鎖，把人們從家族、村莊、老鄉會、祕密社會、行會、儒生或者知識分子等等

這樣的共同體中解放出來，從而加入到為人們爭取自由和解放的新的共同體中，加入到政黨組織中，「爹親娘親不如黨親」，整個政黨國家就是一個大家庭，一個唯一的政治共同體。然而隨着改革開放，傳統的共同體又重新復活了，家族羣體強化了，原來禁止的修家譜活動復活了，民間的宗教活動也開始興起了，市場組織也開始慢慢出現了，知識分子開始討論自己的獨立性與自主性、人格與良知，各種各樣的針對特定羣體的俱樂部也出現了。一句話，自由主義者所捍衛的、獨立於國家之外的市民社會仿佛出現了。

　　然而，就在這些傳統的共同體紛紛復活之際（儘管這種復活被披上了頗具現代色彩的市民社會的外衣），我們發現一個全新的共同體正在形成。這個共同體既不像家族、社區那樣是天然形成的，但是又具有類似於家族的血緣關係或社區的地域關係；也不像人為建構的共同體（如政黨、行會）那樣具有明確的成員身份的限制，但是也不是誰都可以隨隨便便地進入這個共同體，它具有類似行會那樣的共同利益或者政黨那樣的共同信念。這是一個特殊的共同體，我們對它的歷史不甚了解，對它的功能知之甚少，對它的在解決個人自由與共同體生活的困境中所提供的思路茫然無知。它正在我們的社會裏慢慢地滋生，儘管我們（甚至這個共同體的成員）還沒有意識到它的存在，但人們似乎已經感覺到它的力量。

　　這個共同體由這樣的一羣人構成：他們刻板而冷峻，如同科學家一樣，他們孜孜研究自己的發明的工具，努力提高這種工具的性能和技術，他們希望這個工具扶助弱者保護好人，但即使服務強者放縱壞人，他們也無動於衷，他們稱之為形式理性；他們是一羣唯恐天下不亂的人，他們對於那些為兩毛錢打官司的錙銖必較者大加讚賞，他們看到

那些「知假買假」「打假護假」的王海式的「刁民」以及為履行合同要割下他人胸前一磅肉的夏洛克就喜形於色，他們不斷的鼓勵人們滋事生非，還美其名曰「為權利而鬥爭」；他們是一羣虔誠的人，如同教士信守聖典一樣，他們也信守自己的聖典和教條，他們小心翼翼的解釋這些聖典上的文字，即使這種解釋似乎顯得不合時宜，但是他們毅然堅信：信守偉大的傳統比媚俗更符合這種聖典的精神，他們把這種死板的愚忠稱為「堅持正義」；他們是一羣神祕的人，如同祕密社會，有自己的切語和暗號，有自己的服飾和大堂，他們不屑於使用日常語言，他們把雞毛蒜皮的小事上升在神聖的原則層面上來討論，外人並不知道他們在說什麼，為什麼這樣說，他們把這種以遠離日常生活的方式來關注日常生活稱之為「專業化」。

這是一羣可怕的人，我們看不清他們的面目，他們仿佛像一個巨大的黑色的幽靈，遊蕩在我們的社會中。從身居要職的政治家到街頭演說家，從道德說教的人文知識分子到理性最大化的經濟學家，從從事經營活動的資本家到目不識丁的鄉村小民，都在不斷地譴責他們、批判他們。在政治家看來，他們是政治秩序中異己的力量，對政治統治權威的合法性時時構成挑戰；而在街頭演說家看來，他們是暴虐的幫兇、專制的工具；在人文知識分子看來，他們仿佛是一台機器，沒有情感和良知，沒有任何人文關懷，這正是現代人文精神喪失的明證；在那些理性最大化的經濟學家，他們仿佛是一堵牆，唯一的作用就是增加了社會交易的成本；在商業資本家來說，正是這些人妨礙他們為追逐最大利益而實行壟斷；而對於目不識丁的小民來說，他們仿佛是高高在上的遙不可及的神。

然而，無論人們如何在情感上反感他們，人們越來越意識到自己

的生活中已經離不開他們。人們正在懷着矛盾的心情來接近他們，接近這些出沒在公司、飯店、宴會、酒席上的律師，這些活躍在課堂、講壇、媒體上的法學家，以及那些深居簡出的法官，而這些人正在不斷地聚集起來，形成一個獨特的共同體，那就是我們這個時代最偉大共同體——法律人共同體（legal community or lawyer community），這些人我們概括地稱之為「法律人」（lawyers）。

二

法律職業具有久遠的歷史，但是法律人共同體的興起卻完全是現代社會的特有現象。即使在古代社會中，我們也可以發現有法官這樣的社會角色，有訟師這樣的律師職業，甚至還能找到法學家這樣的人物。儘管我們發現他們都從事與法律裁判相關的職業，但是他們並沒有構成一個共同體。且不說法官、法學家與官吏之間的分化或分工並不明確，即使在法官、法學家和訟師之間也遠遠沒有達成一個共同體所必須具備的最低共識。在傳統社會中，法官或法學家往往是大大小小的行政官僚的一種，他們與其說由於理性或仁慈而顯得令人尊敬，不如說由於掌握着生殺予奪的司法大權而令人恐懼。這種可怕的司法權力不僅僅是基於監獄或劊子手這些可見的物理暴力，而且基於道德或宗教這些不可見的符號暴力。它的合法性不僅來自對物理暴力的壟斷，而是來自對道德正當性的壟斷。因此，法官不僅是暴力的化身，而且是道德的化身。他們不僅象徵着權力，而且象徵着身份。總之，他們屬於維繫傳統社會秩序的文化精英階層。

與那些高高在上需仰視才見的法官相比，充當律師的訟師則處在

完全不同的社會地位上，他們甚至沒有社會地位，更不用說高貴的身份。他們是不勞而獲的社會寄生蟲，在社會的角落裏苟且偷生；他們是吏制腐敗的象徵，躲在公堂之後作為幕僚搬弄是非；他們是道德敗壞的淵藪，玩弄着殺人不見血的「刀筆」。他們既不掌握公共權力，也沒有道德信義。儘管他們與法官或法學家可能有相同的法律知識，可能具有共同的法律語言，可能有密切的關係交往，但是，他們缺乏共同的價值、缺乏共同的思維方式、缺乏共同的精神氣質、缺乏共同的意義世界，因此，不可能構成一個獨立的法律人共同體，他們之間有一條難以跨越的巨大鴻溝，將法官或法學家與律師無情地劃分在兩個不同的、甚至對立的社會階層中。

傳統社會的秩序維繫依賴於道德或宗教的意識形態的高度一體化，依賴門前土地的農業生活方式。落後的交通通訊手段使得居住在廣闊的疆土上的臣民實際上處於「老死不相往來」的相互隔絕之中，唯有文化道德或宗教才能有效地跨越地理上的隔絕而維持帝國的統一，更何況在這個簡單的熟人社會中，道德或宗教的共識很容易形成。在這種狀況下，法律的目的並不是為了有效地解決糾紛，糾紛實際上由家族、社區之類的地方性共同體來解決。法律的目的是為了貫徹、推廣和捍衛這種道德或者宗教，是為了表達集體情感，是通過維持社會共識來維持社會秩序。無論是中國古代的法律道德化或道德法律化，還是西方前近代的自然法與實證法之爭，目的只有一個，那就是法律要成為道德或宗教的工具，這個道德或宗教就是社會文化精英階層所掌握的道德或宗教。在這個意義上，法律不可能獨立於佔支配地位的道德或宗教，因此也就不可能有一個獨立於道德共同體的法律人共同體。法律職業必然會被維持道德或宗教一體化的精英共同體肢解得七零八落：法官解決的不

是法律疑難，而是道德悖論；法學家研究的不是法條的邏輯推理，而是法條背後的哲學或倫理問題；律師捍衛的不是抽象的權利，而是具體的利益。反過來，糾紛要有族長或長老來解決，正義要在天子腳下去尋找，秩序要靠道德或宗教信念來維持。這就是傳統社會的法律圖景，這裏沒有法律人共同體滋生的土壤或存在的理由。

傳統社會的解體首先是從曾經維繫秩序的高度一體化的道德或宗教的解體開始的。文藝復興運動、宗教改革、地理大發現導致的海外貿易以及東西方世界的相互撞擊等等，這一系列充滿悲劇或喜劇色彩的歷史偶然事件最終導致了傳統神聖價值的瓦解。這是一個祛魅的社會。傳統的信仰由於失去了心靈的虔誠而成為僵死的教條，傳統的道德失去了行為的遵守而成為空洞的準則。聖殿遺棄了，神廟荒蕪了，宮殿關閉了。上帝死了，陪葬的還有宮廷的道德和禮儀；天子離開了紫禁城，他離開的不僅僅是江山，而且還有他所疼愛的子民。人們突然從家庭關係、君臣關係、主僕關係、師生關係所建構的溫情脈脈的傳統世界中被拋了出來，孤零零地一個人漂泊在這個陌生的世界上，一個冷冰冰的利己主義的世界。

這是一個砸碎一切等級制的社會。一切神聖的價值失去了意義，由此產生的等級制，權力的、身份的、符號的，一夜之間土崩瓦解。誰不知道法國的宮廷貴族？他們不再意味着高貴與尊嚴，而成為墮落和腐敗的象徵；誰不熟悉中國的孔乙己？這些傳統知識分子不再意味着智慧與禮儀，而成為愚蠢可笑甚至「吃人」的代名詞。原來遠離權力中心處於歷史之外的平民一夜之間可以分享到參與社會的權力而成為歷史的主人，此後的歷史就變成了人民的歷史。「法律面前人人平等」，「主權在民」，民主政治取代了貴族政治成為現代社會的治理方式。

　　這是一個陌生人的社會，一個欲望的社會。人口的增長、商業化的發展，市場經濟的形成，競爭資本主義的興起，傳統道德中鄙視的對財富和物質利益的欲望隨之釋放了出來，對財富的佔有一夜之間成為人們孜孜追求的目標，成為社會評價的主要甚至唯一標準。人與人的交往不是基於共同的道德、信仰或認同，而是基於彼此的物質利益，人際關係不再是基於血緣、社區、宗教的神聖情感，而是基於彼此成為欲望滿足的對象。貪婪取代了禮讓，卑鄙取代了高尚，粗暴取代了文雅。人們不再信仰同一個宗教，不再遵守同一個道德，不再具有同一個理念，不再維護同一個利益。沒有了至高無上的上帝或者天子，人們處在一個「諸神之爭」的時代，一個「人對人是狼」的戰爭狀態。正是在這個基礎上，人們才相互之間才討價還價，訂立契約，構築新的法律規則。現代社會的法律由此獲得獨立於宗教、道德和政治的自主性。

　　這是一個高度複雜化和分化的社會。技術進步發展導致了分工，勞動分工導致了專業化的興起。治病從憑藉經驗的安慰劑時代發展為科學的臨牀醫學，從江湖郎中轉移到專業化的醫生手中；記賬從簡單的文字書寫發展為系統的複式記賬法，導致了會計學的出現，專業化的會計取代了店小二。陌生人之間的遠距離的交易中誰敢相信口頭約定？個人合夥要承擔連帶責任，那誰還敢將全家妻兒老小的生計作賭注發展高風險的遠航貿易？在親朋好友中籌集資金如何能辦起跨國公司？隨着契約、公司、證券相關問題的出現必將使法律規則進一步複雜化，面對這些複雜的規則，面對這種全新的法律知識，面對上層資本主義的發展，必然要有一個專業化的法律職業階層來操作法律。法律職業擺脫了傳統社會中政治、行政、道德或宗教的束縛，成為一種專門化的職業。

　　然而，法律人共同體的形成不僅僅是基於人們共同操持了與法律相關的職業，儘管它離不開專業化的法律職業。社會生活的複雜化所導致的法律的複雜化使得法律成為專門化的知識，這種知識必須經過專門的訓練。正是專業化的法律教育興起，法律人共同體才從一個職業共同體轉變為知識共同體。大學在西方世界的興起要歸功於 12 世紀羅馬法的發現和研究，正是這些註釋法學家的努力，古老的羅馬法才擺脫了具體生活場景，成為普遍的、一般的、抽象化的科學知識體系。這種抽象化、系統化的法律研究方法甚至後來成了自然科學的範型。可以說，現代科學最先並不是出現在自然科學領域，而是出現在法學領域。因此，法律教育不僅是傳授法律知識，更重要的是訓練法律思維。「Thinking like a Lawyer」（像法律人一樣思考問題）不僅成為現代法律教育的目標，而且隨着案例教學法在商學院的興起，也成為培養職業經理人的管理思維的方法。然而，更為重要的是，大學的法律教育在傳授法律知識訓練法律思維的同時，也以一種新的方式培養法律人基於法律程序所產生的正義感，正如羅馬法中所說的那樣，法律就是關於區分正義和非正義的科學。

　　正是這種專門的知識體系、獨特的思維方法和獨特的程序正義感，使得法律人共同體成為一個自治的共同體，一個分享共同的知識、信念和意義的想像共同體；正是司法實踐中發展起來的一套精緻的法律技術或藝術，使得法律人共同體成功地捍衛了現代法律的自主性。政教分離導致的價值自由、民主政治中的多黨競爭、三權分立的治理格局和陌生人之間的非人格化交往，所有這些現代社會的特徵統統建立在現代法律的自主性之上，理性化的自主性法律成為現代社會運行的基礎性架座，而法律自主性則建立在法律人共同體之上。

三

　　既然法律人共同體是現代社會的必然產物，而且是建立現代社會的基礎，那麼，這些人做錯了什麼？他們得罪了誰？他們在現代社會中為什麼遭到如此嫉恨、承受各種惡名？沒有人指責科學家或者醫生堅持與道德無關的科學理性，但卻要求法律人共同體來負擔起重建道德的重負，這難道正是這個時代道德淪喪的象徵？因為人們要求法律所建設的道德一定是他們所主張的或喜歡的道德，當他們看到法律人共同體在避開他們的道德時，就大聲詛咒法律人共同體的不道德，因為他們將自己的道德想像成是人類普遍的道德。法律人共同體不應該聽從任何人的道德，尤其是權勢者的道德，他們卻因此背負不道德的惡名。因此，我們必須審慎地對待道德問題，在此基礎上闡述我們的主張。

　　一、我們主張形式理性的道德不涉。對道德問題，我們保持沉默，這並不是說我們反對道德，而是因為道德從來就是一個含糊不清的東西，而法律則基於沒有激情的理性。如果說法律不能無視人類普遍的情感，那麼我們要支持的道德情感並不是某些人或者某個集團的道德，而是所有人的道德，這是一個普遍的共同道德，這個道德我們稱之為「權利」。權利為道德價值的實現提供了可供操作的管理技術和程序技術。因此，對道德問題保持沉默恰恰意味着我們為任何一個人或者集團捍衛自己的道德提供了可能的保護。

　　因此，我們必須公開地宣佈，在法律的天平上，在法律人共同體的視野裏，道德以一種不同於常人想像的方式進行處理，即通過對權利的管理和分配來處理。我們尊重的不是實質正義，而是形式理性和程序正義。我們關心的不是道德的善惡，而是權利的分配，甚至是更能促進

社會效率的權利分配。因此，我們主張：妓女、流氓、同性戀、殺人犯和聖人、領袖、君子、活雷鋒一樣都有自己的權利，他們在法律面前一律平等。當我們可敬的道德先生們依賴所謂的道德正當理由，隨心所欲地敲詐勒索妓女，毆打、折磨流氓、同性戀和殺人犯的時候，怎能不對法律人共同體的上述主張勃然大怒？「不打好人，難道不打壞人」，這是他們在「文革」中得到強化的道德邏輯，而道德往往是權力的丫環，這已經不算什麼祕密了。

今天，我們的社會似乎越來越淡化道德了，對法律人共同體的打擊就需要新的罪名。於是我們發現，法律人共同體被加上了惹是生非的罪名，是社會不安定因素。的確，我們的社會需要安定，所謂有利於發展經濟趕超英美，使中華民族屹立於世界民族之林之類神聖的理由留給政治家說吧。在我們看來，只有社會安定，律師才能賺錢，法官才有尊嚴，法學家才有聽眾，這是一些卑俗但可靠的理由。儘管那些貪污腐敗的官吏和既得利益者有一萬種理由需要安定團結，但其中一定有這樣一條，那就是隨便抓你、打你、逼你做人流手術的時候，請你保持配合和沉默；亂攤派、亂收費、亂罰款、打白條的時候，請你保持君子的大度和禮讓。當法律人共同體向這些可憐的人們吶喊：「為什麼不告狀」的時候，我們主張利益最大化的先生們，我們人文主義德道德家們就開始搖頭悲歎，實際上他們主張的利益最大化是既得利益者的利益最大化，他們所要求的道德就是別人打你的屁股的時候，你要面帶微笑的道德。

因此，我們明確主張耶林（Rudolph von Jhering）的觀點：「為權利鬥爭不僅是對自己的義務，而且是對社會的義務」。捍衛自己的權利是一種普遍的道德、一種普遍的善。我們不是批評我們傳統道德中的特

殊主義麼？那麼，普遍主義的道德就是以權利為核心的道德，人權構成了適用於每一種人的道德標準，這種道德標準構成了「共同的道德」。為權利而鬥爭表面上固然是在捍衛自己的利益，可是其他人都在「搭便車」，坐享它所產生的積極效果，而主張權利者又無法要求坐享其成者給自己所付出的代價予以回報，因此也無法產生特殊主義的互惠，這正是權利的普遍道德不同於傳統道德的地方。

當我們的道德家悲歎人心不古、價值淪喪、社會失序的時候，他們把自己想像成孔子，希望在 21 世紀全球現代性發展陷入困境時被尊為地球村的聖人，他們心目中想像的道德秩序是尊卑有序的舊道德和貧窮光榮的新道德的複雜混合體。80 年代初《婚姻法》的公佈和知青返城導致的離婚潮中，我們的道德先生們紛紛痛責陳世美，然而這種喜新厭舊、忘恩負義的道德沒有進入法律的思考中。無可奈何之下，我們的道德先生們只能自己開設了「道德法庭」，來審判陳世美之流。隨着經濟的發展，一夜之間發達的暴發戶成了他們進行道德上貶低的新對象，他們鄙視財富、鼓勵清貧正是為了說明貧窮的社會主義在道德上的正當性。當一個賣茶葉蛋的收入高出造導彈的科學家的收入時，他們心裏就開始不平衡，因為在他們的眼裏，街頭作小生意的農婦的地位永遠不能和科學家相比，但是他們從來不會質疑為什麼科學家擠公共汽車上班，而小小的處長級的縣太爺卻坐着小車，因為在他們的道德秩序裏，這是正常的。因此，在這些道德家看來，王海的知假買假、打假護假仿佛成了我們這個時代道德墮落的象徵。他們哀歎的是，在我們的時代裏，雷鋒死了，儘管我們一而再再而三地樹立新雷鋒，但是王海斬釘截鐵地告訴人們：「我不是打假英雄，不是雷鋒，不是道德楷模，但我也不是壞人，我是靠維護大家利益獲取個人利益的普通人」。

　　時代的發展太快了，我們不知道這些道德家們如何看待女兒狀告父親要求支付撫養費，如何看待一個學生狀告母校未按程序授予文憑。但是，可以肯定的是，傳統道德家們所批判的正是我們法律人共同體所鼓勵的，因為我們在傳統道德的失序中看到了新秩序的形成。婚姻關係絕不是溫情脈脈甜言蜜語的人身依附關係，而是涉及情感與生活的契約關係；每個人擁有佔有財富的權利，私有財產神聖不可侵犯，無論是投機暴富的，還是在街頭寒風中作小生意積攢的；每個人擁有追求財富的權利，無論是出於高尚的目的，還是僅僅為了體會數鈔票的快感；每個人在受到不公正待遇的時候都擁有獲得救濟的權利，無論這種不公正的對待來自親生父母，還是來自來擬制的父母：母校。

　　因此，在我們看來，王海就是我們這個社會的新型道德楷模，他在捍衛自己利益的同時，對他人產生了有益的社會效果。今天，我們之所以可以理直氣壯地去商場退貨，之所以可以義正詞嚴地拒絕超市出口的搜身，我們要感謝王海以及所有像王海一樣實踐法律權利、實踐社會共同道德的勇士。如果說在經濟學家的眼中，市場是「看不見的手」，通過每個人追逐利潤來自發地調節經濟秩序，那麼，在法律人共同體的眼中，法律則是「看得見的手」，通過每個人捍衛自己的權利來自發地形成社會秩序和道德秩序。我們支持這些人的權利，就是支持所有人的權利，就是捍衛所有人的共同道德。

　　二、我們主張「為權利而鬥爭」。為權利而鬥爭不僅是新型的普遍主義道德的基礎，更主要的是，它是構成個人主體意志的核心部分，是一個人成為他自己的道德實踐。一個人作為主體而不是客體，正是通過實踐自己的權利而與他人建立起社會關係，由此他才真正成為自由的、自主的個體，具備了成為人的尊嚴，成為了自己的主人，而不是他

人的奴隸或者傀儡。由此才能培養起公民的共同情感和公共美德。

如果說我們鼓勵為了雞毛蒜皮的小事而對簿公堂是為了捍衛權利這一新興的普遍主義的道德，這僅僅是事物的一個方面，這僅僅是問題的表面。事實上，我們必須公開宣佈，我們之所以主張通過訴訟來「惹是生非」，不僅僅是主張權利，更重要的是，我們捍衛每個人的主體地位和意識，捍衛人與生俱來的自由，捍衛一個人作為人來生存所具有的起碼的尊嚴。一個人為了幾毛錢的不公正要花上幾千元錢通過訴訟討個說法，絕不是為了獲得幾塊錢的賠償，而是為了在這個尋求正義過程中捍衛作為人應當受到公正對待的尊嚴。在這個過程中，一個碌碌無為之輩突然間擺脫了萎靡平庸的個人生活，參與到與他人共同建構公共關係的過程中，體會到作為受法律保護的公民的神聖、高尚與偉大。專政制度培養了人的卑俗、猥瑣與怯弱，而現代民主社會正是建立在這種偉大的公民人格之上。因此，個人的自由和尊嚴絕不是恩賜獲得的，而是需要經過努力踐行擁有的。作為個人的自由和尊嚴，作為公民的神聖與偉大絕不是隨手可得的廉價物，而需要付出代價的，因此它才顯得格外寶貴，需要我們小心翼翼的呵護珍惜。人必須在生活實踐中成就自己，個人的自由、尊嚴、神聖和偉大必須在踐行權利的磨練中不斷地豐富充盈起來。

曾幾何時，人民翻身做了主人，揚眉吐氣地將舊的統治階級踩在腳下永世不得翻身，仿佛具有了做人的尊嚴，但是沒想到今天又淪為了受老闆剝削的下崗工人，一夜之間喪失了做人的尊嚴。其實，從奴隸變成主人然後再淪為奴隸並沒有改變這種主奴關係的格局，人們只不過在這種關係中不斷地輪迴而已，革命者被革命，個人榮耀與卑賤連同他們的命運一樣，被操作在了階級、黨派、國家等等這些看不見的手中。在

這樣的關係格局中，役使他人的揚眉吐氣只不過是被人役使的另一種極端表現而已。奴役他人或把他人當作物來對待並不能確立自己的尊嚴，因為對於他的奴役對象而言，他不過如同狂暴的颶風或者亂咬人的瘋狗，是一種異己的不可理喻的物質力量而已，不可能獲得被他人作為人來尊重的尊嚴。人的尊嚴並不是基於人的權威地位，而是基於人的理性。一個人只有把他人當作人來尊重的時候，才能在他人的眼裏獲得作為人的尊嚴。因此，捍衛自己作為人的權利，其前提就是要捍衛他人作為人的權利。捍衛個人的自由、自主和尊嚴只有建立在這種相互對等的權利關係中才成為可能，正是在這個意義上，自由區別於任性的地方就在於服從法律的生活。沒有基於尊重人權的法律，就不可能有個人的自由。

正因為如此，我們對於種種不公正的對待不是訴諸暴力的對抗，不是訴諸道德的蔑視，而是認真對待司法訴訟，因為只有在司法審判活動中，訴訟雙方都將對方看作是平等的當事人，一個人才能具有自己的尊嚴。在司法訴訟中，一個人只有通過保障他人的權利才能捍衛自己的權利。即使是司法訴訟的敗訴者，他所喪失的並不是他的權利，而僅僅是行使權利的某種具體方式。一個殺人犯受到了法律懲罰，他喪失的可能是在社會上自由行動、獲得幸福的權利，但是，他在行動自由受到一定限制的條件下，依然擁有追求幸福的權利，司法過程依然保護他作為人的權利，由此還會產生更為具體的專門針對犯罪嫌疑人（這個概念本身體現了司法活動中對人的尊嚴的特殊尊重）的權利：不自證其罪的權利、保持沉默的權利、獲得辯護的權利，以及在囚禁中應有的相應權利等等。因此，我們才用審判取代「批鬥」，我們才會為殺人犯、流氓犯等等我們的社會秩序和社會道德所不容許的異常者進行法律辯護，來捍衛他們的權

利。這種司法過程本身就體現了一種基於人的尊嚴的自然正義。

三、我們主張通過訴訟機制來創造規則。訴訟不僅是解決糾紛的機制，更主要的是創造規則的機制。每一個捍衛權利的訴訟當事人，他們都是自己生活的主人，而不僅僅是他人制定的立法規則的奴僕。法官創造規則不過是表達訴訟當事人的心聲，通過這些日常生活的感受者來發現生活世界中的法律而已。這不僅意味着尊重每個人的創造力和對未來發展的可能貢獻，從而通過司法程序為社會提供了一條改良的、漸進的發展道路；而且意味着是創造規則的司法訴訟成為一種新型的實現公民自由權的有效途徑。

每個人都是自主的主體。在這個自主的世界上，沒有人是天生的奴隸，只能依賴別人的指導進行生活；也沒有人是天生的精英，有能力為別人設計美好的生活。每個人都掌握着他人所不知道的或者無法掌握的知識，都有自己所偏好的價值準則和生活方式，都可以依賴這些知識把握自己的命運和生活。因此，我們主張將社會發展演化的方向和途經不是交給少數人手中，而是交給普普通通的所有社會大眾成員。只要人生來是自由的，就天然具有這一項最基本的權利。因為這個世界屬於每一個人，而不是少數人，儘管他們可能掌握着巨大的資源而顯得強大無比，並通過對歷史書寫的壟斷而將自己塑造成這個世界的主人或者拯救人類的主人。

正因為每個人都是自己的主人，不是他人生活的的傀儡，他們才不是等待別人安排好社會秩序規則，自己被動地去小心翼翼地生活。相反，我們主張每個人自由地、積極地發現、努力和創造不僅是他個人的自由和權利，而且對於人類發展的未來可能具有莫大的貢獻。正是他們不斷的「惹是生非」，不斷地發揮自己的積極自由，不斷地捍衛自己的

權利，才促進社會的局部的、漸進的改良和變遷，才形成了自發社會秩序的規則。這一個過程必然是充滿矛盾、衝突、摸索、試驗的複雜過程，必然會產生各種各樣的糾紛。因此，司法過程絕不僅僅是一個糾紛的解決過程，而是一個不斷適應社會變遷，廢止舊規則、確立新規則的過程。

因此，法官要遵守法律規則，更要細心地傾聽來自當事人的聲音，體會他們在真實生活中對立法規則的感受，從中發現那些了構成其現實生活秩序的合理規則或神聖原則。法官不是法條的奴隸，法官通過這些真實的社會生活為這些抽象的教條賦予具體的、真實的內容。正是法官為法條賦予了生命和靈魂。因此，我們反對任何「法官造法」的說法。法官並不能創造法律，他們僅僅在解釋法律、選擇法律和發現法律。在這個意義上，我們要區分法與律、憲法與立法、法律原則與法律規則、法律精神與法律條文，後者可以任意創設，前者則不可以任意創設，後者可以體現某個利益集團的利益，前者必須體現所有人的利益，體現尊重人權的價值觀念。這種區分對於法官來講不僅是一套成熟的法律知識或法律技術，更主要的是他們在司法活動中透過法律文字來探尋立法目的、法律理性、自然正義，甚至行使司法審查權的法理所在。

儘管如此，法官並不積極地、主動地去發現法律，法官在任何時候都必須是生活中的保守力量。只有人們在生活實踐中推動社會變遷，真正需要新的規則的時候，法官才去發現這樣的規則，而絕不是法官發現某個規則強加給當事人。否則，法官就成了立法者，可怕的立法者。所以，法官對生活規則的發現依賴於當事人積極不懈的努力。換句話說，只有公民渴望自己的自由，努力創造規則，並不惜代價自覺地捍

衛自己創造規則的自由權，法官才能為他的自由開闢可能的空間，如果公民自甘放棄權利，寧願生活在他人的支配之下，不僅法官無能為力，就是上帝也救不了他。

因此，在我們看來，「小心我告你！」正是社會生機勃勃向前發展的標誌。曾幾何時，司法過程僅僅是人民鎮壓敵人的過程。正是人們不斷努力，尤其是訴訟努力，才改變了法院的形象，從一個統治者的暴力工具轉變為實現司法公正的場所。如果沒有周海嬰為了《魯迅全集》提起知識產權訴訟，很多人並不知道文學作品是個人的知識產權，總以為那是為人民大眾服務的自然產物；如果沒有刁民王海，買了偽劣假冒商品只能怪自己的運氣不好，我們又怎麼知道消費者的權利呢？沒有劉燕文這樣的傻博士，我們又如何讓司法的陽光照亮科學的殿堂呢？誰又能想起去思考學術自由、大學自治和司法權力的邊界這些問題呢？

把權力交給人民，讓人民當家作主。這曾經是我們幾代人的夢想，但是，我們一直找不到移交權力的恰當方式，要麼統一交給了人民化身偉大領袖，要麼毫無章法地分散在個人手裏導致動亂。今天，我們終於找到了一種恰當的（而不是唯一的）方式，那就是司法訴訟的方式，通過訴訟來捍衛自己的自由和權利，通過訴訟來維持法律的正當程序，通過訴訟來監督公共權力運作，通過訴訟來改變法律規則由此部分實現參與創立於自己生活的法律規則。這仿佛是一種消極被動的行使權力方式，但是，對於公共領域與私人領域、積極自由與消極自由日益區分的今天，對於大多數淡化政治而更多地關注私人生活的人們來說，這種方式無疑是最有效的、最直接的、最經濟的方式。更何況法律訴訟中培養起來的偉大公民人格會影響到他們在其他領域中的實踐。

社會的發展或者公共權力的弊端首先不是由仁慈的父母官最先認

識到，也不是由先知先覺的作為社會良知的知識分子最先預知到，而是由那些我們永遠不可能知道名字的默默無聞的深受這種弊端之苦的人們最先感覺到。如果我們缺乏有效的機制將他們感受到的痛苦釋放出來，等到這種一點一點微小的痛苦積攢成普遍的抱怨，零碎分散的不滿積攢成集中的仇恨，並將這種抱怨和仇恨以自然的隨機的對抗方式釋放出來的時候，我們的知識分子才大聲疾呼，驚動文武百官體恤民情，最後往往不得不採取安撫、疏導乃至極端的鎮壓等手段來平息本來微小的抱怨和不滿。這時，我們的統治者不僅要為導致這些痛苦的罪過承擔道義上的歷史責任，不僅要為鎮壓導致的情感上的疏離和裂痕付出代價，更主要的是我們在這一次又一次的集中化反抗和總體性革新的過程中一次又一次地喪失推動變遷發展的良好機會。

因此，法律人共同體所維持的司法機制既是發現法律創造規則的機制和公民實現民主權利的機制，又是一個解決問題的疏導機制，它將人們普遍的抱怨通過一個又一個具體的、分散的司法訴訟釋放出來，從而在時間上和空間上分散了社會中的不滿和抱怨，使之無法形成相互共振的破壞性力量。由此，司法機制成為一個社會改良的機制，每個人都可以在司法的空間裏改變社會弊端帶來的直接的痛苦。一個一個分散的判決就可能一點一點地糾正那些別人還沒有意識到的弊端。正是通過這種方式，社會的變遷發展採取了穩定的、漸進的、改良的方式，從而避免了仇恨、暴亂和革命。

四、我們主張基於法律自主性的法治。法律只有演變為一門穩定的專業化的知識體系，才能獨立於大眾感知的道德和變動不居的政治意識形態，獲得自主性。只有具備與眾不同的思維邏輯和法律技藝，法律才能被掌握在法律人共同體的手中。在這個意義上，法治意味着整個社

會治理高度依賴於知識和理性的運用，法治也就意味着「法律人之治」（the rule of lawyers）。因此，法治就是法律規則作為最高主宰，沒有什麼東西可以超越於法律之上，法律人共同體維持的司法獨立正是捍衛法治的制度建構。法治不僅是解決政治腐敗的共和憲政方案，而且是解決統一與分裂、集權與分權的治理方案。

人們主張將社會發展方向和方式的決定權交給每個人，決定將公共權力的運行置於每個人的監督之下。這樣的說法被看作非常危險，因為它在削弱聖人或者領袖在社會發展中的地位，似乎也在低估他們的智力和能力，似乎想遏制龐大利維坦的加速運轉，儘管這個利維坦據說擔負着發展社會經濟、提高綜合國力、改善民生幸福的重任。因此，法律的自主性就成為專斷權力的天敵。「絕對的權力就是絕對的腐敗」，只有將統治權置於法律之下，才能限制權力從而根治腐敗，這就是人們通常理解的法治。於是人們習慣於將法治理解為一個立法問題，制定「良法」然後「守法」，這就是亞里士多德以來政治哲學傳統中所主張的法治。我們這個「依法治國」的時代，也因此成為立法的時代。但是，法律上規定得再好，有時也不過是裝點門面給人看的。《臨時約法》規定得不好麼？袁世凱還不照樣復辟稱帝。一紙《魏瑪憲法》又如何能低檔住希特勒的上台。過去，我們常說規定人人平等的資產階級憲法是資產階級的遮羞布，今天，我們需要在一般意義上講，任何憲法和法律如果在實際中沒有效力，那無疑是政治權力的用謊言編織的遮羞布。

因此，我們夢寐以求的法治不可能僅僅通過立法來實現，即使法律的文字裏明確規定了法治的基本原則。我們一定要牢記古訓：「徒法不足以自行」。如果沒有法律人共同體，法治又是如何可能的呢？今天，我們都學會了區分「書本上的法律」和「行動中的法律」，法律

規則如果僅僅停留在文字上，那不過是死的法律，沒有意義的文字而已，僅僅具有知識考古學的價值。只有在訴訟實踐中不斷地加以具體化的法律才是真正的、活的法律。法律因為有了法官才具有了生命，法治因為有了法律人共同體才具有了靈魂。現代法治絕不是一台自動運行的機器，它要法官掌握方向盤，當事人不斷加油，律師踩住剎車，法學家指揮方向。法律人共同體是我們現代法治的保護神。法律人共同體只能刻板地信守憲法這部聖典，因為它是所有人之間簽訂的保護公民權利限制國家權力的契約，它是一切權利的源泉。在這個意義上，憲法不是由人制定的，而是由人的理性來發現的，就像美國人民所相信的那樣，是由半神的人物（quasi-gods）制定的。它是國家主權機構的立法之上的「高級法」。因此，法律人共同體絕不相信憲法和法律是統治者的意志，他們認為任何個人、組織和力量都不可能凌駕於憲法和法律之上，否則法律就有可能成為當權者施虐的工具。如果這樣的話，就會有一些個人或組織以各種各樣美妙的、打動人心的、媚俗的理由，來隨意地曲解憲法和法律，並以憲法和法律的名義來剝奪人們的權利。可見，法律人共同體所捍衛的法治是法律作為最高主宰而行使的統治（the rule of law），而不是國家的主權意志作為最高主宰通過法律來進行統治（the rule by law or the rule according to law）。這一點正是區分真法治和假法治的試金石。

因此，要捍衛法治，就要捍衛法律的自主性，捍衛法律人共同體的自主性。法律的自主性意味着法律成為獨立於道德、宗教和政治意識形態的專業化的知識體系，而法律人共同體的自主性意味着司法獨立。司法大權之所以託付給自治的法律人共同體，就是因為法律人共同體是基於法律理性、法律知識、法律思維和法律技術的專業共同體，

他們手中沒有軍隊、金錢這些物質的力量，他們只有書寫判決理由的筆，只有經過訓練形成的理性判斷。一句話，司法之所以獨立不僅是基於專業化的社會分工，而且由於司法是「最不危險的部門」。司法獨立不僅意味着財政、人事、組織機構等方面的獨立，而且意味着思維方式或運作邏輯的獨立。

獨立的司法不僅是遏制官吏腐敗的有效手段，更主要的是，它是擺脫地方控制、加強中央權威、實現國家法治統一的重要手段。在我們的歷史上，統一與分裂一直是治亂之道的核心。傳統的中央統一依賴的是財政、軍隊、官吏和意識形態。統一的瓦解往往是從中央財政的枯竭開始的。財政枯竭導致軍隊、官吏的地方化，導致中央對地方的控制只剩下微弱的意識形態。然而，在複雜的現代社會中，司法成為維護國家統一的重要手段。歷史上德意志曾經通過法律的統一逐步實現國家的統一，英王亨利二世正是通過獨立而統一的司法來加強中央對地方的控制，在實現聯邦制的美國更是通過司法獨立由聯邦最高法院行使司法審查權來限制各州的權力。

在我們法治建設的這二十多年中，中央與地方的關係也發生了微妙的變化。中央在權力下放的過程中對地方的控制能力也減弱了。尤其在多層立法的體制中，法律法規往往成為各部門、各級地方擴大自己的權力和利益的合法途徑，從而導致令出多門、法律不統一。加之法院的人事、財政、管理都歸屬於地方政府，使得司法系統無法捍衛中央統一，而是保護地方的利益。沒有獨立而統一的司法，就不可能消除地方保護主義，而司法中的地方保護主義是當前削弱中央權威的最大敵人。因此，我們主張的司法獨立不僅要從專業化的社會分工來理解，不僅要從民主共和的憲政傳統來理解，而且要從統一與分裂、分權與集權

的治理傳統來理解。

這就是法律人共同體的主張。正是這些主張使我們明白為什麼法律人共同體的成員都要背上惡名，因為他們得罪了既得利益者，他們背離了傳統的道德和思維習慣，而這些傳統的道德和思維習慣實際上正是為既得利益者的為所欲為的提供了冠冕堂皇的理由。正是要求道德和禮讓，我們才能對社會的不正義無動於衷，專制與暴虐不僅僅是由當權者惡劣的欲望培養起來的，更主要的是由順民的謙遜和忍讓給慣壞的；正是要求面面俱到的實質正義，當權者才可以輕而易舉地凌駕於法律的神聖原則和規則之上，於是我們依然可以安然地忍受不公正帶來的苦難，默默地等待戲劇中的包青天和傳說中的俠客義士來懲惡揚善、實現正義；正是要求司法服從於政治權力，才使司法成為保護地方利益的工具，使得國家法制統一的願望落空。法律人共同體正是要和這種思維習慣決裂，也就意味着他們決心和專權者劃清界限。它是專制的天然敵人，因為它要用法律的規則來約束專權者為所欲為的任性；它是流氓、黑社會的天然敵人，因為它要求經過理性審慎的判斷和慎密的說理才給出一個裁斷；它是分裂和內戰的天然敵人，因為只有在和平、理性的社會環境它才能生存下去。

四

目前，在我們這個社會發生急劇轉型的國度裏，法律人共同體正在逐步形成。儘管政治家想馴服他們，道德家們想壓制他們，資本家想賄賂他們，老百姓想躲開他們，但是，我們的社會已經不可能不重視手提筆記本電腦行色匆匆的律師們的意見，無論他們有時是多麼的可恥；

我們不可能不理會表情冷峻的法官們的判決，無論他們有時是多麼的腐敗；我們不能不關注口若懸河滔滔不絕的法學家們的聲音，無論這些聲音聽起來是多麼的空洞。

不管怎麼說，我們似乎度過了那段悲慘的日子：徹底砸爛司法、永遠取消律師、法律家下放餵豬。我們的律師、法官、法學家恢復了思想生命，並在萌發、生長。無知的樂觀主義正為此歡欣鼓舞，認為「依法治國」為我們帶來了好日子。的確是好日子，律師可以連蒙代騙地賺錢，法官「吃了原告吃被告」，法學家著作等身還上電視出名。然而，這恰恰是一個精明的詭計、一個危險的陷阱：既然不能赤裸裸地消滅這個共同體，那麼就利用這種共同體，分裂這個共同體，肢解這個共同體。讓律師去賺錢，而把社會正義撇在一邊；讓軍人做法官，因為具有服從當權者的習慣；讓法學家高唱「依法治國」，政治權力的運作包裝上法律的外衣，赤裸裸的暴力變成了具有了正當性和合理性的暴力，由此才能實現長治久安。於是，我們的法律人共同體還在沒有形成的時候就受到了種種引誘、哄騙、安撫、強迫、威脅、控制、馴化、肢解、分裂然後各個擊破。他們本來是權力的敵人，現在卻和權力勾結在一起：法官喪失了神聖的尊嚴，律師喪失了社會正義感，法學家喪失了知識分子的良知。

當道德瓦解的時候，我們寄望於政治，當政治衰敗的時候，我們寄望於法律，但是當法律墮落的時候，我們的希望又在哪兒呢？河水的源頭渾濁了，最後的堡壘坍塌了，烏雲壓在了地平線。我們只有在仇恨的宣洩中、在革命的狂歡中彌補我們在不公正的社會中所受到的種種苦難和不幸。這正是我們目前在不知不覺中通向的道路。然而，在法律墮落的日子裏，在公民自由權沒有保障的日子裏，我們如何能夠培養起成

熟的承擔公共政治生活的公民呢？沒有成熟的公民，沒有成熟的體制和技術，革命的結果只能是暴民政治，最終將權力讓渡給獨裁者的多數人暴政。因此，如果沒有成熟的法治，民主之路正是通向奴役之路。而沒有法律人共同體又哪兒來的法治呢？這才是我們這個時代真正的悲劇所在。

今天，我們正是處在這樣一個關節點上，法官、律師和法學家究竟是成長為一個統一的法律人共同體，還是在被權力的勾引、利用的同時，彼此走向敵對和分裂？我們是通過暴力來實現社會正義，還是通過法律來實現社會正義？用革命來實現社會轉型，還是用法律來實現和平過渡？我們是走向法治與民主的文明之路，還是走向暴亂與專制的奴役之路？這是一個希望與困境並存關鍵時刻，我們有可能走向我們所希望的法治社會，也有可能因為法律人共同體的解體導致我們對法律的徹底絕望，從而使人們重新訴諸暴力來尋求社會正義。越是在歷史的緊要關頭，越需要我們理智、冷靜的思考，越需要我們貢獻出智力和知識的力量。此刻，正是歷史對我們這個民族的智慧和判斷力的考驗，也是對我們法律人的考驗。因此，我們號召：

所有的法律人，團結起來！

無論是最高法院的大法官還是鄉村的司法調解員，無論是滿世界飛來飛去的大律師還是小小的地方檢察官，無論是學富五車的知名教授還是啃着饅頭鹹菜在租來的民房裏複習考研的法律自考生，我們構成了一個無形的法律人共同體。共同的知識、共同的語言、共同的思維、共同的認同、共同的理想、共同的目標、共同的風格、共同的氣質，使得我們這些受過法律教育的法律人構成了一個獨立的共同體：一個職業共同體、一個知識共同體、一個解釋共同體、一個信念共同體、一個精神

共同體、一個相互認同的意義共同體。我們承繼的不僅僅是一門職業或者手藝的傳承，而是一個偉大而悠久的文化傳統。我們不僅僅在市場上尋找出價的機會，更主要的是在大學神聖的殿堂裏，在這悠久的知識傳統中尋找啟迪、智慧與靈感。如果我們沒有共同的法律語言，對法律沒有共同的理解，沒有共同的社會信念，沒有共同承擔社會責任的勇氣和能力，又如何來支撐我們的法治大廈？又如何來抵制專斷權力的任性？又如何來抵制暴民政治帶來的無序和混亂？

今天，我們必須清醒地認識到我們的主張。這些主張不是簡單地停留在感情的接受上，而是建立在理性思維的反思和認識上，我們必須對法律人共同體的歷史、理論邏輯和思維方式以及我們對待現代社會的態度有一個清醒的認識；我們必須對這個共同體的現狀、社會功能、所遇到的問題以及未來的走向有一個清醒的認識。唯有如此，我們才能自覺地主動地團結起來，抵制專斷和特權，抵制暴力和混亂，維持穩定與秩序，捍衛公道和正義，實現改良與發展。這正是我們今天的歷史使命。

道德社會解體了，政治社會正在衰落，法治社會還會遙遠嗎？

專業化與法律人共同體 [*]

　　劉燕文訴北京大學案一審判決之後，北京大學法學院研究生會組織了專門的學術研討會，對該案所涉及的理論問題，比如學術自治、行政訴訟、正當程序等，進行了學理上的探討，參加會議的除了法學院的師生還有主審法官，幾百人的模擬法庭被圍得水泄不通，爭論異常激烈，主持人不得不屢次控制發言時間。討論會也被迫延長時間，直到樓門快要關了才結束。在討論會結束之際，主持人將最後的時間留給這個案件的主人公原告劉燕文博士，他語無倫次，幾乎說不出話來。我想劉燕文之所以說不出話，並不是因為學理科的口才不好，也不是因為內心中對北大師生和法官的感激，而是在這場關乎自己命運的討論中，自己茫然不知所措。他可能明白複雜的無線電技術，但是他並明白什麼叫「正當程序」，什麼叫「主體資格」，什麼叫「行政行為」，他唯一能夠表達的就是對討論會的感受：「學法律的口才真好！」多少天過去了，這一幕深深地印在了我的腦海裏，使我想起了《秋菊打官司》影片最後秋菊茫然的神情。

---

* 　原載《法制日報》，2000 年 4 月 30 日。

是的，法律人（lawyers）的口才真好。即使一個看起來柔弱的女學生，一旦站起來，就會以堅定的語氣講出讓劉燕文感到陌生而油然敬佩的法律道理。正是在這一幕中，我才忽然明白我們所熟悉的、認為理所當然的法律知識原來是一套可以將與法律相關的生活加以理論正當化的專業化程度很高的知識。這種專業化是建立在現代複雜社會高度分工的基礎之上的。法律固然是關於生活世界的知識，但是，這種知識絕不是簡單明瞭的常識，而是一門科學知識。懂得了生活並不意味着懂得了關於生活的法律規則。我們天天到銀行取錢，難道就明白金融法嗎？我們天天在商場買東西，就知曉了消費者法的奧祕嗎？當劉燕文博士買了幾本行政訴訟法的書，就以為可以打官司的時候，他其實不知道他的訴訟請求根本不可能得到法律上的滿足，如果沒有律師幫助，這場官司肯定要輸的。然而他的律師僅僅變更了訴訟請求，就改變了這場官司的命運。其實，法律世界是對我們真實的生活世界加以高度技術性建構而形成的一個抽象的邏輯世界。一個人只有經過 20 年的研習才能勉強勝任作一個法官，英國大法官柯克的這句話決非誇張。

正是由於法律是一門專業化程度很高的科學知識，必須要由專門的法律教育訓練掌握這門知識的人才，在這個意義上，法律是最古老的科學，大學的法律教育遠遠早於科學教育和醫學教育。由於大學教育這種普及化的法律訓練，才在無形中培養了一個法律人羣體，律師、法官和法學家就是這個羣體的鐵三角。他們有共同的知識、共同的語言、共同的風格、共同的氣質和共同的信念，從而構成了一個獨立共同體（community）。但是這個共同體絕不是簡單的職業共同體，而是一個知識的共同體、一個信念的共同體、一個意義評價的共同體。

大家仔細想一想，如果說那天的討論會上，來的不是饒亞東和石

紅心兩位受過嚴格法律教育的法官，而是一個沒有受過良好的法律訓練（比如復轉軍人）的法官，他可能懷有一顆善良的心，但是他永遠無法理解法律人在這次討論會上的爭論，永遠無法理解為什麼文憑問題要糾纏莫名其妙的來自外國法學中的「due process of law」（正當程序）。因此，儘管他從事與法律人共同體成員一樣的職業，但是他們並不是生活一個世界裏。他們在物理世界裏可能見面吃吃喝喝、客客氣氣，但是在法律知識和法律思維的意義世界裏，他們永遠形同路人。同樣，儘管討論會上的法律人和劉燕文一樣關心他的命運，但是像劉燕文這樣的法律外行永遠無法理解法律人關心其命運的方式。劉燕文的律師自然和劉燕文處在同一利益戰壕中，但是他們處在兩個世界中，而原告的律師儘管和被告的律師是法律上的對手，利益上的敵人，但實際上他們處在同一個法律的世界中。

法律專業化為法律人與法律外行之間豎起了天然屏障。法律的專業化程度越高，這堵牆也就越高，從最現實的意義上講，也就意味着法律人的市場價格越高。這們說仿佛是由於我們法律人的自我利益促使我們推動法律的高度專業化。不錯！法律人要理直氣壯地表達自己的利益。但是，法律人發現：要實現自己的利益，必須要求一個社會是高度專業化分工的，合理的分工促進效率是經濟學的基本原則，因此，法律人捍衛的是一個有效率的社會；要實現自己的利益，必須要求政治權力能干涉法律規則的實施，將政治權力置於法律規則的統治之下，正是現代法治的基本原則，因此，法律人捍衛的是法治的社會；要實現自己的利益，必須要求由一個穩定的、習慣於講道理的社會。法律人捍衛的就是這樣一個穩定的理性化的社會。如果我們生活在落後的農業社會，軍閥混戰的社會，或者獨裁專制的時代，流氓當道的社會，我們又到什麼

地方去講理，我們學了法律又有什麼用呢？

因此，法律人應該團結起來，形成緊密的法律人共同體。如果我們對法律沒有共同的理解、沒有共同的語言，沒有形成一個法律知識共同體，我們如何來評判彼此的法律水準和法律智慧呢？我們的法治大廈又由誰來支撐呢？因此，捍衛法律人共同體，就是捍衛高效率的社會、捍衛法治的社會、捍衛理性的社會，這不僅是所有法律人的義務，而且是整個社會的義務。

法律專業化程度的高低，表明了這個社會的分工程度、法治程度和理性化程度。在一個現代社會中，儘管法律越來越遠離普通人的日常生活，但是只有高度專業化的、遠離日常世界的法律專家系統，才能成為普通人享受日常生活的快樂和自由的提供保障。就像我們的劉燕文博士，儘管他對我們法律人的討論感到茫然不知所措，但是，正是由於我們這些莫名其妙的討論，他才在走出會議室的時候，感到生命在深夜冰冷的寒風中伸展、擴張、飽滿起來。

司法的儀式與法官的尊嚴 [*]

    當劉燕文訴北京大學案在海淀法院開庭審理中，下面旁聽的大多數是北大學生，他們自然把會把北大的傳統帶到法庭中。當訴訟當事人婆婆媽媽說不清楚，或者拿出老子天下第一還怕誰的態度時，下面自然會傳來陣陣的噓聲。這時，主審法官饒亞東女士一臉嚴肅地命令：「請保持肅靜」。因為，法庭畢竟不是北大的會場，作為開庭規則的法庭紀律要求聽眾保持肅靜。正是這種嚴肅認真，大家稱饒亞東女士「冷峻的面孔下面藏着一顆火熱的心」。當開庭結束饒法官當庭宣判原告勝訴時，旁聽席上掌聲雷動，這既是向原告表述祝福，也是向法官表達敬意。這時，她以一貫的嚴肅宣佈：「請保持肅靜」。掌聲再次響起……

    有人說，如果這個案子被拍成電影的話，希望這一場面作為電影的結尾，這個結尾無疑是意味深長的一幕。它向我們傳達了一個問題，在現代社會中，法官的角色是什麼？法官如何面對掌聲、喝彩或者批評？

    在我們這個社會中，誰最需要掌聲和喝彩呢？首先恐怕就是電影

---

* 　原載《法制日報》，2000 年 4 月 23 日。

明星和政客。前者代表了時尚的發展，後者代表了流行的理念。儘管他們仿佛高高在上左右着民眾的判斷，但事實上他們的生存依賴於民眾意見，他們是民眾意見最忠實的奴隸。如果沒有人喝彩，沒有贏得掌聲，則「無可奈何花落去」，藝術生命和政治生命也就此了結。因此，電影明星和政客最喜歡討好民眾，因為民眾是他們的衣食父母。他們最沒有原則，因為民眾的意見總是建立在流沙之上，時時刻刻都會變化。我們常愛說的明星或政客媚俗，在這裏「媚俗」並不一定代表貶義，它只不過客觀地反映了明星和政客的生存狀況而已。明星的表演和政客的理念不過是在民意的市場上兜售的商品而已，所以他們需要包裝，需要推銷。不過，人性總是喜歡新鮮，走紅的明星和政客往往很快就會落個一文不值。

但是，法官不同於電影明星和街頭政客，他／她不需要掌聲，即使連掌聲都無法表達我們對法官的敬意。因為法官並不是時尚的代表，也不是民意的化身。他／她們是法律判斷和法律理性的體現，是正義的化身，是高高在上的神靈，是我們現代社會的法律偶像。法官唯一信守的是穩定法典，這是他們安身立命的根本，法律是法官生存的目的。他們不會輕易隨着不可靠的民意或流行的看法變來變去，因為民意總是矛盾的，總是有分歧的，總是含糊不清的，符合一些人意見就會有悖另一些人的意見。因此，跟隨民意的大眾司法只能導致法律的墮落。法官堅守法律正是要堅守普遍性、穩定性、客觀性、超越性和中立性。他／她如同上帝一般君臨眾生之上，懷着一顆普遍的仁慈之心，化解人間的意見分歧。正因為如此，法官獲得的是所有人的信仰，即使敗訴的一方也心懷尊敬，而不是因為其判決符合了某些人的利益而獲得這些人擁護並導致其他人的敵對。

　　因此，在祛魅的理性化社會中，法官及其司法活動更多地保留了宗教的特徵。這尤其體現在司法儀式上，法庭的空間設置將法官高高置於爭議雙方之上。記得我們國家在 20 世紀 80 年代初司法審判剛剛恢復的時候，曾經發生過關於法官和檢察官的座位之爭。檢察官認為它是代表國家行使檢察權，憑什麼要坐在同是代表國家行使審判權的法院之下？最後，檢察官和法官並排坐在上面，下面是孤零零的被告。如果我們看一看公審林江集團的法庭場景，就會明白這樣的政治審判必將載入人類法律史而成為一大奇觀。有獨無偶，前些年又發生了關於法官入庭時檢察官要不要起立的爭論。這些奇怪的現象之所以發生，恰恰說明如果法官僅僅是世俗國家權力的代表，而不是超驗的普遍神聖原則的守護神，就無法具有超越性、中立性、普遍性，也就無法具有神聖性，也就無法獲得民眾的信仰。

　　法官的神聖性固然與其社會角色聯繫在一起的，但是也和具體的司法過程聯繫在一起的。法庭規則就是構成司法過程神聖化的重要儀式規則。不准拍照、不准喧嘩、不准走動，不僅僅是為了保護訴訟方式人不受外界的干擾，更主要的是為了保持法庭中神聖、肅穆的宗教氣氛。我們常說，正義不僅要伸張，而且要以可見的方式伸張。「起立」「肅靜」這些程序性、戲劇性的程式，正是將神聖的審判過程展現出來，正是神降臨到人間所必需的鋪墊。相比之下，我們常常見到國外議會的發言總是亂糟糟的一片，台灣幾年前的國會中有人大打出手也不新鮮，這正體現了民主的參與性質。但是，我們在神廟之中，誰又能不肅然起敬呢。可見，法庭規則不是一般的行事規則（比如交通規則），而是直接建構法官和司法活動之神聖性的規則，它是司法神聖的一部分。饒法官嚴格遵守法庭規則，面對褒揚自己的掌聲無動於心，正是出

於對自己的角色的恰當理解，正是為了捍衛司法的神聖性。

人們往往對自己所陌生的、遙不可知的東西心懷信仰或尊敬。因此，司法活動要保持自己的神聖性，保持自己的宗教特徵，無疑要保持甚至製造一些神祕性。通過一些儀式將一個人與普遍的神聖傳統聯繫起來。在著名的陳氏兄弟訴福州馬尾公安局案中，當出庭作證的老榕手按憲法宣誓時，他認為當時在自己的內心中油然生起一種歷史的神聖感。正是通過手按憲法的簡單儀式，一個普通的證人將自己平凡的生活與案件載入歷史的時間永恆聯繫起來，與神聖的憲法聯繫在一起，也許他永遠不會研究憲法，但是他可能永遠不會褻瀆憲法。據我所知，手按憲法宣誓並不是法庭規則要求的，這無疑是法官的創造。但是對憲法的信仰，對司法判決的信仰，正是通過這一點一滴不經意的儀式化努力中建立起來的。我常想，如果開庭前所有法官手按憲法宣誓捍衛憲法、捍衛司法公正，或許可以在片刻之間在法官內心中喚起公正與神聖、良知與尊嚴。這種儀式化的活動正是培養法官司法理念的重要技術構成。

除了這些儀式化的努力，司法的神聖性還要需要一些遠離日常生活的距離感。法言法語的運用將一個具體的問題上升到普遍一般的法律原理上來討論，使得法律操作超越了普通的常識，這不僅是法律知識專業化的要求，也是法律神祕化的要求。這個世界上，最難認的字首先是神符，其次就是醫生的處方。這絕不是偶然的，只有遠離日常生活的高度專業化才能產生陌生、神祕的效果。由此，法官作為一個身份或者符號（這主要體現在法官制服中），在某種意義上也要遠離日常生活。如果一個法官（個人）身着法官制服出入於飯店酒樓，在菜市場上為了幾毛錢和小販爭執不休，我們還能對法官和法律產生信仰嗎？因此，國外的法官深居簡出，不單獨會見當事人，不上電視，不僅僅是為了杜絕司

法腐敗，也是為了捍衛法官和司法的神聖性。

在我們的歷史上，曾經有過司法的專門化和神祕性與司法的大眾化和人民性的爭奪，最後，司法的大眾化和人民性取得了勝利，馬錫五審判出現了。人民司法的勝利就意味着法律理性的終結，法官尊嚴的墮落。誰都明白法律的道理，誰都可以行使法律的審判，還要專門化的法庭和司法人員作什麼，法官不就是調解大嫂嘛。後來雖然有「砸爛司法」的說法，其實砸爛的不過是沒有神靈的泥塑像而已。法律的神明與尊嚴早在唯物主義和人民調解的勝利中消逝了。今天，我們的努力不過是為了喚回法律的神靈，挽回法官的尊嚴而已。

社會轉型中法官的作用 *

　　二十世紀末期中國法治建設的最大成就之一就是法律人共同體的逐步形成。在這個共同體中，法官羣體在社會生活中的地位和角色發生了巨大的轉變，尤其是一些優秀的法官在這個沉默的、沒有面目的羣體中逐漸顯示出自己的個性，從而顯示出他們對社會發揮作用的獨特方式。他們不再是簡單的社會糾紛的解決者，而且成為法律規則或者原則的發現者，他們不僅僅關心對個案的處理，更關心個案中體現的法律規則或原則及其對未來類似案件可能的影響力。也正是通過這些探索性的典範案例，使得這些法官成為我們這個時代中卡萊爾（Thomas Carlyle）所說的英雄。比如，審理福州陳氏兄弟訴馬尾公安局的上訴案中的游振輝法官，審理田軍訴北京科技大學案的饒亞東法官，前者在一個行政訴訟案件巧妙地通過事實的鑒定確立了反壟斷的規則，後者則在判決書中幾乎直接陳述了正當程序的原則。

　　如果依此來看的話，我們面對的恆升電子計算機集團訴王洪等一審案也不再是一個解決糾紛的個別性案例，而是試圖針對一般法律規則

*　原載《法制日報》，2000 年 7 月 30 日。

的判例。該案的主審法官陳繼平明確地指出：近年來，個人名譽權逐步得到了重視，但法人名譽權相對被忽視了。實際上，法人名譽權受到侵害，其損失往往更大。讓王洪個人賠償 50 萬，相信可以起到一個很好的懲戒作用。他希望這一判決能為保護法人名譽權起到一點作用。（參見「判賠 50 萬可起到懲戒作用」，《南方周末》，1999 年 12 月 24 日14 版）主審法官的意圖很明確，通過一個具體案例的判決來確立個人名譽權和法人名譽權之間的保護界限，創立保護法人名譽權的先例。然而，如果我們仔細研究判決書中的法律推理，如果我們將該判決還原到現實生活中，我們將會看到創立規則的良好願望將會落空。如果說該案將會成為先例的話，那也將作為一個限制網絡言論自由、限制消費者權益的先例載入到法律史中。因此，儘管該案的主審法官用心良苦，遺憾的是他在一個錯誤的時間裏選擇了錯誤的對象做出了一個錯誤的判決。

之所以說這是一個錯誤的時間，就是因為他在試圖強調法人名譽權的時候，沒有看到王洪作為一個產品的消費者在這個消費者時代中可能具有的意義。我們暫且不說面對消費者，法人的名譽權應當弱化，因為消費者的輿論監督權作為特殊保護要得到實現，必然要求對法人名譽權的保護在面對消費者時不同於面對其他人。即使消費者在法人的名譽權面前沒有特殊的保護，我們的法律規則也應當適當地向消費者傾斜。這不僅是由於在我們的社會中消費者處於弱勢，更主要是在於消費者權利的保護是我們時代中捍衛個人權利的最主要的途徑。法治社會是一個權利的社會。我們目前正處在邁向法治的權利意識覺醒的時代。如果我們略顯誇張地說在中國正在興起一項權利保護運動的話，那應該歸功於王海事件引發的消費者權利的覺醒和保護。大量的針對消費者的判決，甚至是針對幾元錢或幾毛錢的法律判決正是這場權利運動的引導者

和促進者。因此，在我們這個時代裏，對消費者權利的司法保護甚至司法的特殊保護不是簡單的保護弱者的同情舉措，而是強化權利意識、確立商業規則、建立消費者倫理的重要途徑。這正是司法判決在我們這個時代裏所起的特殊作用。

之所以說選擇了一個錯誤的對象，就是由於在這個試圖保護法人名譽權的案件裏涉及到了網絡的言論問題。在這裏我們必須明確，網絡雖然是一種媒體，但是它是一種全新的媒體，它與報刊這種傳統媒體的差異性遠遠大於它們之間的相似性。就象牛車和火車同樣是交通工具，但是它們代表了兩個不同的時代：農業時代與工業時代。我們不能用牛車時代的交通規則或者法律規則來規範火車時代的交通規則或者法律規則。正如美國大法官卡多佐（Benjamin Cardozo）在確立針對第三者的產品責任規則的判例中所說的那樣，「從坐馬車旅行的時代中所引來的先例不適合現代旅行的條件。危險必須是急迫的原則並不改變，但服從這一原則的事物的確發生了改變。這些事物正是發展中的文明所要求的生活需要。」這段精彩的論述完全可以用來描述網絡媒體與傳統印刷媒體的區別。

由於網絡的技術特徵，決定了網站的管理者不可能對自己網站上的言論像傳統印刷媒體那樣承擔嚴格責任，也就是說王洪不能像判決書中所要求的那樣對自己網站的留言板上的攻擊恆升的言論負責。如果真的像判決書上所要求的那樣「註銷網址」的話，那麼網絡也就不復存在了。網絡的技術特徵引發了信息傳播的結構性轉型。傳統印刷媒體的技術限制決定了信息的生產者（報刊和作者）和信息的接受者（讀者）之間存在者嚴格的權威等級關係，這就決定了信息生產者對其生產的信息承擔嚴格責任，但是在網絡上，超級鏈結和 BBS 導致了信息的交互

性、及時性、循環性，從而打破了信息的生產者和接受者之間的嚴格界限，打破了二者之間的等級制，最大限度地實現了信息的流通和言論自由。同時，這種信息流通方式導致了輕鬆、幽默、簡潔、表情化、本真化的網絡文體。特殊的技術、特殊的信息流通結構、特殊的表現手法必然要求對網絡的言論採取特殊的法律保護。因此，從世界範圍內的法律規則來看，基本上採取的弱化網絡中的法律責任的立場，其中包括侵權責任甚至黑客之類的犯罪責任。

即使我們不考慮上述外在的因素，就本案的具體情況來看，這也是一個明顯的「錯案」。這種「錯」就在於缺乏法律推理和法律論證，使得法官對事實和法律的認定仿佛變成了不受法律規則約束的主觀臆斷和任性。我們暫且不討論王洪是不是消費者（我不明白為什麼產品的使用者就不是消費者），因為這實際上是一個名譽侵權案。判決中認定王洪名譽侵權的關鍵是王洪的「請看我買恆升上大當的過程」一文「未能客觀全面的介紹恆升集團對其產品售後服務的過程，並使用了侮辱性語言」。從法官的判決書中，我們不明白在法官看來什麼是法律上所要求的「客觀」和「全面」？

我們都知道「客觀」一詞的反義詞是「主觀」，「未能客觀」就是「主觀」。「主觀」的主要含義包括作為中性詞的「從個人思維的角度出發」和作為貶義詞的「憑空捏造」。但是，從王洪的答辯狀中提供的證據，「上大當」一文並沒有捏造事實，法官在判決中對王洪提供的證據並沒有加以否認，就意味着默認了王洪的文章沒有「憑空捏造」。如此說來，法官認定侵權的「未能客觀」指的是王洪是從「從個人思維的角度出發」來寫作該文的。但是，一個人寫作難道不是從個人思維的角度出發？由此來看，法官認定侵權的法律規則實際上剝奪了一個人寫作陳

述的權利，實際上剝奪了一個人的表達自由的權利。這樣的規則顯然不是《民法通則》中保護名譽權的法律規則的原意。因此，這個判決就顯示了法官對民法中保護名譽權的法律規則的篡改、歪曲和濫用。

至於「全面」更是不知從何說起。所有的寫作課程都沒有明確告訴我們什麼叫「全面」，但是，以嚴格著稱的法律竟然要把自己打扮成一個文學寫作大師，指導人們如何「全面」地寫作。我們的法官讓法律越出了自己的領地而蒙受恥辱。至於「侮辱性語言」更是不可能有法律上的嚴格標準，我們使用的必然是常人（reasonable man）標準。但是，這種關於「豆腐」的比喻在常人的日常語言裏是如此廣泛地的得到運用，「豆腐渣工程」就是明顯的一例，那麼法官又是如何能將這篇文章從人們的網絡日常生活中剝離出來，確立他個人的標準呢？除了法官的臆斷和任性，我們看不出常人標準會將這些表述看作是「侮辱性語言」。

由此來看，我們固然需要保護法人的名譽權，甚至可以有意識地在個人的名譽權和法人的名譽權中的均衡中適當地側重保護法人的名譽權。但遺憾的是我們的法官選擇了一個極其不恰當的案例，該案例不但不能創立保護法人名譽權的規則，反而創立了限制網絡言論自由權的規則。事實上，通過上面的分析，本案本應當成為支持網絡言論的案例而判決原告敗訴。但是，如果出現這種負面的效果並不是出於法官本人的意圖或者其他權力的授意，那麼我們只能說，我們尊敬的法官只有魯莽的大膽，用 50 萬的「懲戒」使得「恢復性的民法」變成了「懲罰性的刑法」，而未能傾聽法律的聲音，更不用說把握住時代的精神，感受網絡時代帶來的社會變化了。

優秀法官是在為我們社會創設生活規則，開闢生活的空間，由此才成為英雄。在這個意義上，他是一個歷史學家，他能夠傾聽時代的聲

音，感受時代的變遷，把握時代的精神，從而推動社會的進步；他同時是一個社會學家，能夠分析社會力量和社會結構的變化，通過社會利益分配與均衡來維持社會秩序的良性運行；他即使計算利益損失，也不是一個會計師那樣的計算，而是一個經濟學家的計算，他不光要計算法人的名譽損失，更主要的是要計算如此保護法人名譽導致的整個社會的代價和損失。但是，無論如何，他首先必須是一個法律人，法律人共同體的一分子，信守法律規則，將自己的法律判斷建立在理性的法律推理上，而不是建立在任性和臆斷之上。惟其如此，我們才能建成一個完善的法治社會。

司法公正的程序監督 [*]：
判決活動公開化與法官裁判監督

　　隨着司法腐敗的曝光，我們似乎也看慣了社會上存在的種種黑暗與冤屈。無論是陝西的農民父子得不到公正判決而雙雙在法院門口含冤自盡，還是廣東的警察槍殺了無辜的村民卻自稱破獲了要案。這種報道看得多了，除了歎息、同情、憤怒和仇恨之外，就可能剩下了麻木和冷漠。但是，看完鄭州村民曹某某被冤枉「槍斃」的相關報道之後，人們不禁會思考，為什麼如此複雜的司法程序，如此頻繁的上級過問，竟然救不下無辜的生命？這不僅僅說明涉案法官中可能存在的司法腐敗，實際上也暴露除了我們司法體制中的一些弊端。現在，從中央到地方，從高層領導到平民百姓都在高喊清除司法腐敗，但是，如果我們不去思考導致司法腐敗的制度原因，不從制度上盡最大可能遏制法律裁判的任意性，僅僅簡單地懲治幾個貪贓枉法的法官，那不過是換湯不換藥。

　　司法之所以能夠成為社會正義的最後屏障，就是由於有法律程

---

[*]　寫作於 2000 年 7 月。

序來保障司法裁判的公正，可以說「程序是司法之母」，沒有複雜的訴訟程序，就不可能查明案件的事實真相，沒有複雜的對法官裁判行為的監督程序，就不能保證在查明事實的基礎上做出公正的判決。因此，如果對法官的裁判行為無法進行監督的話，那麼司法裁判就可能成為一個專斷的行為，法院就可能成為獨裁的機構，司法職能就可能不再是伸張正義、公平裁判，而成為產生社會罪惡的源泉。因此，如何對法官的個案判決進行監督，杜絕司法裁判的任意性，就成為實現司法公正的關鍵所在。

縱觀改革開放以來這二十多年的法制建設，我們經歷從「重實體、輕程序」，到「實體程序並重」的發展過程。「司法公正」和「程序正義」正在逐漸成為國家的法律意識形態和公民的法律意識的一部分。但是，目前我們所關注的法律程序依然局限在關注於查明案件事實的程序，比如審判方式的改革中所引進的控辯制的目的也是為了有助於查明案件的實施。相比之下，我們對法官裁判行為卻缺乏有效的監督程序。因此，儘管我們採取了控辯制，案件事實查明了，但法官在判決中依然可以不理會這些查明的事實。在曹某某案中，一審法院的法官不是可以照樣不理會被告律師所提供的證據嗎？因此，目前法律程序缺乏的不再是那些查明案件事實的法律程序，而是監督法官裁判的法律程序。

在對法官裁判行為的監督中，我們傳統的監督方法除了訴訟程序中包含的監督外（比如審判委員會制度、上訴程序和審判監督程序等等），還有一種非正式的監督就是上級領導針對個案所作的批示。這種監督雖然在正式法律制度中並沒有明文規定，但由於我們在黨委領導下所形成下級服從上級的政法傳統，批示這種非正式制度在審判實踐中起

着很大作用。但是，在改革開放這幾十年的衝擊下，這種制度的作用越來越受到削弱。首先，幾十年改革的總體思路就是中央「放權讓利」。在這種思路下，司法的地方化傾向越來越嚴重了。地方法院的審判權也越來越大了。一個明顯的例子就是死刑案件的決定權從最高人民法院下放到高級人民法院。其次，由於地方法院在人事、財政、福利等許多方面都隸屬於地方，因此上級法院對下級法院的控制和監督僅限於業務指導和訴訟程序的監督。在這種情況下，地方法院在利益認同上更傾向於維護地方的利益，而不是捍衛國家的利益和法律的統一。近年來愈演愈烈的判決執行難就是由於這種司法地方化所導致的地方保護主義在作怪。最後，改革開放以來，法官也變得越來越實際了，對於上級領導的批示也是睜一隻眼閉一隻眼，即使重視批示，也是考慮到「面子」，而不是出於內心的「重視」。「縣官不如現管」，領導的批示雖然重要，但是如果服從批示就會影響到眼前的利益，無論是不起眼的小法官，還是法院院長，都可以對此推託不理。因此，儘管中央政法委、最高人民法院、最高人民檢察院都對曹某某案作了批示，但河南省的法院照樣可以不理會這些批示。因此，在新的歷史條件下，必須探索監督法官審判活動的新思路。

就我們目前的實現的監督法官審判的程序中，實行公開審判是一個可喜的進步。報紙上公開報道，電視上現場直播，公民可以旁聽等等，這些都有利於對法官的裁判行為進行監督。但是，這種監督由於不理解法律裁判的性質而往往起不到積極的作用，媒體等公眾輿論很容易成為導致法官裁判任意性的力量。因此，要對法官的審判活動進行有效的監督，必須從現代審判活動的內在性質入手。

事實上，現代社會中法院之所以成為一個在職業上獨立的機構，

就是由於現代社會的法律裁判是一種專門化的知識推理的行為。法官必須要受專門的法律知識的訓練，法律裁判必須要有嚴格的法律推理，法律判決要經受法律知識和法律推理的考驗。因此，對法官審判活動的監督也就不再是簡單地對「審」的監督，更主要的是對「判」的監督。一個法官面對記者、電視鏡頭和公眾，無論在「審」的過程中多麼虛心、公正，但當他在幕後「判」的時候缺乏必要的監督，那麼就很可能枉法裁判。因此，問題的關鍵在於我們如何來監督法官「判」的活動。由於法官「判」的活動是一種專業化的法律知識的推理過程，無論是記者、電視鏡頭還是政府機構和公眾，都無法進行直接的監督。難道我們的電視鏡頭能對準一會兒苦思冥想，一會兒查閱法律文件，一會兒為法律適用問題爭得面紅耳赤的法官們嗎？

因此，對法官「判」的監督只能是採取事後監督，即對法官所獨立作出的法律判決進行監督。正是在這裏，需要對我們的司法制度進行一個細小的但實際上是根本性的改革，即如何通過對「判決書」的監督，來監督法官在「判」的過程中是否對法律事實進行辨明，對雙方提供的證據進行了審查，是否適用了正確的法律，是否遵循了法律的邏輯推理，尤其是要回應雙方當事人就相關法律問題的爭議及其法理依據。然而，目前法院所作出的「判決書」並沒有反映上述保證司法公正的種種法律活動，「判決書」中無論是「事實查明」部分，還是「法律論理」部分都十分簡單。在「事實查明」部分中，對於法官個人所不贊成的事實和證據，無論辯護人舉出多少有力的證據，無論在法庭上多麼有理，到了法官「判」的過程中，用「經查辯護人的證據不能成立」一句話就輕輕地為司法腐敗打開了大門。至於為什麼「不能成立」只有法官自己心裏知道，而法官的內心活動我們是無法進行監督的。至於「法

律論理」部分更是薄弱，「判決書」一般的格式是：「根據某某法多少條，判決如下：……」，至於為什麼要適用這一個法律而不是適用另一個法律，為什麼要採用這一個條文而不採用另一個條文，為什麼這樣理解法律概念，而不是採用另一種解釋和理解，整個判決書沒有任何法律推理過程，沒有展現從法律、事實到案件判決的複雜法律推理過程。連法律推理都沒有，怎麼能對法律推理過程的監督呢。

因此，要監督法官的審判活動，實現司法公正，首先要做的就是對「判決書」的書寫格式進行改革。在眾多的司法改革中，這項改革實際上投入成本最小，最高人民法院僅僅下發一個通知並加以不斷的督促就行了。但是，它所取得的效果無疑是巨大的。首先，一個法官在判決書上需對當事人或律師所提供的證據進行辨析，必須要對法庭上雙方的質證進行記錄和分析，因此就不可能簡單地否定一方當事人所提供的證據。法官一般也不敢在公開的判決書上明目張膽地否定合理證據，否則就被當事人抓住了把柄，這無疑有利於司法實現公正。其次，判決書中法理分析講得越清楚，當事人也就越服判，這不僅有利於減少當事人不必要的上訴，也有利於改變執行難。最後，判決書寫得越好證明法律水平也就越高，這就為法官的晉升提供了一個客觀的衡量標準，一個有抱負的法官要想晉升就要鑽研法律知識，提高法律水平，而不是投機鑽營，託關係，走後門，這也有利於改變風氣，實行廉政。

關於判決文書的書寫，最高人民法院也在推進相關改革，也提倡在判決書中進行法律論理。由於判決書中的法律理論要將法官「判」的法律思維活動和法律推理過程暴露出來，若在沒有最高法院的具體要求時，法官更願意採取「暗箱操作」，不僅可以掩蓋司法腐敗，也可以掩蓋法律知識和法律推理能力的欠缺。因此，法律判決文書的改革看似

一個微不足道的改革，但是由於這一改革實際上觸及到了司法活動的實質，即司法活動是一種專門化知識的運作，它必然牽動司法審判職能的根本性轉變。從這個地方來理解，法律的職能從此不再是階級專政的工具，而是實現社會正義的工具；司法判決不再服從任何專斷的意志，而是服從法律知識的邏輯推理；法律的判決體現的不再是權威意志，而是閃現着法律知識的理性之光；司法公正也將不再是一個苦苦追求的政治目標，而實際上以法律理性的自然體現。

司法時代的判例法 [*]

一、從立法時代邁向司法時代

問：時下，圍繞司法公正的司法改革無論在理論上還是實踐中都成為整個社會關注的熱點問題，那麼我們如何來理解這次司法改革，你認為這次司法改革的關鍵是什麼？

強世功：目前的司法改革意味着中國的司法時代的開始。如果從中國法治發展的進程來看，我們可以將此前 20 多年稱為「立法的時代」，其主要任務是為社會生活提供基本的生活規則，儘管這項工作目前還遠遠沒有完成，但是，法律規則的基本框架已經確立了，以後不再會有如此大規模的立法了，至多也是修修補補。目前正在討論編纂中的《民法典》可以看作是立法時代的總結性工作。

而此後的時代可稱之為「司法時代」。1993 年肖揚院長提出「司法公正」口號意味着司法開始確立自己不同於政治經濟的運作邏輯。如果我們簡單地描述一下這 20 多年來的司法歷史，就會發現江華院長時期的貢獻主要在於法院通過積極服務於政治上的平反工作而確立法院在

---

* 原載《21 世紀經濟評論》，2001 年 2 月 12 日，採訪人為龍希成。

中國政治格局中的不可代替的地位；鄭天翔院長時期的主要貢獻是全面
提高法官的法律知識素質，奠定了司法的專業化基礎；任建新院長時期
法院積極地參加到地方經濟建設中，普遍解決了法院急需的基礎設施建
設（比如修建審判庭、配備交通設備等）和福利待遇等，但也引發了司
法的地方保護主義，也埋下了今天司法腐敗的伏筆。如果說江華院長時
期和鄭天翔院長時期法院和地方黨委和政府的關係是一種政治關係，在
任建新院長時期這種關係已經轉化為經濟上的交換關係。但是，這三個
時期有一個共同的特徵，即司法是國家治理的工具，無論是作為階級鎮
壓的暴力工具，還是為改革開放和經濟建設保駕護航的工具，它沒有確
立自身獨立的性質和運作邏輯。而肖揚院長提出的司法公正，意味着司
法的目標或者功能僅僅是實現社會公正，至於階級統治問題和經濟建設
問題，那是政黨和政府的任務，而不是司法的任務。我們之所以稱之為
「司法時代」，就是意味着這是一個確立司法自身運作邏輯的時代，也
意味着中國法制建設的中心從立法轉向了司法。

　　如果我們從司法確立自身的獨立於政治經濟的運作邏輯來看，司
法改革的核心問題就是確立司法審判獨立的問題，這意味着這司法審判
獨立不僅僅是一種權力劃分意義上的獨立，而且是一種社會分工意義上
的獨立。政治的邏輯是穩定，經濟的邏輯是效率而司法的邏輯就是社會
公正，而要實現公正，就必須要建立起能夠維護法院作為中立第三方進
行居中裁判的體制和機制，因此目前的種種改革都是圍繞司法獨立而展
開的。但是，我認為在整個司法時代的改革中，除了目前普遍關注的法
院的人事、財政獨立於地方政府這些基礎性問題，關鍵是要在司法內部
確立司法運作邏輯的知識化、專業化和理性化的問題，在司法的外部確
立司法制約立法和行政的權力機制問題。對於前者，我以為一個重要的

環節是建立判例法制度。對於後者就是不少人主張的司法審查制度，這無疑會推動中國的憲制改革。

二、法官的智慧與判例法

問：通過司法審查來確立司法權對立法和行政權的制約，從而保障司法獨立。這一憲制邏輯人們似乎可以理解。但是，要說司法獨立和判例法又有什麼樣的內在關聯呢？

強世功：必須理解我們所說的獨立不是指機構的獨立，而是指運作邏輯和知識的獨立。立法要服從公共選擇，從某種意義上是投票的結果。但是，司法運行的知識邏輯和制度邏輯肯定不能建立在民主投票的基礎上，否則就是我們批評的「大眾司法」了。那麼司法公正建立在什麼基礎上？只能建立在理性的基礎上，建立在理性論證、知識推研的基礎上。司法就意味着對兩種同樣重要的權利、利益和價值發生分歧而進行取捨過程中依照法律原則和規則展開理性論證，並在此基礎上進行裁判，司法審判獨立就建立在法律知識和法律推理的獨立性之上。但是，我們的法官和這種理性的法律知識的關係是什麼？我們不能將法官理解為政府官僚，不能簡單為社會利益的分配者和協調者，而更應當理解為法律理性的探索者和法律知識的適用者。問題在於，法官是被動的法律適用者，還是主動的法律適用者？

法律表現為文字和語言，不同的人對法律的理解是不一樣的。立法者或者法學家對法律條文的理解基於這種法條的文字所針對的一般、普遍的情形，他們有足夠的時間和耐心來討論這些法律概念或者條文的含義。但是，對於法官而言，他的首要任務是解決眼前的具體案件

中的糾紛，儘管法官在解決糾紛中以法律作為依據，但是，由於解決糾紛的具體性或者特殊性以及解決界分的迫切性，使得法官不可能像立法者或者學者那樣來探討這些問題，他們對法律條文的理解是針對具體案件的。因此，同樣的法律條文或者法律概念，法官在司法實踐形成的理解和立法者或法學家在課堂上形成的理解是不同的，而這些不同由於中國社會巨大的地區差異和目前粗獷的、概括性和指導性的立法而放大了。因此，在我們的法律知識中，存在着兩種不同的知識：法官的具體法律知識和法學家（或立法者）的抽象法律知識。

但是，這兩種知識在中國所處的地位是不同的。眾所周知，目前，法學家的法律知識在我們的法律知識中佔據了正統地位，這種知識通過法學教科書和法學院這種唯一合法的知識生產機制獲得絕對真理的地位。相反，法官和律師對法律的知識則淹沒在大量的判決和案卷中，他們對法律的理解只能記載在檔案中，只有未來的歷史學家或者知識考古學家對此感興趣。因此，在正統的知識生產體系中，法官是沒有地位的，而律師的地位連法官都不如，他們被想像為適用法律的機器，是法學家生產的知識所支配的對象，甚至在知識上是法學家的僕從。因此，在整個法學知識的生產體制中，我們能夠聽到那些無知的法律專家的聲音，但是，卻聽不到有智慧的法官和律師的聲音。人的認識是的有限的，因此每個人的知識對社會都是有益的。而我們目前的法律知識積累制度實際上就忽略了法官和律師的法律知識對我們整個法律知識生產的貢獻。

在這個意義上，我們應當找到積累法官和律師智慧或者法官和律師的法律知識的制度性機制。由於法官的法律知識總是和具體的案件聯繫起來的，那麼，判例法制度就為積累法官智慧提供了一個重要的

途徑。舉一個例子來說，幾年前福州中院行政庭的許法官在陳氏兄弟訴福州馬尾公安局一案中，實際上巧妙地通過對事實的界定（即 IP 電話屬於信息產業還是電訊產業）否認了中國電訊對 IP 電話的壟斷性經營。這樣的法律解釋無疑體現了許法官的對法律的理解和司法實踐中形成的司法智慧。但是，由於我們沒有判例法制度，這樣的智慧只能體現在這一個案件中而無法加以推廣，指導所有法官在未來的司法實踐。假如其他的法官面臨同樣的案件，他只能依賴自己的思考，無法將自己的思考建立在其他優秀法官的思考之上。因此，對於同樣的法律難題，整個法官羣體很難形成一個連續穩定的思考，個別法官的司法智慧被淹沒了甚至浪費了，以至於後來在同一個問題上的判決無法在此前的判決的基礎上進一步推進，無法對法律知識和法律智慧的增長做出貢獻。

因此，我主張確立中國的判例法制度，通過判例法中的「遵循先例」的原則，將法官的法律智慧積累起來，為法律知識的增長開闢新的渠道。事實上，隨着立法時代的終結，法律知識就會凝固在教科書中而逐步趨於僵化，而法律知識的增長點就會從立法轉向司法。因此，在司法改革的時代裏，首先突出的就是司法的知識，就是法官、律師等對法律理解所形成的知識。判例法制度的引入不僅對法律知識的增長做出了貢獻，而且意味着法官不同於立法者或者法學家的對法律的理解或者領悟，獲得了獨立的地位。在這個意義上，司法審判獨立意味着司法具有不同於立法和法律教育的知識累積和傳播的機制。

問：你強調法官的法律知識和司法智慧，實際上意味着判例法制度需要法官具有很高的法律素質，但是，由於中國法官的素質實際上普遍很低，你所說的通過判例法的知識積累，在實踐中可能是行不通的。

　　強世功：這正是人們通常的思維邏輯。人們在思考類似的改革問題時，常常陷入因果倒置的的誤區中，將事物的結果看作是事物的原因。實際上，法官知識素質的低下並不能成為否認引入判例法的原因，而毋寧說它就是沒有進入判例法制度的結果。正是由於沒有判例法制度，我們無法把法官的智力引導向法律知識創新的道路上來，也就是說，法官對於法律知識的追求缺乏足夠的動力，因為在目前的制度框架中，法官對知識的追求可能是一件吃力不討好的事情。

　　在這個意義上講，司法體系中目前缺乏衡量優秀法官和普通法官的知識標準，只有道德和政治標準。一個優秀法官的形象就是勤勤懇懇、任勞任怨為人們羣眾排憂解難的人民公僕的形象，而不是在法律知識中具有創新和貢獻的形象。法官在自我認同標準上，還沒有確立自己的獨立邏輯。目前，司法內部的自我認同標準要麼是政治或者道德的標準，比如人民公僕形象，要麼是行政官僚制的標準，比如法官關心的提升為庭長、院長等等。而判例法的引入實際上意味着確立了法官自身的認同標準，法官的價值趨向就會被導向運用和創造法律知識、累積法律智慧的道路上來。由此就會出現這樣一些法官，他們關心的不是個人的收入，不是個人的職權，也不是當事人或者社會的道德評價，而是自己在法律知識上的獨特貢獻，並且這種貢獻由於判例法制度而成為後來的法官所援引或者推翻的先例，由此，他們的名字和他們的判例就會進入教科書而名垂千古。

　　如果能夠提供這樣的制度空間，那麼，就會改變目前的法官素質低下的局面，不僅可以吸引有法律學術素養的人進入法院，而且現有的法官也會在知識上出現分化。就我有限的接觸範圍來說，我相信現在的法官中有許多理論素養非常好的法官，他們往往會寫作法律論文，採用法

學家的知識生產模式來展現自己的法律智慧，但是，由於缺乏判例法制度使得他們無法和那些普通的法官區分開來，至少我們通過判決書是很難區分的。

三、圍繞判例法的法官、律師與法學家

問：我看過一些案件的判決書，包括《最高人民法院公報》上刊載的一些案例，都是對事實和判決結果的簡單陳述，對於我這個法律外行來講，我們很難區分哪一個判例是優秀的判例，如果我們實行判例法，我們選擇哪些判決作為判例呢？

強世功：你提到了一個關鍵性的問題，那就是法律判決書的書寫。判例之所以成為一種法律淵源，就是因為在判例中闡明了某些在成文法中隱含的甚至缺乏的法律規則甚至法律原則。這意味着判決書要重點寫出法律理由，法律知識、法律解釋和法律推理，及其背後的政治哲學，因此就變得非常重要。也是在這個意義上，我們才說判例法是創造法律知識的制度。目前司法改革中推動判決書書寫制度的改革仿佛是一個枝節的問題，但在我看來，這是一個根本性的問題。如果判決書不講法律道理，不展開法律推理，就無法使法律的判決建立在理性的基礎上，也就無法確立司法自身的運作邏輯和法官的自我認同。目前最高法院在不斷推行這項制度，可是成效並不明顯，其中一個原因就是缺乏判例法制度。

判決書書寫制度的改革必然意味着法官的知識化和精英化，在這個意義上，對「復轉軍人進法院」的批評有道理。我的理由是，如果不改革目前的判決書書寫制度，如果不能通過判決書書寫這個知識生產的

中介來區分法官，確立法官的自我認同或者司法活動的知識邏輯，那麼復轉軍人進法院和行政領導來擔任法院院長的局面不可能取得根本性的改變，甚至法學院畢業的法律知識精英進入法院之後也會行政化，蛻變得和復轉軍人一樣，甚至還不如後者具有道德責任感，司法腐敗會更嚴重，更隱蔽。

　　當然，我們必須承認，即使那些闡明判決理由的判例，對於當事人或者外行來說也是很難理解的，因為這種判決理由的書寫是建立在專業化的法律知識的傳統之上的。因此，對這些判例的評價就要有一個健全的法律人共同體來承擔，就要有法官、法學家和律師等等進行評判。這種制度必然趨向於法律說理的專業化，也就是說，法官的說理針對的不僅僅是當事人，而且是法律人共同體的同行，往往要在判決書的法律推理中說服當事人的律師乃至法學家在這些問題的主張。因此，法律人共同體就是一個「解釋共同體」，是法學家、法官、檢察官和律師圍繞法律的理解和解釋相互討論交流的共同體。當然，這種制度對於當事人尤其是沒有聘請律師的當事人來說，就可能是一種缺陷。這實際上涉及到司法的精英主義和民主化之間的張力問題。我們看到最近在台灣地區有一種趨向，就是反對判決書的精英主義趨向，強調判決書的通俗、簡單，讓普通老百姓能夠看明白等等。這當然是由於台灣地區的司法具有長期的精英主義傳統，他們可能沒有體會到判決書簡單化的弊端，他們沒有經歷我們的批判「法言法語」，採取「大眾司法」的歷史。我以為這個弊端一方面應由律師來解決，一方面律師是法律人共同體的一員，他能夠理解精英主義的判決，另一方面他是當事人的化身，他應當向當事人解釋專業化的判決所包含的普通道理。因此，律師不僅學會和法律打交道，而且要學會和當事人打交道，他

們的工作有很大一部分就是說服當事人的工作。但更重要的是，我們不能採取「一刀切」的方式，要求所有的案件都需要創立司法判例，都需要展開法理論述。比較之下，在基層司法中，大量的案件尤其是調解案件，就不需要展開這樣的論理過程，甚至在論理中也應當對當事人展開道德論述，就像中國古代的司法判決書一樣，成為對普通大眾展開道德教育的重要渠道。

問：你在強調判例法的時候，不斷地強調法官與法學家的區別。那麼，他們之間應當是什麼樣的關係呢？

強世功：法學家與法官之間的關係很微妙，一方面屬於一個共同的法律知識共同體，法官接受的法律教育來自法學家所生產的法律知識；但另一方面，正是在法律知識問題上二者產生了分歧，法學家根據教科書批評法官的無知，法官根據經驗批評教科書脫離實踐。由此導致法學家你說你的，法官我判我的。在這種所謂的理論與實踐之間的對立中，我們所說的判例法制度正是在知識上溝通法學家的知識和法官的知識。

通過判例法，法官在具體案件中闡述、發揮甚至發展了法學家在教科書的知識，而法官的這種經驗知識或智慧又會作為法律而被吸收到教科書中，進入主流的知識生產和傳播系統中。在這個意義上，法官和法學家之間不再是相互排斥，而是相互吸引。法學家尊重法官的判例，研究法官的判例，因為這些具體的法律規則可能會彌補自己在知識上的不足，從而豐富自己的思想。同樣，法官在判案中也會尊重法學家的意見，因為法學家決定了他們的判決書能不能夠進入教科書中成為正統。在這個意義上，法官對法學家的尊重是一種基於知識的尊重。

目前，在訴訟中當事人往往聘請著名的法學家組成法律顧問團，

向法官提供所謂的「專家意見」，這種非正式的制度有時是出於通過法學家的公共聲望和法學家和法官之間的師生關係來影響司法判決，他們的意見等同於律師意見，不但不能引導法官在司法判決中尊重法學家的知識，反而成為司法腐敗的一個誘因。因為這種情況下法官重視法律專家的法律意見，不是因為法學家說得有道理，而是由於法學家具有公共影響力（比如媒體）或者私人影響力（比如師生關係），是由於他們可以給法官施加額外的壓力。對於那些不懂法律專家的法官來說，他們出具的法律意見還有意義嗎？因此，引進判例法制度正是可以改變法官與法學家之間的種種不正常關係，並在法律知識的基礎上重建他們的關係，即法學家提供的法律專業意見能夠幫助法官的司法論理，從而被法官所採納。事實上，在普通法的判例法中，法官的判決書中的法律論理很大程度是採納了律師的辯護意見書的論理。

因此，我們不要小看法官、律師和法學家之間的關係。這種關係在一個不穩定的變遷社會中相當重要。社會轉型是通過漸進改革來完成，還是通過革命來完成，往往取決於不同的法律職業之間是否構成一個穩定的互動的法律人共同體。英美的判例法制度使得法官、律師和法學家之間在職業上相互流動、相互促進從而形式一個穩定的法律人共同體，從而實現了英國的不流血的光榮革命和美國平穩地實現了從農業社會向工業社會以至後工業社會轉型的奇跡。相反，法國的大革命一定程度上由於法官與律師或者法學家之間的分裂，法官成為國王的代言人，律師和法學家成為新型的資產階級的代言人，成為革命的代言人，當社會矛盾無法通過法律的渠道來解決的時候，這種矛盾就為革命播下了火種。由此，我們才能理解為什麼法國革命後對法官的自由裁量權加以嚴格的限制。

四、判例法的引入：文化、制度與人

問：儘管判例法制度在司法改革中具有如此重要的地位，但是，引進這種制度可能面臨種種現實的或者制度的障礙，首先的問題是這種制度是不是符合中國的傳統文化？

強世功：在這個問題上，我們一定要清楚自己所說的文化傳統是什麼。說的是一段歷史上遙遠的故事，還是我們今天思考問題的方式，包括我們的價值和理念？就是歷史傳統而言，中國的司法特徵剛好是「律」「例」並重。判例在司法實踐中具有重要的地位，因此，北京市中級人民法院的武樹臣法官將中國古代法概括為「混合法」。

但是，我們必須明白中國古代的「例」和我們現在所說的「判例法」之「先例」有着重要的區別。古代所說的「例」實際上是「事例」，是一個具體的案件，我們要在不同案例之間尋找「案情」上的一致性，從而決定是不是採納以前的「例」。而判例法中的「遵循先例」意味着同類的案件進行類似或者相同的處理，這有點像我們所說的「類推」或「類比」。判例法之中的「遵循先例」尋找的是「法律規則」上的一致性，而不是「案情」上的一致性。比如，在美國 Riggs v. Palmer 一案中，一個人為了早日繼承遺產而殺死了自己的祖父，這時殺人者是否可以繼承遺產？法官的判決是不可以，法官所闡述並確立的法律規則是一個人不能從自己的錯誤行為中獲得利益。如果這個判決成為「先例」，那麼後來援引該先例的案件可能就根本不是遺囑繼承案，而是其他方面的案例，比如侵權案。一個人抄襲他人的著作，那麼它能不能獲得稿酬呢？法官就可以援引這個判例確定的規則裁定不能因此獲益。可見，他援引的不是一個案件的具體情形，而是該案件中所闡明的法律規則。

如果我們把傳統文化作為社會普遍奉行的思維方式或者價值觀來看，我們的法律中一般難以接受剛性的規則主義，我們傾向於實質正義而不是程序正義或者形式理性。因此，我們會發現最高法院不斷地就具體的問題向下級法院發佈指示，指導各級法院解決特殊性的問題。而最高法院的「公報案例」對於各級法院的司法實踐來說，具有指導意義，而且這種指導作用在不斷地加強。從這個意義上講，我們實踐中更容易接受判例法制度。

但是，這實際上也隱含了一種危險的傾向，這種做法有可能背離判例法中的「先例」制度，而成為中國古代的「律」「例」並重的現代翻版。而中國古代基於「類推」或「相似」的遵循成例制度，由於忽略了案例中的法律規則，也就無法對法律知識或司法智慧的積累和推進發揮作用。簡單地說，中國古代的遵循成例是一種經驗主義，但是，判例法制度儘管基於法官的經驗，實際上是一種法律規則主義。

問：就我們目前的法律制度來說，我們採用的是大陸法系的制度傳統，那麼怎麼可能引入英美法系中的判例法制度呢？

強世功：確實，在人們的固有觀念中，大陸法系和英美法系的區別由於比較法學家的強化以及成為人們的意蒂牢結（ideology），仿佛這是兩種完全不同的東西。這種類型化的區分一方面有利於我們理解事物，但是另一方面反而妨礙我們真正理解事物。所謂的兩種法系的區別僅僅是法學家出於便利的說法而已，實際情況往往要複雜的多。比如說，大陸法系中的羅馬法更象英美法系中的普通法，而今天英國的法律制度更像大陸法系中法國或德國的制度，而與美國的法律制度相去甚遠。

如果說我們是大陸法系的國家，我們的法律制度與法國、德國、

日本或中國台灣地區的相似之處僅僅存在於學者的概念中，其實彼此之間的差異比我們要想像的要大得多。尤其是在二戰後兩大法系的趨同趨勢，使得僅依法系來區分法律制度已經不合時宜了。目前，我們尤其應當關注歐共體的法律制度，一方面，歐共體法的出現已經超越了傳統的以民族國家的主權作為界限的法律；另一方面，歐共體採取的類似聯邦制的結構和歐洲人權法院中才採用的判例法制度，都值得我們深思和借鑒。

在這個意義上說，我們在引進某種制度的時候，既要批判文化決定論，認為這種制度與我們的文化傳統不合而否定引入的必要性；又要批判所謂的制度決定論，認為引入的制度與我們目前的制度框架不相符合而否認引入的可能性。這兩種理論都將文化或者制度看作是僵死不便的東西。事實上，文化是由人們的知識結構所決定的，制度是由人們的理性所設計的，在這個意義上，文化和制度都是開放的，它們時刻處於一種變化的狀況之中。在文化和制度中，起作用的依然是人的因素。否則我們無法想像中國人會徹底拋棄自己的法律文化傳統而全面吸收西方的法律文化和制度，我們也無法想像怎麼能在傳統文化的廢墟上建立起今天的「以法治國」的局面。

問：如果說文化和制度的變遷依賴人的因素，那麼判例法在中國的引入依賴誰的力量呢？

強世功：這是一個很現實的問題。我的觀點是首先要依賴法官的力量，依賴來自司法系統的力量。判例法的引入實際上徹底改變了法官在法律制度和法律知識生產體系中的地位，因此，法官應當努力去爭取自己的利益和地位。但是，目前法官往往處在畸形的權力機制中。一方面，法官的權力很大，仿佛具有不受節制的自由裁量權，司法腐敗與這

種不受節制的權力有關；另一方面，法官的權力又很小，不可能超越法規甚至行政規章做出裁判，即使在行政規章發生矛盾的時候也沒有自由選擇的權力。這種狀態一方面是制度的問題，另一方面也是法官沒有看清楚自己的真正的利益所在。

法官要成為推動某種改革的力量，必須要使得這種改革與法官自身的利益聯繫起來。我們看到行政訴訟法的貫徹落實與中國行政法官的努力分不開，90 年代以來的司法改革的動力首先來自司法內部，是司法為了改變它在人們心目中的形象的一次重大的努力。在這種努力中，我以為判例法制度的引入從根本上扭轉了法官在法律制度和法律知識生產中的地位。因此，法官必須自己要清楚自己的利益在什麼地方，要清楚自己的努力的方向是什麼。由此，才能將司法內部的力量從被動的努力轉變為自覺的、積極的爭取。僅就法律人共同體內部的關係來說，法官應當意識到，只有採取判例法制度，他們的判決書才會被法學家研究、分析和論述，否則他們只能拙劣地模仿法學教授寫一些彆腳的法學論文，或者編一些充實了司法解釋內容的法律教科書。

問：那麼在推行判例法的制度中，法學家和律師的態度將會如何呢？

強世功：儘管我們區分了法官的知識和法學家的知識，但是法學家並不是判例法制度的障礙，而是判例法制度的積極推動者。判例法的引入可能削弱法學家的法律知識的重要性，但是，這種制度為法學家通向法官職業鋪平了道路。實際上，由於法律知識的實踐性使得法學家群體具有很強的現實關注，他們不滿足於在書齋裏著書立說，而更希望自己的理論能夠運用到司法實踐中。但是，只有採取了判例法制度，法學家才能在司法實踐中施展自己的才華，甚至成為偉大的法官。

今年，北京市曾經嘗試從大學法學教員和律師中招聘法官，但是幾乎沒有法學教員應聘，尤其是那些優秀的教員或者法學家。除了待遇和生活習慣方面的問題，我以為最主要的是目前的優秀教員或者知名教授，當他們成為法官之後，可能就成為最普通的、甚至平庸的一員，他們的理論知識在目前的司法實踐中不是優勢，不是他們競爭的資本，而是他們的劣勢。只有採取判例法制度才能吸引優秀的法學家加入法官的行列，他們不是為了獲取權力，而是希望運用判例法這個制度平台在解決實際問題的同時創造新的法律知識，由此他們擁有的法律知識和法律理論就會轉化為他們在法官職業中的資本。

當然，律師更是判例法制度的支持者。一方面，判例法制度使得律師有可能超越現在的法律規則，使自己的在不利的情況下反敗為勝，另一方面，律師和法官的關係也就是不再是律師巴結法官，而是律師在學理上來說服法官，而法官在創造先例的過程中完全有可能吸收律師觀點和智慧。

正是在法律知識的產生上，法官、律師和法學家成為一個相互流動的解釋共同體。法學家和律師樂於成為法官，反過來，法官也可能不再滿足於一輩子和具體的案件打交道，他們希望把自己的智慧從具體的經驗中上升到一般的理論問題上來，他們完全可以成為傑出的法學家。事實上，在判例法國家中，尤其在美國，我們看到優秀的法官就是傑出的法學家，他們往往是某種法律流派的代表甚至創始人。我們所熟知的霍姆斯（Oliver Holmes）、布蘭代斯（Louis Brandeis）、卡多佐（Benjamin Cardozo）、漢德（Learned Hand）以及目前風頭正勁的波斯納（Richard Posner）無不如此。

問：那麼在引進判例法制度中，可能的反對力量來自哪裏呢？

　　強世功：當然，肯定有反對判例法的力量，除了那些來自理論上的不同意見，實踐中最大的阻力就是來自權力機構的反對。因為判例法制度意味着確立判例和成文法在法律淵源上的同等效力，這意味着打破了立法機關制定法律的壟斷地位。除此以外，還有行政機構。在立法時代，行政機關以法律的名義，藉助行政規章不斷地擴大自己的權力，從中獲得了巨大的權力，因此，這些機構肯定會反對判例法制度，因為判例法可能削弱部門的行政規章對法律的約束力，尤其是在司法審查的背景下，判例法無疑會削弱某些保護部門利益的行政規章的效力。因此，立法和行政都可能反對司法。

　　這些年來，立法機構急於擺脫「橡皮圖章」的軟弱形象，努力擴大自己的權力。但是，它並沒有在立法問題上行使憲法法律高於行政規章的審查權力，反而縱容行政權力在「特別法優於一般法」的藉口中不斷擴展自己的權力。但是，對於司法權力，目前推出的所謂「個案監督制」讓權力機關將權力深入到具體個案的審判活動中，對司法公正帶來負面的效果，很容易導致更大的司法腐敗。

五、判例法、消極民主與社會變遷

　　問：如此說來，判例法制度的引入會面臨很大的阻力，假如這種阻力來自強大的立法和行政兩個機關，那麼這種改革很難取得成果。

　　強世功：在目前確實如此。但是，我們應該用大眼光來看待某種制度的形成。我並不認為很快就會實現判例法制度，從 1993 年以來的這 7 年間，我僅僅認為是司法時代的開端，而這個時代必然和司法背後的憲制問題交融在一起，正如我們的司法時代與此前的立法時代也是交

融在一起。如果從長時段的眼光看，制度形成依賴的不僅僅是某個時代起決定作用的國家力量，而是依賴於整個社會變遷的力量。我們要記住的是，20世紀80年代的農村承包責任制的改革最初不是來自中央，而是來自安徽的小崗村。推動中國社會變革的力量不僅僅來自國家自上而下的改革，而且來自社會自下而上的推動。

在這種社會推動的力量中，我們不能忽視普通民眾的力量，更應該重視知識分子所營造的公共輿論的力量。舉例來說，90年代我們在制定《消費者權益保護法》的時候，許多學者都認為這個法律超出了中國社會發展的程度。但是，人們可能沒有料到，像王海這樣的普通公民，像消費者協會這樣的公共機構，以及媒體所代表的公共輿論，最終在中國掀起了一場消費者權利保護的運動，以至於爭取消費者權利成為中國權利意識的增長和法治時代到來的一個重要象徵。社會變化往往超出了我們的想像。我們需要努力適應社會的變化。

問：如果制度的變遷依賴於社會的力量，那麼，在引入判例法制度中，最主要的社會力量是什麼？

強世功：除了我剛才所說的法律人共同體的努力，我以為最主要的力量就是大眾民主的力量。我這裏所說的民主不僅僅是指一種政治制度，而是托克維爾（Alexis de Tocqueville）意義上的民主，即民主是一種推動人人身份平等的社會結構和社會發展趨勢。社會越來越走向身份平等，這意味着每個人都是自主的主體，是自己的主人。沒有人是天生的奴隸，只能依賴別人的指導進行生活；也沒有人是天生的精英，有能力為別人設計美好的生活。按照哈耶克（Friedrich August von Hayek）的觀點，每個人都掌握着他人所不知道的或者無法掌握的知識，都有自己所偏好的價值準則和生活方式，都可以依賴這些知識把握自己的命運

和生活。因此，決定社會發展演化的方向和途經不是少數的聖人或者領袖，而是每一個普普通通的社會成員的共同行動。這其實符合人民羣眾創造歷史的唯物史觀。只要人生來是自由的，就天然地有推動社會變遷最基本的權利。正是這種民主力量促使人們將自己努力方向轉向對社會規則或法律的創制上來。

問：這麼說似乎有一種矛盾，既然民主的社會力量會推動社會規則或者法律的改變。但是這種改變往往轉移到立法領域中，與判例法制度無關。實際上，西方民主的歷史也說明了這一點。

強世功：你說的有道理。不過，民主不僅僅是指我們通常理解的選舉和議會制，而是指人們自己把握自己的生活，參與立法只是其中的一個方面。尤其對於普通人來說，他們往往不可能參與到立法過程中，很難通過立法來改變生活的規則。那麼，當這種不公正的法律影響到普通人的生活時，他們能不能通過司法訴訟來改變法律呢？法官能不能通過判例法發現新的規則呢？這才是問題的關鍵。

如果從這個角度來看，我們發現美國人對政治選舉可能不感興趣，但是他們對司法審判幾乎傾注了巨大的熱情。之所以說美國是一個「訴訟社會」，就是因為一個普通人（而不僅僅是國會議員）可以通過司法訴訟來創立生活的規則。正是判例法制度將每一個美國人吸引到公共生活中來，使每一個人為促進社會向好的方向發展貢獻自己的力量。

在中國民主的歷史中，把權力交給人民，讓人民當家作主，曾經是幾代人的夢想，但是，我們一直找不到移交權力的恰當方式，要麼統一交給了人民的化身偉大領袖，要麼毫無章法地分散在個人手裏導致十年動亂。如果我們從判例法的角度入手，我們發現給予判例法的訴訟制

度一種新型的民主方式，因為在基於判例法的訴訟中，當事人不再是法律的奴隸，而是法律的主人，他們可以通過訴訟來捍衛自己的自由和權利，通過訴訟來維持法律的正當程序，通過訴訟來監督公共權力運作，通過訴訟來改變法律規則，由此部分實現參與創立於自己生活的法律規則。

比起選舉這種積極的民主，基於判例法的訴訟是一種消極的民主方式，而且也是一種有效的民主方式。因為社會發展或公共權力的弊端是由深受這種弊端之苦的人們最先感覺到。如果我們沒有有效的機制將他們感受到的痛苦釋放出來，讓他們通過司法訴訟改變社會規則，實踐社會正義，實際上就扼殺了通過訴訟制度來推動社會改革的可能性。等到法律規則的弊端越來越明顯，甚至成為社會發展的阻力的時候，再通過緩慢的立法程序來修改法律，這不僅意味着我們無法彌補過時的法律所帶來的社會不正義，而且這種法律變革顯然阻礙了社會的發展。

在這個意義上，我們應該把前面提到的法律人共同體的結構與革命和改革的問題，與議會民主和訴訟民主這樣的問題放在一起來思考。在此，我強調的是一個變遷社會，而不是一個常規社會。因此在變遷的社會中，社會生活的規則是無法固定下來的，因此一個有效率的、充滿生機的社會就應當將創造生活的規則的權利交給每一個人，而不是壟斷在立法者手中。因為立法者也無法預測社會的發展方向，立法的朝令夕改意味着法律不適應社會生活，這必然要以許多人的冤屈作為代價，以放慢社會發展的節奏為代價。

因此，無論從司法智慧的累積和法律知識的生產來說，無論從訴訟民主的有效性來說，還是從變遷社會中法律規則變更的效率來說，我都主張引進判例法。

問：從我們的討論中，我發現你的主張很大程度上以美國的判例
法制度為藍本。這種主張是不是與世界接軌？是不是與中國加入 WTO
的整個國際化進程有關？

強世功：我不太贊成與世界接軌的說法，這種說法仿佛引進制度
的時候是不需要證明的。與世界接軌可能是一個結果，而不能成為原
因或者理由。不過，我的主張的確以美國的司法制度為藍本。但是，
我們必須明白，「美國」是一個空洞的名詞，人們可以賦予各種各樣的
內容。在國際政治格局中，美國既是中國的競爭對手又是中國的發展夥
伴。但是，我所說的「美國」不是一個國家，而是一種制度。我可以反
對美國在中國問題上的做法，但是依然主張學習美國普通法的判例法制
度。這種制度不是美國人自己的發明，而是西方歷史上人類智慧的結
晶。目前全世界的司法制度中，最具有活力的就是美國的與司法審查聯
繫在一起的判例法制度，尤其要注意到今天全球金融中心都出現在普通
法地區，我們在香港採取「一國兩制」，也是其保留香港的普通法制度
來保證其國際金融中心地位。我們常說要「站在巨人的肩膀上」，如果
我們試圖在 21 世紀對人類文明做出自己的貢獻，那麼我們就要學習和
吸收人類歷史上最優秀的智慧成果。我們必須站在美國的肩膀上才能創
造出比美國的司法制度更為優秀的制度來。

但是，目前我們在學習西方的制度中，由於我們的制度傳統，由
於我們在意識形態上與美國的對抗等等，我們更容易學習日本、法國和
德國的制度。但是，我們可能沒有看到日本、法國和德國正在學習美國
的司法制度，尤其歐盟對美國的聯邦制和判例法制度的學習。如果我們
不明白這一點，我們就會像進口二流的技術設備一樣，總是落在人家的
後面。當然，人們說法律移植和技術進口是不一樣的，但是，我認為不

一樣就在於技術進口可以隨時改變，今天進口了二流的設備，明天明白了道理可以馬上進口一流的設備，但是法律移植一旦引進某種東西，再要吸收新的制度就很難了。我們今天糟糕的法治局面還不是由於當年出於意識形態的原因全面引進了蘇聯法律模式的結果嗎？難道我們希望我們的後人在評價我們這一代人時，再次抱怨我們錯過了引進判例法乃至司法審查這些優秀法律制度的大好事時機，僅僅進口了民法典之類的東西？這實際上是歷史對幾代人的眼光、智慧和能力的考驗。

現在開啟的司法時代乃至未來的憲制改革時代的確是法律移植和制度創新的大好時機，這不僅需要法律人共同體的努力，而且需要公共知識分子的努力，需要政治家的努力，更需要公民大眾的努力。學習和創造一種充滿生機的制度文明，需要整個民族的努力。

WTO 與中國的司法改革 *

一、WTO 與中國未來的改革

問：今年是開啟新世紀的第一年，恰巧在新世紀開啟的時候，我們很快就要加入 WTO，請問加入 WTO 對中國的改革和未來產生什麼樣的影響？

強世功：新世紀和加入 WTO 的確是一個巧合，在我看來這頗有隱喻意義，因為我們不僅處在時間的轉折點上，而且也處在宏觀歷史和微觀改革的轉折點上。

就宏觀歷史而言，從鴉片戰爭的 100 多年來，我們一直處在從傳統封建帝國向現代民族國家的轉型之中，這段轉型的歷史實際上也是中國從一個文化帝國的中心融入世界體系的過程：從朝貢體系向條約制度的發展，從地域聯盟到重返聯合國，從閉關鎖國直到加入 WTO。

就微觀改革而言，從改革開放起來，我們目標就是實現從全能國家（Totalitarianism）向現代自由、民主和法治國家的轉型。我們可以說前二十年中國的改革或轉型屬於政府積極推動型的社會變遷，在這個

---

* 原載《人民法院報》，2001 年 3 月 16 日，採訪人為張娜。

時期，改革的動力主要來自政府，如何建立現代市場經濟體系成為改革的中心任務，這個任務隨着國有企業改制的完成而得以初步確立。

但是，加入 WTO 不僅對中國的企業提出了挑戰，更主要的是對政府的職能提出了挑戰。一方面意味着銀行、電信等國家壟斷企業要參與國家競爭，從而打破國家壟斷使國家大規模地退出市場領域，這意味着國家要大幅度地縮減政府管制的範圍和強度；另一方面意味着政府不得隨意干涉市場經濟，從而要求對政府的行為加以約束，要求政府提供充分的、公平的制度，以保護公民各方面的權益。這就意味着政府在市場經濟中從積極的干預推動者變成公共職能的承擔者和公民合法權益的保護者。

隨着市場經濟的確立，市民社會也隨之在中國成長起來，它正在逐步成為社會改革的主要動力。因此，如果說前二十年的改革是以市場為目標的政府推動型改革，那麼此後的改革則是以政府職能為目標的社會推動型的改革，如果說前二十年的改革重心是改市場，那麼此後改革的重心的改政府。

問：加入 WTO 對中國的法律制度提出什麼樣的挑戰呢？

強世功：在剛才所說的變革中，法律也隨之發生了變革。此前的 20 多年我們可以稱為「立法時代」，其主要任務是為社會生活提供基本的生活規則，儘管這種工作目前還遠遠沒有完成，但是，法律規則的基本框架已經確立了。

加入 WTO 之後要求我們我們具有統一的、合理的、完善的法律規則，目前正在編纂中的《民法典》可以看作是立法時代的總結性工作。

然而，今天我們面臨主要問題是這些規則如何能夠得到公正、有效的執行。這就意味着我們的目光從立法領域轉向了司法領域。根據

WTO 的要求，在司法領域中，一方面司法機構要獨立於地方政府，從而保證公平合理的法律能夠得到有效、公正的執行，另一方面要求司法機構具有審查行政法規的權力。因此，我們可以說，中國伴隨加入 WTO 也進入了一個「司法時代」，在這個時代，我們必須解決兩個最根本的問題，其一就是司法審判獨立的問題，其二就是司法的法律審查權問題。而這兩個問題和我們目前正在進行的司法改革具有密切的關聯。

二、司法審判獨立的理論邏輯

問：如果說加入 WTO 要求司法審判的獨立性，那麼你是如何看待司法獨審判立和「司法公正」為核心的中國司法改革的？

強世功：儘管加入 WTO 提出了司法審判獨立的要求，但是我們不能簡單地說中國的司法改革就是為了加入 WTO，實際上中國司法改革和加入 WTO 一樣是來自中國社會發展的要求，因此我們看到改革的方向是一致的。

回顧司法的歷史，我們會發現在我們的法律理論中，司法一直是國家治理的工具，無論是作為階級鎮壓的暴力工具，還是維護社會穩定的工具，還是為改革開放和經濟建設保駕護航的工具，它都沒有自身獨立的邏輯。而自從肖揚院長提出的「司法公正」，意味着司法的目標或者功能僅僅是實現社會公正，至於階級統治問題和經濟建設問題，那是其他機構的任務，而不是司法的任務。我們之所以稱之為「司法時代」，就是意味着這是一個確立司法自身的運作邏輯的時代。

問：司法確立自身的邏輯並不能成為司法獨立的理由，行政機構也可以有自身的邏輯，但是為什麼我們不說行政獨立？一個機構確立自身的邏輯僅僅是社會分工的需要，難道司法獨立僅僅是出於社會分工意義上的考慮？

強世功：我們都理解分工促進效率的經濟學原理，司法獨立於立法和行政的確是面對複雜分化的現代社會的需要。立法解決的是利益政治問題，行政解決的是社會效率問題，司法解決的社會公正問題。但是，正如你說的，僅僅從分工的意義上不能完全解釋司法審判獨立的存在邏輯。司法審判之所以獨立是由於司法機構的特殊性。

一方面，我們都知道《聯邦黨人文集》中闡述司法獨立的名言，司法之所以獨立是由於它既不掌管軍隊，也不控制金錢，它只有書寫判決書的筆。這意味着司法機構是依賴於理性和判斷而存在，司法過程是一種理性展開的過程，是一個說理、論辯、協商和裁判的過程，司法制度的構造就是圍繞這個過程展開的。在這個意義上，司法過程實際上是一個知識過程，它不應受到外在的支配。目前司法改革中提出的知識化、專業化、甚至精英化就是這個道理。

另一方面，司法機構是國家政治權力結構中薄弱的環節，用美國憲法學家貝克爾（Alexander Bickel）的話來說，法院是「最不危險的部門」。如果我們從解決政治權力腐敗的權力分割方案出發來思考問題，從權力之間制約平衡的思想來考慮問題，那麼對於政治權力結構中最弱小的權力只有賦予獨立性才能對其他的權力形成制約平衡。因此，司法審判獨立不僅有社會分工的社會學意涵，還有制約平衡的政治學意涵。

三、錯案追究制、審判委員會和個案監督制

問：如果說司法獨立，是不是指法官在審理案件中可以隨意地解釋法律？這是不是意味着案件的審理就沒有對錯之分？

強世功：這實際上涉及到了法律解釋中關於法官的自由裁量權問題，這是一個引起廣泛爭議的法律解釋學和法律社會學的主題。但是，這並不意味法官的對法律條文的解釋隨心所欲，法官對法律的解釋應當以法律知識和法律推理作為基礎，因此，法律推理對於司法判決的形成至關重要。正如我們前面所說的那樣，司法過程是一個法律知識的論辯過程。我常對學生講，法律人不可以強詞奪理，但更可怕的是蠻不講理。

我們不能簡單地說案件判決沒有對錯之分。事實上，在法律明確規定的情況下，絕大多數的案件判決是有對錯之分的，否則法律規則就喪失了確定性，法律理性也就不存在。因此，這就要求立法制定的法律規則必須是概念、規則是明晰的，法條的邏輯結構是科學合理的。這種立法的科學化、理性化就是為了建立類似科學的對錯之分，在這個意義上，我們可以說法律是科學。然而，法律規則是由語言和概念構成的，很多概念的理解存在多種可能甚至歧義，導致即使受過良好法律教育的法律人都有不同理解和解釋，更加上不同法理學說提供了不同理論支撐。比如最具爭議的「正當程序」「平等保護」「公序良俗」之類的概念。而且任何一個概念的含義都有其穩定不變的內核，但在這個概念含義的內核邊緣就出現了模糊的陰影。比如說到「交通工具」我們都想到火車、汽車、自行車這樣的核心內涵，但是孩子們玩的「踏板車」究竟是不是「交通工具」就處在「交通工具」這個概念的陰影地帶，對其解

釋就會出現分歧，很難說對錯。由此，我們將案件區分為很容易識別對錯的「常規案件」和很難識別對錯的「疑難案件」。而對於後者，司法判決過程的說理就變得非常重要。正是由於司法過程和司法判決是一個講道理的過程，對於司法判決，我們只能說合理還是不合理，而不能輕易說「對」還是「錯」。司法過程不能等同於科學推理過程，可以說在很多案件中，尤其疑難案件中，司法判決沒有唯一絕對的真理，只有在法律規定和事實條件下的合理。如果司法過程如同科學計算那樣，那麼就不需要律師制度或者抗辯制度，只需要更高級的、掌握司法真理的人或機構就可以了，這種法律真理論就會將法官想像為「自動售貨機」。

正因為司法過程是一個追求合理的過程，所以保證司法合理性的司法程序就極其重要，比如抗辯制就是一個極其重要的制度。而有些司法程序從科學的眼光甚至是無法理解的。比如司法機構沒有經過合法的程序，從一個人家中搜出贓物，能不能定這個人盜竊罪？如果從科學的觀點看，既然有贓物就證明了盜竊，當然可以定罪了。但是，從司法程序的觀點看，未經合法程序取得的證據不能作為法律證據，不能給這個人定罪。人們會說這不是縱容犯罪嗎？問題在於我們是縱容個人犯罪，還是縱容司法機關犯罪？一個警察半夜三更突然敲開你家的門說要搜查，卻拿不出搜查證，你難道不覺得這比小偷更可怕麼？因此，如果沒有正當的司法程序，我們可能沒有放縱個別犯罪，但是卻縱容司法機構犯罪，導致更多的冤案來。

問：如果說司法判決沒有對錯之分，那麼如何理解我們目前的錯案追究制度呢？

強世功：對錯案追究制度法學界的確有所批評，這些批評大多數集中在「學理」上。在目前法官素質底下，司法程序有待進一步完善之

際，錯案追究制度確實構成了對法官的監督，一定程度上遏制了個別法官的貪贓枉法。

但是，我們必須認識到，這是一個特定條件下的、臨時性的方案。這種制度的弊端現在越來越明顯了。一個重要的弊端就是這種制度實際上破壞了審判監督制度。根據我在調查中了解到的實際情況是，許多法官害怕自己的審理的案子被認定為「錯案」，從而影響到自己的升遷、收入和聲譽，對於自己拿不定主意的案子，在沒有做出判決之前就和二審法院的法官進行內部商量甚至請示，從而使的這樣的案件上訴到二審法院的時候，已經很難更改了。

而這種做法在一定程度上強化了初審法官對上訴法官的依附關係，導致公開的上訴二審變成了隱蔽的內部請示。而這實際上與司法審判獨立是相悖的，因為司法審判獨立也意味着法官判決不甚至受上訴法院的法官的影響。在此，看到司法領域中，不同審級的法官之間不存在行政意義上的上下級等級隸屬關係，法院之間也沒有行政等級隸屬關係，只有功能上的區別，比如管轄範圍、初審和上訴審等等，因為在對法律的適用和理解上，所有的法官一律是平等的。我們目前的司法體系和法官級別還有很濃的行政色彩，需要在制度和觀念上逐步改革。

問：如果說錯案追究制對法官的監督已經產生了制度上的副作用，那麼如何看待審判委員會制度對法官判決的監督呢？

強世功：關於審判委員會的廢留有很大的爭論，在法學界，我們北大的朱蘇力教授與賀衛方和陳瑞華教授的觀點就不一致。前者主張保留，後兩位主張廢除，儘管立場是不一致的，但是學理依據有所不同。

問題的關鍵在於如前面所說的，司法的過程是一個對話倫理、溝通說服的過程，而不是簡單的科學真理的推演過程。科學真理往往掌

握在一個人手中，但是合理的道理並不是只有一個人講的最圓滿、完善。因此，廢除審判委員會而實現法官個人獨立面臨的問題不僅是如何監督法官恣意的問題，而且是如何使得判決的說理能夠說服當事人、法學界和社會大眾。哪一種說法更有理，人們只有比較不同的說法之後才能有所認識。正是在這個意義上，一些重大司法判決判決的做出，多個人說理比一個人說理，從不同角度說理比單一視角的說理有更強的社會認同效果。我們農村糾紛的調解也是村長、娘舅、七姑八姨叫來許多人，調解雖然和判決不同，但是都是要獲得社會認同的。

因此，對於重大疑難的司法案件，應當由一個委員會集體做出，而不是法官個人做出。美國聯邦法院的判決也不是有九位大法官進行投票裁決嗎？但關鍵的是，所有的法官都是平等的，不存在行政隸屬關係，更重要的是所有法官的意見、看法、推理過程是公開的，是人們可以監督的。如果比較一下我們的審判委員會，我們發現組成審判委員會的成員之間具有行政隸屬關係，是不平等的，法院的院長實際上支配着其他成員，這就使得審判委員會成為表達法院院長意志的場所。在調查中，有的法官甚至告訴我，新調來的法院院長不懂法律，但是在審委會中照樣說外行話，實際上是指鹿為馬，看看副院長、庭長、審判員對他的態度。當然，無論審委會如何做出判決，都不會公開每一個法官的司法意見和理由，因此社會公眾也就無法進行監督。

問：說到公眾對司法過程的監督機制，一方面我們推行的公開審判強調媒體監督，另一方面我們採取人大代表的個案監督，那麼這兩種監督是不是可以保證司法公正呢？

強世功：民間有句話叫「病急亂投醫」。這幾年來，司法腐敗已經成為整個社會廣泛關注的問題，因此如何監督司法遏制腐敗成為制度改

革和創新的目標。剛才討論的錯案追究制，以及媒體監督、人大個案監督等等都是在這個思路下採取的制度。

應當指出，這種監督的思路是正確的。但是，我們監督的方式需要論證，監督的效果需要在實踐中檢驗，因為制度的形成也是一個不斷試錯的過程。就媒體的監督來說，法學界的看法大體一致，我們現在的媒體公開審判實踐上妨礙司法公正。

就人大代表的個案監督來說，問題比較複雜。這個制度在實踐的中的效果還需要細緻評估。比方說，在調查中我發現，有兩類案件最容易質詢，一類是當地有社會影響的案件，另一類是當地與外地的經濟案件，當然涉及到人情關係的案件就不說了。

前一類案件容易理解，因為各級人大是人民大眾行使權力的地方，關注在本地區有重大影響的案件似乎也不為過。但是，後一類案件卻很微妙。因為現在許多企業家都是人大代表，有的甚至是地方人大常委會的成員，在地方上有很大的權力。那麼涉及到這些企業家的經濟案件，原來是通過私人關係的渠道對辦案法官施加影響，現在可以名正言順地對自己感到不滿意的判決提出個案監督，甚至進行調卷查案、當面質詢。古人講「秀才遇到兵，有理說不清」，現在是法官遇到不懂法的企業家，而且是人民代表，怎麼能講得清法理呢？更何況這些提起案件監督的要麼是當事人，要麼就是通過人情關係請來人大代表幫忙的。而各級人大在地位上高於法院，這種監督必然引發新的司法腐敗。因此，人大代表對判決結果的監督實際上不僅超出了自己的權力範圍，而且超出了自己的知識範圍。

我們必須認識到，我們的社會需要加強民主，需要加強人大的權力，加強人大的監督力度。有效的監督必須採取有效的方式，對司法判

決結果的監督應當由法院內部來完成。人大代表的監督應該放在司法外部監督法官的行為，而不是深入到司法內部監督司法判決。比如說，人大代表應該監督法官是不是收取了賄賂，法官是不是和當事人一起出入歌舞場所等不符合法官職業道德的行為，年輕的法官突然有了汽車、買了房子，就應該代表老百姓問一問錢是從哪兒來的等等。這些問題才是司法公正的關鍵，也是人大代表最擅長的。因為人大代表可能不懂法律推理和判決，但是「人民的眼睛是雪亮的」，人民羣眾發現的線索可以由人民代表來提出相應的監督事項，從這方面監督法官會對司法公正產生根本性的監督。而人大代表干預具體案件，必然會加劇司法腐敗，尤其是這些年愈演愈烈的地方保護主義。

四、中央權威、地方治理與二元司法體系

問：前些年，我們不斷地批評司法的地方保護主義，直到目前司法地方保護主義還沒有從根本上克服，從而無法保證法律的統一的有效實施，這種局面和我們加入 WTO 所面臨的要求不符合，那麼如何從根本上改變這種局面呢？

強世功：關於司法地方保護主義所形成的司法割據局面要從改革以來中央與地方之間利益重新分配的角度來理解。二十年來中國的改革實際上是中央給地方放權讓利的改革，以推動地方政府和整個社會的積極性和活力。在這個過程中，中央政府的權威也因此受到了影響。對於一個現代國家而言，中央政府保持自身的權威主要依賴軍隊、稅收、貨幣、信息、司法等方面的中央集權來維持的，司法審判體系應當成為隸屬中央的獨立機構。

　　因此，司法審判獨立的含義不僅僅是憲制層面上權力的橫向分割，更主要是國家治理層面上中央政府監督和制約地方的重要手段，在西方近代的歷史上，司法獨立都是與中央集權的國家絕對主義的興起聯繫在一起的。

　　相反，我們在擴大地方權力的改革過程中，首先，司法體系的雙重領導為司法的地方化提供了依據，其次，司法在人事、財政、後勤服務的地方化奠定了司法地方保護主義的基礎，最後，前些年由於中央財政的困難，加劇了司法體系對地方的依賴。

　　人們常說「吃人嘴短，拿人手軟」，法院的生存都依賴在地方政府，如何能不聽地方政府的？就拿經濟案件的審理來說，假如本地的企業和外地的企業發生了經濟糾紛，如果在本地法院審理案件，即使本地企業違反法律，但這個企業是當地的龍頭企業、稅利大戶，企業經理可能是人大代表或者政協委員，法院怎麼敢判本地企業的敗訴呢？即使判本地企業敗訴，又如何能實際執行呢？法院一直喊執行難，難就難在這個地方，所以這些案件往往調解處理。

　　這種地方保護主義的結果一方面損害了司法的權威，實際上也損害了中央的權威，另一方面也惡化了地方的投資環境，誰還敢來這個地方投資？因此，我們應當從加強中央權威、改善地方投資環境和適應加入 WTO 之後的國際要求這三個角度出發，從人事、財政和後勤服務等方面使司法系統逐步脫離地方政府的支配，尤其是高級人民法院，從而變成加強法律權威、實現司法公正。

　　問：如果實行司法中央化的獨立方案，一方面顯然會加重中央的財政負擔，另一方面會削弱地方自身的治理，尤其是地方的社會治安綜合治理在實踐上往往需要法院的配合，那麼如何解決這種現實的問題呢？

強世功：確實，理論上合理的東西要在現實中推行需要相應的社會基礎和條件。就法院的經費問題，的確會增加中央政府的財政。對於這個問題，一方面中央政府需要權衡在不增加稅收的情況下，縮減某些支出（比如通過精簡機構緊縮開支）來加大司法開支；另一方面也需要改革法官制度，在法官內部將從事審判的法官和非審判的工作人員區分開，由此來縮減法官的人數，在美國聯邦最高法院只有 9 名大法官，可是中國的最高人民法院有多少法官呢？此外，我們可以提高訴訟收費，因為目前當事人打官司所花的請客、吃飯、送禮、陪法官調查取證等等的非正式費用已經遠遠超過了訴訟費，如果我們能夠保證司法的公正，我想當事人寧願將這些錢變成公開合法的正式訴訟費。就像人們現在買商品寧願花大價錢買質量保證的名牌，也不願意貪便宜買假貨。

除此之外，實際上可以探索建立二元司法體系，將縣級法院以及其下屬的派出法庭轉化成地方法院，無論在人事、財政等等各個方面歸地方。而將中級法院以上的人民法院變成獨立的中央法院，地方法院儘管歸屬地方，但是由於它僅僅是初審法院，對地方法院審理的案件的上訴審理依然歸屬中央法院，由此，地方法院在法律上依然受到中央法院的監督。

中央法院和地方法院的二元司法體系的構想不僅是為了解決中央法院的財政問題，而且是解決中國作為一個大國的治理問題。如果說中央法院維持的是國家的司法公正，那麼地方法院更多服務於地方的社會治理。我們在農村地區的調查發現，基層法院的工作不單單是司法審判工作，催糧要款、計劃生育、農田基建、處理突發事件等等，都需要法院直接參與，在這裏司法有時候確實是要服從地方的綜合治理，而且未來的發展方向也未必要專業化，反而可能是傳統的司法與行政的混合

體。在歐洲封建時代司法也包含大量的行政工作，司法與行政的專業化分離是現代城市化的產物。因此，基層政府機構可能隨着職能的改變而縮減，由此留下的大量任務需要司法來完成。比如目前地方通過合同的方式來改變過去催糧要款的粗暴方式，而這需要通過司法手段來解決。

二元的司法體系實際上是一個大國治國的重要方略，美國的聯邦法院與州法院的二元體系，英國近代的巡迴法院和普通法法院、治安法院的區分等等，都是為了解決在一個大國中，如何協調中央與地方的關係。

五、判例法與法律人共同體

問：由此看來，中國的司法改革可謂千頭萬緒，不僅有觀念上的問題，還有制度上的問題，不僅有司法判決的問題，還有社會治理的問題，要實現司法獨立和司法公正還要走很長的路。那麼你認為當前最迫切的問題是什麼？

強世功：改革是一個漸進的過程，是一個人的觀念逐步更新的過程，也是一個制度逐步培養生長的過程，有些是長遠目標，有些是近期目標。不過，就目前的改革來看，如果處理司法外部的問題暫時還不成熟，那麼不如從改革司法內部的問題入手。

判決書的書寫制度改革看起來是一個枝節問題，但在我看來，這是一個根本性的問題。如果判決書不講法律道理，不作法律推理，就無法使法律的判決建立在理性基礎上，也就無法確立司法自身的運作邏輯和法官的自我認同，這個問題我剛剛談過了。

判決書的書寫制度的改革必然意味着法官的精英化，如果不改革

目前的判決書的書寫制度，如果不能通過判決書書寫這個知識生產的中介環節來識別、區分法官的能力，確立法官的自我認同或者司法活動的知識邏輯，那麼法官素質不會有明顯提高。而目前司法腐敗與法官素質也有某種潛在聯繫。

問：我們國家是一個大陸法系的國家，如何能夠引入判例法制度呢？

強世功：這其實是一種便利的說法，同是大陸法系的國家，法國、德國、日本和中國的法律制度一樣麼？社會的表達和實踐之間總是有一種區分，實際上判例（比如說《最高人民法院公報》上刊載的判例）在實踐中對法官的判決就有指導作用，甚至具有約束力。

我提倡判例法制度是由於我認為在法律知識之中，法官的法律知識與法學家、立法者或者教科書的法律知識是不同的。由於解決糾紛的具體性或者特殊性以及解決糾紛的迫切性，使得法官不可能像立法者或者學者那樣來探討這些問題，他們對法律條文的理解是針對具體案件的，在解決具體案件中，法官形成了一些法律規則，積累了許多經驗，體現了某種人生的智慧。但是，問題的關鍵是這些知識、這些經驗、這些智慧通過什麼樣的渠道來積累、傳播和更新呢？

我們目前的司法經驗和智慧除了經驗交流中傳播以外，大量的法官對於法律的知識都淹沒在案卷的汪洋大海之中。我們應當找到積累法官的智慧或者法官的法律知識的制度性機制。由於法官的法律知識總是和具體的案件聯繫起來的，那麼，判例法制度就是積累法官智慧的一個重要的途徑。如果沒有判例法，一個法官的智慧只能體現在這一個案件中而無法加以推廣，指導所有法官在未來的司法實踐。假如其他的法官面臨同樣的案件，他只能依賴自己的思考，無法將自己的思考建立在其

他優秀法官的思考之上，因此，對於同樣的法律難題，整個法官羣體不可能形成一個連續穩定的思考，個別法官的司法智慧被淹沒了甚至浪費了，後來在同一個問題上的判決無法在此前的判決的基礎上進一步推進，無法對法律知識和法律智慧的增長做出貢獻。

法官、律師和法學家之間的在知識上的這種互動關係對於一個轉型社會而言相當重要。社會轉型是通過漸進改革來完成，還是通過衝突、混亂來完成，往往取決於不同的法律職業之間是構成一個穩定的互動的法律人共同體，近代西方的歷史已經證明了這一點。關於這個問題我在《法律人共同體宣言》已經闡述過了。

復轉軍人再進法院 [*]

　　偉大的事業往往起於細微之處。

　　2010 年 6 月 25 日，中共中央組織部、人力資源社會保障部、國家公務員局和教育部聯合推出了「政法幹警招錄培養體制改革試點工作」。這則消息僅僅出現在慣常的新聞報道中，並沒有引起人們的關注，以至於除了相關部門和機構網站上出現了招生簡章外，我們既看不到相關的評論和討論，更看不到對這項改革措施的研究和分析。這項改革在兩年前就靜悄悄地進行局部試點，而兩年之後雖然大範圍推開，依然是波瀾不驚。我們不知道未來的歷史學家如何看待這項靜悄悄的改革，也不知道這樣一項不起眼的改革措施究竟會如何影響未來中國的社會治理和法治進程。但這項工作試圖從部隊退役士兵中選拔優秀人才進入法律院系，為基層政法機關特別是中西部和其他經濟欠發達地區的縣（市）級以下基層政法機關培養人才，不能不讓人聯想到「復轉軍人進法院」的話題。如果我們的視野再開闊一些，也會聯想到 1944 年美國聯邦政府通過的《士兵權利法》。

＊　寫作於 2010 年 7 月。

一

在二戰快要結束之際，美國政府就開始思考如何處理復轉軍人的問題。鑒於軍人在二戰中的卓越貢獻和美國向大政府轉型的需要，聯邦政府就通過了《士兵權利法》，近兩千萬二戰士兵由政府資助入學深造。其結果，這些懷有理想信念的二戰軍人後來紛紛進入參議院、眾議院和聯邦政府，使得整個美國上層政治精英被二戰的激情和理想所左右。由此，取消種族隔離，實現人人平等，建設偉大的民主國家，成為美國政府進入 20 世紀 60 年代之後持久的施政理念。

正是在這種政治背景上，美國國會在 1964 年通過了《民權法》，全面廢除了種族隔離，迫使本來持白人至上主義的南部民主黨人的約翰遜（Lyndon Johnson）在 1964 年當選總統後，在種族問題上的政治立場出現驚天大逆轉，推出了建設「偉大社會」的各項行動綱領。在法律領域中，推動廢除種族隔離，為民權訴訟提供巨額的法律援助，甚至推動針對種族的各項「糾偏行動」（affirmative action），從而使美國進入了文化左翼主導下的民權運動時代。

上世紀美國六十年代的文化左翼思潮與中國六七十年代的「文化大革命」中以平等為主旨的「大民主」理念息息相關。因此，當 20 世紀 80 年代表右翼保守主義的里根執政之後，就與同時在中國成為改革舵手的鄧小平惺惺相惜，以至於鄧小平多次登上美國《時代周刊》的封面。

鄧小平的改革與列根有很多相似之處。其中，法治領域中重要的一條就是遵循保守主義倡導的「法治與秩序」（law and order），抑制激進民主以及由此帶來的追求結果平等的「大鍋飯」。與市場經濟改革帶來的貧富差距相一致，這種法治建設也必然帶來的知識精英與普通大眾

之間的差距。這在司法領域就集中反映在法官內部形成了退伍軍人形成的法官羣體與法學院培養的大學生法官羣體之間潛在的衝突。隨着市場經濟改革的深化，法律的複雜化和法律的專業使得法官羣體中的權力態勢向有利於大學生法官的方向發展。而最高法院推出的一系列司法改革不可避免地要將這種潛在的矛盾引爆了。

二

1998 年，一篇《復轉軍人進法院》的短評將批評矛頭直指從建國以來就已經形成的安置復轉軍人進入公檢法的政治傳統。這篇短文在中央決策高層和法律界引起強烈反響。我們不要忘記，軍人和法官、教授一樣也是社會中的特定利益羣體。在傳統政法體系中，尤其以懲罰為主體的法制建構中，軍隊、法庭都屬於國家暴力機構，具有很強的政治性，因此復轉軍人進入法院自然而然。而在 1990 年代的市場經濟條件下，軍人的無私奉獻和軍費緊張的矛盾一度催生了軍隊經商自養這種動搖國本的做法。這也迫使中央在當時財政極度困難的情況下，毅然廢止了軍隊經商的做法，由中央承擔軍隊的全額經費。而安置復轉軍人（僅限於有文化的軍官，不包括普通士兵）進公檢法可以看作是一項對軍人不可替代的福利政策，成為中央穩定軍隊的基本措施。在這種背景下，可以想見這篇短文引發的政治衝擊波。

這篇文章之所以批評復轉軍人進法院，就是強調法官的知識化和專業化。一個形象的類比是醫院。既然復轉軍人不能進醫院，怎麼就可以進法院呢？這個問題問得巧妙，軍隊答得含糊。當然，巧妙不一定完全就對，含糊也並非完全無理。有人說，質疑復轉軍人進法院乃是偽命

題，因為在漫長歷史上，在不同法律傳統中，法官職業從來不是由專業法律人所壟斷的，且不說中國的古代的法官都是讀四書五經出身的文官，歐洲法律職業教育也是近代才發展，就是美國聯邦最高法院的歷史上，沒有受過法律教育的政治家從事法官也比比皆是，且美國各州法院的法官往往是選舉產生的，根本就沒有如此強調專業化。況且，中國的復轉軍人進法院之後，主要從事辦公室、執行等行政工作，即使從事審判工作，要麼是審理簡單的民事糾紛，要麼重新回到法學院接受了教育。尤其從 1980 年代以來，法律院校中形形色色的法官班從來沒有斷過，而且從鄭天翔擔任最高法院院長開始，法院系統內的法律「夜大」就繼續了十多年，持續輪訓法官。

但是，這種質疑之所具有衝擊力就在於這個觀點揭示了現代社會的基本特徵，即依賴抽象性信用機制進行社會識別，進而形成新的社會等級層次體系。對於現代司法體制來說，重要的不在於法官是否實際上懂法律、學過法律，而在於我們是否能夠通過法律文聘這樣的抽象符號來識別法律人才。從「實」向「名」的轉變，意味着我們又進入了某種現代的版本的「血統論」或「身份論」，文憑成為新的身份象徵。重要的不在於你是否懂法律，而是在於是否以法律人所認定的方式懂法律。自學的不算，培訓的不算，普通司法學校的也不算，實踐中摸索的也不算，而必須是法律人所認可的名校的法律教育模式培養出來的才算。在這個意義上，社會發展不僅是梅因（Henry Maine）所說的從身份到契約的運動，而且是從契約重返身份的運動。而這種質疑恰恰代表某種時代精神，那就是讓我們多少有些措手不及的「現代性」。在這個時代，張海迪這樣的自學成才的故事成為剛剛逝去的絕響，而像馬錫五這樣通曉「地方性知識」的法官又陷入了尷尬。

1999 年 10 月 20 日，最高法院推出了「五年司法改革綱要」，重點推出以抗辯制為核心的審判方式改革。這項改革一改傳統的法官主導的糾問模式和「馬錫五審判方式」，突出了審判過程的正規化、專業化和程序化。這種審判方式必然對法官、律師和檢察官的專業素質提出更高的要求，這意味着改革必須從根本上淘汰「復轉軍人型法官」。「徒法不足以自行」，司法改革能否成功，關鍵需要與這種司法改革的風格相匹配的法官，即用「知識型法官」來取代「經驗型法官」。因此，精英主義司法改革的核心不僅是審判方式的改革，而且是對法官類型的徹底改造。這項「畢其功於一役」的改革就是 2002 年推出的國家統一司法考試。從此擔任律師、法官和檢察官必須通過資格考試。這意味着從此之後，要從事律師、法官和檢察官職業，必須經過嚴格的法律教育。據統計，2002 年司法考試的通過率僅為 7%，到 2006 年通過率上升到 15%，而直到 2009 年通過率也僅有 27%。這就意味着即使接受專業法律的教育的學生，甚至包括北大法學院、人大法學院等名校畢業的法律人也未必能成為職業法律人的合格人選。

三

如此嚴苛的考試通過率使得通過司法考試獲得的證書成為法律市場上的一項稀缺資源。司法考試證書的效力是全國性的，但法院提供的司法服務卻是地方性的。在一個日趨流動的市場上，司法考試與司法服務之間形成了矛盾衝突。由於司法考試證書屬於「全國通用糧票」，從而使得通過考試的法律精英開始「孔雀東南飛」，迅速集中北京、上海、廣州等經濟發達的大城市，而二線、三線城市幾乎沒有像樣的律

師。這種人才集中和資本集中一樣，推動了法律職業金字塔壟斷的迅速形成。於是，北京、上海等地律師事務所藉此機會迅速在各地建立分所，公司化管理的大型律師所的擴張和合併一時成為法律界討論的熱門話題。

司法考試推動的法律精英向東南集中化的趨向，不僅導致相對落後的西北地區缺乏律師，更重要的是開始缺乏法官，因為許多擁有職業資格的法官開始流向律師隊伍。法律人才的流動形成了一個看得見、第次流動的金字塔模型，法官開始流向律師，西北落後地區的法官和律師流向發達的東南沿海。根據媒體的公開報導，一時間，基層法官匱乏、法官年齡結構斷層，法官專業結構失衡成為法院系統的普遍話題。司法改革改到最後卻改沒了法官，這顯然是改革的推動者始料未及的。2005 年，最高人民法院副院長萬鄂湘就在全國政協會議上透露，我國共流失法官 1.6 萬人，其中多數源於西部地區。比如，青海省2006 年平均每個基層法庭只有 1.3 名法官，按照訴訟法都無法開庭，更不用說搞抗辯制了。四川省從 2005-2008 年流失法官 873 名。山東省從 2003 年至 2007 年訴訟案件增長 5%，可法官數量卻減少 12%。儘管山東省從 2003 年以來，軍轉幹部和調入人員佔到法院新進人員總數的 66% ，但由於這些人很少能通過司法考試，因此無法擔任法官。由此，一度時間，基層法院出現了大量「簽名法官」，即案子都是由這些未能通過司法考試的「準法官」所審理判決的，但裁判文書只能有少數擁有司法考試資格的「正式法官」來簽名。未來的歷史學家如果看到法院的司法檔案一定會很驚奇，怎麼幾個法官竟然有分身術，同時在審理全院的各種案件。司法改革不僅導致了「法官荒」，「檢察官荒」也同樣困擾着基層司法。據統計，2002 年至 2005 年，西部地區基層檢察院

的檢察官由於退休、離崗、外流等原因遞減 9814 名，而同期新任檢察官只有 1362 名，3 年共銳減 8452 人。

而與此同時，社會轉型帶來的訴訟案件激增，它剛好與司法正規化改革導致的法官嚴重匱乏構成司法領域中無法迴避的難題。在這種法律與社會的矛盾中，社會固然會按照法律的要求發生細微的改變，但社會自身的邏輯很快將法律變成一紙空文。西北地區不得不繼續讓沒有通過司法考試的人擔任法官，復轉軍人也被迫進法院。但這些妾身未明的法官處在尷尬的位置上，他們行法官之實，卻無法官之名。這使得優秀人才不願再去做法官，而隨着軍人安置採取貨幣化的政策，如此名不正言不順地進入法院已不再是軍人的最佳選擇，從而導致全國範圍內基層法官稀缺，法官年齡結構出現斷層，普遍青黃不接。

我們的司法改革不僅在摧毀我們基層法院體系，而且在瓦解着中國基層社會的治理。由於法官的匱乏，基層法院開始收縮。人民法庭曾經是法院深入到基層參與社會治理的觸角，而如今正在逐步走向萎縮，退守到中心縣城，被大量湧入的基層糾紛所淹沒。訴訟難，法官累，「案多人少」，一時間成了司法領域的核心問題。而風起雲湧的上訪潮中，「涉訴上訪」所佔的比例也越來越大。再加之愈演愈烈的司法腐敗以及司法改革對程序正義的強調遇到了社會民情中追求實質正義情結的抵制。司法精英主義的改革路線在政治上受到了質疑。從 2000-2010 年的十年間，最高人民法院和最高人民檢察院在每年的全國人民代表大會上獲得贊成票最低達到 70%，而基本上在 75% 左右徘徊。司法精英主義主張者總認為司法改革受到質疑是由於司法不獨立，從而主張通過專業化來加快司法獨立，而沒有看到司法精英主義的改革思路正在瓦解基層法院體系，從而動搖中國社會的治理基礎。

四

在這種背景下，中央政法委推出了以解決社會糾紛為主旨的「大調解」，以彌補正規化司法改革的不足。隨着王勝俊擔任最高人民法院院長，司法改革的主導權也從最高人民法院轉移到中央政法委，改革目標也從單純追求「司法公正」轉向實現「社會和諧」。

有人說，肖揚擔任最高人民法院院長時期的司法哲學類似於美國右翼保守主義，強調法律精英主義和法律內在的邏輯一致性，從而推動法院獨立於政治。那麼是不是可以說，王勝俊擔任最高人民法院時期的司法哲學具有了美國沃倫法院的能動司法傾向，即強調司法積極回應和解決社會問題。以至於「司法能動主義」和「政治的法院」等等這些來自美國「沃倫法院」的司法哲學概念頻繁出現在我們的司法話語中。也許是由於這個原因，不少人把這兩個時期對立起來，把當前的一些司法改革路線看作是「倒退」，而看不到後來的改革實際上是在解決前面遺留下來的難題。這一點從解決基層法官缺乏的問題上就可以看出來。

從 2003 年以來，最高法院和最高檢察院就一直採取各種辦法解決基層法官和檢察官短缺的難題。2006 年，兩高聯合出台《關於緩解西部及貧困地區基層人民法院、人民檢察院法官、檢察官短缺問題的意見》。2007 年 8 月，人事部、財政部聯合下發《關於實行法官審判津貼的通知》，增加法官的待遇。2007 年 12 月，最高人民法院決定在西部 12 個省（自治區、直轄市）的 800 餘個基層人民法院推行「法官助理」制度，實際上是在鼓勵復轉軍人進法院。然而，《法官法》上並沒有「法官助理」這個職務，這個含糊的職位不過是為了將那些「違法」承擔審判任務的人員（包括大量的所謂復轉軍人）的身份加以合法化。

　　儘管如此，最高人民法院和最高人民檢察院以及法學界似乎並沒有人對司法考試本身提出質疑。換句話說，司法考試所奠定的法律精英主義已經成為整個政法系統的共識，以至於從中央政法委主導司法改革以來，雖然推出了各項改革措施，但都不過是彌補此前司法改革的弊端和不足，而並沒有從根本上扭轉肖揚擔任最高人民法院院長時期奠定的基礎和方向。因此，中央政法委在提出解決基層法官匱乏的改革意見中，即使有意讓復轉軍人重新進入法院，也特別強調必須採取專業培訓的辦法，為此還專門規定：這些法官在級別上局限於基層法院，且在地理位置上強調中西部地區。當然，這項改革依然有一條致命的規定：這些復轉軍人經過培訓後要成為法官或檢察官，必須要通過司法考試。

五

　　在目前的改革推進中，復轉軍人重新進法院對於完善法院體系、強化法院的社會治理功能會起到積極的作用。但問題在於：這些經過培訓的軍人無法通過司法考試怎麼辦？當他們進入法院之後如何改變這種妾身未明的尷尬局面？而他們一旦通過司法考試，怎麼能保證他們留在基層和中西部，而不是加入「孔雀東南飛」的大合唱中呢？

　　今天基層司法的困境表面上是缺法官，而實際上真正缺乏的是我們對「法官」這個概念的理解，而對這個概念的理解無疑需要我們對法律以及我們自身的生活保持一種樸素的、常識性的理解。法官是糾紛的裁判者，他不僅要從書本上學習法律，而且要從生活實踐中理解糾紛，由此才能真正理解法律規定源於生活本身。對糾紛理解越深入才越能理解法律的真諦。社會是多種多樣，生活是豐富多彩的。有複雜專業

的國際化知識產權糾紛，也有常見的家庭鄰里糾紛。在高度專業化、複雜化的金融商業公司等法律領域，無疑需要專業化的法官來運作複雜的法律規則，然而在廣大基層社會，絕大多數糾紛都是日常生活糾紛，解決這些糾紛需要的更多是對生活的理解體驗，而非法律專業知識的掌握。在廣大中西部的基層社會，在社會上摸爬滾打幾十年的復轉軍人，比剛從法學院畢業的大學生更能勝任法官的角色。而巨大廣闊、複雜多樣的中國社會，從西北遊牧生活、農業社會向中部東部工商業社會以及沿海後工業信息社會過渡的巨大光譜中，我們的司法改革必須保持適應各種不同的「地方性知識」的多樣化，而不能按照精英主義的信息社會想像，在司法改革中對多樣化的社會生活進行「一刀切」。

據說，以推行對抗制為核心的司法精英主義的改革思路源於普通法的靈感，可是我們的推行這種制度的方式採用的卻是典型的大陸法系自上而下的理性設計。若從普通法的視角看，堅持法律源於發現社會內在的規則、尊重地方性的習慣法、尊重普通人參與司法進程的陪審團制度、讓司法扎根於本土治理的實踐乃是普通法的精髓。我們只採擇了普通法傳統中結出的鮮花，但卻用理性建構主義的大陸法思維模式斬斷了這鮮花的根莖。如果沒有對社會經驗、歷史傳統和生活常識的尊重，司法精英主義的改革會日益變成枯萎的花朵。

司法改革：頂層設計與地方探索的互動 [*]

  我自己的專業是法律社會學，從法律社會學的理論出發，我對司法改革有兩點觀察，同時也提出兩點建議。

觀察之一：司法改革在精英化和大眾化之間搖擺

  過往司法改革始終在精英化和大眾化之間的搖擺。司法改革最初由最高人民法院主導。肖揚院長時期推出司法改革以法律精英主義為立足點，提倡司法的專業化和精英化。無論對抗制訴訟改革，還是司法職業考試，都是這場改革的重心。由此，對司法公正的理解也就強調程序正義，看重判決的法律效果。然而，這場改革特別與基層社會的現實問題和文化環境相背離，導致大規模的涉訴信訪，人民法院在人民大眾心目中的威信降到了最低點，以至於連續幾年全國人大代表對最高人民法院報告的支持率比較低。

  而在王勝俊院長時期，開始糾正這種改革思路，提出「三個至上」和「大調解」。司法改革又向大眾化方向發展，無論「楓橋經驗」，還

---

* 2016 年 1 月在某座談會上的發言。

是「馬背上的法庭」，司法判決關注社會效果，強調讓人民滿意，以服務於社會穩定。這場改革基本上以農村地區的基層法院作為對象，然而強調調解和讓人民滿意，許多案子久調不決，導致法院「案多人少」的問題越來越突出。因此，司法改革也就受到來自法律知識界和司法精英階層的強烈反對。

如果我們對比一下這兩種改革思路，就會發現精英主義強調從理念出發，注重領導專家的作用，傾向於搞「頂層設計」，而大眾主義則傾向從經驗出發，注重當事人對法律的感受，但缺乏整體設計。而最近這幾年，司法改革的鐘擺似乎又向精英主義的方向移動。我們看到中央政法委主導進行了一系列頂層設計的改革。但有一些改革措施停留在紙面上，有一些改革在實踐中的效果不明顯，引發新的問題。比如巡迴法院，立案登記制等都在學術界、基層法院引發批評聲音。

建議之一：司法改革切忌「一刀切」，要尊重司法類型化和社會多樣化

司法改革之所以出現這種鐘擺現象，主要是由於過往的司法改革採取了「一刀切」，忽略了司法內在的多樣性和差異性，忽略了中國社會狀況的多樣性和差異性。由此，第一個建議是司法改革不能搞「一刀切」，而要採取類型化和多樣化的司法改革思路。

其一，不同司法機關的權力性質不同，運作邏輯不同，改革的邏輯也就不同。偵查權、檢察權和審判權雖然都屬於司法權，但前兩者更多具有行政權的特徵，是一種積極主動行使的權力，因此需要偵查權和檢察權行使的積極性和主動性。對於一些冤假錯案責任追求，不

應當過分着眼於公安破案壓力或者檢察起訴中的證據問題，因為這是由這些權力的性質決定的。偵查權和檢察權如果不再是一種積極主動的權力，若過分約束其權力運作導致其陷入消極被動，那就背離了這些權力的性質，會導致不作為。偵查權的不作為就會導致社會治安出現問題，而監檢察權的不作為就會枉縱犯罪，導致受害人的權益無法受到保護。相反，司法權乃是一種消極被動的權力，就應當對偵查權和檢察權形成制約。如果出現冤假錯案，那責任就應當更多地落在法院，因為它未經查明就採信了偵查權和檢察權所提供的案件事實。這就意味着要賦予法院作出司法判決的獨立決定權，尤其是對偵查和檢察權構成必要的制約。

其二，要強調法院內部不同部門的差異性，這種差異性來源於不同類型的社會生活產生的案件性質的多樣性，因此不同的部門法要遵循不同的司法政策和審判邏輯，不能用一個部門法的邏輯來要求其他部門法的運作。比如經濟、知識產權、金融、公司等這些商業案件就應當按照法律專業化的邏輯運作，強調當事人意思自治，注重審判而非調解，充分尊重法官獨立的的判斷權。在這方面我們完全可以和西方司法理念和制度接軌。但是，普通的民事案件和婚姻家庭案件，來源於特定的中國社會，而不同地區社會文化風俗習慣也不同，就要特別注重當事人社會身份和文化心理，特別是關注不懂法律的基層老百姓的感受，要着眼於社會和諧，重在調解並恢復社會關係，而不是一味地按照法律形式主義的邏輯進行判決，不僅要做到「案結」而且要做到「事了」。而對於刑事案件，必須考慮中國人的文化傳統，考慮大眾文化心理，在死刑等重大問題上，不能按照西方文化和西方程序正義邏輯來處理。我們的司法改革政策之所以出現上述搖擺，就在於用商業經濟社會的法律邏

輯要求社會鄰里的生產生活，或者將後者的法律邏輯適用於前者。這必然導致顧此失彼，進退兩難。

其三，要強調中國作為超大型國家在地理空間上經濟社會條件的差異性和多樣性，不同區域遵循不同的司法運作。作為上層建築，司法制度是經濟基礎的反應，不同的經濟社會狀況適應不同的法律運作和司法制度。從經濟社會發展狀況看，中國從西北向東南可以劃分為五個經濟社會區域：第一個是西北少量的遊牧生活區域，尤其西北少數民族地區，社會生活中的習慣法具有很大的力量，在藏區，宗教首領解決糾紛的傳統依然很強；第二個是東北、中部和西部的廣大農耕地區，這就是發生「秋菊打官司」的廣大鄉村社會，宗族調解和政府介入調解在解決糾紛中發揮巨大作用；第三個是東北、中西部正在不斷崛起中的工業化社會，這些地區正在從傳統農業社會邁向工業化社會，傳統法律向現代法律過渡中的問題比較突出；第四個是東南沿海相對成熟的工商業社會，尤其長三角和珠三角，雖然有熟人社會的農村，但完全可以推行現代化的法律制度；最後一個就是北京、上海、深圳、廣州這些國際化的大都市，已經是全球最發達的信息社會，在這些地區存在大量的涉外糾紛和訴訟，國際法的味道更濃。如果按照社會學的這種類型學劃分，那麼中國司法改革分別處在從傳統法到現代法乃至後現代化法的不同發展階段上，面對這個巨大的社會光譜，若推出一套統一的司法改革模式，那究竟以哪一種經濟社會形態作為司法改革的社會想像呢？。

綜上所述，不能以教條主義的方式抽象地談司法權或司法改革，而要採取具體問題具體分析的多樣化舉措和辦法。適合上海地區的改革模式和司法體制不一定適用中西部地區，適應經濟案件的審判制度和司法體制不一定適用民事和刑事案件的審判。過往司法改革之所以出現鐘

擺現象，很大程度上由於採取「一刀切」的改革邏輯，導致「按下葫蘆浮起瓢」。因此，我希望，今後司法改革不要採取「一刀切」，而要強調類型化、多樣化，強調多元一體。比如東部發達地區，可以全面實現司法專業化並推行員額制改革，但在中部次發達地區，高級法院和中級法院能夠推行這樣的改革就不錯了。至於西藏、新疆等西部欠發達地區，基層法院甚至不少中級法院，搞員額制改革也可能不現實，因為這些法院中通過司法考試的正式法官可能就不夠，這樣改革可能完全沒有必要。

觀察之二：從大規模法律移植轉向本土經驗的總結

過去三十多年，為迅速建立社會法治體系基本框架，尤其是建立符合市場經濟的現代法律制度，中國的法律發展在與國際接軌的思路下，通過大規模的法律移植來建立起法律體系和法律制度。目前，這項工作基本上完成，中國特色社會主義法律體系已經基本上建成，現代立法和司法體制也已經建立起來。現在，需要根據中國實際不斷完善精細化。說到底司法改革和依法治國其最終目的是推進國家治理現代化，讓中國特色社會主義制度不斷成熟定型。剛才有學者提到民法典制定，我覺得可能不要這麼着急，中國社會處在變化之中，社會生活和文化價值也在不斷重塑之中，如果我們的民法典不能總結中國人民在商事活動和婚姻家庭領域的歷史文化傳統和生活價值觀念，而是對現有各國民法典的東拼西湊，這樣的民法典就沒有意義，而且最終會面臨修改。

正這樣的歷史發展背景下，司法改革既要「破」，但同時也要

「守」。任何法律制度要具有權威性，首先就要保證其穩定性。如果我們的司法體制和司法制度總是處於不斷改革中，那麼法律權威和司法權威不可能建立起來。這其實是法理學的基本常識。可是，我們卻總是採取通過司法改革來建立司法權威這種自相矛盾的做法，這在現實中實際上恰恰是不可能實現的。我們的經驗告訴我們，經歷這幾十年的司法改革之後，法院的權威是增加了，還是削弱了？人們對法院的信任度是增加了，還是降低了？沒有人會信任一個隨時有可能被廢除掉的制度。我們的法律精英喜歡學習英美法，但普通法的精髓是保持權威穩定而不是天天改革，我們的司法改革恰恰在背離英美法的精神。

因此，我們今後能不能不再使用「司法改革」這個概念。「改革」類似「革命」，本來是特定時期的社會形態，然而這個概念使用了三十多年，「司法改革」變成了常態，導致法律權威、制度權威無法有效確立起來。法律制度也是一個有機體，如果有點病，也要註意養病，不能天天去醫院看病，不斷換藥方治病也會把好人折騰成病人。我們長期以來一直強調司法改革，那是不是意味着我們的司法制度就像一個天天要去醫院看病的病號，而不是健康的正常人呢。過往司法改革，不少是從理念出發，不符合理念或西方模式就認為有病，不斷從理念出發來折騰。比如「司法地方保護主義」雖然曾經是司法改革中不斷批評的對象，但今天又在提「司法權是中央事權」也值得商榷。這是不是意味着地方法院是最高人民法院的派出機構？這些概念和提法在法理學上不一定能站得住腳。按照這種邏輯的司法改革可能就不符合中國作為一個超大型國家的實際，不符合兩個積極性的憲法原則。

我們建構中國特色社會主義法治，要堅持從中國的實際出發，不能過分強調理念和西方模式，要強調解決中國問題。同時，我們一定要

意識到，每個制度都有其優點和弊端，理性的制度設計都有「意外後果」問題。改革最大的風險在於舊制度的優點喪失了，可新制度的弊端卻顯現出來了。這次推出主審法官獨立審判制度和法官責任制就應當慎之又慎。因為這些改革對我們原來的司法體制會構成很大的衝擊，在實踐中肯定面臨許多意想不到的問題。

建議之二：改革不可操之過急，要提倡發揮地方的積極性

改革是一項長期的試驗，從世界歷史上看，需要幾代人的努力。新制度的確立、完善不可能一蹴而就，需要相當長時間進行符合中國實際的探索和積累。中國司法改革的目標是探索中國特色社會主義法治，這要隨着中國特色社會主義制度整體的完善而定型。因此，司法改革不可以操之過急，更不可能畢其功於一役，不能按照五年任期規劃來推動司法改革，從而把 2016 年看作是司法改革的攻堅關鍵年。而應當在解決中國實際問題過程中，慢慢形成中國特色的司法體制。

因此，司法改革不能只講「頂層設計」，而忽略地方因地制宜的實驗和創新。特別要注意，中國是一個超大型國家，各地的經濟社會發展不平衡，西方國家往往是小國，經濟社會文化相對單一，這種社會形態中的司法制度對中國的借鑒意義有限。我們要建立大國法治，就要始終注重調動兩個積極性，既要注重中央頂層設計的積極性，又要提倡地方政府和地方法院的創造性。最近的司法改革中，強調頂層設計多，提倡地方探索不夠。

具體而言，建議目前各地正在進行的司法改革試點，不能匆匆忙忙試點之後就總結經驗，在全國推開。不妨可以考慮在各地全面運行相當

一段時間之後，不斷總結其經驗，完善可能出現的漏洞。如果我們學習經濟體制改革成功的經驗，司法改革的頂層設計應當是「指導性計劃」，而不是「指令性計劃」，應當給出原則、目標和方向，讓有條件的地區先行先試，沒有條件的地方可以等條件成熟之後再改革或探索不同的改革方式。甚至可以考慮建立「司法改革試驗區」或「司法特區」。把經濟改革中「縣際競爭」的成功經驗運用到司法改革中，讓各地探索如何建立公正高效的司法體制，甚至形成不同的、有地方特色的司法運作，無疑是大國法治的特色。

法律人共同體：超越與重構 [*]

原編者按：「道德社會解體了，政治社會正在衰落，法治社會還會遙遠嗎？」

15 年前，一篇名為《法律人共同體宣言》的文章和它模仿的樣本——《共產黨宣言》被廣為傳播一樣，迅速在互聯網上走紅。

年輕而才華橫溢的作者描述：

「無論是最高法院的大法官還是鄉村的司法調解員，無論是滿世界飛來飛去的大律師還是小小的地方檢察官，無論是學富五車的知名教授還是啃着饅頭鹹菜在租來的民房裏複習考研的法律自考生，我們構成了一個無形的法律人共同體。共同的知識、共同的語言、共同的思維、共同的認同、共同的理想、共同的目標、共同的風格、共同的氣質，使得我們這些受過法律教育的法律人構成了一個獨立的共同體：一個職業共同體、一個知識共同體、一個信念共同體、一個精神共同體、一個相互認同的意義共同體。」

作者意識到，「我們的法律人共同體還在沒有形成的時候就受到了

* 　原載《財經》2013 年第 32 期，刊出時有刪節，這裏為全文。採訪人為申欣旺。

種種引誘、哄騙、安撫、強迫、威脅、控制、馴化、肢解、分裂，然後各個擊破。他們本來是權力的敵人，現在卻和權力勾結在一起。」這樣一個共同體，「政治家想馴服他們，道德家們想壓制他們，資本家想賄賂他們，普通百姓想躲開他們」。

「正是處在這樣一個關節點上，法官、律師和法學家究竟是成長為一個統一的法律人共同體，還是在被權力的勾引、利用的同時，彼此走向敵對和分裂？」作者就此呼籲：所有的法律人（lawyers），團結起來！

然而，15 年後，「統一」並未出現，「分裂」的態勢日趨明顯：律師為警察、檢察官、法官所指責，甚至招來牢獄之災；法官被律師「死磕」；律師互相攻訐；法學教授在金錢驅使下提供「法律意見」。更不必說，同一個共同體的兩重天：體制內的司法官員嫉妒體制外的律師日進斗金，體制外的律師羨慕體制內的司法官員大權在握，罔顧正義。他們互相指責，或相互勾結。無論是「拉人下水」抑或「逼良為娼」。

統一還是分裂並不只意味着司法公信力的持續下降，作者警告「我們有可能走向我們所希望的法治社會，也有可能因為法律人共同體的解體以及隨之而來的司法腐敗導致我們對法律的絕望，而使我們重新訴諸暴力來尋求社會正義。」

如果說發端於 15 年前的司法改革並未解決司法公正的問題，反而降低了對司法公正的公信與預期，但其價值在於揭開了法律人與主權者之間內在衝突的面紗。循着 15 年來改革理念的衝突，法律人共同體內不同職業的衝突與「死磕」，分裂已然成為不爭事實。背後反映的不僅是法律人這個羣體的困頓與迷茫，也折射出我們如何定位這個羣體在國家法治建設中的戰略地位。

15 年後，強世功教授在北京大學法學院畢業典禮上的演講被冠

名「中國法律人的新『奧德賽』」在網上引起熱議，甚至引起香港 The South China Post（《南華早報》）的報道。在這篇演講中，強世功提出了法律人應當思考如何處理自己與主權者的關係，如何面對歷史文化傳統以及中國崛起等迫切的重大理論和現實問題。

當憲法司法化遭遇憲法障礙與現實困境，「法律人治國」的理想圖景並未隨着大批法律人進入黨政高級職位而突顯，置於國家富強、民族復興的大背景之下，中國「法律人共同體」路在何方，本刊就此專訪《法律人共同體宣言》一文作者、北京大學法治研究中心主任強世功教授。

政治共同體的主人是人民，而不是法律人

問：十五年前法治領域最有影響力的事件之一是「復轉軍人進法院」，很典型的政法特色。「法律人」這個詞似乎還很陌生，為什麼會寫《法律人共同體宣言》？

強世功：在 1990 年代，lawyer 這個詞通常被譯成「律師」，偶爾會翻譯成「法律家」。可在普通法中，由於法律職業內部有很強的流動性，因此 lawyer 往往是指受法律教育並從事法律職業的羣體，寫作「法律人共同體宣言」是受到當時很著名的劉燕文案的啟發。北大法學院組織了這個案件的討論會，包括雙方律師甚至法官。在這個案子中，雙方律師儘管立場不同，但是他們所使用的語言、推理以及背後的理念往往是一致的，反而當事人劉燕文很尷尬，他不理解別人在講些什麼，甚至他與自己的律師都沒有辦法溝通。作為一名理工科博士，他在這套法言法語面前是失聲的，在整個事件中原本的當事人反而成了旁觀者。

這個案件給我的感觸特別深，我意識到「法律人」這個職業群體甚至社會階層的興起，這個群體最重要的特徵就是擁有了一套和大眾完全不一樣的話語體系，甚至思考問題的方式，這也是我當時寫《法律人共同體宣言》的初衷。

問：如您文中分析，關注法律人在社會轉型中的作用？

強世功：當時中國處在司法改革、建立法治國家的探尋階段，我希望探究一下法律人在這樣的過程中可以扮演什麼的角色。我關注的不是憲制民主問題，而是法治問題。那個時候，許多人對法律人群體的興起抱有很大期待，希望通過法律人一套完全新的話語體系、知識體系和法律規則體系來塑造我們的司法制度，也就是我們說的法治。更重要的是，不少人希望遲到的法律人補上 1980 年代探尋民主的寶貴一課，這就有了後來的「憲法司法化」。

問：當時法律人覺得時機來了，法律人認為自己可以解釋憲法，進而認為憲法司法化也就指日可待了。有意思的是，十多年過去，當時談的問題現在都一一被放大了。「法律人治國」的提法比過去流行，但當時為之振奮、期待的目標似乎都沒實現，法律人之間衝突不斷。回過頭去，怎麼看待這個群體？

強世功：的確，現在的法律職業內部的分化很嚴重。法官、律師、檢察官、法學教授之間的隔閡很深，我指的不盡是利益和立場的分歧，而且包括知識和理念的分歧。我注意到，當我們在強調法律人共同體的時候，特別是一些人提出「法律人治國」時，許多人可能會有一種錯覺，似乎這個政治共同體就是有法律人決定的，法律人似乎應當天然地成為這個政治共同體的主人。這種錯覺對法律人而言，往往會變成一種致命的誘惑。

2003 年，我出版了《法律人的城邦》，意在表明法律人必須意識到自己是國家這個政治共同體的一部分，我們需要考慮如何處理與其他社會階層的關係。政治共同體屬於全體人民，法律人僅僅是其中的一分子，而人民或者說主權者才是這個共同體的塑造者或主人。法律人始終需要考慮與人民的關係，或者說與主權者的關係。法律人共同體之所以出現你所說的分化或分歧，部分原因就是在這個問題上發生了分歧。

關鍵是處理好法律人、執政黨和人民的關係

問：從上世紀 90 年代後期肇始於最高法院的司法改革，到「三個至上」，再到整體提出社會主義法治，其中引發很多的爭論，如果從這個背景來看，過去十五年的核心問題是什麼？

強世功：在這個變化軌跡中，核心問題就是如何處理法律人共同體和人民大眾的的關係，從學理上就是處理法律人和主權者的關係，在實踐中就是處理法律人和執政黨的關係。中國古典的法律傳統乃是「禮法傳統」，後來我們確立了「政法傳統」。從禮法傳統到政法傳統，都在處理政治和法律、主權者和法律人的關係。「政法傳統」意味着主權者的意志、理念，甚至一些政治原則滲透到司法過程中，因此政治要高於法律，法律要服務於政治。但是，當我們說法律人共同體時，似乎強調「法律人共同體」只服從法律，而不需要過問政治。在法治社會下，法律是最高的準則，法律人無疑要服從法律。但是，如果法律本身包含了政治的內容或者說法律就是為了實現政治目的，那麼如果要準確地理解這種法律的意含，就必須首先理解政治或其政治目的，否則就不能真正理解法律的意含。

問：實際上就是法律人要求去政治化的主張，與主權者之間形成了緊張的衝突關係。

強世功：可以這麼說。比如在司法過程中，我們的政法傳統有一個基本原則：法律效果與社會效果相統一。「法律效果」就是合法，而所謂「社會效果」就是要實現立法者或者主權者的政治目的，在中國就是要讓老百姓能夠理解、接受甚至滿意。但是，許多人法律人對司法的「社會效果」懷牴觸情緒，認為這是執政黨的政治要求，不是法治社會的要求。這種看法顯然是對法治的誤讀。

我們必須理解，法治不是真空中的法律關係，而是特定政治共同體、特定歷史文化傳統中的法律關係。法治的原則可能是普遍的，而在具體落實的過程中必然特定政治、歷史文化的產物。由此我們看到，同樣的法律規則，在不同的國家中的理解和落實也是不同的，這恰恰是考慮社會效果的結果。

而在憲法問題上，這種緊張就更加突出。憲法是法治社會最高的法律，但憲法無疑是一部政治性法律，完全不同於民商法。但在憲法司法化的討論中，一種流行的學說就是主張法律和政治相分離，強調憲法的規範性，而否定憲法的政治性，由此得出「憲法司法化」的主張。我們當然主張憲法的規範性，但從憲法的規範中恰恰不能得出「憲法司法化」的結論來，因為憲法規範中明確規定全國人大常委會擁有憲法解釋權和違憲審查權，人民法院並沒有這項政治權力。

以 2013 年在「憲法司法化」號召下的河南「種子案」為例，河南洛陽中級法院明確宣佈河南省人大常委會制定的有關法規條款因為與全國人大常委會制定的法律牴觸而無效。如果各級地方法院都這麼做，甚至宣佈全國人大制定的法律條款因為違背憲法而無效，那麼想想看，中

國必然陷入司法割據的混亂狀態，司法不再是推動國家統一的力量，而是各地法院自行其是，導致地方封建化進而分裂國家的力量，中國憲制體系必然由此陷入危機。而這恰恰是「憲法司法化」帶來的意外效果，特別是法律人希望自己在政治共同體中擁有至高無上的權威地位，可以否定各級人大和各級政府通過的法律，而這樣的後果也不是大家所希望的。

　　問：如此說來，法律人主張的「憲法司法化」挑戰了主權者的權威地位，從根本上試圖改變中國憲法所確立的國家憲政體制，從而將法律人與主權者置於無法調和的對立面。

　　強世功：在現代法治體系中，由於憲法具有至高無上的地位，由此國家主權者的一項重要權力就是解釋憲法的權力。解釋憲法權和違憲審查權乃是主權權力。換句話說，誰擁有憲法解釋權和違憲審查權，誰就有可能成為事實上的主權者，或者說主權者的一部分。

　　我國的憲政體制乃是中國共產黨領導下的人民代表大會體制，全國人大常委會擁有憲法解釋權和違憲審查權。法律人通過「憲法司法化」實際上是希望獲得主權權力。這就意味着中國要發生了一場「司法篡權」，將憲法中確立的全國人民代表大會體制改為三權分立的體制，由法院和全國人大一起分享主權權力，並由法院對憲法問題擁有最終的決定權，由此構成所謂的「司法主權」。這一點在「憲法司法化」的主張中看得非常清楚。所以，你可以理解當時河南省人大常委會為什麼對「種子案」做出如此迅速而嚴厲的回應。這可以看作是法律人與主權者爭奪主權的政治較量。

　　可見，「憲法司法化」的主張者表面上強調憲法的規範性，否定憲法的政治性，而這種貌似客觀規範的學術主張恰恰包含了顯而易見的政

治目的，那就是發起一場「憲制革命」，讓法院乃至法律人擁有憲法和法律上並沒有賦予的違憲審查權，這無疑挑戰主權者的政治權威。主張法律的非政治化，恰恰是一種隱蔽的「非政治化的政治」，是以美國政治體制為參照的。規範憲法學和政治憲法學固然有學科方法論爭論的一面，但實際上也隱含了如何處理政治與法律、法律人與主權者的關係。

　　問：那麼過去這麼多年法律人共同體面臨的困境主要是如何處理法律人與主權者的關係？

　　強世功：歷史地看，法律人與執政黨之間有諸多默契，從健全社會主義法制到建設社會主義法治國家，從建設社會主義市場經濟到推進人權保護等等。正是在這種背景下，二者共同推進大規模的法律移植運動，迅速建立起中國特色的社會主義法律體系。司法改革的持續推進建立起相對專業化和精英化的現代司法體系。保護人權和依法治國也作為成為執政黨的執政理念，而且被載入到憲法之中。這在中國歷史上都是非常了不起的成就。也許正是這種友好合作的大環境，使得法律人有一種錯覺，以為執政黨會在「三個代表」旗幟下，默許法律人搞一場類似當年在美國發生的馬歇爾式的司法「篡權」活動，於是就有了「憲法司法化」的問題。

　　但是，執政黨是馬克思主義政黨，是先鋒隊政黨，是代表大多數人民利益的政黨，它不可能變成單純的精英黨。執政黨有自己的政治信念、歷史傳統和制度約束，並宣佈服從憲法並捍衛憲法。當人民群眾與法律精英在利益和主張上發生衝突時，當法律人的主張與國家憲政體制相衝突時，執政黨毫無意外站在最大多數人民群眾一邊，捍衛國家憲政體制。由此，法律人和執政黨的分歧歸根結底是由於是法律精英和人民群眾之間的分歧。

　　比如說司法精英化取向引發了兩個根本性問題。其一是法律人接受的西方法律理念與中國社會實際以及人民大眾的文化之間發生衝突，人民羣眾對法院司法判決中的利益傾向和文化傾向越來越不能理解。由此，「秋菊的困惑」成為法學理論和公共輿論中的熱門話題。而在現實中，「劉湧案」引發的爭議就是一個標誌性事件。法律人在西方理念的影響下推動「廢除死刑」的運動，實際上也將法律人推向了人民大眾的對立面。同樣，法官在婚姻法司法解釋（三）中秉持家庭的原子化、自由化立場也與普通大眾的家庭倫理觀念格格不入。因此，在司法改革高潮的幾年中，出現連續幾年全國人大代表對最高法院報告的支持率維持在 70% 左右。在我們這樣的體制中，這就意味着對人民對司法的嚴重不信任。

　　其二，司法的精英化導致司法體系中東南沿海和西北地區的嚴重失衡，擁有司法考試資格的法官採取「孔雀東南飛」，中西部地區出現了大規模的「法官荒」，直接導致基層社會的治理危機。這又迫使執政黨尋找復轉軍人進入法院的新渠道。

　　面對利益分化和觀念的分化，執政黨提出了「和諧社會」「以人為本」的口號，而人民羣眾發起了持續的「上訪潮」，其中不少上訪與「司法訴訟」有關，以至於出現了「涉訴上訪」這個概念。在這種背景下，執政黨不可避免地要求司法判決考慮「社會效果」，甚至提倡恢復政法傳統中的「楓橋經驗」，強調從政治和社會治理的角度來處理社會糾紛，而不是簡單將其推到理性化、程序化的司法過程中。執政黨的這些主張不可避免地遭到了司法精英的潛在抵制，核心依然是如何處理法律人與執政黨和人民的關係。

　　面對這種分歧，王勝俊院長時期，最高人民法院提出「三個至上」

主張，希望把法律人和執政黨在共同分享的人民主權和憲法法律基礎上協調起來。但這種主張一提出就遭到不少法律人的公開或潛在抵制，因為經歷「憲法司法化」運動之後的法律人似乎把美國模式的憲制作為其政治理想，不僅希望實現憲法司法化，而且希望建立三權分立的兩黨輪流執政的政治體制。法律人與執政黨之間的潛在衝突迫使執政黨高層不得不反覆重申絕不走「改旗易幟的邪路」，而國家最高權力機關的吳邦國委員長更是連續兩次在全國人民代表大會上明確宣佈絕不搞三權分立、兩院制和多黨輪流執政等。

中共十八大之後，新一屆中央領導提出實現「中國夢」的政治理想，這個理念迅速被一些法律人解讀為「憲政夢」，這迫使中央在「憲政」概念的提法上顧慮重重。面對法律人與執政黨之間的潛在衝突和緊張關係，十八屆四中全會在重申「黨的領導」「人民當家作主」和「依法治國」有機統一的基礎上，進一步明確「黨的領導」是中國特色社會主義法治的基本原則，並將黨章統率的黨法黨規納入法治體系中，提出黨規和國法的協調統一問題。

世界帝國時代：法律人與國家主權之間的緊張

問：為什麼法律人會有這樣的主張？

強世功：這顯然是一個複雜的理論和現實問題，需要從法律社會學的角度做專門研究。首先就要理解當代資本主義的發展狀況，對1980年代以來資本主義的全球化有一個全新的認識。

我們都熟悉馬克思的《共產黨宣言》，宣言一開始講的就是資本主義的全球化。按照馬克思的設想，資本主義全球化必然帶來全球無產階

級的團結，從而顛覆全球資本主義而實現全球共產主義。然而，隨著全球資本主義進入全球帝國主義階段，抵抗資本主義全球化的力量不僅是全球無產階級，更主要的是以民族國家形式出現的社會主義國家，這些國家（尤其是東歐社會主義國家等）被蘇聯組織在具有帝國形態的社會主義陣營中。而中蘇分裂的根本原因就在於中國反對蘇聯的這種帝國建構。而冷戰實際上兩種世界帝國的對抗，中國試圖在這兩個帝國集團之外推動第三世界國家成為獨立的政治力量。如果從這個角度看，冷戰的瓦解首先就從中國的轉向開始，即從中蘇衝突和中美建交意味着中國在兩個世界帝國體系的對抗中，首先反對蘇聯的帝國霸權，而在改革開放之後，中國融入到全球資本主義體系中。

冷戰結束後，全球資本主義失去了社會主義這個外在的約束力量，變成一股世界帝國不可遏制的推動全球化力量，甚至變成了世界帝國摧毀一切國家主權的強勁力量。1905 年《共產黨宣言》中譯本問世，但實際上中國人真正能夠讀懂這篇文章，並體會到這篇文章意含是在百年之後的今天。如果說 18 世紀的資本主義是在歐洲民族國家的推動下以殖民主義的形式肆虐全球，由此導致社會主義運動以國家形式來抵抗資本入侵，以至於形成社會主義國家在冷戰中的全球格局，那麼冷戰結束意味着國家難以抵抗資本的力量。全球資本力量輕易地壓倒了任何一個國家的政治力量。跨國金融機構和跨國公司這種新型資本主義形式徵用了國家的力量，並最終以世界帝國體系的形式展現出來。

在這種背景下，傳統國家主權在實踐中不可避免地受到侵蝕。真正的主權國家只有在世界帝國那裏才展現出來。只有在美國這個資本主義國家那裏，全球資本力量、世界帝國主權和美國國家主權高度合一。而在世界帝國時代，其他主權國家要麼加入到這個世界帝國體系

中，成為帝國分工體系中的一部分，要麼被制裁、封鎖和孤立，成為封閉的孤島，比如朝鮮。由此，以華盛頓共識為核心的新自由主義改革方案實際上是全球資本藉助世界帝國主權不斷瓦解傳統民族國家主權的有力武器，新制度經濟學家及其背後的法律人與 18 世紀的傳教士和士兵一樣，都在為資本的利益在全球奔波。

只有在這樣一個世界帝國的視野中，我們才能理解中國 1980 年代以來的經濟改革和法治建設，才能理解為什麼不少經濟學家和法律人會成為全球資本主義的「雇傭兵」，成為美國這個世界帝國的開拓先鋒，由此也成為其他國家主權的潛在敵人。幾年前，我在北大法學院畢業生典禮上有一個演講，就是提醒北大法律人不要成為全球資本的「雇傭軍」，與自己的國家和人民為敵。許多人因為對全球資本主義體系的發展缺乏理解，因此不理解為什麼我會如此講，但不少反對者很清楚為什麼反對，因為他們就是渴望成為世界帝國的臣民。

上世紀 80 年代不少人提出「世界公民」這個概念，那時這個概念可能有一絲國際主義的浪漫色彩。而今天，對於許多人而言，尤其全球資本主義體系所養活的跨國性的中產階層而言，他們已經自覺不自覺地將自己看作是「世界帝國的臣民」，這就是「一夜美國人」的來源。他們信奉的資本的邏輯，臣服於資本的全球霸權，從而成為民族國家的潛在敵人。如果我們比較一下，解放前在美國教會學校教育和美國留學教育中成長起來的一代知識分子，面對美國在中國的失敗，內心情感可能有些複雜但絕沒有人產生「一夜美國人」的想法。相反，今天所謂「一夜美國人」的想法往往來自中國本土教育成長起來、對美國了解點皮毛的人。這種一種顯著的差異就在於那時是一個民族國家在亞洲全面興起的時代，而現在已經進入了世界帝國的時代。

　　因此，「帝國臣民」心態下的「一夜美國人」並不是中國特有的現象，而是其他所有主權國家都面臨的問題。世界帝國的法律意識形態的全球化不斷在擴張。世界帝國法律所塑造的全球法律人已從商業領域的跨國律師事務所、人權領域的跨國組織慢慢轉向政治領域司法審查運動在全球的擴展，尤其是在「第三波民主化」後，這些國家紛紛按照美國模式建立憲法法院或者說司法審查制度，而且這些國家的法律精英基本上也都接受美國法律教育，從而形成了美國法律教育的全球化或全球法律教育的美國化。這些都是是世界帝國法律擴張運動的標誌。帝國法律全球化的背後乃是資本的帝國全球化。

　　因此，從社會學上分析，今天法律人階層總體上就是這樣一個全球化背景下的中產階層，或者以這種中產階層的生活和意識形態作為生活理想的階層。我並不是說所有的法律人都進入了這個中產階層，重要的不是他們的現實生活，而是他們的生活理想，他們對自己的想像和認同這些意識形態的東西。作為「帝國先鋒」或者「雇傭兵」，是今天法律人標準的生活理想。因此，全球資本主義厲害的地方不僅是資本的邏輯，更重要的是資本塑造文化思想意識形態的能力，這是晚期資本主義的重要特徵。需要注意的是，資本塑造的文化不是資本家的文化，而是養活資本家的新型工人階級即現代中產階級的文化。這種文化激進左派主張自由、放縱、消費和快樂，相反，真正資本家階層的文化非常保守。而今天，這種中產階級的文化被塑造為普羅大眾的生活夢想，也就是我們常說的消費主義的大眾文化，這無疑有利於整個資本主義體系。

　　由此，目前的經濟學家、法律人、媒體人作為中產階層的代表圍繞在全球資本的周圍，塑造了一種中產階級的大眾文化，其共同目標就是摧毀民族國家的主權，摧毀其政治意志，建構非政治化因此也是資本

化的全球治理體系，服務於世界帝國。而今天西方熱議的「全球治理」
這個概念，主要強調是形形色色的非政府組織，而沒有「全球政府」的
構想，原因就在於他們潛在的假定美國就是「全球政府」，而非政府組
織在美國的指引下展開「全球治理」。由此「沒有主權的法治」、「沒有
全球政府的全球治理」和「沒有國家的法理學」一樣就成為超越民主國
家主權的世界帝國的全球治理理想。這就是為什麼法律人很容易滋生出
大眾所批評的「公知」或「聖母」，都成為這種「晚期資本主義」文化
的信奉者或代言人。這個文化其實就是尼采所謂的「末人」（last man）
的文化。而真正的資本家其實信奉的是「超人」（superman）的文化。
當「末人」文化成為整個社會大眾的人生理想，「歷史就終結了」，終
結於全球資本主義世界帝國的時代，即沒有人在反抗資本主義體系及其
生活方式。福山強調冷戰結束意味着「歷史的終結」，他注意到了「末
人」文化，但他隱藏了一點，那就是這種終結必須以世界帝國體系的
建立為標誌。而目前，世界帝國體系最大的內部敵人被看作是所謂的
「恐怖主義」，帝國外部的敵人也可能變成帝國內部的頑疾，最終摧毀
帝國。

　　問：這讓我想起你寫的「邁向立法者的法理學」和「恐怖主義和
戰爭的法理學」兩篇文章，都是在這個背景下討論中國法理學和法治發
展問題。那麼，如何理解中國自身的發展呢？

　　強世功：這兩篇文章就是這種背景下，討論中國的法理學如何從
「沒有國家的法理學」或者「法律人的法理學」邁向「立法者的法理
學」，即從中國歷史文化傳統出發，以主權國家的立場以來建構中國未
來發展的法理學，而不是作為「帝國先鋒」的法律人建構一套「法律人
的法理學」。而對於「戰爭的法理學」也是針對「末人」的法治理想，

以為「法治」就可以永保和平和安定的中產階層的幻想，而主張必須將「戰爭」乃至於「例外狀態」這樣的概念納入到法理學的思考之中。

在這種全球化的背景下，1990年代中國市場經濟的發展和社會關係的調整，使得公民權利保護成為社會的主旋律。「市場經濟是法制經濟」「走向權利的時代」「為權利而鬥爭」等等成為這個時代主張。通過司法訴訟來保護公民權利自然成為社會關注的普遍話題。在這樣的社會背景下，法律教育和法學研究出現了美國化傾向。這無疑是世界帝國法律擴張的契機。由於是剛剛開始接觸美國法，中國的法律人對美國法律教育和美國憲法難免產生片面化、教條化的膚淺理解。一方面，把美國憲法簡單地理解為司法審查問題，由此把美國憲法問題簡單地理解為法院判決問題，完全忽略了政黨、國會和總統在美國憲政中擁有的主導性地位。另一方面把美國聯邦最高法院簡單化地理解為推動民權保護的「沃倫法院」，而忽略了在美國最高法院的歷史上，左派主導的「沃倫法院」是比較極端化的例外。

當然，重要的不是知識，而是知識背後的利益形態的改變。從1990年代市場經濟產生了兩種精英階層，商業階層和伴隨而產生的法律人階層。這反映在教育領域，商學院與法學院成為大學中最受歡迎的專業。精英階層的興起必然有其自我意識和精神驅動。商業階層捲入到中國經濟崛起浪潮中，在全球化的時代成為備受關注的寵兒。比較而言，法律人階層可能有點不同。全世界享有崇高榮譽和地位的法律人階層莫過於普通法世界中的美國，比較之下歐洲大陸法系國家的法律人階層地位並沒有這麼高，即使德國的憲法法院及其大法官，在德國並沒有如此顯赫的權力和地位。因此，中國法律人階層自然有一種內在的精神和利益驅動，那就是希望像普通法國家，尤其是美國那樣，擁有顯赫的

權力和尊榮的地位。但是，美國法律人的崇高地位與美國憲政體制是緊密聯繫在一起的。為此，由此中國法律人希望通過司法改革實行「憲法司法化」來實現法律人自我意識和利益的擴張也就不足奇怪了。

在這種背景下，為了適應公民權保護的社會需要，最高人民法院開始了一系列司法改革，而司法改革的大方向一方面是法律的精英化和職業化，就出現了你剛才提到的「復轉軍人進法院」的問題，由此導致司法考試的興起。另一方面就是司法權的不斷擴張，除了法院爭取到本來應當有行政機關才擁有的判決執行權，並不斷通過司法解釋來稀釋立法權（比如引起廣泛討論的是對《行政訴訟法》的司法解釋和對《婚姻法》的司法解釋等），最後就邁向了「憲法司法化」，開始爭取主權權力。

法律人共同體的分裂：角色、知識傳統與政治定位

問：如此說來，法律人共同體的分裂不在於職業角色的不同和知識傳統的不同，而是對法律人共同體的根本定位產生了分歧。

強世功：法律人職業共同體的分裂有多方面原因，這種分裂與其說是由於角色定位分歧，不如說是由於知識傳統的分歧，與其說是知識傳統的分歧，不如說是對法律人共同體在政治共同體中整體定位的分歧。

角色定位的不同導致律師與檢察官和法官之間的分歧。而知識傳統的分歧是因為我們的法律及其背後的法學具有很強的移植品格，西方不同的法學傳統對我們的法律知識產生的不同的影響，導致我們部門法的知識譜系因為來自不同的傳統而相互衝突，缺乏統一的知識和思想背景。比如說在刑法、民法領域，採用的德國的民法傳統，由此形成了言必稱德國法和日本法的狀況，由此概念法學和法律教義學盛行，刑法學

家和民法學家普遍忙於建構法律語言的概念大廈，但卻甚少研究中國普遍人的社會生活狀況，很少關注中國人的生活方式，以及中國人的所思所想。德國民法典乃是德國人的聖經，是德國人生活方式的提升。德國法被看作和德語一樣，乃是德國民族精神的體現。而今天，我們的民法學家和刑法學家誰敢自豪地說，我們的刑法和民法是中國人的道德情感、民族精神和生活方式的體現呢。

而在商業法領域，比如公司法、金融法、證券法、國際經濟法等領域，我們基本上全面移植美國的法律。在這個領域中，法律經濟學很流行，因為美國人主張實用主義，對概念法學嗤之以鼻。我們的訴訟制度是按照大陸法系國家傳統建構起來的，但是訴訟理念卻是美國訴訟法的理念。我們的憲法制度是按照人民代表大會制度建立起來的，但主流憲法理論是學習美國的三權分立。由此司法改革中引入美國模式的對抗制，甚至引發「憲法司法化」必然出現法律人的知識、理念和主張與現實制度之間的衝突問題。

然而，根本分歧還在於法律人共同體的整體定位。一種定位就是以美國作為理想藍本，法律人應當取得像美國法律人那樣的顯赫地位，而這個定位自然會驅動法律人試圖將中國的憲法體制改變為三權分立的制度。法律精英無論基於自己的利益，還是所接受的理念，往往自覺不自覺地喜歡這種定位。另一種定位就是從中國的歷史文化傳統和憲政體制出發來重新定位法律人，法律人不可能處於主權者的位置人，法律人處理的法律事務大多數屬於傳統的糾紛解決領域，而不要產生過多的能動主義傾向，幻想着向美國法律人那樣處理政治問題，而讓法律人接受這種定位無疑需要改變他們接受的知識體系。

問：這樣就可以理解你在法學院畢業典禮上的演講。其中，你提

出法律人應該思考自己與人民的關係、自己與執政黨的關係、自己與歷史文化傳統的關係，以及自己與中國崛起的關係。那麼，這是不是意味着法律人今後不需要研究美國或者學習美國。

強：這本來是給畢業生的一個演講，原來並沒有想到被公開。沒想到因為互聯網一下子傳開了，這是始料未及的。從我在北大這十幾年的教學經驗看，越來越多的青年學子對執政黨和國家有了更多的政治認同，對自己的歷史文化傳統有了自豪感，對中國崛起的未來有了自信心。

越是精英學生，越是讀書好的學生，在這方面體現越明顯。道理很簡單，精英都有自我意識，都有獨立的自我期許。新一代的法律精英首先意識到自己是未來中國的精英，是一個將要領導正在崛起的偉大國家和正在復興的偉大文明的精英，這樣的精英羣體在自我意識中就不可能對西方國家的制度和文化亦步亦趨，照搬照抄。這一切都必須放在全球格局發生根本性變革的國際格局下，放在中華民族偉大復興的歷史背景下，放在努力建設一個高度文明的現代中國的政治努力中來理解。

越是在這種背景下，我們越要高度警惕可能出現的自滿封閉情緒，以及一種小家子氣的本土研究，越要以高度自信和開放的心態來深入地研究美國並學習美國。這種學習要避免過去那種以小學生的心態來模仿表面上的美國，這種心態很容易將美國表面化、簡單化、教條化和臉譜化，而是以成人的平和心態來悉心理解美國的精髓，真正深入到美國的內在實質，向這個偉大的文明學習，向這個偉大的世界帝國學習。

中國崛起是人類歷史上前所未有的大事，中國的崛起也不是一蹴而就，一帆風順的，必然要遇到全新的問題、困難和曲折。因此我們需要向人類歷史上一切偉大的文明學習，包括當年的羅馬帝國、大英帝國，同時也要汲取許多偉大國家衰落的教訓，包括德國崛起的失敗和蘇

聯崩潰。當然，我們必須從中國文明在未來偉大復興的角度來重新研究中國文明，向我們的祖先學習。我們祖先創造了高度燦爛的偉大文明，我們沒有理由不向我們的祖先請教。

法律人的重新定位：歷史傳統和憲政體制

問：那麼，法律人究竟應當如何重新定位？

強世功：從世界歷史的進程中，美國法律人在美國政治生活中享有的無上權力和崇高地位，是與美國特殊的歷史文化傳統和憲政體制緊密聯繫在一起的。因為美國這個國家是通過憲法建構起來的民族和國家，憲法解體也就意味着美國國家和美國民族的解體。因此，法律人享有的不僅僅是政治權力，而且是一種道德文化權力。有正是從這個角度，美國學者將美國憲法比喻為聖經，而美國法律人比喻為教士。

正因為如此，美國的憲政體制在人類歷史上並非常態，而是例外，這也是「美國例外論」的一部分。而在其他西方國家中，都是先有國家後有憲法。無論是歐洲大陸國家，還是英國、加拿大、澳大利亞、新加坡等普通法國家，法律人哪怕學習美國，也來解釋憲法，甚至行使違憲審查權，這種權力的行使也沒有什麼大不了，因為憲法對於這些國家而言絕非生死攸關的大事，而這些憲法法院的法官也不主動介入到重大的政治事務中。因此，即使在同樣屬於普通法的英國，英國法律人也不可能享有美國法律人的這種顯赫的政治地位。

這就意味着中國法律人試圖通過憲法革命來學習美國憲法，從而使中國法律人享有和美國法律人一樣的權力和榮耀基本上是不可能的。因為中國的根本構成無論過去、現在還是將來，都不是通過法律文

本或憲法文本建構起來，因此法律人無論怎麼解釋法律和憲法，都不可能擁有美國法律人的顯赫政治地位。這就意味着中國法律人必須從法律人的「美國夢」中醒過來，必須按照中國歷史文化傳統和憲政體制來定位自己的發展方向。

問：從我們的歷史文化傳統和憲政體制看，法律人應當如何定位自己？

強世功：中國的古典歷史文化傳統乃是禮法傳統，也就是儒家與法家的內在整合。儒家掌握着統治國家的正當性、道德教化和文明傳統，由此是人民的天然代表，因此具有統治的正當性。而廣義上的法家掌管着治理國家的具體技術，包括理財技術和司法技術。二者的關係就是「統治」與「治理」的關係，是「官」與「吏」的關係，類似於董事長與總經理的關係。

而在近代以來，隨着人民主權的觀念的興起，儒家的統治功能被執政黨和立法機關所取代，而隨着社會的複雜化，治理技術的多樣化，法家的治理職能轉化為現代政治中的執行權，包括經濟、社會、司法等，這就是憲政體制中的行政權和司法權。在現代國家治理中，重點集中在財政、經濟和社會等行政權力中，而司法權變成一種輔助性的專業化權力。

因此，無論是古典的禮法傳統，還是現代的政法傳統，都表明中國是一個「政黨官僚型」國家。中國的憲政體制不是西方的三權分立政體，而是黨國體制，這是一套獨特的現代憲政體制。在我們的憲政體制中，無論你喜歡不喜歡，我們都必須承認執政黨就是「事實上的主權者」（the sovereign de facto）。由於執政黨統攬全局，不僅確立路線、方針和政策，而推動立法、行政和司法，而且狠抓落實，由此導致政黨

官僚主導的行政權獨大，而立法權和司法權相對比較弱，甚至在相當程度上依附於政黨官僚組織。

在這樣的歷史傳統和憲政結構中，法律人的目標如果僅僅集中在司法權上，那麼就不可能享有美國法律人那樣的顯赫地位。法律人必須認識到，如果自己掌握的法律知識僅僅局限在圍繞法院展開的解決社會糾紛的技術，那麼，與歐洲大陸法系國家一樣，法律職業絕非什麼顯赫的職業，法律人也不過是掌握專業技術的公務人員而已。

因此，在我們的國家憲政體制中，如果法律人要想發揮比糾紛解決更重要的職能，那麼就要進入到政黨行政的內在核心部門，而我們目前的公務員考試、地方選調，恰恰讓更多的法律人進入到黨政的諸多核心部門中。而這恰恰是與美國法學院不同的地方。這就意味着我們的法學院必須改革按照美國法學院模式形成的知識傳統，強調法學院的重要任務不僅是圍繞法院的糾紛解決來傳授相應的職業知識和職業技能，而且應當按照治國理政的要求來傳授治國理政的知識和技能。這其實是蔡元培擔任北京大學校長時確立的法學院模式，法學院包括政治、經濟和法律三門，這三門知識綜合起來就是治國理政所需要的知識。因此，中國法律人的未來重新定位實際上包含着對法律教育的重新定位。

超大型國家的司法改革：不能「一刀切」，應當多樣化

問：如果按照你說的上述定位，如何評價過去幾十年的司法改革？

強世功：我們應高度肯定過去司法改革取得的成就。但我們必須理解，司法權不同於政黨官僚主導的行政權，後者需要根據時代環境變化提出不同的執政理念和解決思路，因此口號變化是有道理的。但

司法權從古至今就是一個職能，就是化解糾紛，公正裁判，根本就不需要那麼多的新口號，而是怎麼在一個一個的具體案件中落實的問題。因此，我們看到，十幾年下來，司法改革口號喊得越來越多，甚至每個領導上來都提新的改革口號，實際效果不佳，差不多形成了「為改革而改革」，變成了無關痛癢的小折騰。

正是由於這種官僚化式的口號改革，提出一個口號就變成「一刀切」。這實際上完全不符合司法的規律，造成了改革的大起大落。比如說當最高法院一度在司法改革中採取「一刀切」，要求判決，抑制調解，結果基層法院的司法判決難以執行，老百姓上訪不斷，法院壓力很大。面對這種狀況，最高法院又「一刀切」提出「大調解」，結果中西部落後地區的基層司法問題解決了，而北京、上海、深圳等地的法院簡直不堪重負，案件拖延不決，當事人不滿意，法官心裏很苦悶，以至於北京法院不斷擴編，加班加點判決，最後精英法官乾脆辭職不幹了。

需要注意的是，中國是一個幅員遼闊、民族眾多、區域差異很大、發展層次不平衡的超大型國家。儘管全國的法官在適用同樣的法律，但是卻面臨完全不同的問題，而同樣的法律對應的問題也根本不同。基層法院與高級法院完全不同，上海法院與甘肅的法院完全不同，知識產權庭與民事庭也完全不同。在這種格局下，司法改革應當尊重差異化，尊重多元化，而不應當「一刀切」。

在這個意義上，司法改革首先應當改革最高人民法院，適度壓縮最高人民法院對下級法院的行政干預權。這些年司法改革的最大成果就是最高人民法院的擴權，司法領域中央集權傾向日趨嚴重，這完全不符合司法內在的規律，即各級法院在法律面前是平等的。這恰恰是司法權不同於行政權的地方。

最高人民法院的這種擴權傾向實際上是對司法權的誤讀。通常人們把司法權理解為一種執行權，理解為一種與行政權一樣的現實的支配權。如果這樣，司法改革的目標就會自覺不自覺地導向如何擴張法院的權力，如何爭取財權、人事權、執行權等等，從而擴大司法機關在政黨官僚體制中的實際支配權，甚至搞出「憲法司法化」這樣的權力擴張，希望按照三權分立來設想出一種與立法和行政相抗衡的獨立權。

十幾年下來了，法院的現實支配權越來越大，法院大樓越來越宏大，可腐敗也越來越嚴重。其根本原因就在於司法改革的思路往往集中在體制問題上，陷入了「權力」的怪圈，而忘記了「權力帶來腐敗」這句我們所有法律人都熟知的名言。

問：您認為司法改革首先要反對「一刀切」？

強世功：對。比如我們對法官的定位一定要容納一支多元化的司法隊伍。因為我們中國是一個超大型國家，我們的司法理論不能固守單一民族國家所形成的「均質化思維」，而應當有多元化、多樣化的思維。不同的區域、不同的級別、不同的業務類型，決定我們的法官隊伍的多樣化。西北基層法官每天面對的是大量的民事婚姻調解問題，北京上海高院面對的商業貿易和知識產權問題，他們雖然同樣分享「法官」這個名稱，但他們的思維模式可能完全不同。地域不同、法院級別不同、法院內部的專業部門不同，這就決定了我們不可能形成一個統一化的司法改革模式和法官職業想像。

我們常說司法改革必須符合中國實際，不能照搬美國模式。其實我們也沒有照搬美國模式，而只是照搬美國最高法院的模式。大家都知道，美國的許多區域法院法官都是選舉出來的，直到今天他們還在爭論法官是否要選舉問題。今天你去紐約基層法院看，哪有我們這麼嚴

格的庭審制度？很多時候法官把兩個律師叫在一起調解，調解結束就一張紙，你們兩個達成協議，法院給你蓋章就可以了，速度很快，人家這叫「簡易訴訟」。我們容易犯一個錯誤，認為法院和法律一定是知識化、專業化、精英化和正規化的。一個基層簡單的民事訴訟，法院都要按照標準格式製作出一厚摞案卷。在沒有電腦的時代，那是法官一個字一個字寫出來的，這無疑在浪費寶貴的司法資源。唯有理解這種司法正規化、文牘化的弊端，才能理解當年陝甘年邊區搞的「人民司法」的意義。

比如當年提出「復轉軍人進法院」問題，結果復轉軍人一律不能進法院，這很大程度上是將法院想像為美國最高法院的模式。如果按照美國的基層法院來想像，復轉軍人怎麼不可以進法院呢？我們推出司法考試之後，司法考試單次通過率只有 20% 左右，結果造成大量的基層法院缺乏「合格的」法官。

如果我們按照多元化的思維來處理司法改革，那麼高級人民法院甚至說中級人民法院可以要求通過司法考試，但基層縣級法院特別是派出法庭，就根本不應該做硬性規定。北京上海這些經濟發達和文化程度高的地區可以要求法官通過司法考試，但中西部地區就不應當做強制要求，而是做出一些規範性引導就可以了。從法律社會的田野調查看，基層法院處理民事糾紛案件，復轉軍人比一個受過法律教學的大學生更容易處理好糾紛。

我提出「多元一體法治共和國」也是為了回應中國的現實。因此，我希望司法改革首先要從多樣化入手，給不同地方的司法改革提供一個空間，不要「一刀切」，不要單純強調司法的中央集權，而要發揮「兩個積極性」，尤其要發揮基層法院的積極性。最高法院可以定一些基本

的原則和指導性意見，但是不要做硬性要求。這恰恰是中國經濟改革成功的經驗，就是採取一種「實驗主義」的治理思路，避免哈耶克所說批評的唯理主義，恢復我們以前尊重地方經驗的傳統，通過經常召開全國、全省、全市範圍的經驗交流會，然後形成一些可以推廣的方案。

法官的理性尊嚴：司法改革應強化司法判斷權

問：那麼，司法權的實質是什麼？如果按照你對司法權力的理解，司法改革應當着眼於什麼？

強世功：我們的司法改革其實根本不需要在制度上折騰，而應當學習普通法的司法理念。普通法的祕密在於法律不是基於強制的暴力，而是基於理性過程中展現出的說服力。司法權不是一種支配性權力，而是一個理性判斷權。正如美國漢密爾頓（Alexander Hamilton）所言，法官們手中只有「筆」，而沒有「劍」。

如果這樣，司法改革的目標就應當是調動各級法院的手中的「筆」，當然不是像現在那樣讓他們寫學術論文，而應當鼓勵他們增強判決書的論理能力，鼓勵他們在具體的司法判決中，把中國社會生活中老百姓的生活理念上升到法理的高度，進而融入到中國的法律和法學思想中，使得中國法律也逐步變成中國人民族精神的體現。

問：這就意味着要學習普通法國家的判例制度？

強世功：學習普通法制度的優越性應該說是法律人的普遍共識。我在十幾年前就呼籲中國司法改革以建立判例制度為目標。原因就在於司法改革沒有關注法官的內在靈魂，即法官希望獲得的不是權力，而是尊嚴，而這個尊嚴是通過判決書展現出來法律邏輯的尊嚴，理性能力的尊嚴。

　　普通法有兩個基本的好處。其一，就是能夠緊跟時代發展，最先感覺到社會發展的方向，從而避免制定法滯後的不足。由此，商業發達的國家都喜歡採用普通法，原因就在於普通法是有效率的。其二，賦予了法官在裁判中展現理性思維能力的尊嚴。一個受過良好教育的基層法官，他不可能像行政官員那樣有職務的升遷，況且無論在哪一級的法官，面臨的都是一樣的具體案件。在這個情況下，所有法官都是平等的，這與行政官僚有根本的不同。在這種情況下，普通法制度鼓勵了各級法院中精英法官的積極性。

　　如果司法改革的方向是擴張法院的實際支配權，那麼各級法官就為爭取庭長、院長而努力，這就不可能實現司法公正，而只能導致司法越來越腐敗。如果司法改革的方向是為了激活法院的理性判斷權，那麼精英法官就不去爭取那些現實的權力，而是努力辦案子，希望能夠寫出有影響力的判決書。比如目前的主審法官制度就是一個不錯的基礎。而這些改革，根本就不需要大動干戈，最高法院自己就完全可以自己去做。

　　問：那麼怎麼看最高法院目前的指導性判例制度？

　　強世功：我專門參與一個課題研究這個問題。雖然許多學者表揚這個制度，但依然需要在實踐中檢驗。原來的「公報案例」中我還可以看到基層法院法官判決的具體鮮活的案例，而今天的指導性案例經過事實剪裁之後以及判決要旨的整理之後，差不多看到的是一具木乃伊，不過就是更為精緻化的司法解釋而已，缺乏的依然是基於案件具體形態的法理論證。法理論證過程和說服過程乃是判例法的靈魂。普通法的力量就在於法律強制力不是基於暴力，而是基於說服力，即法官必須基於事實、法律、人性、常理來說服雙方當事人接受自己所做

出的判決。我們學習的判例法的形式，而丟掉了判例法的靈魂。

最高法院有如此多熟悉普通法的大法官，我希望他們不要向外看，整天想着怎麼與執政黨和行政機關爭取支配權，而是向內看，怎麼激勵精英法官撰寫有影響力的判決書，通過判決書的說服力，不僅說服當事人接受自己的判決意見，而且說服老百姓接受自己的觀點。這樣法律人就不需要老是抱怨老百姓的無知，而是傾聽老百姓的聲音，然後用他們能夠明白的話語，聽得懂的道理，傳達司法判決中所依據的法律條文背後的人情和法理，由此，就可以通過判決書來教育老百姓，從而把法治的理念和精神通過判決書逐漸滲透到當事人和社會大眾中，基於法官的的知識、理性和說理來確立法官的尊嚴。

問：推動指導性案例制度中的一個說法是「同案同判」，你如何這個問題？

強世功：我覺得這個說法是現在對國家法律統一的一種錯誤理解，「同案同判」的要求本身是有問題的。它將案件抽離出社會生活，將法律理解為脫離了社會生活的科學，而忘了法律乃是解決社會問題的工具。從法理上講，我們之所以說法律是一種地方性知識，是因為法律要解決的不是教科書中標準抽象的法律問題，而是鑲嵌在具體的社會生活中。同樣的案件，在不同的社會環境中，處理的思路可能不同。我們今天經常說法律判決要考慮法律效果和社會效果，要考慮老百姓是不是滿意。那麼，北京的老百姓跟新疆的老百姓，跟雲南的老百姓，跟陝西的老百姓，可能就不是同樣的老百姓，同樣的盜竊案，在不同的社會經濟條件下產生的社會影響也就不同。所以司法判決一定要考慮社會效果，這樣類似的甚至同樣的案件，在不同的社會環境中可能就出現不同的判決，「同案同判」僅僅考慮來法律效果的統一，沒有考慮其地方性

的社會效果。

因此，在司法改革中，或許司法體制要加強法制統一，而司法判決要默許地方多元。司法判決只要在法律規範許可的空間內，應該給地方一個空間，這樣我反而覺得中國的司法判決應該呈現一個多樣化、生機勃勃、百花齊放的格局，而不是死氣沉沉的「一刀切」。我覺得這其實是普通法的生命力所在，可以符合老百姓的訴求，符合社會的實際需要。我們說法律效果與社會效果的統一，這就是社會效果，如果真的完全「同案同判」了，可能法律效果實現了，但社會效果或許沒有了。

問：這個道理很簡單，為何司法改革這麼多年，卻沒有這麼做？

強世功：長期以來，我們主張法律是一門科學，而且強調法律統一，這就形成了「同案同判」的輿論基礎，加之互聯網時代，大家能夠在網上尋找類似的判例，當事人和律師也往往以「同案同判」為理由，主張自己的權力。互聯網輿論對法官裁判構成了壓力，現在不少案件就在網上進行討論。因此，現在問題的關鍵在於，最高法院未能給出一套法理，無法說明為什麼不能同案同判。我們經常說社會主義「法制統一」，但是不能將其理解為「判決結果的統一」。社會主義「法制統一」在於法律統一、原則統一，而法律適用必須具體情況具體分析，判決結果可能是多樣的。我們的刑法中同樣的罪名之所以規定一個彈性的刑期，就在於具體情況不同。比如，同樣情節、同樣的受賄金額，在上海和在西藏兩個經濟收入不同的地區，能「同案同判」嗎？十多年的司法改革中很少有人提出來這些問題，很大程度是因為我們的法律精英習慣於法律教義學，抽象地談論司法改革問題，而沒有從法律社會學角度看待司法改革，而且司法精英主導的改革往往未能聽取基層一線法官的意見。

訴訟律師：中央節制地方腐敗的利器

問：如果從政黨官僚型國家或者說黨國體制出發，律師應當如何定位自己？

強世功：律師包括商業律師和訴訟律師。在目前的司法環境中，地方政府和公檢法機關總覺得他們是麻煩的製造者，尤其是目前的「死磕派」律師。

在當事人、地方和中央的權力格局中，中央一方面要依賴地方政府的治理，但另一方面中央不是地方政府的代表，而是全體老百姓的代表，是人民的代表，人民羣眾在地方政府那裏受到冤屈，就需要到中央來伸冤。

在這個格局中，中央不僅要依賴上訪和羣眾路線這些傳統的社會治理方式，而且應當提升執政理念，尤其要學會依法執政，善於運用現代司法所帶來的執政的合法化力量，充分發揮辯護律師在抑制地方腐敗或司法腐敗的積極作用，使辯護律師成為捍衞中央權威和法治權威的力量，從而爭取當事人和百姓支持中央和國家法律，幫助中央來抑制地方官員的腐敗，尤其是司法領域的腐敗。

問：這意味着，辯護律師，特別是民權律師要對自身有一個準確的定位。

強世功：民權律師一定要明確，不能將自己扮演為政治對抗者——這恰恰是地方政府希望的。本來是一個普通的刑民案件，一旦辯護律師將自己塑造成一個政權顛覆者的形象，在正當性上就喪失了空間。一些民權律師往往將中國的訴訟案件國際化，尋求美國的學者、律師甚至大使館的幫助，實際上就是在從事政治運動，這無疑是非常危險

的。民權律師不能對抗中央，應該把自己定位為黨中央利益、國家利益和人民利益的積極捍衛者，利用中央的權威來對抗地方政府和地方司法的腐敗。

法律人既然要學習美國的民權運動，推動中國的人權保障事業，那就要注意 20 世紀 60 年代美國黑人推動的民權運動中就具有兩條路向。一條就是「黑豹黨」（Black Panther Party）人的顛覆美國憲政體系的暴力革命路向，一條就是馬丁‧路德‧金（Martin Luther King）所代表的在尊重美國憲政體系的前提下爭取憲法賦予黑人的權利。前一條路線毫無疑問遭到了美國的鎮壓，而後面一條路向則被發揚光大。因此，民權律師全部的努力是在捍衛憲法的尊嚴，他們不是要推翻美國的政治體制，反而是緊密團結在聯邦政府的周圍，尤其是團結在民主黨的周圍，利用聯邦政府的力量來對抗各州政府的種族歧視。

從這個角度看，中國民權律師走哪條道路應該非常清楚。遺憾的是，我們的法律人共同體中要麼迴避民權律師這個概念，甚至批評「死磕派」，要麼就將民權訴訟政治化，與境外的政治力量聯繫在一起，試圖顛覆中國的政治體制。而我希望中國的民權律師立足中國，真正在中國憲政體制下來推動中國的民權保障，成為執政黨或者中央推行法律和政策的強大力量，這就需要整個律師階層獲得執政黨的政治信任，真正有助於改進我們的司法體制，抑制不受約束的恣意權力，推動實現司法公正。

中國崛起：參與全球治理需要培養全球法律服務團隊

問：那麼商業律師應當如何定位自己？

強世功：在法律人共同體的發展過程中，我認為發展狀態最佳的

法律人就是商業律師。我們必須要改變對律師形象的定位。我們一說到律師，腦子裏就出現電視劇中的塑造的辯護律師的形象，而商業律師往往是簽署法律文件的人，不是法律人的標準形象。

然而，在一個商業全球化的時代，在中國市場經濟發展和完善過程中，對中國崛起最具有貢獻意義的恰恰是這批人。許多重要的商業活動規則，並不是靠立法者制定，這些法律規則主要是在商業律師的實務中形成的，商業律師首先發揮了商事活動規則制定者的立法功能。

更重要的是，今天的經濟有很大一部分是虛擬經濟，之所以是「虛擬」實際上就是通過法律文件建構起來的。雖然不能說虛擬經濟決定實體經濟，但虛擬經濟發揮的作用也越來越大，而虛擬經濟的紐帶和橋樑就是商業律師，他們通過制定極其複雜而精緻的規則體系，創造了虛擬經濟，由此也創造了財富。

因此，不能從傳統的角度看商業律師，他們其實是在創造一種新的商業模式，這類律師本身就是商人。在全球化時代，尤其在金融、證券、資本市場上，真正的產品就是法律、法律工具，這種產品還不是我們想像的為實體貨物貿易提供法律服務，而是說法律規則本身就是商品。現在，美國在全球金融市場中推銷的產品實際上只有一個，那就是法律服務模式、法律規則模式。規則就是產品，而且是一種最高級的產品，而真正能設計這種產品的人往往是頂尖的商業律師。

由此我們看到在華爾街的金融資本家背後就是商業律師這個龐大的法律服務階層。跨國公司的背後乃是跨國的律師事務所，國際商業爭端的背後就是商業律師的對抗。可以說，商業律師甚至是今天國際經濟法則的設計者和提供者。我們大家都熟悉 WTO 的歷史，把知識產權問題帶入到國際貿易問題中的 TRIPS 協議，就是由西方大公司背後的頂

尖律師事務所設計出來並推銷給美國政府，由美國政府通過談判強加在
其他國家頭上的。

美國律師業的發展恰恰是伴隨着 19 世紀美國鍍金時代資本主義全
面興起而形成的，在後冷戰時代隨着美國資本的全球擴張，形成了美國
律師事務所的全球擴張的局面。今天我們會發現，美國的律師事務所
和會計師事務所隨着美國經濟全球化的力量打遍天下。從某種意義上
說，美國的商業、金融力量成長背後有兩個重要的幫手：一個是律師，
另一個是會計師。在全球化時代，要關注金融資本家和跨國公司，就絕
不能忽略商業律師。今天，中國的商業律師階層與中國的商業階層一
樣，成為中國社會中最具經濟實力的兩個密切相關的社會階層。這樣就
有兩個問題：

其一，這個被人們所忽略的商業律師階層與國家的關係是什麼？
他們究竟是單純受全球資本雇傭的遊牧階層，還是中國未來國家建設中
的重要組成部分？

其二，中國經濟已經成為全球第二大經濟體，在不遠的將來要成
為第一大經濟體，但是伴隨着中國經濟的崛起，有沒有必要培養起為自
己提供全球法律服務的律師團隊？

問：你在法學院畢業典禮的演講中，提到了在西方律師事務所中
形成的「隱匿的中國法律軍團」，是不是就針對這個問題？

強世功：這個演講的確針對上述第一個問題，這是對學生的演講，
他們許多人會出國，加入到美國主導的全球法律服務團隊中。而我今天
要談的是第二個問題：我們的執政黨，我們的中央政府，究竟怎樣看待
這樣一個正在崛起中的法律精英階層？是把他們作為防範的對象，排斥
在體制之外，從而使得他們繼續為西方資本服務，還是把他們吸納到體

制中來，作為着力培養和發展的對象，使得他們成為中國經濟全球化乃至中國崛起中的重要力量？今天中國的經濟貿易已經全球化了，我們要不要組建一支與我們的經濟能力相匹配的法律服務團隊？

問：答案顯然是不言而喻的，問題是怎麼吸納，通過政協、人大渠道？

強世功：我想講個例子。在香港工作期間，我聽香港律師講了一個故事。在港英時期，香港律師業務被英國壟斷，不對外開放。港英政府採取律師定價收費，這樣高端法律業務由英國律師壟斷，而香港本地的律師業在定價收費制度的保護下，也保持相應的穩定發展。然而，面對香港回歸，彭定康時期對律師業做了兩項改革。一方面開放對外律師業，把美國律師事務所引進來，因為英國意識到自己退出香港之後，只有藉助美國的力量才能抑制香港本地的律師業發展。另一方面基於消費者保護的理由廢除了定價收費制度，變成了自由收費，其結果則是英國律師繼續壟斷者高端業務，而華人本土律師則面臨着價格競爭，陷入價格戰最終導致整個華人律師業的衰落。這就是港英撤離之後的法律部署，引入美國律師業而摧毀華人律師業。

對照這個例子，我們的執政黨高層有一套明確的經濟發展戰略，但有沒有一套與之相配套的法律戰略呢？我說的吸納，不是在政協、人大之中給一個象徵性的榮譽，而是制定一套長遠的全球法律戰略，真正發揮商業律師的作用，在把國有企業做大做強的同時，可否也幫助中國本土的商業律師事務所做大做強，在中國企業走出的同時，推動中國的法律業務走出去。這一點應當作為國家長遠的戰略來執行。這也是我一直關注金杜、君合、中倫這些大型律師事務所興起的原因所在。我曾經讓一個研究生的畢業論文聚焦美國大律師事務所的興起，而且專門推

薦《中倫的祕密》這本書，這是目前最好的一本關於中國律師事務所發展史的著作，我曾請張學兵律師專門來北大講自己如何推動中倫發展的故事。

如果從國家法律戰略的角度講，既然講依法治國、依法行政，那麼國務院的經濟決策層應當有商業律師的參與，發改委、財政部、商務部、國資委、人民銀行、證監會等機構應該大量吸納這些優秀的商業律師參與其業務，尤其要提升我們管理虛擬經濟的水平，隨着中國經濟的全球化程度提升，更應當提升我們參與全球經濟的水平。目前，國企在海外有大規模的投資，可差不多處於失控狀態，腐敗問題非常嚴重。這足以看出，我們的國家崛起的速度非常快，事實上已經成為全球性的國家，我們的商業利益遍佈全球，可我們的政府管理水平遠遠趕不上現實的需要，依然沒有學會利用精細商業法律規則來治理經濟，更缺乏參與全球法律治理的能力。

問：你的意思是，在中國，高端商業律師的不可替代性並沒有得到重視？

強世功：以前中國的經濟發展是在美國後面「跟跑」，而隨着中國經濟發展，未來中國要「領跑」。那麼，中國人怎麼「領跑」，準備創造怎樣的商業模式、管理模式？我們希望建立合理的國際政治經濟新秩序，參與全球治理，那麼這種新秩序和全球治理在制度上和具體的法律細節上如何落實？

如果從這個角度看，我們學習西方法律遠遠不夠，法學院的研究和教學和美國法學院相比有很大的差距，而中國真正學懂美國商業法律規則的也只有這個商業律師階層。法學院相關領域的教授往往缺乏實務經驗，只知道一些概念，往往連皮毛都摸不着。因此，這批法律人是我

們中國未來走向全球、參與全球治理的最寶貴的智力財富。這些年，我一直與香港大律師公會合作，邀請香港大律師公會和香港律師會在北大法學院開設普通法課程，培養中國熟悉普通法的法律人才。因此，我們要充分認識到這批法律人對於中國未來發展的重要性，並逐步發揮他們在推動中國制度設計中的積極作用。目前商務部在國際貿易糾紛和訴訟中也會雇傭我們自己的律師，但我認為這遠遠不夠，我們不應當僅僅把律師作為最後處理訴訟的代理人，而應該把他們放到前面去預防糾紛，尤其要將他們變成設計規則的參與者，甚至組織者，提前參與到相關的國際談判、國際條約起草過程中。

問：就是說，中央應當創新政治吸納的模式和能力，將商業律師的獨特性真正吸納進來？

強世功：今天很多人，包括高層決策者，對律師尤其是商業律師知之甚少。我們對律師的想像往往是訴訟律師，或者起草合同的傳統商業律師。而今天經濟生活的複雜化，意味着經濟生活的法律規則化，而律師實際上扮演了商業活動的設計者角色，律師在設計一種法律結構和法律規則的時候，實際上就是在設計一個商業產品。一句話，在金融、互聯網這些虛擬經濟越來越發達的時代，公司推出的商業產品已經不再是傳統意義上的有形物品，而往往是一種虛擬產品，一組複雜法律關係構成的虛擬產品，這些產品往往是由商業律師設計出來的。比如金融理財產品、保險產品等就是通過複雜的法律關係建構出來的。由此，商業律師要扮演產品設計的職能，如同政治領域的外交家一樣，也是在設計一種特殊政治產品來推銷。

在這個意義上，面對以規則為主導的全球化新興經濟，中國的經濟要實現轉型，特別是面對人民幣國際化、建立亞投行這樣的重任，無

疑要考慮怎樣培養自己的商業律師階層。這也意味着要改變執政黨的內在結構，我們的執政黨不再是搞計劃經濟執政黨，而是是駕馭市場經濟的執政黨，不僅是掌控國內經濟發展的執政黨，而且要面臨如何引領全球經濟發參與全球治理的執政黨。因此，執政黨內部必須要有精通並能充分應對國際化規則挑戰的又紅又專的職業羣體，這個羣體除了我們目前的財經官員、國企民企老總和金融家羣體，還要有全球化的商業律師羣體。

問：這樣很多人也會思考，中國的頂級商業律所比如金杜、中倫能走多遠、能做多大？因為中國是個大陸法系國家，美國律所發展本身也得益於它是普通法系，對法律的應用是極其複雜的，律師的重要性更為突出。

強世功：關鍵還是要看趨勢，形勢比人強。中國雖然是一個大陸法系國家，但是在商業金融領域，基本上採取美國法，而且這個領域中的商業律師全部已經美國化了。幾十年的留學美國運動培養了一大批熟悉全球商業貿易規則的法律人，以前我們的學生在美國只要讀個LLM 項目就已經非常了不起，現在申請法學院 J.D. 學位越來越普遍，在美國申請法學院如果不能進入排名前 10 的法學院，都不好意思告訴別人。這些年能申請到美國哈佛法學院、耶魯法學院讀 J.D. 學位的學生也不斷出現。如今中國是世界上第二大經濟體，中國企業走出去已經成為趨勢了，但在中國企業家羣體興起的時候，一定要推動為中國企業服務的律師和會計師這兩個階層的崛起，讓他們為中國的企業發展保駕護航。

我再講另一個例子。在香港工作時期，我們做了一個簡單調查。調查了當時中國大型國企在香港上市所雇傭的律師事務所，我們發現在

15 家超大型國企海外上市業務中，絕大多數國企聘用美國的律師事務所，只有兩家國企雇傭香港和內地的律所。由此，我們就會看到這樣一個圖景：中國的國企花錢聘請美國的律師事務所提供法律服務，而美國的律師事務所再雇傭中國一流的法律留學生幹活，中國法學院最好的學生去美國學習法律。這個圖景固然反映了中國法律相對落後的狀態，但恰恰反映出中央高層在鼓勵扶持中國企業走出去的時候，並沒有制定相應的法律戰略，讓中國的律師事務所伴隨着中國企業走出去。如果我們的國企上市雇傭中國的律師事務所，中國律師事務所當然可以高薪聘請美國律師來幫我們做業務。在這個問題上，不僅僅是中美律師的法律水平問題，說到底是老闆思維還是雇員思維的問題。中國的長期落後導致我們的雇員思維模式，事事看着西方做事情。更重要的是，我們的高層決策者對律師的想像長期停留在打官司或起草合同的階段，而沒有意識到現代商業律師對於現代商業的重要性和影響力。某種意義上說，離開商業律師的法律設計，跨國公司寸步難行。過去我們提到司法改革的時候，經常說要「為改革開放和經濟建設保駕護航」，可是當中國經濟走向全球的時候，我們的司法改革如何為中國企業的全球經濟活動保駕護航呢？首先就要培養國際化的商業律師，提高他們的政治地位和社會地位，從而提升執政黨駕馭全球經濟發展的能力。

在全球化時代，我們開始關注「經濟主權」，中國在在經濟上能不能自主，也應當關注法律、會計服務都不能自主。目前，我們甚至可以說，最了解中國經濟發展中商業祕密的人，往往不是中國人，而是美國人。眾多的國企裏面哪一塊是好資產，哪一塊是壞資產，往往連中國政府也不清楚。這些商業秘密誰最清楚？「四大」會計師所和美國律所知道得很清楚。因為這些企業上市往往是聘請美國的律師事務所和會計師

事務所提供相應的服務和調查，因此中國國企所有經營狀況、財務狀況和商業秘密對他們都是公開透明的，他們最清楚。這些信息資料對一個企業來說就是最高的商業機密，對一個國家來說也就意味着最高的經濟安全。可是，中國經濟在增長，如果我們不培養能夠捍衛國家利益的全球化商業律師階層，包括會計師階層，我們就無法真正掌握經濟主權。中國今天是世界第二大經濟體，但面對全球資本帝國，中國如何掌握自己的經濟主權，依然是一個問題。我在 15 年前講「法律人共同體」時，主要關注的是訴訟律師，而且關注的是國內法的問題，沒有考慮到全球化、世界帝國與跨國法律人階層的問題。

這樣的話，發改委、財政部、商務部是不是應當積極引導中國企業在海外法律服務中盡可能聘請中國的律所提供法律服務，幫助中國法律人走出去？中國政府在海外有那麼大的投資，簽署各種國際協議，甚至建立亞投行，可我們在簽署這些國際法律文件時是不是可以要求接受貸款或投資的國家或公司必須聘請中國的律師事務所提供相關的法律服務？發生了相應的國際法律糾紛可不可以規定將香港作為仲裁地，從而推動香港成為未來全球仲裁中心呢？如果我們的執政黨和中央政府有這樣的主權意志，那麼就會看到另一種法律圖景，即中國企業聘請中國的律師事務所提供法律服務，而中國的律師事務所雇傭最好的美國律師，甚至把法律業務發包美國的律師事務所。這樣一個小小的改變就讓中國留學美國最優秀的法律人從美國律師事務所中的低級打工仔變成了雇傭美國頂尖律師的老闆。這難道不可以嗎？我們的大型跨國企業不就是這麼做的嗎？為什麼不可以推動商業律師行業乃至會計師行業這麼做？我們學習西方已經很長時間了，要對我們自己的法律人才有信心。

商業律師的未來發展不能是一個簡單的商業行為，而應當變成政

治行為。為什麼現在全世界必須接受美國的規則呢？就是因為美國政府通過國際談判，在要求其他國家接受其投資等商業活動的過程中，往往會有附帶的條件，就是接受美國的法律體系和法律服務。由此才推動美國法律在全球，尤其第三世界的法律移植運動，引發美國法律社會學中的法律現代化、法律與發展、法律多元等諸多理論。正是通過這樣的戰略行動，美國的商業律師與美國政府緊密地團結在一起。面對這種情況，如果我們的執政黨和政府不這麼做，不把中國商業律師與國家經濟發展的全球戰略捆綁在一起，不讓中國商業律師分享中國經濟增長的經濟紅利和政治紅利，那麼中國的商業法律精英就會毫無例外地與跨國公司或西方政府緊密地團結在一起，成為美國資本和美國的國家利益在全球開疆拓土的「雇傭軍團」，而事實上目前他們就是這麼做的。我在北大法學院畢業典禮上的演講就是針對這個問題。

問：在您看來，這種做法的可行性如何？

強世功：重要的不是如何具體操作，而是想法和理念。事在人為，想法和理念決定了行動的方向。我們是世界第二大經濟體，是一個全球性國家，而且我們提出了建立國際政治經濟新秩序的主張，並且主張積極參與全球治理。但是，我們的經濟硬實力往往未能變成制定法律規則的能力。這客觀上要求我們必須改變治國理政的思路，充分發揮商業律師在國際談判、國際規則制定和國家參與全球經濟管理中的作用。如果我們連這一步都做不到的話，所謂建構新的國際經濟秩序、參與全球治理也可能難以落實。因為今天的國際商業秩序和政治秩序絕對不是簡單簽署幾個國際公法框架那麼簡單，而是將其具體滲透到整個金融商業貿易的日常活動裏，滲透在糾紛解決過程的複雜安排中，而這一部分是我們的政府官員不熟悉但商業律師是最熟悉的。

在這樣的背景下，中央要善於利用香港，把香港作為中國嘗試建構國際法律規則的試驗田，香港一直希望成為國際仲裁中心，中央是否可以將其作為國家法律戰略來推動呢？我們「兩岸四地」，有兩個法系、四套法律，全世界各個法律體系中的規則都有。那麼在商事、民事領域，我們兩岸四地可不可以簽署一些區域性的法律協議，然後利用中國經濟的影響力慢慢吸收東南亞國家加入，從而嘗試構建一個區域法律秩序。

一句話來講，中國的政治家要考慮一個問題：當中國的政治和經濟走向全球化的時候，必須要培養一個自己的法律服務團隊配合這種全球化，來保護自己全球化利益。航母出行都需要龐大的護衛艦隊，今天中國的企業走出去，卻沒有相應的法律團隊、會計師團隊、安保團隊、情報信息諮詢團隊和相應學術研究團隊提供支撐和服務，我們的企業實際上在全球市場上處於「裸奔」狀態，一切都必須依賴美國提供的保護。如果我們的執政黨有這樣的雄心和胸懷，所有的法律精英都會自覺不自覺地圍繞在執政黨和政府周圍，由此從根本上解決法律人與執政黨之間的潛在緊張關係。如果我們缺乏這樣的雄心，如果我們的商業依然處在美國的保護之下，那麼我們的法律人就必然會圍繞在西方資本的周圍。

托克維爾當年在描述美國法律人時說過，法律人在天性和靈魂習慣上是貴族的，而在利益上又和人民大眾緊密聯繫在一起，那麼法律人究竟是保守的力量，還是革命的力量，關鍵在於君主團結法律人，還是把法律人推向人民大眾成為革命的力量。這恰恰是英國與法國的區別。英國當年之所以沒有發生大革命恰恰是因為它的政治體制吸納了貴族階層、精英，將律師這個階層吸納進來，所以律師界變成了一個保守的力量。相比之下的法國，法律階層沒有被吸納到貴族階層中，結果變成了反叛的力量。

今天，我們也可以說，商業律師在心靈習性是上全球化的，但在利益上又和主權國家緊密聯繫在一起，那麼法律人究竟是愛國保守的力量，還是反叛激進的力量，關鍵在於主權者是否能夠團結這個法律人羣體。今天我們看到的美國商業律師和美國政府、美國的企業家緊密地團結在一起。而我希望，這不要成為美國與中國的區別。

法律教育要與中國政治社會相匹配

問：這樣就談到法律人從政的問題，我們的政治精英不在法律人羣體中，但是我們的法學院很多時候也宣稱培養政治家，怎樣理解這個問題？

強世功：這就涉及到我們講「法律人共同體」的第三個問題——法律教育。目前中國的法律教育與中國的精英培養不相匹配。道理很簡單，我們今天的法律教育是複製美國的模式，專業課程設置和教育模式是為了培養以法院訴訟為中心的法律人：法官，律師，檢察官。但是從中國的政治體制來看，中國最大的精英團體不在司法裏面，中國的核心領導力量是共產黨，我們的體制實際上是政黨官僚制，黨的領導和公務人員隊伍，是我們的政治精英聚集地。這一點從法學院優秀畢業生的就業分佈中就可以看出。你會發現法學院的好學生首先希望做商業律師，然後就是大規模進公務員系統，去公檢法司的排在最後，而且往往是女生居多。為什麼？我們剛才提到，中國法院不是一個精英組織，待遇低，自我實現空間小，其實這也類似歐洲法官。只有美國的法律人同時是政治精英，全世界除了美國以外沒有一個地方是法律人說了算的。而我們的法律教育受到美國法律教育的影響，導致法律人將自己想

像為類似美國的政治精英。

問：這本身就是個很大的問題，因為培養法官是為了審案子打官司，政治家需要治國理政，需求不一樣。

強世功：是這個問題，法律教育的精英培養與政治體制不相匹配。當法學院的學生有相當多的人進入公務員隊伍的時候，突然發現原來學的很多東西無法回應公務員的職業需求。現在法學院法律教育的重心在於以訴訟為目的，用流行的話說，是在「為權利而鬥爭」。但進了政府機關以後，就會發現剛好相反，不是如何為權利而鬥爭，而是如何協調權利的衝突，尋求更大的整體利益。法律教育往往告訴你法律的概念解釋是確定的，是科學真理，到了政府機關考慮的是怎麼解決一個社會問題，必然要採取一個實用主義的態度，是公共政策導向。這批本來自認為很優秀的法學院畢業生突然發現自己最不具備的就是做公務員應當具備的理論和知識，比如如何要處理社會問題，怎麼處理輿論，怎麼應對老百姓，怎麼發展經濟，這意味着要懂經濟學、社會學、行政管理，甚至心理學和傳播學的知識。美國也不是大家想的最高法院治國，那太誇張了，只是重大案件由它來判決而已，真正治國的還是國會、總統。最近一些年，我在北大法學院開設「法律與公共政策」專業就是希望擴大法學院學生對政治學和公共政策的理解。

問：在您看來，中國的法律教育最大的問題也是不能回應現實需求？

強世功：中國法學院的人才培養模式和課程設置要與中國政治和社會相匹配。首先在商業律師的培養模式中，當不僅要採取主流的訴訟模式為主的培養，而且需要引進商學院的培養和教學模式。例如面向國際化的商業律師的教育就必須要開設會計學、管理學、營銷學的課

程，甚至我建議像北京大學這樣的一流大學，應該推動法學院與商學院合作起來培養學生。因為一個優秀的商業律師最重要的不是法律規則思維而是商業設計思維。一個好的律師首先是一個好的商人。我怎麼給你設計一個產品來規避法律實現商業的目的，而不是我告訴你這也不能做，那也不能做。因此，一個優秀的商業律師首先要懂得營銷、溝通、談判，而不是背誦法律規則，然後考試、考試、考試。智商高充其量屬於聰明（smart），而情商高則會變得明智或智慧（wise）。遺憾的是，北大、清華、人大的法學院沒有一家去做這個努力。他們對國際法的理解，就是滿足於把最好的學生送到美國去。這是教育上的偷懶，無疑是錯誤的。我覺得中國要真正成為未來的世界大國，中國法學院要成為世界一流的法學院，就必須培養為中國崛起服務的人，立足自己培養而不是送到美國。你永遠去美國留學，怎麼可能成為一流法學院。

問：您也講到法學院首要培養治國理政的人才。

強世功：必須是這樣，法學院的目標不是僅僅要培養法官，還要培養政府官員。因為我們的公務員考試是對所有學生開放的，法學院學生裏面有相當大部分要進入黨政機關成為公務人員。如果你四年裏天天採取部門法的灌輸，這不利於他將來的成長。這些民商法、訴訟法的知識對於他們從事黨政工作來說，沒有什麼意義，基本上是浪費時間。然而，他們卻缺乏基本的人文訓練，對哲學、經濟、社會和國際政治，對人文歷史，可以說一無所知。換句話說，他們沒有寬闊的胸懷，沒有公共政策的概念，不能適應未來的工作需要。因此，法學院應該把經濟學、社會學、人類學，甚至說文史哲加進來。這就意味着中國的法學院可以考慮砍掉本科法律教育，專注於研究生教育。這些年，我一直在從事通識教育的工作，很快就意識到法律本科教育的弊端和由此培養出來

的法律人的先天不足。因此，我們希望法學院、商學院的教育取消法律本科教育，而這恰恰是美國通識教育理念厲害的地方。他們明白如何通過通識教育來培養政治、商業和文化精英。因此，中國的法學院誰先砍掉本科，誰就能先把它的目標轉向培養高素質的法律人。有人說本科生比碩士生、博士生的質量要高，其實這是一個錯覺。這麼多年我更喜歡給法律碩士上課，因為他們理解法律更快。今天法學院的法律教育中之所以對本科生器重，很大程度上是因為過分看重他們高考成績，更關注本科生對法學院的忠誠。但是，他們未來要成為精英時，卻連基本的文化品位都沒有，沒有藝術感和分寸感，對歷史和政治一無所知。正是由於他們對法律之外的世界一無所知，所以很容易被媒體上膚淺輿論俘虜，顯得自己很時尚，卻恰恰暴露自己的無知。這也是為什麼今天中國的法律人，無論是法學教授，還是商業律師都很容易淪為「公知」，因為他們的教育背景導致他們對整個世界的「無知」。

問：這個改革動靜很大。

強世功：如果說過去我們是匆匆忙忙培養人才，一夜之間急需批量生產一大批懂法律的人才，可以採取這種粗放式的培養模式，現在，我們要着眼於培養法律精英，那就應該有一個從容的心態。如果法律教育上我們不能做大的改革，無法砍掉法學本科，至少應該在本科階段降低法律專業課的比例，增加通識教育的課程比例。其實，很多部門法沒必要在本科去學習，應該放在研究生教育中。我們目前的研究生教育很薄弱，很多課程都是本科課程的延伸。我們一定要記住，從法律職業角度講，真正的教育不在法學院，而是在法律職業過程中。我們看美國法學院的 J.D. 學位，哪有那麼多的必修課程。大學教育一定不是專業培訓，大學教育首先是理想、志趣的培養和思維和學習能力的訓

練，真正的專業都是在法律實務中習得的。因此，我希望在法律教育上我們要逐漸回到政法傳統。希望法律人的背後有一個對政治文化的深厚理解，不是單純的法律知識。我們喜歡說美國的法律，但你看看美國最高法院的判決，看看我們的法律人能不能寫出這樣的判決。你不懂歷史，沒有社會科學知識，沒有修辭能力，沒有文學素養根本寫不出來這樣的判決。美國對法律人的教育是哲學家的教育，因為美國法律人承擔了對美國核心價值辯護的重任。布朗案要解決的是黑人究竟有沒有平等權，羅伊案要解決的是美國人究竟有沒有墮胎的自主權，這不是法律辯論，這是政治哲學辯論，因此美國法律人有很好的政治哲學訓練。

問：當前一系列重大公共話題上，法律人失語確實能看出這個問題。

強世功：暴露的問題很突出。比如，我們的判決很乾癟，因為我們沒有很好的文學訓練，法律教授也越來越單薄，寫的法律書只能專業人看看，你不能進入到公共知識界與其他學者展開對話。你是一個民法教授，卻不能和一個經濟學家討論產權問題；你是一個行政法學家，卻沒有能力與政治學家一起討論中國的體制改革問題。因為我們的學者都是法律教育的產物，本科四年接受的都是法條的灌輸，然後研究生博士生不斷專業化。法律人羣體從知識界來講是相當龐大的，核心期刊就三四十種，雖然在公共話語中影響很大，但在知識界的學術影響力很小，對於中國學術發展的貢獻也很小。所以我們的法律教育要着眼於我們政治體制相匹配的精英培養，包括政治家精英和商業精英，這樣的法律精英階層才能真正能成為精英，才能對政治商業等全球事務有足夠的把握。

問：您的意思是，執政黨應當思考怎樣定位這樣一個羣體，使之進入整個政治體系之內。

　　強世功：首先要關注這一階層，道理很簡單，因為它是一個精英階層而不是一個普通的階層，它是很有社會和政治能量的階層。那麼，究竟是將精英階層變成向心的力量，還是推向離心的力量，這無疑是一個重大的政治問題；如果政治不能夠把這部分人吸納進來，它就會變成潛在的反政府要素，如果不能團結在國家的全球化戰略中，那就會為美國的全球化戰略服務。

第二部分

法治與憲制

中國法的時代 *

今天，在開啟 21 世紀的轉折點上，中國正處在邁向法治國家的急劇轉型之中，儘管複雜衝突的矛盾、沉疴積重的問題和變幻莫測的形勢使得這種轉型時時處在驚濤駭浪之中，但是一個自由、民主、法治和富強的未來似乎不再是遙遠的夢想，而是一個可以努力觸摸到的現實。此時的情形與 100 年前驚人的相似。其時，我們通過大規模地移植西方的憲制、行政管理、經濟制度、法律制度乃至文化，以期實現傳統帝國向現代民族國家的轉型，而今天我們大規模的法律移植運動仿佛是在重複一百年前的歷史。這似乎是命運的暗示，歷史的輪迴不過是為了從新的起點上升，法律會在這個民族的未來佔據重要的地位。

近代中國史往往被看成是中華民族前所未有的屈辱史和災難史。割地、賠款、殖民、戰爭、飢餓、動亂都集中在 100 多年的歷史中。但人們忽略的是，這正是中華民族前所未有的學習史和開放史，從洋務運動到百日維新再到新文化運動，無不是在向他人學習。世紀之初學習日本、歐美，50 年代學習蘇聯、80 年代學習英美，所有人類文明中

---

* 寫作於 2000 年 12 月。

先進的文化和制度無不經過我們的學習、模仿和消化。今天，誰還能說科技、民主、憲政、法治和市場體制僅僅屬於西方文明？正是這種開放的胸襟和謙虛的態度，使我們迅速實現了從傳統帝國到民族國家的轉型，並且開始從傳統社會邁向現代社會，從政黨國家邁向法治國家，而法律制度的變遷正是這種學習的見證。

從 1902 年的晚清新政開始，中國開始大規模地移植西方的法律制度，尤其是以日本和德國為代表的大陸法系的法律制度。國民黨「五權憲法」和「六法全書」的完成意味着初步建立起符合國家現代化建設的法律制度框架。在國家政權建設的過程中，如果說國民黨選擇了精英化的法治道路，那麼，共產黨則選擇大眾化的民主道路。因此，國共兩黨之爭與其說是兩種社會力量的爭奪、兩種意識形態的爭奪，不如說是兩種國家現代化制度框架的選擇，究竟是通過法治來實現民主，還是通過民主來實現法制。這實際上是「德意志模式」和「法蘭西模式」在中國的試驗。由於中國廣闊領土的複雜性，加之缺乏成熟的市民社會，無論哪一種模式最終以中央集權國家的建立而告終。當國民黨在完成其法律框架建構的時候，共產黨也在陝甘寧邊區完成了政治權力對傳統法律的改造。「馬錫五審判方式」標誌着中國法律新傳統的形成，法律沒有成為服務於市民社會的工具，而成為服務於政黨和國家的治理工具。法律的刑事化和治理化成為這種法律新傳統的特徵。

1952 年的司法改革不過是在更大範圍內完成了現代政治權力對法律的改造，這種改造不僅包括法律制度，更主要的是完成了對法律理念和法律人的改造，即法律服務於政治、服務於人民利益。職業化和精英化的法律人被政法幹部所替代。儘管如此，人民主權的民主權力與依法辦事的法律原則之間依然存在着內在的緊張和衝突，其結果是在「砸

爛公檢法」的運動中進入了「法律虛無主義」的時代。正是出於對這種「大民主」的厭倦，法律才藉助審判「林江集團」的力量重新回到國家的政治生活中，通過民主實現法治的模式轉化為通過法治實現民主的模式。在我們廢除了「六法全書」幾十年之後，我們的教科書又開始以台灣地區的民法教科書作為學習的模本。

　　一個短暫的輪迴使得中國又回到了「立法時代」，這個時代最終以已經列入立法議程的《民法典》的制定走向尾聲。然而，這部民法典在多大程度上符合現實社會的要求，在多大程度上會超越時代的要求？這意味着民法典在多大程度上是統治者意志的產物（時代的產物），在多大程度上是科學研究的產物（超時代的產物）。如果是統治者意志的產物，那麼這樣的民法典必然被發展的社會生活所拋棄。如果說它要成為超時代的產物，那麼民法典的制定就不應當是某些政治家的事業，也不是某些民法學家的事業，而是中國民法學這門科學的事業，是一個將民族的情感、精神和生活氣質上升為普遍規則的事業。立法工作由此不再是一項簡單的將統治者的意志表現為文字的計算機式的操作，而是一項歷史的偉業。

　　然而，在我們這裏，立法正在變成一項利益驅動，學者可以著書立說、申請課題、參與立法工作，負責立法的領導人可以獲得相應的的政績。與此相適應，法律正在變成新的意識形態，仿佛只要立法就是好的，似乎任何問題都可以通過立法來解決。於是，解決「包二奶」的問題要立法，西部大開發也要立法。這種法律意識形態背後的就是支配的邏輯，要麼我們被別人來支配，要麼由我們來支配別人。法律由此墮落為一種簡單的治理社會的工具，而未能成為政治運行和社會運行內在的理性和法則。從某種意義上講，立法是神的事業，而不是人的事業，因

為立法不是書寫為文字，而是要刻在人們的心靈上，立法重要意義不是創造規則，而是發現複雜多樣的大千世界中的普遍法則。我們的工作只能是點滴的努力，個人的努力和時代的努力對於神的偉業而言，僅僅是滄海一粟而已。因此，真正的立法時代需要的就是這種滄海一粟的謙卑和虔誠，對法律本身的信仰和虔誠。這樣，立法才不是一場政治的遊戲或者生活的遊戲，而是聽從上蒼的召喚，聽從時代的召喚，將立法作為一種「獻身」的勞作。我們只能是默默艱苦地努力，將榮譽歸於上蒼，歸於歷史，而不是歸於我們自己。

《法國民法典》仿佛是拿破崙的事業，其實是 12 世紀羅馬法復興運動以來幾代人不斷學習羅馬法的產物，只不過命運格外恩賜拿破崙成全了他個人的偉業而已。至於《德國民法典》幾百年的制定歷程更是體現了德國民法學家對法律科學的追求、對民族精神的體悟和對社會生活的把握。而今，當我們的民法學還處在抄襲王澤鑒的理論和引用日文文獻的學習階段，當我們的立法還處在外行拍板作決定的階段，我們制定的民法典在多大程度上成為一個超越時代的科學文本，而不是一個隨時需要修改的階段性產物？當我們的領導人或者學者夢想着成為中國的「民法之父」，把一個民族的事業當作個人的事業的時候，將神的事業當作個人的業績的時候，誰能保證這樣的榮譽不是對神聖的僭越，不會成為歷史的嘲諷呢？因此，我以為中國的民法學家與其急於參與起草民法典，不如將民法的真理寫在教科書中，通過教學傳播民法的精神，將民法的真諦播種在未來政治家的心裏。這樣的努力正是使每個民法學家作為法學家羣體的一分子投身到一個民族的偉業之中，而不是謀求個人虛幻的榮譽。

如果說在「立法時代」我們從大陸法系中學到許多有價值的東西，

那麼，90 年代以司法公正為宗旨的司法改革所開啟的「司法時代」則需要在英美法系中汲取營養。審判方式的改革無異吸收了英美的對抗制，現在搞的不倫不類的陪審制度也是想將英美的陪審制度嫁接原來蘇聯的人民陪審制度上。不過，英美法系中最有價值的可能是判例法制度。因為司法獨立不僅是一種分權意義上的獨立，更主要的是一種知識專業化分工意義上的獨立。這意味着司法要建立在知識和理性的基礎上，而不是單純暴力的基礎上。司法公正意味着司法超越於具體的政治利益，形成自己獨立的知識運行邏輯，這樣的知識傳統就需要通過法院的判例來積累。沒有判例法制度意味着法官的知識、法官的智慧、法官的判斷散落在案件卷宗這無邊的海洋中，無法積累、無法傳播、無法修正、無法發展。它們無法進入教科書這一法律知識生產的正統渠道，這不僅是對社會知識資源的浪費，也無法在法官、律師和法學家之間形成良性的知識互動，無法在法律知識的溝通和職業身份轉換的基礎上形成穩定的法律人共同體。

當然，判例法的重要意義不僅在於司法智慧的積累，還在於在此基礎上通過司法判決來審查立法文件的合法性甚至合憲性。沒有判例法制度就無法確立司法審查的基礎，當法官無法發現法律的時候，他又如何能審查法律呢？判例法制度和司法審查制度無疑應當成為我們在「司法時代」裏學習美國法律制度的重要內容。這樣的問題不僅涉及到了司法制度，在這個剛剛開啟的新世紀裏，我們將會經歷一個從「司法時代」向「憲制時代」的過渡，一個自由、民主、富強和法治的文明國度就展現我們這個民族的不斷學習和探索的過程中，只有學習人類智慧最優秀的成果，我們才能夠在巨人的肩膀上為人類的文明做出我們這個民族自己的貢獻。

重新理解法律革命[*]

　　從改革開放重建社會主義法治以來，甚至上溯到晚清法律改革以來，中國經歷了一場大規模的法律革命，而這場法律革命不過是一場涉及政治革命、社會革命和文化革命的總體性漫長革命進程的有機組成部分。它不僅徹底改變了中國的法律制度和法律體系，而且改革了中國的法律觀念、法律文化乃至奠定文明基礎的自然法觀念。

　　然而，革命意味着什麼？在西方文化傳統中，革命意味着一種斷裂，一種毀滅，一種新生。相反，「法治」則意味着連續，意味着穩定，意味着永恆。由此，用「法治」這種「反革命」力量來壓制革命甚至消滅革命，無疑成為為西方法治傳統的重要主題。然而，在中國的思想傳統中，「革命」是一種鏟除腐朽、衰敗的積極力量，是與消亡作抗爭的能動力量，因此，「革命」乃是恢復生機、復活生命乃至永葆青春的源頭活水。因此，革命恰恰是天道自然秩序以及由此而來的禮法秩序的捍衛者，「湯武革命」恰恰是為了恢復天道禮法秩序。造反、起義和革命由此被吸納進禮法傳統的結構框架之中，構成了中國法治秩序

＊　原載《人民法院報》，2011 年 7 月 20 日，原標題「法治是中國人的生活方式」，刊出時有刪節，這裏是原文。

的內在組成部分。無論是漢儒對天道和天人合一的強調，還是宋儒對「新民」的強調，都把革命看作是古典的天道自然秩序和人倫禮法秩序基礎。

近代以來，中國開始接受了西方的「革命」觀念，即在基督教的救贖歷史轉向世界歷史的過程中，「革命」被賦予了終結歷史的現代意義。在一場漫長的總體性革命中，革命一方面要摧毀舊秩序，甚至要不斷摧毀上次革命的成果，另一方面要全面建設新秩序。革命因此包含着這種摧毀與建設的雙重任務，使得革命在中國的含義更接近於「揚棄」這個概念。「革命」與「法治」由此構成了過去一百年來持續的緊張。由此，但凡強調法治建設，就會單純從法治的角度來批判革命、否定革命，反而肯定革命傳統和革命精神意味着要否定法律秩序。目前，關於改革開放前三十年與後三十年的分歧、斷裂和爭論都隱含在革命與法治的衝突之爭。然而，這種以西方基督教傳統中的革命理念來理解中國革命，顯然沒有看到中國革命在中國文明傳統中具有的獨特性質。中國革命的根本乃是古老文明因其腐朽而衰落的過程中剔除沈屙重獲新生的過程，因此它也是古老文明捍衛自身尊嚴和尊榮地位的漫長革命。法治秩序的重建本身就內化於革命的目標之中，並隨着革命目標的實現而逐漸獲得加強。因此，法治乃是革命的產兒，甚至法治必須要以革命的方式來體現，即用革命的方式來捍衛和鞏固革命的成果。

一旦確立了革命的目標，革命就不是簡單的對過去的摧毀，而是不斷向過去的返回和恢復。這無疑又回歸到「湯武革命」的中國傳統中，即革命不是指向未來的某個目標，而是一種返回和恢復。中國革命在話語策略上往往在西方理論的影響下不斷指向未來，但在實踐中反而不斷向過去恢復，推動古老文明傳統的復興。比如辛亥革命後的二次革

命和護法戰爭乃至北伐戰爭，實際上是對民國政府和臨時約法這些辛亥革命成果的恢復。共產黨的土地革命也是對孫中山「新三民主義」的恢復，而解放戰爭也是對 1945 年和平建國方案的恢復。正如毛澤東在新政協第一次會議上強調這次會議是「恢復了政治協商會議」。而同樣，1978 年以來共產黨重建其政治制度和政治傳統往往看作是對中共八大傳統的恢復，1982 年憲法也是對 1954 年憲法的恢復。而 1978 年開始的社會主義法制建設更被看作是對清末法制改革的恢復。

返回或恢復實際上是一種積累、建設、維護和肯定，其中對既存秩序規則的返回或恢復就是我們所說的「法治」。因此，每次恢復都是在新的基礎上肯定了革命的成果，這恰恰是法治在中國的重要意義。法治不僅記載並肯定了革命的成果，而且對革命構成了制約，使革命放慢自己的節奏，逐漸從西方意義上的推動實現普遍歷史的行動，轉向對古典傳統中的革命理念，即革命既作為一種日常化的手段來鍛造現代精英集團的政治意識，而且作為急迫的手段在拯救法治秩序可能面臨的腐敗和墮落。事實上，「文化革命」就試圖作為對計劃體制和官僚化正在面臨的腐敗和墮落的一次救治。然而，由於缺乏法治的制約，革命的拯救行動本身陷入了混亂的危機。正是基於這次革命救治行動的教訓，1978 年以來的社會主義法治建設不過是恢復到了 1949 年以來的傳統，即將革命與法治融為一體的革命法制或革命法治的傳統。

革命法治傳統一方面要求在法治秩序的逐漸發展要為革命保留足夠的空間，而另一方面又對革命本身的恣意構成了相應的約束，從而使得革命與法治形成內部的互動，使得革命圍繞法治進行上下波動，就像價格圍繞價值上下波動一樣。革命與法治秩序形成的內在彈性結構形成了我們經常所說的政法傳統，而這種傳統也恰恰是古典禮法傳統的發

展。革命的政治要求可能超出形式主義法治的剛性規則要求，但不會完全背離法律規則的原則，依然被有效地控制在實質主義法治的彈性範圍內。目前，人民司法堅持「三個至上」，都必須在法治建設常規化的政法傳統中才能理解，而這一切都是政治與法治之間相互吸納的產物。

正是在這種背景下，2011 年 1 月 24 日，全國人大常委會吳邦國委員長關於中國特色社會主義法律體系的講話就可以看作是中國法治發展道路的政治宣言書。該宣言一方面宣告用法治來鞏固革命的成果，從而「夯實了立國興邦、長治久安的法制根基，從制度上、法律上確保中國共產黨始終成為為中國特色社會主義事業的領導核心，確保國家一切權力牢牢掌握在人民手中，確保民族獨立、國家主權和領土完整，確保國家統一、社會安定和各民族大團結。」而另一方面宣告用法治來遏制革命的衝動，從而宣佈從清末法制改革以來以革命為為導向的法律移植運動趨於終結，法律正在中國本土社會關係中扎根，法治要成為為中國人的生活方式。因此，我們看到對立法經驗的總結也完全不提大規模移植西方法律，而是強調對實踐經驗的總結。

如果把這一政治宣告放在改革開放三十多年的背景下看，實際上也是改革開放的革命思維發生根本性轉向的政治宣言書。它實際上宣告改革開放以來主要照搬西方的改革思路趨於終結，不僅單純的法律移植運動趨於終結，政治、經濟、社會和文化各領域中反覆出現的「全盤西化式」的改革思維也趨於終結。改革思維開始轉向了建設思維，這個改革低調落幕的宣言與「全面建設」思想一脈相承。這場對改革開放三十年以來形成的改革思維的揚棄，恰恰要回到 1949 年以來的全面建設傳統上來。

如果把這一政治宣言書放在漫長的中國革命的背景下，實際上是

近代百年來革命思維的根本性轉向，即從近代西方意義上通往歷史終結的革命觀轉向中國古典革命觀。中國革命的目標不是要實現西方人的生活方式，既不是當年蘇聯人生活方式，也不是今天美國人的生活方式。「不搞多黨輪流執政，不搞指導思想多元化，不搞三權鼎立和兩院制，不搞聯邦制，不搞私有化」也因此被看作是中國革命的應有之意。革命理念要從西方的道路上回到中國的道路上，既要變成執政黨精英羣體保持其先進性的日常政治革命和倫理革命，也要變成鼓勵人民當家作主的常規革命，更要給防止革命變質的「湯武革命」保留相應的空間。中國法治發展必須放在這個革命背景下才能成為為中國人的生活方式。

法治與憲政：西方與中國的區別 [*]

記者：請您談一下西方憲法和我國憲法有何本質區別？

強世功：今天的憲法教科書一般不區分資本主義與社會主義，但在傳統的教科書裏認為，西方的憲法基本上都是叫做資產階級憲法，而我們中國的憲法是社會主義的憲法。前面的資本主義與社會主義的區別，實際上就是兩種憲法的根本區別。

其一，資本主義憲法會把保護公民個人的自由、權利作為首要目標，而在社會主義憲法裏邊，強調的「人民」，強調要保障大多數人，尤其是社會底層羣眾的公共福利。由此，強調個人權利、個人自由、個人自治與強調公共福利、人民當家作主有着核心價值觀念上的根本區別。由此，不少人把資本主義憲法的核心價值確定為自由，而把社會主義憲法的核心價值確定為平等。資本主義憲法注重保障的個人自由權利看作是第一代人權，而社會主義憲法所注重保護的經濟社會權利看作是第二代人權。

其二，資本主義的憲法強調要建立一個分權、制約平衡體制來保

---

* 2015 年接受有關網站的訪談，發表時有刪節。

障公民個人自由權利，我們這種憲法稱之為分權憲法。社會主義憲法一般強調人民當家作主，那就要有一個代表大多數人民利益的機構，也就是我們通常所說的全國人大代表大會，作為最高的國家權力機關來行使國家權力。這個代表人民的最高機構再產生其他的國家機關，國家機關之間雖然也有分權，但這個分權不是政治上的分權，而是功能意義上的分權。所以，我國憲法也分立法、行政、司法這樣一些權力，但它不是政治上的分權，而是治理功能意義上的分權。可以說，資本主義憲法是分權的國家機關分享國家政權，而社會主義憲法中將政權統一集中在黨的領導之下，體現於代表人民的最高立法機構中，而其他國家機構都服務於政權。

其三，西方資本主義憲法着眼於保護個人自由，因此其民主制度也採取所謂的「自由民主」，即在個人自由的前提下，採取多黨競爭的方式來產生立法機構中的人民代表和行政權的首腦，當然議會制和總統制的有所不同。但在社會主義國家中，其民主制度是「人民民主」，那就是先要產生「人民」，然後再產生「人民代表」來掌握最高國家政權。那麼，即從廣大羣眾中產生「人民」中，這就是盧梭的政治哲學思考的問題，即從大眾的「眾意」中產生「公意」。盧梭給資本主義自由民主體制構成了哲學上的挑戰，即西方代議制民主僅僅是「眾意」，而不是「公意」。而盧梭的這個政治哲學問題在社會主義國家的實踐中就變成共產黨塑造人民，進而領導人民並最終為人民服務的制度路徑。因此，共產黨建構人民的過程中，必須分析社會各階級，不僅代表多數階級，而且要協調不同階級的利益。由此，社會主義國家雖然有一個代表人民的最高國家權力機關，但這必須在黨的領導之下，這就是黨的領導、人民當家作主與依照憲法治國這三個要素之間內在統一的政治哲學

基礎。這樣一些體制裏一般會強調共產黨一黨執政，但在中國特殊的歷史上，形成了多黨合作體制，與資本主義制度下的多黨競爭、輪流執政形成截然對比。

由此可見，抹殺了社會主義與資本主義的區別，不僅無法理解西方的憲政制度，實際上也無法講清楚中國的憲政制度。今天的教科書之所以淡化這種區別，就是在「歷史終結」意識形態下，將西方資產階級的憲政制度看作是唯一正確的，並以此來潛在地批判社會主義的憲政制度。

記者：咱們這次十八屆四中全會首次提到了中國特色社會主義法治，西方國家是不是也有類似的這樣一種提法，然後怎樣理解它們兩者之間的異同？

強世功：現代法治具有普遍性，無論資本主義的，還是社會主義的法治，無論西方的，還是中國的，都強調法的普遍性和一般性，強調國家主權在經濟和社會生活的權威地位，都希望通過這種一般性、普遍性的法的治理建構出一個具有穩定預期的社會秩序。在一般意義上，我們可以說，有穩定的社會秩序就意味着隱含了一種法治。由此，古代也古代的法治，現代有現代的法治，西方有西方的法治，中國有中國的法治。所有這些區別就在於「法」是什麼？如何來「治」。「法」有不同，比如有神法、自然法、道德法、國家法、習慣法等等，「治」有不同，比如有暴力的方式來治理，有說服的方式來治理，有裁判的方式來治理，有交易的方式來治理，有君主來治，有僧侶來治，有專業人士來治，有大眾參與來來治等等，這些因素的不同組合就形成古今中外形形色色不同的法治形態。

當我們強調中國特色的社會主義的法治時，在「法治」前面加了兩

個限定詞。第一個是中國特色，第二個是社會主義法治。這就意味着中國特色社會主義法治是一種獨特的法治形態，與西方資本主義法治形態不同。比如，我們前面講了資本主義憲法和社會主義憲法的不同，實際上就會貫穿到資本主義法治形態和社會主義法治形態的不同上。憲法是國家最高的法律，是國家的根本大法，法治必然是憲法之下的治理，由此法治的核心價值乃至司法制度，司法運作的內在邏輯，必然隨着這種核心價值的不同而變化。

比如資本主義法治強調個人自由和個人自治，法院就會扮演一個消極仲裁者的角色，司法判決很大程度上取決於雙方律師的力量，由此司法過程也往往變成有錢人的遊戲。在某種意義上，資本主義司法體系是圍繞律師展開的，我們發現很多法官都有做律師的經歷。法官與律師之間職業角色的相互流轉，塑造了一個獨特的法律人共同體。整個司法過程就是由這個法律人職業共同體主導的，而這個法律人共同體的主導就是所謂司法獨立，即這是其他人不能侵入的領地，就像教會、大學和市場都是相互獨立的領地一樣。可以說，整個西方自由憲政體制就是在歐洲這種封建化的歷史與現代社會的分化相互疊加形成的一種獨特的制度形態。這種古典的、貴族制的、封建化的制度構造的典範就是英國。「自由的是古典的，專制是現代的」。這種名言恰恰指出英國自由憲制的封建化歷史根源。相比之下，法國的中央集權體制恰恰要打破貴族的封建領地，建構現代的國家制度。由此，法國的中央集權體制也往往被看作是專制制度。因此，雖然我們強調資本主義法治，但具體到不同的國家，又會有不同的法治形態。所謂大陸法系和英美法系的區別，實際上就是區別兩類不同的法治形態。只不過在今天美國法全球化的時代，我們通常所說的西方憲政法治，實際上往往指的的是英美的制

度。而歐洲大陸的制度從法國、德國到俄國，往往被看作是專制主義的傳統。直到二戰後，歐洲大陸被納入到英美的統治之下，才重塑了歐洲大陸的憲法制度，比如法國的憲法委員會和德國的憲法法院，都是美國模式衝擊的產物，比較之下法律制度中歐洲大陸依然保持自己的訴訟制度。如果從美國的法治模式看，在強調三權分立、制約平衡的憲政體制中，這個獨立的司法和法律人共同體發揮着重要的政治功能。由此，美國最高法院就是一個「政治的法律」，法律人也捲入到政黨活動中成為政治家，這就是美國法理學說中關於「法律人‑政治家」（Lawyer-stateman）這個概念的制度來源。

中國的社會主義司法理念和制度強調要服務於人民大眾，那就意味着在司法活動中法官扮演更為積極主動的角色。因此，中國的律師就不可能扮演美國律師的角色，律師始終是輔助性的。我們說中國是大陸法系國家，而大陸法系法官主導的司法制度與普通法中法官消極仲裁而當時人及其律師積極主導的體制形成截然對比。因此，與英美自由主義相比較，歐洲大陸的制度始終具有社會主義的傳統，無論是歐洲的有機國家理論，還是福利國家，或者民主社會主義，與英美自由主義傳統有所不同。儘管中國的法官主導着司法審判活動，但中國的法官不是英美普通法訓練下的法律人，我們的司法審判活動雖然是獨立的，但法院作為一個機構要向人民代表大會負責，更要執行執政黨的政治路線和大政方針，從而要向黨和人民負責。在這個意義上，法官更多扮演者國家公務員的角色，主動承擔通過糾紛解決來治理社會的職能。在這個意義上，法律的治理化乃是社會主義法治的根本特徵。正是在這種社會主義的司法體制下，司法判決只是社會治理的一個環節，司法判決也往往不是終局性的。當事人在尋求司法救濟中如果未能如願，可以通過上訴的

渠道向其他黨政部門，尤其是高層黨政部門尋求救濟。這些年涉訴信訪案件不斷上升，貧窮的當事人認為法院判決不公道，因為法院往往按照法律程序來處理案件，而貧窮的當事人未能聘請律師導致其訴求或者權益無法得到公平的保障。在這種情況下，高層黨政部門要麼採取訴訟外途徑幫助當時人提供相應的救濟（比如經濟補助），要麼在重大案件中協調法院在法律訴訟渠道中通過再審等方式重新加以解決。因此，我們的司法哲學中強調要讓「每一個當事人在每個案件中都感覺到公平正義」。在這種背景下，法院訴訟中遵循的法理邏輯就是判決的「法律效果和社會效果相統一」原則，必須合乎法律規定和法律程序，但同時讓當事人接受，這就意味着調解變成司法活動中的重要環節。這就意味着司法過程不是專業化的法律人共同體內部的法理、學理的活動，而是包括其他政府機構，尤其是普通人民大眾共同參與的公共政治空間。我們可以把資本主義法治理解為專業法律職業階層主導的「法律人的法治」（the rule of lawyers），把社會主義法治稱之為「人民大眾的法治」（the popular rule of law）。之所以形成這種「人民大眾的法治」就在於我們的憲法所規定的社會主義政治制度要求法官必須向黨和人民負責。因此，對法官的教育首先就是執政黨的政治教育，也就是為人民服務的教育，這與資本主義法治下強調司法獨立、司法權威、司法專業化形成了截然對比。

至於中國特色，我們必須認識到現代中國法治是從晚清依賴不斷學習西方從而進行不斷的革命和改革的過程中誕生的，但無論如何是在中國傳統中成長起來的，哪怕是傳統的碎片也必然被編織進現代中國法治中。比如說調解制度，上訪制度，就是中國古代以來法律傳統留下的一些要素。因為在傳統文化中強調社會和諧，司法判決要服務社會和

諧，而不能引發更大的社會衝突，天下太平是傳統政治追求的目標。這種價值觀念對於現代國家的法律治理產生潛移默化的影響。另一方面，傳統中國追求德治，就是相信人性本善，因此無論是執政黨，還是法官，其本心向善，就是為人民服務。因此，不同於西方基督教背景下性惡論產生的社會契約論和分權制衡學說，強調通過制度來保障法治正義，中國儒家傳統中更強調聖人、君子這樣的先鋒隊集團能夠得到為人民服務的自覺。這種文化傳統必然強調道德教化的作用，強調對位高權重著的道德治理，這就是傳統中國所謂的德治和人治理念。而這樣的傳統理念就體現在四中全會報告中，不僅把以德治國和依法治國結合起來，而且強調從嚴治黨，對黨的領導幹部中的「關鍵少數」進行治理，這無疑是新德治傳統和新人治傳統。可見，德治和法治的結合更大程度上來源於中國古代的禮治和法治理念的結合形成的禮法合一的禮法傳統。四中全會裏面建構的黨規和國法這兩個體系實際上就是現代的禮法傳統。西方只強調法治，只強調法律，而不會強調黨規，也不會強調德治，而這恰恰中國特色所在。

總的來講，中國特色社會主義法治具有法治的一般規律和特徵，但也有我們中國幾千年傳統所形成的特色，也有我們在社會主義建設中形成的一些傳統和特色，所以我們把中國的法治稱之為中國特色社會主義法治。

記者：「法治體系」的提法是咱們自己這次單獨提出來的，還是說西方也有「法治體系」這樣一種說法？

強世功：「法治體系」這個概念是這次四中全會決定中提出來的。西方的法治建設中無疑有相關的內容，但西方的法理學中並沒有提出「法治體系」這樣一個概念。從實踐中，西方和中國，都會面臨法治體

制所提出的同樣問題。比如西方也會用法律從業人員的教育問題，有職業倫理問題，有司法機構的經費保障問題等等，這屬於國家治理現代化的一些重要內容。但是，西方的法學理論中並沒有把這些全部放在一起了來思考，並沒有形成「法治體系」這樣的概念及其相關法理學說。某種意義上講，整體思維、系統思維是我們中國人的一種思維特色，我們愛把所有的東西搞成一個龐大的系統工程，從整體的體系出發來看具體內容，從而強調有大局觀。而西方現代的科學思維是分析思維，是將整體分為局部以後，重點研究局部問題。由此，西方法理學很大程度上從分化社會的角度看，把法律作為一個相對獨立的系統看，至於法律系統和經濟財政系統、文化系統的關係，往往不是法學理論討論的重點。因此，當我們要將中文「法治」翻譯成英文的話，很大程度就是強調法治是一個體系（the rule of law as a system）。

　　記者：剛才您也提到，像這次全會決定把這個黨內法規體系納入到社會主義法治體系之中，如何理解這個黨內法規和國家法律的一個銜接，如何理解黨規和國法的關係，這個再請您談一下？

　　強世功：這次提出來這黨規和國法兩個體系，四中全會決定強調黨規和國法相互協調。但問題在於如何協調。首先就包括黨規向國法靠攏。一方面就是在實體法的內容上，我們現在黨內的紀律處分條例要和國家刑法相互協調，從黨內處分到開除黨籍、到行政處分和刑事責任形成一個完整的鏈條，已經入罪在刑法中的規定的內容，當然就不需要規定在行政處分和紀律處分的相關條例中。另一方面，更重要的，就是程序法的規定上，紀檢機關辦理案件的程序需要向司法機關的辦案程序相互協調。經過十幾年的司法改革，司法機關在訴訟過程中已經形成了一套相對穩定的辦案程序，從而保障當事人的合法權益，但在紀檢調查程

序中，如何保護黨員幹部的合法權益就成為必須關注的重點。比如我們將「雙規」改革為「留置」就是黨規向國法靠攏協調的重要舉措。而不少領導幹部違紀違法的案件從紀檢機關移送到司法機關之後，當事人就翻供，不承認紀檢部門移交的案件材料。這就意味着在紀檢監察過程必須考慮如何在程序法上保障黨員幹部的權利，因此黨內法規中的程序法建設非常重要，需要向國家法中的程序法規定靠攏。

其次，國家法律也要向黨規黨法靠攏。既然我們中國共產黨領導下的國家，那麼中國共產黨的信仰、價值和政治理念乃至政策，就應當變成我們國家法律的一部分，既然我們是一個社會主義國家，社會主義的一些最基本的核心價值應當貫穿到立法的始終。比如，黨章的修改往往要帶動憲法的修改，黨和國家的政策就需要轉化為國家法律，社會主義核心價值觀念要受到法律的保護。因此，黨規和國法關係，就像古代的禮和法的關係一樣。國家法律要來保障禮制的適時，「出禮而入法」就是強調禮法之間的相互協調。黨規是對執政黨乃至於黨員的一個更高的一個道德和紀律的要求，而這個國法是對普通國民一個要求。黨規和國法的協調就要像禮法的銜接那樣，形成一個體系。

記者：你提出要將黨的信仰、價值和政治理念以及社會主義核心價值觀入法入規，如何理解這個問題？怎麼看法律與道德的關係？

強世功：從人類歷史看，偉大的文明都是圍繞核心價值展開的，核心價值對於文明秩序建構就如同皇冠上的明珠，產生持久的凝聚力、向心力和影響力。在文明秩序的建構中，法律始終扮演着重要的角色。國法在規範人的外部行為，但黨規不僅規範黨員的外部行為，而且規範黨員的內在道德信仰。在這個意義上，黨規中很多規定實際上與法律是不同的，其理想信念和價值準則直接規範着黨員的內心世界。既然

黨規與國法相互銜接，那麼黨的價值觀念也應當適當地引入到國家法律中，發揮引領作用。同樣，社會主義核心價值無疑規範着人們的內在信念，但也應當適當地引入到國家法律中，不僅加以引導和提倡，而且加以規範和保護。國家治理現代化既要發揮黨規和國法的外部規範作用，更要發揮社會主義核心價值觀對人心的引領作用。而只有將社會主義核心價值觀適度地入法入規，才能使法律與道德完美地結合起來，既發揮法律的價值指引功能，又發揮法律的強制保護功能。核心價值為法律指明了規範的方向，而法律為核心價值的實現提供了保障。

核心價值入法入規必須尊重現代法治的內在價值，必須捍衛自由、平等和公正的社會主義核心價值。這不僅意味着要尊重法律的公開性、規則性、程序性以及司法居中裁判的中立性和公正性，而且要在法律與道德之間保持適度距離，將道德針對少數人更高目標的教化要求與法律針對所有人的底線強制要求區分開來。道德與法律的融合不是將道德規範簡單地變成法律條文，更不能回到中國古代法律道德不分，道德法律化和法律道德化的老路，反而要強調讓「道德的歸道德，法律的歸法律」，從而使道德教化與法律強制相得益彰。

因此，核心價值觀念入法入規是一項高度技術化的工作，需要小心翼翼地認真對待。絕不能簡單地把道德價值規範直接轉化為法律條文，而是要將這樣的觀念轉化成相應的法律技術語言。比如在民法典的起草中，就要思考如何將社會主義核心價值觀貫穿在民法典中。法國民法典貫穿了私有財產神聖和合同自由這些體現 18 世紀的資本主義的核心價值，而德國民法典則貫穿了對私有財產和合同自由加以必要限制這些體現 19 世紀資本主義的核心價值。我們今天起草民法典，在財產法領域中如何體現社會主義核心價值觀，在婚姻家庭法中如何體現中國人

的價值觀念？讓西方人一看就知道這是一部社會主義的民法典，而且是一部體現中國特色的民法典。這就意味着要把核心價值觀體現在法律規則的每個環節中。

記者：四中全會也提出了吸取中華法律文化精華，借鑒國外法治有益經驗，但是絕不能照辦外國法治理念和模式，那麼就想問您一下，中華法律文化有哪些精華，然後國外法治有哪些有益的經驗，我們的法治理論和西方的法治理論的本質區別是什麼？

強世功：許多內容其實剛才已經涉及到了。中華法系如果說有什麼獨特的貢獻的話，其實就在於我講過的，那是一個多元主義的法律傳統。我們看到中國古代的法治非常豐富，形式多樣，也非常複雜。比如古代的禮制，不是一個簡單的概念，而是具有相當豐富的內容，它是一個體系，既包括宗教法，道德法，憲法，家庭法、財產法，甚至也包括國際法（賓禮）。同樣，在古代的法制，也是一個複雜的體系，比如說古代的官制就是今天的憲法和行政法，皇宮的內與朝廷的外之間的劃分，六部劃分不就是憲法、行政法中的職能分權。即使在司法裁判中，也有律、令、格、式不同的法律淵源。因此，中華法系最主要的特徵就是多元主義的法律傳統。西方的大陸法強調國家制定的律令，普通法強調法官的裁判，而中華法系比這更為複雜多樣。而這些多元法律傳統如何構成一體，除了制度上的禮法軸心，最重要的就是所有這些多元的法律運用最終要服務於推動社會和諧發展，法治始終着眼於構建一種良好的國家治理狀態和美好的生活方式。今天，中國法律的多元主義也圍繞黨規和國法這個軸心展開，但最終導致「以人民為中心」這個核心價值觀念。

記者：法治要促進的社會價值，包括剛才說的要促進社會和諧？

　　強世功：這涉及到法律與道德的關係。古典法律形態都強調法律要服務於道德，但西方現代法律強調法律與道德的分離，原因在於古典的道德是一種統一的價值體系和系統的生活方式，背後都有宗教的支撐。而現代社會是一個全球化的社會形態，強調價值多元、宗教多元，甚至強調政治與宗教的分離、法律與道德的分離。在這種意義上，法律就維持比較「底的道德」或者「薄的道德」，比如着眼於公共秩序，避免衝突戰爭的生命、財產安全，推動人與人之間在公共領域相互展開合作的法律預期。這種公共領域與私人領域的劃分，道德、宗教和信仰就變成私人領域的問題。而法律維持的是公共領域中的基本秩序。當然，你也可以說，這樣人與人低度合作的公共生活也是社會和諧，但實際上，這樣的生活鼓勵的是人與人之間的衝突競爭，即每個人試圖延伸自己的生活方式，只要這種生活方式之間的競爭沒有爆發戰爭衝突就行。比如在美國，白人與黑人之間就展開了生活方式競爭，原來的白人至上主義逐漸變成了今天的黑人至上主義。但兩種模式都沒有讓白人和黑人和諧相處，而是始終處於競爭和鬥爭中，只是沒有變成激烈的類似南北戰爭這樣的衝突。

　　當然，社會和諧的原則必然壓抑個人自由和個人權利。西方現代法律源於對「陌生人社會」的理解，而中國傳統的「和諧社會」原則實際上基於「熟人社會」，陌生人社會強調的個人自由和人與人的競爭，有利於激發社會活動和創造力，而和諧社會往往在壓制人的自由和權利的時候，也遏制了社會競爭力和創造力。由此，我們才能理解為什麼傳統中國在西方人眼中是一個「停滯的帝國」，而西方則是一個日新月異不斷變化的社會。而中國傳統邁向現代的重要一課就是：革命和改革，就是強調與時俱進，而社會革命和變遷的動力從何而來？那就必然是來

源於競爭，從全球競爭和國家內部的競爭。而一個內部和諧的社會往往不利於全球競爭，因為喪失了全球競爭的動力和能力。由此，西方內部列強的競爭推動其在全球的擴張，而中國傳統的內部和諧往往無法應對外部的競爭壓力。在這個意義上，現代中國法治的建構必須領悟現代社會的內在邏輯，現代法治的建構是要推動現代社會的不斷發展，而不是抑制社會的發展，是鼓勵競爭和創造，而不是遏制競爭和創造。三中全會提出要發揮政府和市場兩個積極性，提出要發揮市場在資源配置的決定性作用，就是鼓勵市場競爭和創新。因此，中國特色社會主義法治的建構在吸納傳統的過程中，要按照現代社會的原則來分別哪些是精華，哪些是糟粕。和諧社會當然是精華，但在現代社會中也要防止它變成糟粕。

記者：最後一個問題就是想請您再突出講一下，現在西方資本主義國家標榜憲政民主、憲法法律至上的「黨在法下」，並因此進而攻擊中國是「黨在法上」。如何看待這種攻擊，如何理解中西方政黨和憲法法律關係的異同，如何理解西方憲政和我們講的「依憲執政」的區別？

強世功：這涉及到很多問題，需要我們在理論上不斷澄清。

首先，就是政黨與國家的關係，這也涉及到政黨與憲法的關係。從國家建構的歷史看，人類漫長歷史上最常見的一種國家建構的制度就是君主制，而這種君主制都建立在形形色色的君權神授的理論基礎上，都具有相當的宗教色彩。因為人類羣體與動物羣體不同的地方就在於人類具有語言能力和思維能力，由此追問為什麼，追問正當性問題，也就是要追問為什麼一些人可以統治另一些人。這個問題在現實中可能是基於暴力征服，但在理論上必然追問統治的正當性。這就是我們中國所說的「馬上的天下」與「馬上治天下」的區分問題。中國歷史中

始終將秦王朝的短命作為歷史教訓，並由此批評法家而推崇儒家，就在於秦王朝基於法家理論，強調君主專權和法治暴力，但未能提供君主統治的正當性理論，而這恰恰是儒家理論的核心，即君主統治的正當性就在於順應上天的的使命來照料萬民，愛民如子行仁政，因此具有了正當性。在這個意義上，儒家雖然是人文主義的，但也提供了一套關於上天、天命、天道這樣的神學假定。由此，形成中國外儒內法、德治與法治相輔相成的治理體系。

西方也經歷了這樣的階段，無論是基督教文明、阿拉伯文明還是印度文明，政治統治的秩序建立在文化宗教秩序之上，羅馬帝國帝國崩潰之後，歐洲的封建君主與教會的鬥爭始終就圍繞君主統治的正當性是否基於君權神授展開，由此形成歐洲的天主教式的君主制度。而英國是第一個反對這種天主教式的君主制度的，並將君主制度建立在新教的基礎上，新教作為英國的國教在政治權力上無法像歐洲大陸的教皇那樣干預君權，但君權神授的理論並沒有變，由此形成血緣家族的封建體系與君權神授體系的融合。然而，隨着科學革命和啟蒙運動，宗教的權威被打倒了，君主制就面臨着正當性危機，英國光榮革命、法國大革命和美國革命都是圍繞摧毀君主制展開。這種政治革命就要求將國家統治的正當性建立在啟蒙哲學基礎上，這就是霍布斯、洛克、盧梭、孟德斯鳩這些啟蒙思想家的貢獻，即將現代國家統治的正當性建立在自然權利、社會契約、人民主權、分權與制約、憲政和法治這樣的理論之上。由此，君主制依然像英國那樣保留，但其正當性不是來源於君權神授，而是來源於人民的同意，這就是「王在議會中」的立憲君主制度，要麼就是廢除君主制而採取選舉產生行政首腦的共和政體。這就是整個歐洲18世紀率先創出了現代國家的新型組織形式。

　　從自上而下的君權神授到自下而上的人民授權必然帶來一個現實的問題，人民代表如何產生？人民如何選舉產生首腦？這就必然涉及到派系和政黨問題。整個 18 世紀歐洲都處於封建貴族的統治下，這個封建君主制向現代人民主權轉型就取決於能不能找到解決人民代表的制度性機制。英國因為有「大憲章」的傳統，貴族自然組成議會，而且採取君主立憲從而實現了穩定的從君主到人民主權的憲政轉型，而法國則未能找到這樣一個有效的制度性機制而最終陷入大革命，美國是一個新建立的國家，也很容易轉向了共和民主制度。可以說，托克維爾思考的問題就是如何實現這種我們今天稱之為民主轉型的問題。

　　進入 19 世紀之後，隨着工業化的浪潮，工人階級或者平民階層不斷覺醒，他們不斷要求衝破貴族的壟斷而進入到政治中，而人民羣眾參與政治的直接方式就是現代的大眾政黨的誕生，這些政黨區別於 18 世紀早期的貴族俱樂部式的的政黨派系。我們在美國就看到早期美國制憲始終以解決黨爭問題作為出發點，然而這種貴族式的黨爭非但未能解決，反而貫穿美國建國及其之後的歷史。到了傑克遜（Andrew Jackson）時期，就開始藉助現代的大眾政黨進入一個新的時代，歐洲也同樣如此。可以說，19 世紀的歐洲進入了一個現代大眾政黨統治的時代。為了解決平民大眾興起參與政治的要求，代議制理論開始興起，政黨政治就與民主選舉結合在一起，由此在韋伯（Max Weber）的理論中形成了政黨及其領袖與官僚制的二元分野，而在馬克思的理論中甚至主張無產階級政黨直接行使國家統治的議行合一體制，這就是後來在列寧的理論中發展起來的人民代表大會制度。

　　總的來說，19 世紀是一個大分化的時代。資產階級主張用代議制的多黨競爭方式解決大眾民主的問題，而無產階級主張用議行合一的

方式解決無產階級政黨的執政問題。最終結果是歐美資本主義發達的國家與馬克思主義轉向東方之後的後發達國家分別採取了這兩種不同的制度。對於前者而言，就是將 18 世紀的分權憲法與 19 世紀的政黨政治和民主選舉結合起來。而對於後者，則是在摧毀封建君主制的基礎上，無產階級政黨基於人民民主建立的議行合一的國家政權。我們唯有在 18 世紀第一次民主轉型和 19 世紀現代大眾民主興起的第二次民主轉型形成的兩條不同道路的分野，才能理解今天西方政黨、民主和憲政法治與中國特色社會主義民主和法治的區別。而這個分野的根本就是中國走了一條不同於西方歐美資產階級主導的「代議制民主道路」，而走了一條中國特色的「人民民主的道路」。

這兩天道路的選擇形成了兩種正當性理論的敘述。面對這兩種理論敘事，怎麼辦？一方面，我們不能簡單地用中國特色社會主義的人民民主理論來否定歐美的代議制民主道路的正當性敘述，除非我們就要主張在歐美國家搞無產階級革命，同樣，我們不能用歐美代議制民主的理論來否定人民民主的道路，除非就要搞「顏色革命」。無論是社會主義國家推動在全球「輸出革命」，還是資本主義國家推動「和平演變」或「顏色革命」，都是「歷史終結」冷戰思維的產物。後冷戰時代，我們面臨的是如何建構一個多元共存的世界，一個「美美與共，天下大同」的世界，然而歐美依然秉持帝國主義的冷戰思維，致力於建構世界帝國的全球霸權，用歐美 18 世紀的民主轉型理論作為唯一標準來否定中國選擇的人民民主道路。因此，中國在警惕和提防西方推動的「和平演變」或「顏色革命」的同時，恰恰需要在理論上比較這兩條道路已經形成的兩種憲制模式以及政黨和憲法的關係。

如果從這個角度看，「黨在法下」和「黨在法上」這種說法本身就

是不科學的，也是不嚴謹的。如果從政黨和國家的政治學角度看，西方和中國一樣，都是「黨在法上」，即政黨政治才是國家政治決策的核心。如果借用古德諾（Frank Goodnow）的理論，政黨政治徹底改變了分權學說，現代政黨擁有國家大政方針的決策權，而國家的立法、行政和司法擁有的統統都屬於執行權。也就是說，用「決策權」與「執行權」的兩權劃分取代了傳統的三權分立學說。比如我們今天看美國，關心共和黨和民主黨哪個政黨執政，立法、行政和司法不過是政黨施政的權力平台，所以表面上是三權在運作，實際上是政黨藉助三權在運作。如果兩個黨分別控制了不同的政府機構，就像美國那樣，共和黨擁有國會，民主黨擁有總統，那麼立法和行政的相互制約不過是兩黨鬥爭的結果。相反如果共和黨擁有國會，再當選總統，那麼就會形成立法和行政的相互配合。比如小布什的競選智囊卡爾·羅夫（Karl Rove）就試圖讓共和黨同時控制國會、總統和最高法院，從而構造「一黨執政」的格局。可以說，在代議制民主中，擁有多黨競爭格局，導致決策權和執行權都無法同意並因此相互衝突，陷入「政黨惡鬥」局面。而多黨競爭格局又會為了討好爭取選民而走向民粹主義，只顧眼前利益而缺乏長遠考慮。比較之下，人民民主道路更好將決策權統一起來，避免了「政黨惡鬥」局面和民粹主義傾向。當然，人民民主也可能會陷入政黨大權獨攬的專權弊端。這就意味着我們要看到兩種處理政黨、民主和憲政的不同道路都有自己的優勢，也有自己的劣勢，很難單純在理論上說哪一個更好，而必須在實踐中檢驗，更重要的是在實踐中每一種民主制度關鍵在於如何發揮自己的長處，注意克服解決制度本身帶來的弊端。

反過來，如果從政治權力運行的規範的法學理論看，西方和中國一樣，都是「黨在法下」，即政黨的運作本身必須遵守憲法和法律。但

這裏的問題就是什麼是「憲法和法律」，如果我們僅僅從西方理論看，那就是國家憲法和法律，但是在中國，憲法應當理解為不成文憲法，其中必然包括了黨章，同樣法律也必須多元主義視角看，其中也包括了黨規黨法。因此，四中全會的決定在實踐中解決了黨章統帥的黨規黨法在國家法治建設中的地位問題，而我們現在做的就是在理論上說明，中國共產黨的組織運行和權力行使都嚴格受到黨章和黨規黨法的約束，也受到憲法和法律的約束。如果把黨章和憲法割裂開來，往往形成「黨大」還是「法大」這樣問題，甚至形成「黨在法上」問題，但是如果將二者結合起來，那麼顯然和西方一樣，都是「黨在法下」。因此，未來相當長的時間，關鍵在於如何建構一套中國特色社會主義民主和法治的理論體系，從而解釋在實際中面臨的理論困惑。

憲制的道路[*]：
紀念《中華人民共和國憲法》頒佈 20 周年

　　只有經歷了長期的戰亂或動盪之後，人們才會對穩定的政治治理充滿渴望。然而，怎樣才能打破治亂循環的怪圈，建立長治久安的政治秩序呢？建國之父毛澤東基於對中國歷史上王朝更迭周期律的思考，提出了一個一勞永逸的解決方案：政治民主。正是在人民當家作主的民主政治基礎上，中華人民共和國成立了：「共和國」就是大家都參與統治的民主國家。而憲法不僅是這種民主政治的確認，而且為民主政治的運行提供了必須遵循的法則。憲政就是依照憲法的準則進行活動的政治，國家的長治久安往往維繫於憲法的穩定。

　　從《中華人民共和國憲法》（1954）的算起，我們已經有了四部憲法。如果從清末立憲運動算起，中國人追求憲政、探索通過憲法來實現政治穩定的歷史也已經有百年的歷史了。然而，直至今天，我們依然在思考如何建立起穩定的憲政，我們依然在憲政道路上摸索前進。因為憲政不是憲法，憲法表現為一紙文件，而憲政則表現為政治家在現實政

＊　原載《21 世紀經濟報道》，2002 年 12 月 4 日。

治生活中對憲法的信守和整個民族將憲法作為所有政治活動準則的信念，並依照憲法規定展開政治活動的狀態。今天，全國人民的目光都聚焦在黨的「十六大」的召開，人們更會關心憲法上所確立的國家最高權力機關和其他國家機構的政治活動。如何將現實中的政治權威和憲法上的國家權威統一起來，從而依靠憲法實施憲政，可謂任重道遠。

學習憲政：寶貴的歷史遺產

政治秩序的建立不僅是依賴書本上的理論，更是依賴歷史中形成的政治經驗。由此，政治展現了一個民族的智慧和心靈習性。好的政治一方面要符合一個民族的心靈習性，另一方面又要小心翼翼地改變這個民族的歷史惰性，使其符合時代的發展。因此，好的政治從來都是通過長期的漸進變革建立起來的，革命往往是長期歷史變革潮流中的浪花。

近代史既是中國人屈辱的歷史，也是中國人發憤學習的歷史，是中國人展現自己心靈習性、革新自己心靈習性的歷史。我們追求憲政的歷史也就是我們學習現代政治的歷史。這段歷史是我們今天開展憲政的寶貴歷史遺產。

在從傳統帝國向現代民族國家轉型的整個歷史大變局中，政治也必須與時俱進，從帝國政治轉變為民主憲政。在這個過程中，國家的統治精英學習民主憲政的現代治理方式越早越快，就越能適應這種政治轉型，也就越能確立統治的正當性和穩定性，否則，遲早會被歷史所淘汰。但是，學習憲政並不是熟讀憲政的理論，而是在政治實踐中逐步地實施民主和法治，尤其是將那些具有強烈學習熱情的社會精英吸納到統

治精英中，從而在政治實踐中積累憲政的經驗和知識，在學習和實踐之間形成有效的互動。晚清的崩潰不僅是由於統治精英的惰性妨礙了他們學習憲政，而且是由於科舉衰亡之後帝國體制中缺乏有效的吸納新型社會精英的機制。

然而，政治秩序是依賴政治權威而形成的，而政治權威的確立依賴一個民族的心靈習性中對政治權威的認同。當整個民族的心靈習性還不能接受憲法的政治權威時，貿然用憲法的政治權威來取代傳統的政治權威，只能導致政治秩序的瓦解。辛亥革命推翻了傳統的政治權威，可是無法建立起憲法的政治權威，取代君主政治的不是憲法政治，而是暴力政治，從此軍閥混戰、國家分裂，開始了現代中國史上最為慘烈的一頁。

1945 年，和平的曙光驅散了戰爭的硝煙，然而人們期望的憲政建國並沒有實現。當整個社會只有政治精英和軍事精英而缺乏商業精英和法律精英的時候，他們更習慣於通過政治策略和軍事暴力來確立政治權威，而並沒有學會通過政治妥協和憲政民主來確立憲法權威。因此，憲政在清末立憲和國共和談中兩次與中國人失之交臂，與其說是命運對中國人的戲弄，不如說命運對中國人的考驗，它是中國人學習憲政過程中所必須付出的學費。

因此，如果說我們從 100 多年的憲政歷史中學到什麼的話，那就必須明白，憲政是一個學習的過程，是一個經驗積累的過程，是一個改造民族心靈習性的過程，是一個民族探索新的政治秩序和文明秩序的過程。這無疑是一項長期、漸進和務實的任務，不可能簡單地通過概念宣傳和理想建構一蹴而就。

重建憲政的兩翼：民主與法治

如果不能通過憲政立國，那麼唯一可行的道路就是建國行憲。新中國的建立一方面是在新的政治協商會議基礎的憲政立國，另一方面也是建國之後制定新憲法的建國行憲。作為一個現代國家，政治權力的運作必須通過憲法才能獲得正當性。因此，憲政國家一方面為政治權力的運作提供了合法性的保護，但另一方面也必然反過來約束了政治權力的恣意，從而保證政治權力按照公開、理性和可預期的方式進行運作。政治權力的更迭和運作必須按照憲法規則進行，由此保障政治的穩定和國家的長治久安。

然而，對於我們這樣一個發展中國家，適者生存的國際環境使得國家的現代化任務尤為繁重，趕超英美、建設一個強大的國家成為我們首要的政治任務。為此，國家必須集中所有的政治力量進行全面的現代治理，民主政治必然要秉持「民主集中制」的原則。在民主基礎上集中，更在「集中指導下開展民主」。正是在現代治理的背景上，政治權力的中心化使得政治民主變成了一項社會動員。而當革命再起的時候，政治權力必然擺脫憲法的束縛。憲法由此成為一紙空文，不能保護根據憲法產生的國家權威。政治權威摧毀了憲法所設立的國家權威，最終憲法中竟然取消了國家主席這個代表國家權威的職位。

「十年動亂」使得新一代政治領導人痛定思痛，在民主和法治的基礎上重建憲政。1982 年憲法就是在「發揚社會主義民主、健全社會主義法制」的背景下出現的，這實際上是對歷史經驗的總結。沒有政治上的民主化，就很容易出現政治權力踐踏憲法的局面，而沒有穩定的法治

環境，政治民主化往往導致政治動亂。因此，民主與法治成為 80 年代以來重建憲政的兩翼。

鑑於對「文革」的反思，為了把憲法從紙上的法律變成現實中的憲政，20 世紀 80 年代主要從民主政治的角度來推動憲政。一方面黨內的政治民主得到了加強，政治協商對話成為政治民主的一個重要渠道，另一方面廣泛的選舉游行和示威活動使得公共政治尤其活躍。但是，由於缺乏一個穩定的市民社會，缺乏一個成熟的中產階層，這樣的民主政治以激進的知識分子為主導。政治開始脫離現實的具體歷史經驗，變成了從抽象的概念和理想的模式出發來建構政治制度的「文人政治」，由此引發了政治的動盪。正是由於 80 年代社會上層的政治民主走向歧途，90 年代以來政治民主開始走向社會下層，從社會生活中培育民主，讓民主的生活方式在中國社會扎根，由此基層民主選舉成為落實村民自治這一憲法原則的重要舉措。

20 世紀 90 年代隨着市場經濟的發展和社會公共空間的逐步形成，法治建設獲得了前所未有的發展，尤其是「依法治國」寫入憲法之中，使得法治獲得了前所未有的政治正當性。首先，改革開放 20 多年來大規模的立法活動建立起來相對完善的現代法律體系，由此為公民提供了保護自己權利的依據。其次，在社會出現商業精英的同時，法律精英的也在興起，這種社會精英的多元化提供了精英政治之間相互妥協的社會基礎。尤其是由法官、律師、檢察官和法學家所形成的法律人共同體大大強化了法律的自主性，他們聯手推動的旨在實現司法精英化和司法審判獨立的司法改革運動，不僅使司法成為維持社會秩序的力量，而且成為保護公民權利和捍衛社會公正的重要力量。最後，公共空間的相對開放增強了公民的法治意識，「為權利而鬥爭」成為整個社會的倫理意

識。尤其是行政訴訟使得公民學會了用司法訴訟手段來約束政治的活動，從而將政府的行動限制在法律許可的範圍內，推動政府的依法行政。法律精英和普通公民在訴訟活動中形成的有效互動大大提升了司法在國家政治生活中的力量，所以，通過司法訴訟來推動憲法實施一度成為法律人的共識。

憲政：政治權威與國家權威的統一

儘管法律精英們試圖通過司法訴訟推動憲法實施，但是，我們必須清楚地認識到這僅僅是憲政的一個方面，而不是憲政的全部。畢竟關於公民權利的保護僅僅是憲法的一部分內容，憲法最核心的內容還在於通過建構國家機構之間的關係來確立國家權威，從而將現實的政治權威轉化為憲法所認可的國家權威。

在 80 年代以來的政治改革中，一個思路就是拋開政治談改革，尤其是在「黨政分離」的思路中，將現實的政治力量與憲法所確立的國家權力的運行機構割裂開來，從而造成了黨的政治權威與憲法認可的國家權威之間相互分離。這種雙重權威的分離導致了憲法實施的困難。一方面我們的黨是歷史中形成的現實政治權威，但另一方面，憲法所確立的國家權威則是全國人大和國家主席。由此，黨和政府分離的改革思路實際上在有意識無意識地削弱了黨的政治權威，而削弱黨的政治權威，最終會削弱了國家權威。

我們必須清楚地認識到，在大眾民主的時代，國家是一個由政黨來領導和推動的國家，沒有強有力的政治政黨，就無法形成統一的國家意志。因此，中國的政治改革不能走擺脫和削弱黨的領導的黨政分離

思路，而應理順政黨與國家、政黨與政府之間的關係，推動政黨和國家、政黨與政府的職能整合。這一點尤其體現在國家憲制層面上由黨的總書記出任國家主席，將政治權威與國家權威的統一。而在地方政府層面，出現了省委書記兼任省人大主任，由政法委書記兼任公安廳長等等，實際上是在將黨的政治權威與憲法所確立的國家權威統一起來，黨的領導人與國家的領導人統一起來。這一方面通過黨的政治權威強化了國家權威，另一方面通過憲法而強化了黨的領導的合法性。

如今，在重建憲政秩序 20 年之際，黨的十六大表明中國共產黨已經從革命黨轉變為執政黨。這意味着黨領導國家的正當性基礎也隨之發生轉移。作為革命黨，黨的領導國家的正當性基於共產主義理念和信仰所推動的革命運動，其目的是不斷推動從社會主義社會的發展並最終實現共產主義社會。隨着「三個代表」寫入黨章，隨着「小康社會」成為黨的目標，我們的黨變成了一個執政黨。這就意味着黨的領導國家不僅是基於意識形態主張，而且必須填充新的內容。如果從憲法的角度看，黨領導國家最穩固的正當性基礎就是憲法，因為憲法中明確規定了中國共產黨的政治領導地位。在重建憲政秩序的 20 年中，我們一直強調「黨必須在憲法的範圍內活動」，但直至今天，我們才真正找到了黨在憲法中活動的途徑，即作為執政黨，也就是作為一個領導國家的政黨，黨的領導也需要通過全國人民代表大會發揮領導作用，從而將黨的政治權威和國家的憲法權威統一起來。隨着「三個代表」的理論寫入黨章，黨作為政治的核心不僅是工農聯盟的代表，而且是代表包括私營企業主在內的最廣大人民利益的代表，而在知識經濟時代，最先進的生產力往往掌握在高科技企業和高校的人才隊伍中，執政黨同樣必須代表他們的利益。而在憲法中，人民代表大會制度就是要代表廣大人民的利益，因此，將黨作為人民代表大會

制度中的領導政黨，不僅強化了人民代表大會制度的憲法權威，而且為黨領導國家賦予了憲法上的合法性。

在這一點上，我們需要破除對西方的多黨政治和三權分立等等這些憲政概念的迷信，展現一個政治民族對自身歷史和政治實踐的自豪感，展現一個民族把握自身政治命運的自信心。中國作為一個文明悠久的政治民族，我們的政治智慧絕不是簡單模仿其他民族現成的憲政模式。中華民族從商周、秦漢到唐宋和明清形成了歷史悠久、無與倫比的古典文明秩序，而今天中華民族探索現代的文明秩序還不到 200 年的歷史。因此，我們必須用建立文明秩序的思路探索未來憲政發展的道路。這實際上是對中華民族政治智慧的考驗，也是對我們的政治德性的考驗。只有克服自卑、盲目、迷信和狂熱，成為一個冷靜、穩健、堅韌和崇高的民族，我們才能成為一種真正成熟的政治民族，建構獨特的現代文明秩序，實現中華民族的偉大復興。

憲法的序言與中共的執政地位 [*]

在 20 世紀 80 年代，中國的憲法學界曾經討論過憲法「序言」的法律效力問題。一種主張認為，憲法的序言沒有法律效力，因為序言是一種歷史敘事和政治陳述，並不是用法律條款方式寫成的，其中並沒有設定法律上的權利義務關係。法學界之所以出現否定憲法序言的主張，其政治目的很明顯，就是要否定憲法序言中關於中國共產黨在國家中領導地位的確認。在政治上否定黨的領導地位是一回事，但由此想在學術上否定憲法序言的效力，那顯然在顛覆現代自由主義的基本憲政原理。

一、為什麼憲法中要規定「序言」？

在制定法國家中，普通法律（比如刑法、民法、訴訟法等）一般都沒有序言，而唯獨憲法具有序言。在目前全世界的所有憲法中，絕大多數國家的憲法都有「序言」。這些序言大都記載了憲法的緣起或者制定憲法遵循的最基本的政治原則。為什麼普通法律不需要憲法序言，而

---

* 寫作于 2003 年，未發表。

憲法則需要獨立的序言呢？這其實具有深厚的政治哲學思考。啟蒙時代以來，法律的正當性基礎不再是上帝的命令、神的啟示或者自然法的發現，而是主權者的意志。說到底，法律是由人制定的。那麼，憑什麼人必須服從自己制定的東西呢？

普通的法律之所以不需要序言，就是因為這些法律的合法性（legitimacy）基礎是由上一級法律所提供的。比如說合同法、侵權法的正當性基礎就在於民法上的依據，而民法的正當性基礎就在於憲法的規定。由此，德國法哲學家凱爾森（Hans Kelson）就將法律看作是一個金字塔式的規範等級體系，在金字塔的頂端就是作為「基本規範」（basic norm）的憲法，而其他的法律規範作為憲法的「下位法」是對憲法原則和條款的具體化而具有了合律性（legality）。這也就是為什麼憲法被稱之為「根本法」（fundamental law）和「高級法」（higher law）的原因。由此就有了「合法性」和「合律性」概念的區分，法律的「合律性」建立在憲法基礎上形成一個金字塔的法律規範體系，那麼，憲法的合法性又從何而來？憲法的「合法性」基礎當然不可能是法律，而只能是政治，是政治原則或道德價值，這就是現代政治的社會契約（social contract）和人民主權（popular sovereignty）基礎。可見，現代政治自由主義理論乃是為了解決憲法的政治基礎，即用啟蒙理性取代宗教神學而奠定政治秩序的合法性根基。由此，在大陸法傳統中，「憲法」不能完全理解為「法律」，它是政治原則、道德向法律的「過渡」，其中包含了政治的內容，尤其是政治合法性的原則和基礎，同時也包含了法律的規定，包括國家機構的設置、公民基本權利義務。憲法之所以需要「序言」，就在於「序言」中關於憲法起源的歷史敘述以及憲法必須堅持的政治原則奠定了憲法的合法性基礎。如果說憲法的正文內容往

往符合形式理性化的要求，那麼序言恰恰表達的是建立國家的歷史天命、神聖情感和政治根本原則的「詩學」和「樂章」。因此，從政治學哲學的角度看，憲法序言的效力無疑高於憲法條文的效力，正如社會契約和人民主權高於憲法一樣。

二、一個例證：美國憲法序言的考察

美國憲法是人類歷史上第一部成文憲法，美國憲法的序言在美國憲法中扮演了舉足輕重的角色。每當美國憲法的條文出現問題，或者美國聯邦最高法院大法官們對憲法的理解出現分歧的時候，往往需要藉助於序言的效力來維護憲法的政治哲學基礎。

美國憲法序言的一開始就是著名的「我們人民」（We the people）這個概念，它奠定了美國憲法的政治基礎，即美國憲法是由「人民」所制定的。無論是美國的南北內戰，還是羅斯福新政，都是藉助於「我們人民」才完成了美國歷史上的幾次重大轉型。耶魯法學院著名憲法學家阿克曼（Bruce Ackerman）專門探討了美國憲法序言中「我們人民」在美國憲法中發揮的政治和法律效力，他撰寫了著名的《我們人民》（We the people）三卷本巨著。第一卷「建國」（Foundation）和第二卷「轉型」（Transformation）都已經出版，唯獨預告中的第三卷「解釋」（Interpretation）還沒有出版。在這些著作中，阿克曼討論了美國政治生活中出現了大量的違憲事件。比如建國時期美國憲法的制定本身就是「非法的行為」；而在重建時期南方政府的建立以及憲法修正案的通過也是違背憲法規定的程序，那麼，如何理解美國憲法中的這種公然的違憲舉動呢？為此，阿克曼提出了區分「憲法政治」（consitutional politics）

與「常規政治」（conventional politics），後者就是憲法的規定下展開的日常政治操作，而前者則包含對憲法的修改，甚至包括違憲行動，而這些修改或者違憲行動超出了「常規政治」的範疇，而進入到更為高級的「憲法政治」領域，是「我們人民」直接出場的舉動，它顯然不受憲法規範的約束。因此，看起來「違憲」的行為之所以能夠被認可，就在於這些政治舉動符合憲法序言中確立的「我們人民」的政治原則，是「人民主權」的直接體現。我猜想，阿克曼教授在第三卷「解釋」中，可能會討論美國聯邦法院大法官在對憲法的解釋中，如何不斷訴諸憲法序言的「我們人民」以及「為了子孫後代」之類的政治原則和價值來突破憲法規範的具體規定，從而不斷推動憲法與時俱進的發展，這就構成美國憲法中的「活憲法」（living constitution）傳統。

美國法學教授佛萊徹（George Fletcher）在《我們隱秘的憲法》（Our Secret Constitution）一書中，將美國憲法分為「第一憲法」和「第二憲法」，其中「第二憲法」就是美國內戰後通過的第十三、十四和十五修正案。而他提出區分這兩部憲法的標準就在於第二憲法的「序言」不同於第一憲法。他認為第二憲法的序言乃是《獨立宣言》和林肯的《葛底斯堡演說》。可見，在他的眼裏，憲法的性質是由憲法的序言來決定的。美國憲法學家圖示耐特（Mark Tushnet）在其 Take the Constitution Away From Courts 中，主張憲法包括兩部分內容：「厚憲法」（thick constitution）就是憲法中具體的法律規定，比如關於國會議員的任期等；而「薄憲法」（thin constitution）是憲法中關於政治原則的規定，尤其是憲法的序言所體現的政治原則。他認為在美國政治生活中，「薄憲法」比「厚憲法」更為重要。由此可見，離開憲法序言，或者否定憲法序言的效力，在美國這樣的憲政國家是不可想像。

三、中國憲法序言：中國共產黨領導的人民

中國憲法在起草的過程中，按照美國憲法所開創的通例，有一大段序言。這些序言的歷史敘述是為了明確中國人民共和國的建國基礎是人民主權原則，即「人民當家作主」。但這裏的「人民」不是普通的人民，而是由中國共產黨領導的人民。因此，如果說美國憲法確立了「我們人民」的原則，那麼中國憲法確立的是「我們中國共產黨領導的人民」這樣的政治原則。以至於憲法學者陳端洪將「中國共產黨的領導」看作是中國憲法的「絕對憲法」或「第一根本法」。憲法序言對中國共產黨的領導地位作出明確規定：

第一，承認並肯定中國共產黨領導中國人民在新民主主義革命中取得勝利並建立人民共和國的歷史地位，承認並肯定在新中國「當家作主」的人民是中國共產黨領導下的人民。這既是對政治現實的記載，也是一種合法性的賦予，即政治統治的合法性來源於人民革命的歷史傳統。

第二，承認並肯定中國共產黨領導下的中國社會主義建設取得了巨大的成就。這不僅肯定了 1949 年到 1982 年期間中國共產黨在中國的領導地位，更重要的是，這種巨大成果鞏固了中國共產黨領導中國人民的合法性，這在政治學中被稱之為「績效的正當性」。

第三，明確了中國共產黨領導中國人民的政治使命，即把我國建設成一個富強、民主、文明的社會主義國家。這意味着中國共產黨不能用西方政治學中的政黨概念來理解中國共產黨，後者是在社會階層或者團體的利益基礎上形成的政治利益集團，而中國共產黨的政治基礎不是某種階層或者團體的特殊利益，而是整個國家和民族的利益；不是眼前

利益，而是長遠利益；不是在市民社會意義上的經濟財產利益，而是在政治哲學乃至政治神學意義上承擔起最終實現共產主義的理想信念和政治天命。

正是通過對歷史傳統、治理績效和政治天命的敘述，中國憲法序言以一種獨特的方式對中國共產黨領導的多黨合作憲政體制進行了政治哲學上的論證。這種政治合法性的論證既是哲學的，也是宗教的，既是古典的，也是現代的，既是西方的，也是中國的。

既然中國共產黨的領導地位是憲法序言中所規定的，那麼《中國共產黨章程》就應當作為憲法文本來理解。正如英國的《王位繼承法》（Act of Settlement）說的是王位繼承問題，本與公民個人權利本沒有關係，但由於英國國王在憲法中的特殊地位，《王位繼承法》自然成了英國憲法的重要組成部分。香港人承認英女王這樣一個君主的憲法地位，但不承認中國共產黨作為一個政黨的憲法地位，除了特殊的政治文化背景，可能在於不理解中國雖有成文憲法，但卻屬於類英國「不成文憲法」（unwritten constitution）體制。

憲法：與其修改，不如運用 [*]

　　眾志成城抗「非典」的日子還沒有過去，幾位普通公民上書最高國家權力機關要求對違反《立法法》規定的「收容管理條例」進行合憲性審查又進入了公眾的視野。這兩件偶然的事件其實有着內在關聯：我們如何學會運用現代的治理手段來有效地治理一個現代大國。對於抗擊「非典」，溫家寶總理開出的藥方就是發揚民主和科學的五四精神。講民主就是強調人民當家作主，首先就要有知情權，公開疫情，使政府決策透明化；講科學就是強調領導人的主觀意志服從客觀規律，通過制定《突發公共衛生事件應急條例》做到治理國家有章可循。仔細回味，民主與科學不僅是政府為抗擊非典開出的藥方，而且也展示了新一屆政府治理國家的新思路，抗擊「非典」的成功不過是驗證了這種治國思路的有效性。

　　從治國的角度看，強調民主與科學就體現了現代的「以憲法治國」的憲政思想。一方面，人民當家作主的民主就是指人民把自己的意志變成憲法，把憲法作為「最高的法律」來約束國家機構、政黨組織、社會團體和公民個人的行為；另一方面，憲法作為法律本身就是一門科學，

---

* 原載《21世紀經濟報道》，2003 年 8 月。

它有自己的內在規律和要求，有自己的運行法則和機制，其客觀運行實際上是不以領導人的個人意志為轉移的。無論從我們的歷史，還是從外國的經驗都可看出，用憲法來治國則政通人和、國家興旺，公然踐踏憲法必然導致政治混亂、民不聊生。由此看來，胡錦濤總書記在紀念憲法頒佈二十周年的大會上強調服從「憲法權威」，把「人民民主、黨的領導和依法治國」有機地結合起來，和溫家寶總理的講話一樣，以巧妙的方式提出了新一屆黨政領導人逐步以憲法治國的新思路。

一

十六大以來，對憲法的關注不僅體現在政治高層，也體現在社會各界。尤其是「修憲」的說法和種種動議就來自社會各界。有人說，要把「私有財產不可侵犯」寫進憲法，有人說要把「三個代表」和「小康社會」寫進憲法，有人說憲法裏要加上社會保障的內容，有人說要強調對弱勢羣體的保護，有人說要在憲法中明確違憲審查，有人說要明確司法獨立。這種修憲的動議表達了社會各界關心憲法的良好願望，但我們必須要考慮單純的「修憲」能不能實現他們所期望的效果。

我們首先要考慮為什麼要「修憲」？是不是我們的憲法已經成為行動或者改革的障礙，以至於不修改憲法就無法實現與時俱進呢？顯然不是。從小崗村搞土地承包開始，我們的改革一路順風，可能遇到各種意識形態的阻力，但是，從來沒有遇到憲法上的阻力。經過這二十多年的改革，我們已經順利地完成了從計劃經濟到市場經濟的制度轉型，不過，保證這種轉型的力量不是來自憲法，而是來自黨的路線、方針和政策。既然這樣，為什麼還要修改憲法呢？

事實上，我們必須反思我們的修憲傳統。自從憲法進入中國以來，我們就差不多已經形成了「習慣性修憲」的傳統。從清末修憲到中國成立的四十多年的時間中，中國差不多已經有十多部憲法。即使新中國以來短短的三十多年中也制定了四部憲法。比較之下，我們目前的1982年憲法差不多是最穩定的了。儘管如此，十四大以來，又養成了「小修憲」的習慣，每開一次黨的代表大會，就要修訂一次憲法。這樣的修憲習慣產生了一些負面的影響，使得憲法變成了改革的總結，而不是對改革的權威指導，我們習慣用改革的意識形態來修改憲法，而不善於運用憲法來指導改革的方向。由此產生的直接後果就是：我們究竟是服從改革的意識形態權威，還是服從憲法的權威？這實際上是人治和法治、傳統的意識形態治國與現代的依憲治國的根本區別。

也許有人會說，我們的社會發展太快了，社會進步與法治的穩定性之間產生了衝突，為了改革發展，為了與時俱進，不得不頻繁修改憲法或者採取「良性違憲」的辦法，總之，憲法也要服從改革發展的大局。這樣一種冒似合理的說法根本就經不起推敲。美國建國已經兩百多年了，其中經歷了幾次巨大的轉型，可是一部憲法只增加了二十多條修正案，其祕密就在於聯邦最高法院的大法官們不斷地解釋憲法，從而使得憲法在吸納社會發展新內容的同時保持了穩定性和權威性。由此看來，憲法真正的生命不在於被修改，而在於被解釋和運用。

就我們例子來說，有人以為「三個代表」的提出與憲法第一條規定的「工人階級領導的、以工農聯盟為基礎的人民民主專政」的國體相衝突。其實，如果我們對「工人階級」各個概念做出與時俱進的解釋，把「工人階級」不是理解為「作為身份的工人」而是理解為作為「先進生產力的代表」，那就完全可以輕而易舉地化解這種衝突，而不一定需

要修改憲法。

當然，對於如何理解憲法上所說的「工人階級」這個概念，不應堅持不爭論，而是要進行大討論。只有在這種不同理解的交鋒中，我們才真正尊重憲法的權威。就像美國的自由派和保守派是依照對憲法的某些條款或者概念的不同解釋來區分的，無論黨派如何爭論，最後都必須從憲法那裏找到依據。而我們這些年所謂改革派與保守派的劃分，不是按照對憲法的理解區分的，而是按照改革意識形態立場來區分的，其結果這種政治分歧就是沒有樹立憲法的權威，而是樹立了改革的意識形態權威。因此，只有圍繞憲法文本的問題產生了政治爭論，那麼憲法才不是死的文本，而是有生命的活的憲法，不是政治意識形態的法律修辭，而是政治原則所必須堅持的聖經。

一旦憲法開始在政治生活和社會生活中被運用和爭論，那麼憲法的權威效果就逐漸體現出來。這種運用不僅包括不同利益集團之間對憲法問題的爭論，也包括國家機關對憲法的運用，甚至司法機關在憲法案件中的運用。就像齊玉苓案件激了圍繞憲法是否在司法領域中的運用展開的爭論，也激活了如何啟動憲法中的違憲審查機制問題。由此看來，一開始提到的幾位普通公民上書最高國家權力機關的舉動只有在運用憲法、激活憲法、樹立憲法真正權威的憲政背景下才能理解。

回想起來，胡錦濤總書記在紀念憲法頒佈二十周年的大會上強調樹立憲法權威的根本途徑就是加強憲法監督，的確指出了中國憲政的關鍵所在。只有把憲法在政治和社會生活中用起來，才能樹立憲法的權威，才能把憲法作為治理國家的有效手段。

古人云，「朝令夕改，行之不遠」，中國的憲政之道貴在運用憲法，而不是修改憲法。

「依法執政」：「法治中國」的重心 *

　　原編者按：民主法制是國家未來改革的重點領域之一。改革開放三十多年來，中國的民主與法制建設經歷了巨大的發展。而在經濟建設取得巨大成就的今天，民主法制的建設更加格外受到關注，特別是十八屆三中全會提出「法治中國」會影響到未來的基本走向。

　　但如強世功所言，當前的法治建設陷入「雙重困境」當中，而這與多年來所形成的以國家法為中心、以法院為中心的「法治理想」有着密切的關係。重新反思法治理想，強世功認為，應該從法律多元主義的角度重新理解「法」。

　　在強世功看來，從中國的實際出發，「法」不應該僅僅局限在「國家法」，還應該包括政策和道德等規範，尤其重要的是黨規黨法。「如果執政黨把黨規黨法做實、做強了，如果廣大黨員真的按照黨規黨法的要求來做，其實國家法也會比較容易落實。因此，執政黨依照黨規和國法來治國，應該成為未來建設『法治中國』的重心。」

---

* 　原載《21世紀經濟報道》，2014年3月4日，刊出時有刪節，這裏為全文。

法治建設的「雙重困境」

問:民主法制是國家未來改革的重點領域之一。而且相比較其他領域的改革,民主法制領域改革更獨具意義。您在這方面有怎樣的思考?

強世功:關於民主法制領域的改革,我想首先需要回顧一下過往30年的基本歷程,以幫助我們更清楚的看到當下的問題所在。十一屆三中全會以來我們確立了民主法制的基本政策,歸結起來叫做「發揚社會主義民主,健全社會主義法制」。大致來講民主與法制的關係經歷了三個階段:

第一階段在上世紀80年代,雖然強調法制,但更突出了民主,尤其是十三大報告裏面提出了「協商民主」;第二階段是90年代,法制得到了大規模的加強,尤其是關於市場經濟的立法都是在90年代開始的;第三階段則是從2000年以來,法制建設開始升級,從「法制」逐步轉向「法治」,強調「依法治國」「依憲治國」,甚至提出建設「法治中國」的戰略目標。

問:那麼在您看來,我們今天遇到的問題與這個發展過程有關?

強世功:是的。今天的法治建設處在一種雙重困境當中,這與上世紀90年代以來,法治建設的幾個基本導向有關。

第一個導向是以國家法為中心,這也是最基本的導向。從90年代開始用了接近20年的時間來大規模的立法,社會主義法律體系的初步建成。以至於當我們一說「依法治國」的時候,大家腦子裏想到的就是國家法,想到的是國家正式頒佈的法律。法治建設以國家法為中心必然形成第二個導向,就是法院為中心糾紛解決機制。以至於法治建設就

變成了如何改革法院，改革司法體制，整個法治工作就圍繞公檢法展開，尤其是法院的司法改革展開。簡單地說，法治建設以國家法為中心、以法院為核心，由此產生了一種「法律萬能論」和「司法萬能論」思想傾向。

這帶來的問題是什麼呢？第一是社會失範。當我們以國家法為中心來看待法治的時候，就必然會忽略其他規範的社會控制功能，特別是強調法律與道德的分離以及法律高於其他社會規範。其結果造成法律越發展，其他社會規範越趨於瓦解，以至於造成今天整個社會的失範狀態。

其二是社會衝突。以法院為中心的法治理想就是把社會理解為一個衝突社會和訴訟社會。從「討一個說法」，到「為權利而鬥爭」，自覺不自覺地鼓勵了社會衝突，而這些衝突實際上是法院無法解決的，以至於各種問題湧向法院，形成「訴訟爆炸」，法院不堪重負，一直抱怨「案多人少」。

如果我們繼續按照這個思路走下去，結果是國家法律包羅萬象，法網越織越密，法院的規模越來越大，權力越來越大，職能越來越多。然而，社會治理效果可能越來越差，陷入古人早就講過的「法令滋彰，盜賊多有」的治理陷阱中。

依法執政：重心應在黨和政府守法

問：完善立法、司法，的確是當下法治建設主流的聲音。您認為，應當如何走出中國法治建設的「雙重陷阱」

強世功：我認為，應該從中國的實際出發來反思今天主流的法治理想。

第一，從規範的角度來看，如果試圖建立一個治理良好的社會，法律固然很重要，但與法律一樣重要，甚至比法律更重要的是道德。如果一個社會沒有基本的道德規範，法律秩序也是建立不起來的。

美國著名法學家朗·富勒（Lon L. Fuller）主張，法治就是「使得人類服從規則治理的事業」。這裏的規則不僅僅包括國家法，而且包括其他各種道德、政策、習慣法、職業倫理、行業規則以及黨規黨法等。因此，應當用一種「法律多元主義」的法治觀來取代國家法一元論的類似「法律帝國」的法治觀。

舉一個很簡單的例子。中央「八項規定」出來之後，儘管國家的法律沒有增加一條，司法也沒有改革，但整個社會秩序和社會風尚發生了根本的改變。那麼，從法治所追求的良好社會秩序而言，「八項規定」的規則約束效果甚至超過了國家法律，由此我們面臨的問題就是如何把類似「八項規定」這樣的黨規黨法納入到「法治中國」的建設中。

第二，從應對和解決各種複雜的社會矛盾和社會衝突而言，不應當消極地等待甚至鼓勵把所有的社會矛盾最終納入到司法系統來解決，而應當盡最大努力把「矛盾消化於萌芽狀態之中」。從這個角度看，解決社會矛盾重要的機構其實不在司法機關，而在於執政黨和政府。執政黨的路線方針政策以及政府的施政措施才是公正合理地分配利益，進而做到「定紛止爭」的最重要的渠道。司法訴訟作為「最後一道防線」解決的不過是一些漏網之魚。如果我們法治建設的中心不是集中在執政黨和政府，而是天天盯着司法機構，顯然是一種戰略的失誤。哪一個統帥部會把決定戰爭勝負的重心放在「最後一道防線」？

如果從這個角度看，「法治中國」的第一道防線就是執政黨確立的核心價值和社會道德規範，第二道防線就是執政黨的路線方針和政

策，第三道防線就是人大立法和政府的各項公共政策和施政措施，司法機構最多可以看作是第四道防線。如果整個社會缺乏價值規範，執政黨的路線方針和政策出現了偏差，人大和政府無所作為，那麼司法再獨立，司法再公正，也無法實現法治理想。

如果這樣，「法治中國」的戰略構思就不能僅僅着眼於司法機關，而應當着眼於執政黨、人大和政府，其中最重要的就是執政黨和政府。「法治中國」建設就不能像過往一樣局限於司法改革，不能天天想着如何折騰法院，而應當從整體上進行通盤的考慮。其中的首要問題就是掌握最高權力的執政黨和掌握龐大公共資源的政府究竟能不能守法，能不能做到「依法執政」和「依法行政」。

問：這樣的話，執政黨和政府守法，或者說「依法執政」和「依法行政」應該成為法治建設的一部分？

強世功：從「健全社會主義法制」到「依法治國」一直到「法治中國」，對法治的追求一直是執政黨的政治追求。但是，「法治中國」建設必須從過往的以司法為中心轉向以執政黨和政府為中心。

這實際上從一種「片面的法治觀」轉向「整體的法治觀」。這就意味着法治不僅是法院的事情，不僅僅建立一個公正的司法，而是執政黨和政府的事情，其目標就是讓整個國家、社會和公民個人都服從於規則的治理。而在實現法治理想過程中，當前面臨的首要問題在於執政黨能不能做到「依法執政」，行政機關能不能做到「依法行政」。

換句話說，黨和政府應當成為實現法治的模範和標杆，如果不關注黨和政府是不是守法，是不是依法辦事，而僅僅關注法官是不是依法公正裁判，顯然是捨本逐末。如果從這個角度看，未來「法治中國」的戰略方針就無法由中央政法委來牽頭，而必須由中央牽頭或者由全面深

化改革領導小組牽頭。只有這樣,才能擺脫過往以司法改革為中心的法治建設思路,而變成以執政黨「依法執政」和行政機關「依法行政」為重心的法治戰略。

總結我們過去三十多年來的法治建設的經驗和教訓,我們會看到這種以司法改革為中心的片面的法治建設思路必然將黨的領導置於法治的對立面。這也被不少法律人看作是中國法治建設的「瓶頸」。這種以司法為中心的法治觀很容易從司法獨立入手,導向三權分立和多黨執政的西方法治模式。

由此,要走出目前法治建設思路帶來的困境,必須從中國實際上出發,將黨的領導與法治建設統一起來,走出中國特色的法治道路。

重新認識黨規黨法:以「黨內法治」帶動「國家法治」

問:中央也提出了中國特色社會主義法治原則,就是「黨的領導、人民當家作主和依法治國」的統一,那如何處理黨的領導與依法治國的關係?

強世功:不少法律人質疑這種「三統一」以及從這個三統一的學說得出「三個至上」(黨的事業至上,人民利益至上以及憲法法律至上)的觀點。但問題在於這三項內容統一在哪裏?這個問題至今沒有明確的回答。

在我看來,「黨的領導、人民當家作主和依法治國」應當統一在執政黨「依法執政」這個問題上來。十六屆四中全會上,中央提出在新形勢下治國理政、提高黨的執政能力建設有三個方面,除了「科學執政」「民主執政」外,還有「依法執政」。當前黨的領導與法治建設的潛在

衝突就應當通過「依法執政」來解決。這一方面捍衛了法的尊嚴，另一方面也確保了黨長期執政的領導地位。

問：「依法執政」首先就是要依照憲法執政，而憲法規定全國人民代表大會是最高國家權力機關，那麼，「依法執政」是不是首先就要解決「橡皮圖章」的問題？

強世功：這個觀點典型地反映了「以國家法為中心」的片面法治觀。如果從法律多元主義的角度看，「法治」中所說的「法」或「依法執政」中所說的「法」不僅僅是國家法，而且包括黨規黨法。執政黨「依法執政」不僅指依照國家法執政，而且指依照黨規黨法執政。執政黨「依憲執政」中所說的「憲法」不僅包括 1982 年制定的成文憲法，而且包括中國共產黨章程、憲法慣例等等。關於中國憲法中的不成文憲法問題，我曾經專門撰文論述，這裏就不展開了。只有把黨章和憲法結合在一起，我們才能看到中國憲制的完整框架和風貌。

問：您的意思是，讓黨規黨章也成為「法」的內容？

強世功：任何人，只要持法律多元主義的立場，都會承認中國共產黨黨章以及各種黨規黨法，都屬於「法」的範疇，而我們所說的國家法在中文中的準確的概念是指「律」。中文中的「法律」概念很容易將「法」和「律」混淆在一起。現在，我們有必要將二者嚴格區分開來。

建設「法治中國」的目標是「依法治國」，而不是「以律治國」。「依法治國」的首要主體是執政黨和政府，而「以律治國」的主體是全國人大和法院。兩種不同的法治觀就會形成兩種不同的法治建設的戰略思路，最終也會出現兩種不同的法治理想和效果。「以律治國」的思路必然導向司法獨立、三權分立和多黨民主的西方法治道路，而真正的「依法治國」思路必然以黨依法執政和政府依法行政為重心，真正走出中國

特色的社會主義法治道路。

　　特別注意的是，我們的執政黨是先鋒隊政黨，黨需要在各項事業中起到先鋒模範帶頭作用。鄧小平同志早就指出：「國要有國法，黨要有黨規黨法，黨章是最根本的黨規黨法。沒有黨規黨法，國法就很難保障。」從這個論述看，要落實國法，建設社會主義法治國家，就必須重視「黨規黨法」，將「黨規黨法」納入到法治中國的建設方略中。正如我們的民主事業要「通過黨內民主帶動人民民主」，同樣，要實現「法治中國」的戰略目標也必然要「通過黨內法治帶動國家法治」。

以「黨內法治」帶動「國家法治」[*]：
「法治中國」的戰略選擇

　　從十一屆三中全會提出「健全社會主義法制」到十八屆三中全會提出了建設「法治中國」的戰略目標，中國特色社會主義法治建設取得了有目共睹的巨大成就。社會主義法律體系初步建成，司法和執法體系有效運行，公民的法治觀念和法律意識大大提高。基本上形成了「依法執政」「依法治國」和「依法行政」相呼應、「法治國家」「法治政府」與「法治社會」相配合的初步格局。更為重要的是，在意識形態分歧和利益分化加劇的格局中，「法治中國」已成為全社會的政治共識，全面建成「法治中國」無疑有利於推動民主政治發展，夯實黨長期執政的「法統」基礎，鞏固黨長期執政的合法性。

　　然而，由於過去法治建設基本上採取了「片面法治思路」，使得社會主義法治建設陷入了「雙重困境」。一方面片面強調「法律至上」，而忽略道德、習慣、規章等其他社會規範的重要性，特別黨規黨法在國家法治建設中的重要地位，致使法律與道德及其他社會規範發生衝

＊　2014 年 4 月，在某座談會上的發言。

突，導致道德滑坡，社會失範，這反過來又削弱了法律的權威。另一方面，片面強調「司法至上」，而忽略了黨和政府及其他社會團體在法治建設中的重要性，致使法治建設必然以司法獨立為突破口，導致黨的領導與司法獨立之間的發生了不可避免的衝突。

未來「法治中國」的戰略選擇要擺脫這種法律至上和司法至上的「片面的法治觀」，就必須立足中國的法治實踐，堅持法律多元主義的「整體法治觀」。一方面要堅持黨的領導、人民當家作主和依法治國有機統一的原則，另一方面還要堅持黨規、國法與道德習俗的有機統一。這就意味着執政黨要將「依法執政」作為突破口，堅持黨規與國法並重，道德建設與法律建設並舉，以「黨內法治」帶動「國家法治」，培養忠誠於黨和人民，精通黨規和國法的新型法律人階層，從而真正走出中國特色的社會主義法治道路。

然而，當前法治現實中存在的問題很突出，和「法治中國」的戰略遠景相比，和廣大人民羣眾對依法治國和建立社會主義法治國家的需求相比，我們的法治建設嚴重滯後。關鍵在於法律得不到有效執行，有法不願依，執法不能嚴，違法不敢糾，導致令不行，禁不止，特權階層漠視法律，作奸犯科者踐踏法律，法律人階層玩弄法律，普通老百姓畏懼法律，最終法律喪失尊嚴，執政黨喪失權威，普通百姓喪失安全。

因此，要建設「法治中國」，就落實依法治國的方略，就需要將十六大提出黨的領導、人民當家作主和依法治國這三個原則統一到十六屆四中全會提出的「依法執政」這個戰略思想上來，把「依法執政」作為我們建設「法治中國」着力點和突破口，全面推動中國特色的社會主義法治建設。

從「依法執政」的角度看，「法治中國」的中心乃是解決中國共產

黨如何執政的根本問題。強調「依法執政」，首先就要問：這裏所說的「法」是不是包括「黨規黨法」？如果包括，那麼，「黨規黨法」與國家法律的關係是什麼？如果不包括，那麼我們黨的黨章、黨規黨法、黨的紀律等等在「依法執政」和建設「法治中國」的戰略思想中佔據怎樣位置？

最近幾年來，我一直在思考這些問題。說實話，越思考問題越多，困惑也越多。今天，剛好借這個機會，談談我在思考「依法執政」面臨的一些理論問題，也求教於大家，幫我釋疑解惑。

第一，要不要把黨規黨紀等黨內規範建設和全黨嚴格遵守黨內規範的要求，納入到「法治中國」的總體方略中？我想大家都已經看到，中央八項規定出台對於推動黨的領導幹部以及廣大黨員羣眾遵紀守法起到了立竿見影的作用。這就意味着我們要思考一個問題。如果單純從法律角度看，我們沒有制定任何新的法律，司法隊伍也沒有改變，還是原來法，還是原來的人，但是我們的法治狀況和法治效果發生了重大的變化，差不多做到了「執法必嚴、違法必究」的基本要求，社會風氣也為之一變，如果持續下去，無疑可以形成全社會遵紀守法的良好法治局面。

江澤民同志曾經提出「治國務必治黨，治黨務必從嚴」。我們黨是國家的執政黨，我們黨的一舉一動都關係到國家各項事業的成敗。建設「法治中國」的成敗關鍵在於我們黨能不能落實「依法執政」，能不能帶頭遵守憲法和法律。而黨要帶頭遵守憲法和法律，首先必須養成遵守黨規黨紀的習慣，如果我們黨連自己制定的黨規黨紀都不遵守，那麼「黨要帶頭守法」也自然就會變成了一句空話，「依法治國」、建設社會主義法治國家的目標藍圖也難以如期實現。在現實中，無論黨員領導幹

部,還是廣大人民群眾都關心「紅頭文件」,我們黨的政策都是「紅頭文件」,其效力和效果往往比政府的法律文件或各種「黑頭文件」更有效。既然黨規黨紀對於約束全體黨員遵紀守法發揮着根本性的作用,而我們黨作為執政黨要對於廣大群眾發揮遵紀守法的率先垂範作用,那麼能不能把全黨遵守黨規黨紀這個要求納入到建設「法治中國」的戰略格局中,實際上關係到「法治中國」建設的成敗。把黨內規範的建設以及全黨嚴格遵守黨規黨紀納入到我們建設「法治中國」的總體戰略中,無疑具有現實的必要性。「依法執政」,不僅是指黨要嚴格遵守國家的憲法和法律,依照國家憲法和法律的規定來執政,同時也應當包括黨要嚴格遵守黨章、黨規和黨紀,依照黨章、黨規和黨紀的規定來執政。這樣,就需要思考第二個問題。

第二,把黨內規範納入到「法治中國」建設方略中固然有現實的迫切性和必要性,但這種做法有沒有法理依據和理論依據?能不能用來豐富和完善中國特色社會主義法治理論體系呢?把黨規黨法納入到「依法治國」的方略中,首先面臨一個最基本的法理難題,因為通常的法學理論對「依法治國」和「依法執政」的理解,認為這裏所說的「法」是都指國家制定的、體現國家意志的法律及法規等,而黨章以及黨內的各項規定作為黨內規範,並沒有上升為國家意志,因此不屬於法律範疇,自然也不屬於「依法執政」或「依法治國」的依據。

這種觀點常見於我們的法學教科書中。然而。這種流行的說法並不全面,而且很大程度上受到了西方現代法律觀念的影響。從概念上分析,「法」和「法律」是兩個不同的概念。前者的內容比較廣,在西方法律傳統中包括自然法、制定法、習慣法和普通法等一系列內容,在中國傳統法律中也包括各種禮制、習俗以及律法等等,而在我們現代法律

傳統中，除了國家頒佈法律法規，還包括黨和政府的各項政策、各種規章制度、地方習慣法等等。而「法律」則是一個狹義概念，專門指由國家統一頒佈的成文法的規則，這種法律在中國古典稱之為「律」，而在西方稱之為「實定法」（positive law）或成文法（statute law）。

那麼，「法治」（the rule of law）這個概念裏所說的「法」（law）究竟是廣義上的「法」，還是狹義上的「律」或「法律」呢？在這個問題上，有不同的看法，西方在 18、19 世紀的主流理論將「法治」理解為國家法律的統治，強調國家正式頒佈的法律的權威性，尤其是啟蒙思想家都持這種觀點，這也是我們法學教科書中的思想來源。然而進入 20世紀之後，隨着社會生活的複雜化，單純依照國家法無法有效地治理社會，「法律多元主義」思想開始興起，法治在強調在國家法的同時，也強調其他類型的法的重要性。比如朗·富勒認為，「法治就是使人們服從規則治理的事業」。他強調的是規則，而不是單純的國家法。富勒的這個「法治」定義，對我們很有啟發性，我們要實現社會主義法治，就要讓人們服從國家的各種類型的規則，國家法固然很重要，但絕不能由此忽略了地方的習慣法，各級黨委和政府的政策，更不能忽略黨規黨法的重要性。

我在這裏不是要展開法理討論，而是想提出一個問題：當教科書中的法治觀點與中國法治建設的現實需要之間發生不一致的時候，我們究竟應當採取本本主義立場，按照一般教科書來理解來規定我們的法治建設，還是採取實事求是的立場，從中國的實際經驗出發，提出我們自己的法治理論呢？我想這個問題的答案是不言而喻的。

我們要建設的不是一般的法治，而是中國特色的社會主義法治。馬克思主義需要中國化，法治建設其實也一直面臨着如何中國化的問

題。而要中國化，首先就要高度重視黨的領導、人民當家作主和依法治國的有機統一，不能把「依法治國」中的「法」僅僅理解為國家法，而忽略黨規黨法。由此，我們的法治建設必須與黨的建設緊密結合在一起。只有把黨內的規章建設納入到「法治中國」的戰略規劃中，把「黨紀」與「國法」緊密結合起來，把黨內「依章辦事」與黨外「依法辦事」緊密結合起來，使得二者形成有機的互動，才能真正實現中國特色的社會主義法治這個戰略目標。這樣我們就要考慮第三個問題。

第三，如果把黨規黨法納入到中國特色社會主義法治建設的方略中，會不會沖淡國家法律的重要性？會不會回到「人治」傳統？會不會出現以黨規黨法取代國家法律的現象？換句話說，我們如何正確處理「黨規黨法」與國家法律的關係，或者簡單地說處理「黨紀」與「國法」的關係？從法理上說，國家的憲法和法律是全國人民的意志，具有最高的法律效力。黨規黨法僅僅是約束黨員的內部規章，其效力低於法律，因此黨規黨法不能與國家法律相牴觸。這個道理是法理常識，可是為什麼人們還會有這樣的擔心呢？這可能是由於「文革」的經驗教訓。正是在總結「文革」經驗教訓的基礎上，我們黨明確提出「黨必須在憲法和法律的範圍內活動」。因此，憲法和法律高於黨規黨法，黨規黨法不能與憲法和法律相牴觸，法治的這個基本原則必須明確，必須堅持。

但是，我們也要看到黨紀和國法的內在一致性。我們黨是先鋒隊政黨，是為人民服務的政黨，這就意味着廣大黨員，特別是黨的領導幹部，應當具有比普通羣眾具有更高的理想信念、道德素質。如果說法律是所有普通老百姓都必須遵守的底線，那麼黨規黨法對黨員，特別是黨的領導幹部，提出了更高的要求。如果黨員幹部都嚴格遵守黨規黨法黨紀，那麼就不可能觸犯法律。黨員幹部之所以違法，首先就在於違反了

黨規黨法。就像在中國古代的禮法傳統中，「禮」是對士大夫或君子的更高要求，而「法」是對普通百姓或「小人」的要求。

　　過去三十多年來，我們黨在在身建設中，一直強調「依法辦事」「依法治國」和「依法執政」，強調了國家憲法和法律的重要性，但忽略黨內自身規章制度的建設，忽略對黨員尤其是黨的領導幹部提出比普通羣眾更高的制度要求和道德要求，使得黨的領導幹部自覺不自覺降低對自己的要求，將自己像普通羣眾一樣要求。黨的領導幹部若不遵守黨內的規範，也自然無法遵守國家的法律。江澤民同志當年注意到了這個問題，曾經提出「以德治國」這個口號，但許多人擔心這個口號會沖淡「依法治國」，以至於這個提法在當時並未得到應有的重視。現在來看，如果離開了對黨內的道德建設和規範建設，如果離開了對黨員的高標準、嚴要求，尤其是黨規黨法的要求，「依法執政」和「依法治國」都會面臨相當大的困難。在這個問題上，我們或許應當向我們的老祖宗學習，把黨內規範看作是我們現代的「禮制」，放在「依法執政」和「依法治國」的戰略格局中，重建新的禮法傳統，無疑有助於我們走出一條真正有中國特色的法治道路。

法治中國建設應關注的幾個問題 [*]

這次全會是專門以法治建設為主題的會議，提出的原則和措施會對國家的政治法律體制產生深遠影響。我講幾點看法，僅供參考。

一、法治中國建設的總體目標要始終貫穿「三個有利於」原則：有利於改善並提升黨的領導，有利於鞏固人民民主專政的國家性質，有利於實現社會公平正義。在過往的法治話語中，僅僅強調有利於公平正義，但迴避了黨的領導，忽略了人民民主專政，致使法治建設和司法改革很容易喪失正確的政治方向。因此，這次法治建設的會議應當對過去的發展進行糾偏，明確法治建設應當服務於中國特色社會主義政治發展道路，完善而非改變憲法確立的國家憲政體制。

憲法序言中明確規定了黨在各項事業中的領導地位。習近平總書記進一步明確指出，改革的目標是要推動中國特色社會主義制度更加成熟、趨於定型。中國特色社會主義制度的根本就在於黨的領導，因此要把有利於改善並鞏固黨的領導作為法治建設的中心目標。憲法第一條明確規定我國的國體是「工人階級為領導的、以工農聯盟為基礎的人民民

---

* 2014 年 7 月，在某座談會上的發言。

主專政的社會主義國家」。習近平總書記在紀念憲法實施 30 周年大會的講話中，明確指出要堅定不移走中國特色社會主義政治發展道路，其中就是要堅持「人民民主專政的國體」，因此，法治建設和司法改革必須符合我國憲法確立的基本政治原則。

二、關於中國法治發展的歷史敘述，不僅要回顧並總結從中國共產黨從陝甘寧根據地以來確立的「政法傳統」，而且應當訴諸中國古典禮法傳統，正面強調中國文明在發生斷裂的同時具有某種歷史連續性，中國法律傳統在革命的背景下依然具有某種歷史連續性。最近一些年來，我們的法學理論和中央有關文件中，關於中國法治發展的道路，往往從改革開放三十年開始，這不僅割裂了改革開放前三十年和後三十年的關係，而且忽略了新中國建立之前我們黨在根據地時期形成的政法傳統。由此，在法治話語中，出現了按照西方法治理論，否定中國共產黨的領導，以至於「政法」這個概念在法學理論乃至於黨的有關文件中的不斷被邊緣化，甚至用「法治」概念取代「政法」概念。

2013 年，中央召開了「中央政法工作會議」取代了過去形成的「全國司法工作會議」，實際上就是在重新恢復政法傳統。因此，這次法治工作全會應當重提「政法傳統」這個概念，以此統領中國的法治建設。而在法治發展的歷史敘述中，還應當進一步訴諸中國古典的禮法傳統，強調中國自古以來就形成獨特而成熟的中華法系傳統，新中國法治建設是在對這個傳統的革新和繼承的前提下發展起來的，這樣便於將政法傳統與禮法傳統結合起來，形成中國文明的歷史連續性。這也為將「黨規黨法」納入中國特色社會主義法治建設提供了理論依據。

三、要將「黨規黨法」納入到中國特色社會主義法治建設的總體方略中，從而將黨的領導憲法化、法律化和知識化，強化中國共產黨執

政在「法統」上的正當性，通過「以黨內法治帶動國家法治」。中國特色社會主義法治的根本特色就在於「黨的領導」，而「黨的領導」是黨通過黨章以及黨規黨法的領導。因此肯定「黨的領導」在法治建設中的根本地位，就是要肯定「黨規黨法」在法治體系中的重要地位。過去三十多年來，中國法治發展之所以出現了排斥「黨的領導」這種趨向，一個重要原因是由於黨的領導沒有被充分地憲法化、法律化、知識化和法理化，導致黨的領導以及黨規黨法體系在法律教科書以及法學知識體系中缺乏應有的地位。其結果，法治越向前發展，法學研究越深入，必然越排斥「黨的領導」。

要走出這個法治建設的困境，不僅要將黨的領導加以憲法化和法律化，而且更重要的是將其知識化，由此更新法學知識體系。這就意味着要將《中國共產黨章程》看作是成為中國憲法體系的有機組成部分，將「黨規黨法」納入到國家法律體系中，使得學習憲法必須學習黨的章程，學習法律必須了解黨規黨法。如果從英文翻譯的角度看，《中國共產黨章程》翻譯為 Constitution of CPC，《中華人民共和國憲法》翻譯為 Constitution of PRC。可見，在英文表達中，無論黨的章程，還是國家憲法，都屬於憲法。在英文國家編纂的世界各國憲法著作中，黨章和憲法一樣並列其中。由此，法官在司法判決中不僅要遵守法律，而且要參考黨的政策和各種規定等。這個問題涉及到中國憲法學乃至整個法學理論的更新，需要我們提出新的法理學說。而完善「黨內法治」必然會帶動「國家法治」。

四、要明確處理「黨的領導」與「司法審判獨立」的關係，在憲法和法律的框架內，按照科學執政的內在規律來理順二者關係。按照習近平總書記在 2‧17 講話中提出的原則，要明確提出除了政治性案件

和重大社會影響的案件，堅決禁止黨委、政府以及黨政領導干預司法個案，進一步明確黨領導司法的原則和方法。法學界之所以爭論「黨大」還是「法大」這個偽命題，一個重要的現實原因就在於黨委、政府及個別黨政領導直接干預司法個案，導致司法審判的獨立性受到影響，加劇來司法不公以及司法腐敗。而這個問題首先要在憲法和法律的框架內解決，在理論上和制度上釐清黨的領導和司法獨立審判的關係，釐清黨如何在尊重司法規律、尊重司法審判獨立的前提下展開領導。在功能分化的現代社會中，黨對不同領域的領導必須尊重該領域的運行規律，才能做到科學執政。由此，黨領導政府的原則和方法就不同於黨領導社會的原則和方法，不同於黨領導思想文化藝術等意識形態領域的原則和方法，更不同於黨領導司法的原則和方法。就黨對司法的領導而言，必須從法理學的基本理論出發，區分兩類案件：普通案件和特殊案件（政治性案件和重大社會影響的案件），前者堅決禁止干預司法審判的獨立性，後者黨委和政府可以適度介入。這個區分具有法理學上的根據，法官、律師和法學家實際上都能接受黨委和政府在政治性案件和重大社會影響的案件中介入協調。解決好這個問題，有利於絕大多數法官、律師和法學家接受黨的領導。

　　五、在司法改革中，如何讓基層法院獲得相對於地方政府的獨立性，從而避免地方保護主義無疑是一個重要的方向。目前有一種主張認為，將地方司法機構的人事權和財政權收到省級司法機構。這種主張不符合憲法和法律，實際上強化了省級司法機構對下級司法機構的控制和干預，導致上級司法機構對下級司法機關的審級監督變成了行政領導，違背了訴訟法確立各級法院獨立審判原則和兩審終審制原則，很容易導致司法系統形成一個「封閉小王國」，不利於黨的領導，會使司法

腐敗更加嚴重，更加隱蔽。若着眼於權力配置的制約平衡，可考慮將基層司法機構的人事編制權和財政權等收到省人民政府，可以分別由省司法廳和省財政廳負責，基層司法機構的人事任命的決定權應當有省委政法委提名，然後交由各地人大任命，這樣既符合法律規定，也符合黨對司法的政治領導原則。由此，我們可以探索黨領導的司法的政法原則逐漸趨向於黨委和人大掌握法官的任免，黨委和政府介入重大案件，從而在常規的具體司法案件中強化司法的獨立運行。

黨的領導與依法治國 [*]

　　從十一屆三中全會提出社會主義法制建設「十六字方針」，到黨的十五大提出依法治國基本方略，再到十八屆三中全會提出建設「法治中國」的戰略目標，我國法治建設取得了巨大成就。但存在的問題也很突出，最突出的問題就是黨的領導與依法治國的關係在法理上沒有說清楚，在實踐中沒有解決好，導致二者的關係越來越緊張。比如強調依法治國、依憲治國，就要求落實憲法規定的全國人大作為最高國家權力機關的地位，改變所謂的「橡皮圖章」局面，這必然涉及到「黨大」與「法大」的爭論；強調司法權威就要求法院來處理憲法問題，從而引發「憲法司法化」爭論；強調司法審判獨立就變成了排除「黨的領導」等等。

　　因此，如何處理好「黨的領導」與「依法治國」的關係一直是我最近幾年研究和思考的問題，有些問題還沒有想清楚。不過，十八屆三中全會為我們解決這個問題提供了方向，即推進國家治理體系和治理能力的現代化，其根本目標是促使中國特色社會主義制度更加成熟，更加定型。因此，依法治國、建設社會主義法治國家，其根本目標是為了完

* 　2014 年 9 月，在某座談會上的發言。

216

善黨的領導、提升黨的執政能力，使黨能夠在法治條件下長期執政。從這個總體原則出發，我談幾點想法。

其一，要反思西方法治發展模式，立足中國政治實踐和歷史文化傳統，建構中國的法治模式，我稱之為「多元主義法治共和國」，而這個多元主義共和國實際上意味着回歸並重建中國古代的禮法傳統。在過去三十多年形成的法治思維和法治實踐中，一方面片面強調國家法的重要性而忽略黨規黨法、倫理道德和民間習慣法等其他社會規範，另一方面，片面強調法院重要性，而忽略其他黨的機關和國家機關和其他社會機構在實施法律和解決糾紛中的重要性。而這兩種片面的法治建設思路實際上與近代以來移植西方法治模式有關，特別是與近年來美國的「法律帝國」模式的影響有關。

因此，從理論上和實踐中處理好黨的領導與依法治國的關係，就必須從中國的政治現實出發，從中國的文明傳統出發，建構「多元主義法治共和國」。具體而言，要把黨規黨法、倫理道德和民間習慣法，都納入到法律規範體系中，把「依法治國」與「以德治國」結合起來。法治的發展要與黨風、政風、商風、學風和民風培育結合起來，不僅關注法院，而且關注執政黨、政府機關、社會組織和公民個體在實施法律和解決糾紛中的重要性，形成多元主義的糾紛解決機制。從而形成依法執政、依法行政、依法裁判、依法辦事的法治國家、法治政府、法治社會的總體格局。

把黨規黨法納入到多元主義法律體系中，實際上重新回到中國古代的禮法傳統。禮和法都是法律規則，只不過禮是對精英、君子提出更高的要求。國家法律是對普通老百姓的底線要求，而黨規黨法實際上對黨員幹部提出了更高的要求。黨規黨法作為一個體系與國家法律體系之

間形成有效互動，無疑會重新回到古代禮和法互動的法治傳統上來。而按照禮法的關係，必然是通過「黨內法治」來帶動「國家法治」，黨的領導幹部要成為遵紀守法的模範。

其二，要從「不成文憲法」的角度出發，把《中國共產黨章程》看作是中國憲法體系的重要組成部分，與 1982 年憲法共同構成中國憲政和法治的基礎，明確我們國家的憲政體制和憲政模式就是黨國憲政體制，從而確立我們黨長期執政的「法統」。黨規黨法的最高法律依據就是黨章，黨章是黨的根本大法，憲法是國家的根本大法。黨章是中國人民通過其政治代表中國共產黨制定的，憲法是中國人民通過其法律代表全國人大代表大會制定的，二者在本質上都是人民意志或主權意志的體現。黨章規定黨要在憲法和法律的範圍內活動，而憲法序言明確規定黨在各項事業中的領導地位。由此可見，黨章和憲法、黨規和國法互為表裏，正如古代禮法互為表裏一樣。

因此，我們需要從「不成文憲法」的角度看中國憲法，不能僅僅關注 1982 年憲法，而且要把黨章看作是中國憲法體系的有機組成部分，其實中國憲法體系中還包括香港基本法和澳門基本法等。正如英國的「不成文憲法」傳統中，憲法體系是有多個法律文本構成的。在英文中，黨章（Constitution of CPC）和憲法（Constitution of PRC）都用的是 constitution 這個概念，表明這兩個法律文件作為根本法的一致性。

如果把黨章納入到中國憲法體系中，那麼中國政治體制的就是黨領導國家的憲政體制。西方有的學者認為中國的憲政體制屬於「黨國憲政體制」，並主張從全球世界體制看，目前有四種憲政模式：美國為代表的國家主權憲政，德國、日本代表的超國家憲政、伊斯蘭國家的神權憲政和中國的黨國憲政。關於中國憲法中的不成文憲法問題和黨國憲政

體制問題，我已經寫過一些學術論文，有的翻譯為英文發表之後在美國法學界引起反響。

在這個問題上，我想提出一個觀點，就是怎麼看「憲政」問題。過去一段時間，在「憲政」問題上發生了分歧，根本原因在於沒有理順黨的領導與憲政、法治的關係。憲政是一個西方的概念，我們是拒絕、排斥，還是拿來為我所用。從過去三十多年的經驗看，市場經濟、人權、法治這些西方概念，都已經成功地拿來為我所用。今後，在明確黨章具有的憲法地位之後，憲政這個概念也可以拿來為我所用，講憲政就是要講黨領導國家，講黨國體制，由此確立我們黨長期執政的法統。

其三，如果黨章統帥的黨規黨法與憲法統帥的國法之間發生不一致或者衝突怎麼辦？由哪一個機構來解決？這就需要從長遠考慮下一步如何建立中國特色的違憲審查機構。過去，法學界又不少這方面的意見和建議，甚至發生了「憲法司法化」的爭論。其核心問題是沒有在憲法的層面上理順黨與人大、黨章與憲法的關係。現在既然這個問題在法理上已經解決了，那麼，是不是可以考慮學習西方違憲審查的模式，構思建立中國特色的憲法委員會或者憲法法院呢？

目前，世界通行的模式三種：法國的憲法委員會、德國的憲法法院和美國的最高法院。根據憲法和黨章的規定，以及中國的政治實際情況，我覺得可以以法國的憲法委員會為藍本，吸收德國模式和美國模式的一些長處進行設計。具體而言，可以採取黨管軍隊的模式。在中央委員會和全國人大常委會下面分別設立憲法委員會，一個機構兩塊牌子。這樣三個好處：一是實行憲政，落實憲法規定，促進了國家治理的現代化，把目前已經通過協商、座談和開會解決的一些法律問題，特別是黨規與國法的可能衝突問題，通過公開、透明和程序的方式來解

決。這無疑會贏得社會各界特別是法律職業界的普遍支持。二是如果以法國的憲法委員會為藍本，就可以請退休之後的黨和國家領導人進入憲法委員會，通過公開、法治的渠道繼續發揮政治作用，有利於捍衛黨章和憲法的權威地位，鞏固黨國憲政體制正常運轉，有利於政治的穩定。三是憲法委員會在一些個案中解釋黨章和憲法的規定，把我們黨的一些政治理念轉化為法理學說，由此形成一個理解黨的理論和國家理論的法理傳統和學術傳統，有利於保證國家穩定和憲政體制的持久，這實際上是英美普通法體系維護國家整體穩定的長處所在。

其四，要對認真對待所謂黨規黨法的規範體系，區分廣義上的黨規黨法和狹義上的黨規黨法，按照各種規範的不同性質，採取不同的處理方式。我們黨已經在黨章的基礎上已經形成了龐大的規範體系，實際上包括三部分：一是黨的政治信仰、路線、方針和政策。這一部分實際上是中國法律的精神和靈魂所在，中國法律制度的建設就是按照黨的路線、方針和政策不斷在調整和完善。二是黨的政治紀律和倫理準則。三是具體工作中要遵循的法規和規章。

我這裏想特別強調一下第二部分，就是黨的政治紀律和倫理準則。這一部分內容非常重要，黨的政治活力、組織紀律性和工作作風往往依靠這一部分規範。我專門看了一下《陳雲和中紀委》這本書。在改革開放，中紀委重建之後，陳雲特別提出紀委「就是要維護黨規黨法，整頓黨風」，黨員的政治紀律和道德修養就形成了黨的風氣。「執政黨的黨風問題是有關黨的生死存亡的問題」。為此，在中紀委的推動下，1980 年十一屆五中全會通過的《關於黨內政治生活得若干準則》，明確提出了黨內政治生活的 12 條紀律，這些政治紀律面對「文革」結束後的政治混亂，對於統一全黨的思想、規範黨員的思想和行為，整頓黨

的作風，保持黨的政治純淨性，起到了根本性的作用。

經過改革開放三十多年之後，黨的政治紀律和倫理準則受到了市場經濟的衝擊，受到了金錢的腐蝕。導致黨內關係喪失了平等的同志之間的政治友誼，被金錢化、利益化、封建化和朋黨化，導致黨喪失了精神凝聚力和戰鬥力。因此，中紀委的工作不僅要查大案要案，而且要建章立制，更要整黨建黨，重新確立黨內政治生活的準則，重提「共產黨員修養」的問題。

五、要按照法治的基本要求和基本規律來規範和提升黨規黨法，突出黨規黨法的可操作性和黨員權利的救濟保障機制。一是法律要求具有可操作性，因此在制定黨規黨法的時候要盡可能符合法律規範的形式要求，特別要具有可操作性，不可操作的不要寫到黨規黨法中，這就要求嚴格區別道德與法律，前者是倡導性規範，後者是操作性規範。規範一旦制定就要嚴格執行，而嚴格執行就要符合人性、順應人情，不可以規定得太死板，不可以規定得太嚴苛。一旦嚴苛的規則無法長期執行，就會逐漸被各種潛規則所腐蝕掉。

二是法律要求權利受到侵犯必須提供救濟渠道，那麼黨規黨法的執行過程中，如果侵害了黨員的權利怎麼辦？如何提供救濟的渠道？比如幹部任免，各種黨內懲罰措施，包括「雙規」問題，我們如何給黨員一個申訴和救濟的機會？申訴和救濟的機構是什麼？國家法律保護的權利受到侵害，公民可以訴諸法院訴訟，那麼黨規黨法保護的權利受到侵害，黨員的究竟渠道是什麼？《黨章》第四條第六至八款對黨員的權利救濟做出了明確規定，那麼如何從制度上、機構上和程序上完善這些權利救濟。比如能否考慮建立「黨內法庭」或者專門的「申訴委員會」來專門受理這些問題呢？等等。

傳承禮法傳統：「法治中國」新局面 [*]

　　從十一屆三中全會提出社會主義法制十六字方針，到十五大提出依法治國基本方略，再到十八屆三中全會提出建設「法治中國」戰略目標，我國法治建設取得了巨大成就，但也暴露出不少問題，其根本問題就是黨的領導與依法治國的關係在法理上沒有說清楚，在實踐中也沒有處理好。以至於不少人一講依法治國就會糾纏「黨大」還是「法大」。這次四中全會作為三中全會的姊妹篇，就是要從根本上解決這個難題，把黨章所統帥的黨規黨法體系納入到國家法治建設的總體戰略中，從法理上夯實黨在實施依法治國方略中領導地位。這在我們黨的歷史上無疑是具有深遠意義的巨大舉措，也表明了我們黨實現依法治國的決心和信心。將黨規黨法納入到國家法治發展戰略中，西方資本主義國家沒有這麼做，其他社會主義國家也沒有這麼做，這是我們的獨創。所以，有不少同志懷疑我們這麼做在法理上能不能站得住腳，在實踐中能不能長期有效。針對這些疑慮，我想講五點。

　　其一，要解放思想，實事求是。中國特色社會主義道路是人類歷

---

* 2014 年 10 月，在某座談會上的發言。

史上前所未有的現代化道路。中國特色社會主義法治建設絕不能簡單照搬西方現成的法治模式，要始終堅持一切從實際出發，走我們自己的路。現在，人們一講起中國法治建設，就從改革開放講起或從清末法制改革講起，因為中國從此開始大規模學習和借鑒西方法制現代化的成功經驗。由此，不少人自覺不自覺地將西方法治發展模式和發展道路看作是法制現代化的唯一標準，從而陷入了教條主義，片面強調國家法律和司法的重要性，否定黨的領導，抹殺了黨規黨法及其他社會道德規範在國家法治建設中的重要意義。其結果是法律規定越來越多，社會秩序越來越亂，法律作用越來越大，司法公信力越來越差，法治口號越來越響，國家治理能力越來越弱。

其二，我們不能迷信西方法治概念。建設中國特色社會主義法治無疑要借鑒西方法治發展的成功經驗，但絕不能把西方法治神祕化。法治的含義無非是讓人有章可循、有矩可憑，服從規則治理。美國法學家朗・富勒認為，「法治是使人們服從於規則治理的事業」，做事有規則，有規矩，有預期，這才是關鍵。這裏所說的「法」是廣義上的規則或規範，不僅包括國家法，還有黨規黨法以及習慣法等。因此，我們既要將法治看作是實行人民民主專政的有效工具，又要將法治看作是推進公平正義、實現小康社會的現代國家治理技術。實行法治說到底是我們黨在新形勢下治國理政的基本國策，其根本在於使黨的路線、方針和政策轉化為全國人民共同遵守的法律規範。十八屆三中全會明確指出，實行法治是推動國家治理體系和治理能力現代化的有機組成部分，其根本目標是促使中國特色社會主義制度更加成熟，更加定型，從而完善黨的領導，提升黨的執政能力，使黨能夠在法治條件下長期執政。

中國共產黨是執政黨。黨章是黨的根本大法，是治國理政的指

南。憲法是國家的根本大法，是治國安邦的總章程。黨章要求黨必須在憲法和法律的範圍內活動，而憲法序言中又明確規定黨在國家各項事業中的領導地位。因此，依法治國、依憲治國就必須將黨章和憲法、黨規和國法、以德治國和依法治國、遵紀守法和崇德尊禮有機地結合起來，堅定不移地走中國特色社會主義法治道路。

其三，要有道路自信。建設中國特色社會主義法治，要有道路自信、制度自信和理論自信。這固然由於中國共產黨堅持實事求是，對中國法治現代化道路進行了漫長探索，終於找到這條符合中國實際的法治發展道路，但更重要的是，這條道路的背後有中國歷史幾千年文化傳統的滋養和支撐。習近平總書記最近在講話中特別指出：「當代中國是歷史中國的延續和發展，當代中國思想文化也是中國傳統思想文化的傳承和昇華，要認識今天的中國、今天的中國人，就要深入了解中國的文化血脈，準確把握滋養中國人的文化土壤。」這段話說的是思想文化，但也完全適用於法治建設。當代中國的法治建設就是對中國歷史上法制傳統的傳承和昇華。

中國幾千年歷史中形成了一套複雜多樣的規則體系來治理國家，不僅有豐富的刑法，而且有複雜的官僚行政法；不僅有發達的民商事習慣法，而且有憲制地位的「祖宗成法」；不僅有適用於普通百姓的律法，而且有專門適用於士大夫階層的禮法；不僅有約束外部行為的法律強制，而且有確立人生信仰和培養高尚人格的道德教化。其中最重要的就是系統完備的禮制。「道德仁義，非禮不成；教訓正俗，非禮不備；分爭辨訟，非禮不決；君臣上下、父子兄弟，非禮不定；宦學事師，非禮不親；班朝治軍、蒞官行法，非禮威嚴不行；禱祠祭祀、供給鬼神，非禮不誠不莊。」可見，禮就是中國古代士大夫階層修身教化、治國理政

的指南。因此，禮的內涵及其豐富，有一套系統的規範和體制。其中既有「天下為公」和「小康社會」的理想信念，也有君臣父子相處的行為準則，既有祭祀外交的規則，也有婚喪嫁娶的規矩，既強調禮樂教化的意義，也重視刑賞征伐的功能。中國古代的德治實際上是指禮治，德治和禮治互為表裏，由此形成了德刑相輔、儒法並用、出禮入法、禮法互補的古代禮法傳統。

其四，中國特色社會主義法治實際上是對古代禮法傳統的傳承和昇華。中國共產黨成立以來，我們始終堅持馬克思主義與中國實際相結合，逐步形成了中國特色社會主義法治傳統。我們始終強調黨的領導、人民當家做主和依法治國的有機統一，強調法治國家、法治政府和法治社會的有機統一。四中全會進一步強調黨規和國法、以德治國和依法治國的有機結合，無疑是對中國古代禮法傳統的傳承和昇華。

作為中國工人階級的先鋒隊以及中國人民和中華民族的先鋒隊，中國共產黨繼承了「天下為公」「天下大同」的古代政治理想，繼承了古代士大夫階層「先天下之憂而憂，後天下之樂而樂」的道德情操，以實現共產主義作為自己的政治信仰，以「全心全意為人民服務」作為自己的道德信念。因此，黨章及整個黨規黨法體系可以看作是現代的禮制，其中既有黨的理想信念宗旨，也有黨的領導組織體制；既有黨內政治生活準則，也有黨員日常活動的規範；既有規範黨組織工作的法規，也有規範黨員道德修養的規矩。

其五，中國共產黨要率先垂範，在推動實施依法治國中起到先鋒模範帶頭作用。黨章以及黨規黨法所確立的理想信仰、政治準則、行為規範和道德規範等，無疑要高於一般法律的要求。國法是對普通老百姓的底線要求，而黨規對黨員幹部提出了更高的政治和道德要求。黨規和

國法的關係類似於古代禮和法的關係，二者相輔相成，相互促進。因此，治國必先治黨，治黨務必從嚴。要實現依法治國，必先實現依法執政；要實現黨在憲法和法律的範圍內活動，必先實現黨在黨章和黨規黨法的範圍內活動。因此，依規管黨、從嚴治黨、整黨建黨必然是一項長期的任務。只有我們每個黨員，尤其是黨的高級領導班幹，成為遵紀守法的先鋒模範，才能起到率先垂範的作用，才能全面開創依法治國的新局面，帶領全國各族人民最終實現中華民族偉大復興的中國夢。

何以「黨大還是法大」是一個偽命題？[*]

　　走中國特色社會主義法治道路，關鍵要立足中國本土，堅持正確的政治方向。黨和法的關係是中國法治建設的一個根本問題，處理得好，則法治興、黨興、國家興；處理得不好，則法治衰、黨衰、國家衰。中國共產黨的領導是中國特色社會主義最本質的特徵，是社會主義法治最根本的保證。然而，過去一段時期以來，一些人熱衷於炒作諸如「黨大還是法大」這樣的問題，想把黨的領導和依法治國割裂開來、甚至對立起來，改變社會主義法治的政治底色，最終達到否定、取消黨的領導的目的。對此，習近平總書記明確指出：「『黨大還是法大』是一個政治陷阱，是一個偽命題。對這個問題，我們不能含糊其辭、語焉不詳，要明確予以回答。」這一論斷對於我們釐清黨的領導和依法治國的關係，正確認識中國特色社會主義法治道路問題，具有重要意義。

　　其一，「黨大還是法大」之所以是偽命題，就在於邏輯上混淆了「黨」和「法」這兩個概念範疇之間的不同屬性，簡單地將不同屬性的

---

[*]　2020 年 3 月撰寫的研究報告，張佳俊參與本文撰寫。

227

事物放在一起瞎比較。

　　事物之所以可以比較，就在於具有相同的屬性。若找不到事物之間的共同屬性，就無法按照這種屬性進行比較。就像我們在日常生活中，沒有人說「空氣大還是石頭大」，因為空氣和石頭的屬性不同，無法簡單地比較哪個更大。我們常說「驢頭不對馬嘴」，就是批評這種似是而非、頭腦混亂的瞎比較。「黨大還是法大」之所以是偽命題，首先就在於「黨」和「法」是兩個性質完全不同的概念範疇。「黨」是一個具有政治信念、歷史使命和行動能力的組織體系，而「法」是一套由國家制定的規範體系。二者屬於兩個不同的概念範疇，描述的是兩類不同性質的事物。因此，若非進行系統的理論建構，絕不能簡單地比較哪個更「大」。

　　其二，「黨大還是法大」之所以是偽命題，就在於理論上採取非此及彼的形而上學立場，割裂了「黨」與「法」之間活生生的辯證統一關係。

　　黨是一個具有高度政治行動力的政治組織。黨可以通過領導革命摧毀一個舊國家，也可以創立一個新國家。黨也可以領導廢除、修改既定的法律規範，也可以領導創設、制定新的法律規範。現代國家的權力運行離不開政黨。無論是採取多黨輪流執政的西方國家，還是採取多黨合作執政的中國，國家法律的制定和廢止都是由政黨在立法機構中進行政治運作的結果。在這個意義上，現代法治國家在本質上都是「政黨法治國」，即不同的政黨制度在不同的國家體制中以不同方式來推動實現依法治國。若沒有政黨在國家制度中的運作，非但法律難以產生，更重要的是法律實施有可能喪失政治方向。由此，現代政黨運作不僅整合在國家立法過程中，而且滲透到司法過程中。美國總統對聯邦最高法院大

法官的政治任命中體現出越來越強的黨派色彩，實際上是為了保障司法過程的政治方向。與此同時，所有國家的憲法和法律也都在規範着政黨的運行和發展，從而讓政黨的政治行動符合憲法和法律的規定。因此，「黨」和「法」關係絕不是非此及彼對立關係，而是相互相輔相成的辯證關係。

其三，「黨大還是法大」之所以是偽命題，是政治陷阱，就在於背離了我國法治實踐的內在規律，試圖在政治上割裂黨的領導、人民當家作主和依法治國的有機統一，最終實現否定黨的領導，否定中國特色社會主義道路。

每一個國家、每一個民族都根據其歷史實踐和文化傳統選擇適合於自己的發展道路。因此，歷史並沒有終結，也不可能終結。近代以來，中國人民在不同的發展道路進行艱難的選擇，最終選擇了一條不僅能夠救中國、而且能夠發展中國的社會主義道路。中國特色社會主義道路的本質特徵就是黨的領導。一方面黨領導人民實現當家作主，從而將黨的主張和人民意志統一起來，並通過人民代表大會制度以憲法和法律方式體現出來；另一方面全黨又必須在人民制定的憲法法律範圍內活動，接受人民的監督，帶領人民實現依法治國。因此，走中國特色社會主義法治道路就必須堅持黨的領導、人民當家作主和依法治國有機統一，從而把黨的領導貫徹到依法治國全過程和各方面。這既是走中國特色社會主義法治道路的內在理論邏輯，也是中國社會主義法治建設的歷史經驗總結。正是在黨的領導下，我們形成了法治國家、法治政府、法治社會一體建設的基本共識，開闢出一條中國特色社會主義法治道路。正如習近平總書記所說：「依法治國是我們黨提出來的，把依法治國上升為黨領導人民治理國家的基本方略也是我們黨提出來

的，而且黨一直帶領人民在實踐中推進依法治國。」[1]中國法治建設的實踐告訴我們，黨的領導是中國特色社會主義法治之魂。「船載萬斤，掌舵一人」。中國特色社會主義法治體系、社會主義法治國家不可能在一盤散沙、羣龍無首的狀態下建立起來，而必須始終堅持中國共產黨的領導。應該看到，全面推進依法治國是國家治理領域一場廣泛而深刻的革命，具有長期性、複雜性和艱巨性，只有毫不動搖地堅持黨的領導，全面推進依法治國才有主心骨，才能排除前進道路上的各種挑戰和阻礙，確保法治中國建設行穩致遠。一些人挑起「黨大還是法大」的爭議，試圖借法治之名排除黨的領導，不僅罔顧事實、脫離國情，也背離了社會主義法治建設的理論規律和歷史經驗，在理論上站不住腳，在實踐中也行不通。

其一，「黨在憲法和法律的範圍內活動」是中國共產黨具有歷史意義的政治自覺和自我革新，對各級黨政組織、各級領導幹部來說，真正要解決的是「權大還是法大」這個真命題。

在西方多黨執政的體系中，政黨在憲法和法律的範圍內活動是多黨政治鬥爭施加外部壓力從而實現權力制約的結果。中國共產黨是國家的創立者，在政治上領導整個國家的權力運行，在憲法和法律的制定和修改中發揮着主導作用，在憲法和法律的實施中發揮着指導作用。因此，中國共產黨要帶頭遵守憲法和法律，在憲法和法律的範圍內活動，各級黨組織和黨的領導幹部不能凌駕於憲法和法律之上，以防止出現「權大於法」的現象，甚至出現「文化大革命」這種無法無天的局面。正是基於對「文化大革命」歷史慘痛教訓的總結，中國共產黨以非

---

[1]　習近平：《加快建設社會主義法治國家》，載《求是》2015 年第 1 期。

凡的道德勇氣和政治自覺，主動將其權力置於憲法和法律之下，自覺接受憲法和法律的約束，黨章和黨規的約束，從而提出實現全面依法治國、建設社會主義法治國家的戰略目標，並始終將「依憲執政」「依法執政」「依法行政」作為其行動的政治指南。

「羅馬不是一天建立起來的」。實現「依法治國」、建設「法治中國」的戰略目標也是一個長期的歷史進程，不可能一蹴而就。我們今天邁出的不過是「萬里長征的第一步」。這就意味着各級黨組織、尤其是黨的領導幹部必須具有法治的自覺，通過「依規治黨」「從嚴治黨」來不斷推進「依法治國」。在現實生活中，一些黨員領導幹部法治觀念淡薄，甚至「以黨自居」，把黨的領導作為個人徇私枉法、以言代法、以權壓法的擋箭牌。有些領導幹部自以為是、唯我獨尊，藐視法律，破壞法治，不尊崇憲法、不敬畏法律、不信仰法治，搞順我者倡、逆我者亡那一套。有的打招呼、批條子、遞材料，以各種明示暗示方式插手干預司法案件，大搞關係案、人情案、金錢案。有的把「領導指示」「長官意志」凌駕於法律之上，認為「領導的說法就是王法」。由於現實中存在的這些不能正確處理權與法關係而出現的違法現象，使一些人把「權」與「法」的關係誤解為「黨」與「法」的關係，把一些人違法亂紀產生的「權比法大」的現象誤解為「黨比法大」的假像。對此，習近平總書記明確指出：「我們說不存在『黨大還是法大』的問題，是把黨作為一個執政整體而言的，是指黨的執政地位和領導地位而言的，具體到每個黨政組織、每個領導幹部，就必須服從和遵守憲法法律，就不能以黨自居，就不能把黨的領導作為個人以言代法、以權壓法、徇私枉法的擋箭牌。我們有些事情提交黨委把握，但這種把握不是私情插手，不是包庇性的插手，而是一種政治性、程序性、職責性的把握。這個界限一定要

劃分清楚。」各級黨政組織、各級領導幹部手中的權力是黨和人民賦予的，是上下左右有界受控的，不是可以為所欲為、隨心所欲的。要把厲行法治作為治本之策，把權力運行的規矩立起來，真正做到誰把法律當兒戲，誰就必然要受到法律懲罰。

堅持黨的領導，是社會主義法治的根本要求，是黨和國家的根本所在、命脈所在，是全國各族人民的利益所系、幸福所系，是全面推進依法治國的題中應有之義。全面推進依法治國，要始終有利於加強和改善黨的領導，有利於鞏固黨的執政地位、完成黨的執政使命，而絕不是削弱黨的領導。在堅持黨對法治工作的領導這樣的大是大非面前，一定要保持政治清醒和政治自覺，任何時候任何情況下都不能有絲毫動搖。要避免落入「黨大還是法大」這樣的邏輯陷阱、理論陷阱和政治陷阱，理直氣壯地堅持黨的領導。只有將黨的領導、人民當家作主和依法治國有機統一起來，才能「任憑風浪起，穩坐釣魚台」，始終沿着中國特色社會主義的法治道路前行。

黨規國法並重　建構中國法治 [*]

　　黨的十八屆四中全會提出建設中國特色社會主義法治體系，建設社會主義法治國家的總目標，特別是提出「形成完善的黨內法規體系」，把黨章所統帥的黨規黨法體系正式納入到社會主義法治建設的總體戰略部署中，為理順黨的領導與依法治國的關係奠定了法理基礎，這在社會主義法治建設的進程中無疑具有歷史性的重要意義。中國的法治建設正在憲法的框架下兼容黨規與國法，進一步強化黨規和國法在治國理政中對權力的剛性約束，從而構築起多元主義的中國特色社會主義法治體系。

建設中國特色社會主義法治必須立足於
現實國情和歷史文化傳統

　　當代中國的法治建設歷史往往要追溯到清末的法制改革，從那時開始，中國開始大規模學習和借鑒西方法治現代化的成功經驗。但在這個過程中，不少人自覺不自覺地將法治建設與中國的政治經濟制度以及

---

* 　原載《中國紀檢監察》，2014 年第 21 期。刊出有刪節，這裏是全文。

歷史文化傳統割裂開來，就法律論法律，就法治談法治，甚至將西方法治發展模式和發展道路看作是法治現代化的唯一標準，以至於陷入新的教條主義，片面強調國家法的作用，片面強調法院的獨立地位，無視中國特色社會主義制度，無視中國法治建設的文化傳統和歷史經驗，忽略黨規黨法、道德倫理、風俗習慣等其他規範在國家法治建設中的重要意義。

因此，建設中國特色社會主義法治絕不能簡單照搬照抄西方現成的法治模式，必須立足於中國實際，扎根於中國大地，尊重、繼承和發揚中國法治已經形成的歷史傳統。事實上，中國法治發展已經形成了自己獨特的歷史文化傳統。

首先，中國古代已經形成德治與法治、禮治與法治相輔相成的傳統。古代法家強調的「明法去私」「不別親疏，不殊貴賤，一斷於法」完全符合現代法治的精神，近代以來「變法圖強」實際上就是繼承了古代法家的法治思想。古代儒家思想強調的禮法相依、崇德重禮、正心修身的道德教化和君子人格等，對我國法律傳統一直具有持久的影響力。由此可見，道德風俗的教化對於法治意識的培養、法律精神的信仰無疑具有重要的意義。十八屆四中全會的決定特別提出「法律的權威源自人民的內心擁護和真誠信仰」，並提出要「堅持依法治國和以德治國相結合」，無疑是吸收中國古典法律傳統中的有益的要素。

其次，中國共產黨的政法傳統是建立在人民當家作主政治原則上的。人民群眾固然要服從法律，但人民群眾不是消極的法律客體，不是被法律支配的奴隸，而是法律的主人。人民群眾在法治中的主體地位不僅體現人民群眾通過黨來領導法治、落實法治，而且人民群眾自身參與法治過程，在法治建設中發揮積極的作用。十八屆四中全會旗幟鮮明地

強調黨的領導與依法治國的統一，強調民主立法，強調拓寬公民有序參與立法的渠道，強調保障人民群眾參與司法過程，完善人民陪審員制度，等等，無疑是在堅持和發揚社會主義政法傳統。

第三，中國社會主義法治建設是在學習和借鑒西方現代法治基礎上形成的法治新傳統。這個傳統強調法治的價值是保護公民權利，促進社會公平正義，由此強調法律的形式合理性、法律實施的可操作性和程序性、法律規則內在的邏輯性以及法院的獨立審判對於實施法治的重要意義。法律的專業化和法律的職業化也因此成為法治的內在要求。十八屆四中全會提出「公正是法治的生命線」，並按照法律理性化和程序化的內在邏輯，以司法權的合理配置為目標，提出了一系列司法改革的具體內容，實際上就是對西方法治傳統中有益要素的積極吸收。

十八屆四中全會提出的中國特色社會主義法治實際上是立足中國實際，努力打通三種法律傳統之間的關係，在社會主義政法傳統的基礎上，積極吸收中國古代法律傳統和西方現代法律傳統的有益要素，從而實現以德治國和依法治國相統一、黨的領導與依法治國相統一，真正開闢了一條法治的中國道路，走出了一條不同於西方的現代法治道路。

建設中國特色社會主義法治必須立足於現有制度的成熟、完善和定型，同時強調黨規和民約的重要性

中國特色社會主義法治是中國特色社會主義制度的有機組成部分，建設法治中國無疑有助於推動國家治理體系和治理能力的現代化，但其最終目標是促使中國特色社會主義制度更加成熟、更加完善和更加定型。中國特色社會主義制度的本質特徵就是堅持黨的領導。因

此，全面實施依法治國，建設社會主義法治國家的最終目標既要把黨的
領導用法治的方式固定下來，又要通過法治的方式來改善和提升黨的領
導。因此，十八屆四中全會特別強調指出，「社會主義法治必須堅持黨
的領導，黨的領導必須依靠社會主義法治。」

實現黨的領導與社會主義法治的統一，必須處理好黨章所統帥的
黨規黨法在社會主義法治中的地位，從法理上界定「法治」和「依法治
國」的含義，理順黨規黨法與社會主義法治的關係。

從法理學上講，依據法的狹義和廣義之分有兩種不同的法治觀。
第一種法治觀是從「法」的狹義概念出發，強調國家專門立法機關在制
定法律中的重要性。這實際上就是近代西方主流的法治觀，它強調通過
正式簽署社會契約制定國家憲法並通過國家專門的立法機關來制定法
律。由此，國家法滲透到社會生活的各種領域，其他任何社會規範都必
須以國家法為依據。正是由於國家法的至高無上地位，必須按照三權分
立來建構國家政治體制，法院由此成為實施法律的權威機構。由此，西
方的這種法治觀必然與其政治制度相一致。這種狹義的法治觀導致法
律、法院乃至於法治被看作是一個獨立的系統，獨立於經濟系統和政治
行政系統，完全按照法律自身的邏輯來運作。

第二種法治觀是從「法」的廣義概念出發，強調除國家正式法之
外，其他機構指定的規章以及社會道德習慣等也發揮着至關重要的作
用。在非西方國家，法治建設始終存在着西方移植的國家法與本國傳
統法律之間互動，由此形成法律多元主義。正是在法律多元主義的基
礎上，朗·富勒提出了著名的法治定義，「法治就是人們服從於規則治
理的事業」。他用廣義上的「規則」這個概念取代了狹義上的「法律」
概念。

無論中國古代的禮法傳統，還是社會主義的政法傳統，都堅持一種多元主義的法治觀念，強調多樣化的不同規則對於社會治理的重要性。特別是新中國成立以來，黨的政策以及各種黨規黨法在規範社會生活、推動社會公平正義方面，發揮着巨大的作用。改革開放以來，我們的法治觀念雖然受到第一種狹義法治觀的影響，強調國家立法和法院司法的重要性，但無論在法理上，還是在實踐中，始終堅持多元主義的法律觀，即使在國家正式法律體系中，也強調由國家法律、行政法規和地方性法規三種規範構成。

黨在十八屆四中全會上提出了「國家法治體系」的概念，就法律淵源而言，不僅重視法律體系的完善，而且提出了「完善黨內法規體系」，特別是明確提出要「發揮市民公約、鄉規民約、行業規章、團體章程等社會規範在社會治理中的積極作用。」這無疑是堅持一種多元主義的法治觀，不但明確了黨規黨法在國家法治體系中的地位，而且強調了其他社會規範在國家法治體系中的重要作用。

建設中國特色社會主義法治必須理順黨規與國法的關係，從嚴管黨治黨建設黨

中國共產黨是執政黨。黨章是黨的根本大法，是治國理政的指南。憲法是國家的根本大法，是治國安邦的總章程。黨章要求黨必須在憲法和法律的範圍內活動，而憲法序言中又明確規定黨在國家各項事業中的領導地位。這就意味着要實現依法治國、依憲治國就必須理順黨章和憲法的關係，進而理順黨規和國法的關係。

作為中國工人階級的先鋒隊以及中國人民和中華民族的先鋒隊，

中國共產黨繼承了「天下為公」「天下大同」的古代政治理想，繼承了古代士大夫階層「先天下之憂而憂，後天下之樂而樂」的道德情操，以實現共產主義作為自己的政治信仰，以「全心全意為人民服務」作為自己的道德信念。因此，黨章及整個黨規黨法體系可以看作是現代的禮制，其中既有黨的理想信念宗旨，也有黨的領導組織體制；既有黨內政治生活準則，也有黨員日常活動的規範；既有規範黨組織工作的法規，也有規範黨員道德修養的規矩。

黨章以及黨規黨法所確立的理想信仰、政治準則、行為規範和道德規範等，無疑要高於國家法律的要求。國法是對普通老百姓的底線要求，而黨規對黨員幹部提出了更高的政治和道德要求。黨規和國法的關係類似於古代禮和法的關係，二者相輔相成，相互促進。因此，治國必先治黨，治黨務必從嚴。要實現依法治國，必先實現依法執政；要實現黨在憲法和法律的範圍內活動，必先實現黨在黨章和黨規黨法的範圍內活動。因此，依規管黨、從嚴治黨，建設黨必然是一項長期的任務。只有每個黨員，尤其是黨的高級領導幹部，成為遵紀守法的先鋒模範，在推動社會主義法治中起到率先垂範的作用，才能全面開創依法治國的新局面，帶領全國各族人民最終實現中華民族偉大復興的中國夢。

扎根中國大地　建構中國法治[*]：
習近平法治思想的時代意義

習近平法治思想是馬克思主義法學理論中國化的最新成果，是中華民族偉大復興的時代精神在法學領域中的理論表達。它既是對中國特色社會主義法治實踐的理論昇華，又是對中國特色社會主義法治未來發展的思想指南。習近平法治思想具有深遠的哲學思考、豐富的理論內涵和科學的結構體系，而貫穿其始終的一條主線則是如何扎根中國大地，探索建構中國特色社會主義法治。

中國法治建設的歷史坐標：走什麼樣的法治道路

孟德斯鳩曾言，法是由事物性質產生出來的必然關係，不同事物會產生不同的法。法是由國家的政治體制、宗教風俗、商業貿易、人口地理、環境氣候等因素決定的，這一切構成了「法的精神」。因此，我們要區分兩種法：一種是人為制定和創設的法，也就是我們通常所說的

* 原載《北京大學校報》，2021 年 1 月 21 日。

國家法或制定法；另一種是事物之間必然關係的法，也是自然法，就是我們通常所謂的客觀規律。

在國家制定法的領域，並不存在什麼普適價值，也沒有什麼永恆不變的法律。法律必然因國家政體、經濟社會發展水平、歷史傳統和自然環境的不同而不同。不同的國家、民族和文化都會有自己不同的法。正如習近平所言，「走什麼樣的法治道路，建設什麼樣的法治體系，是由一個國家的基本國情決定的。」一個國家的法律究竟是不是良法，關鍵要看它是否符合這個國家的政體結構、經濟社會發展水平、歷史文化傳統和自然地理要素。法律越符合這些事物的客觀規律，越能體現法的精神，就越是良法，否則就不是良法，甚至可能變成惡法。

從馬克思主義唯物辨證的角度看，這些構成「法的精神」的各種要素並不是雜亂無章的，而是按照生產技術、經濟基礎、社會關係、國家政治體制、文化思想意識形態的等級梯次，在經濟基礎之上建構上層建築，在國家政治法律制度之上建構文化思想道德，由此形成一個完整的金字塔式的秩序形態。這種秩序形態的普遍延伸就構成我們所理解的文明秩序。在這種文明秩序中，最低端的生產技術和經濟基礎決定了這種文明秩序的物質基礎和「硬實力」，從而區分農業文明、工業文明和後工業文明；中間的政治法律制度和上層的文化意識形態則決定了文明秩序的精神追求和「軟實力」。我們今天所說的西方文明與中國文明，基督教文明與伊斯蘭文明等，都是依據這種精神追求來劃分的。而在這種文明秩序中，核心價值如同皇冠上的明珠，代表了這種文明所能夠達到的最高精神境界，從而產生持久的凝聚力、向心力和影響力。因此，捍衛和拓展核心價值，為生存方式提供持久意義乃是每個文明秩序的歷史使命。

　　在文明秩序的建構中，法律始終扮演着重要的角色。一方面文明的核心價值貫穿於整個文明秩序，為法律秩序奠定了正當性和規範性，另一方面法律秩序必須要體現這種核心價值，並藉助其強制力來捍衛和推廣這種核心價值。因此，法律秩序滲透在整個文明秩序中，在文明的「軟實力」和「硬實力」之間發揮承上啟下的貫通作用。每一個文明秩序都形成自己獨特的法律秩序，這就是我們經常所說的「法系」。然而，隨着西方現代國家的興起和資本主義的全球擴張，西方歷史文化中形成的法律制度也隨之開始擴張。全球近代史既是西方法與非西方法之間的鬥爭歷史，也是資本主義法與社會主義法的鬥爭歷史。隨着冷戰結束，「歷史終結論」開始興起，西方法治被塑造為普適價值，正隨着美國的全球霸權而在全球推廣，由此引發新的法律移植浪潮。不少非西方國家由於移植的西方法與本土的法律傳統發生衝突，導致政治失調、社會失序，陷入了動盪、分裂之中，甚至淪為「失敗國家」。歷史上的非洲、拉美諸國和現在的烏克蘭、埃及、利比亞和伊拉克等國都是典型的例子。

　　在全球化時代，中國法治建設無疑會受到了西方法治的影響，也會積極借鑒吸收西方法治中的有益要素。晚清以來，中國的法治建設開始大規模學習和借鑒西方各國的法律制度，其發展無疑受到了西方法治的強烈影響。但在中國法治建設過程中，始終面臨核心價值和文明秩序的考驗，我們究竟是將西方法治看作是普適價值進行照搬照抄，進而放棄中國文明傳統全面接受西方文明，還是立足中國實際、扎根中國大地，學習借鑒西方法治經驗來建立中國法治？這始終是兩條法治道路乃至兩條文明發展路徑的鬥爭。新中國之所以能夠徹底結束殖民歷史，實現民族獨立和人民解放，進而推動國家崛起和民族復興，是由於我們始終堅持實事

求是的原則，使移植的西方現代法律符合中國的政治體制、經濟社會發展水平和歷史文化傳統。改革開放之後，我們提出了依法治國戰略，加快了法治建設步伐，但法治道路的目標定位始終存在着分歧。

面對這個法治道路選擇的根本問題，習近平特別指出，「全面推進依法治國，必須走對路。如果路走錯了，南轅北轍了，那再提什麼要求和舉措也都沒有意義了。」為此，他明確提出中國法治建設必須走中國特色社會主義法治道路這個重要思想。他從馬克思主義法理學關於政治和法律關係的一般原理出發，強調「每一種法治形態背後都有一套政治理論，每一種法治模式當中都有一種政治邏輯，每一條法治道路底下都有一種政治立場。我們要堅持的中國特色社會主義法治道路，本質上是中國特色社會主義道路在法治領域的具體體現。」正是在習近平法治思想的指導下，十八屆四中全會堅持從中國實際出發，扎根中國大地，建設中國法治，第一次系統描繪出中國特色社會主義法治道路的藍圖，明確提出中國特色社會主義法治要從中國實際出發，符合黨的領導和人民當家作主的政治體制；要從中國國情出發，符合社會主義市場經濟的客觀要求；要從中國的歷史文化傳統出發，堅持依法治國和以德治國相結合。在此基礎上，「借鑒國外法治有益經驗，但絕不照抄外國法治理念和模式」。這就意味着要扎根中國大地建設法治，開闢中國法治道路，塑造中國法治模式，重建中華法系。

中國法治的歷史使命：長治久安與民族復興

中國法治建設不僅要立足於建設中國特色社會主義這個偉大的歷史實踐，而且要立足於推動中華民族的偉大復興，推動中華文明傳統的

「創造性轉化」，推動中華文明從傳統文明向現代文明轉型，從而將現代法治與古典傳統融合在一起，實現黨和國家的長治久安。正如習近平所言，「全面推進依法治國，是着眼於實現中華民族偉大復興中國夢、實現黨和國家長治久安的長遠考慮。」要實現「全面建成小康社會、實現中華民族偉大復興的中國夢，全面深化改革、完善和發展中國特色社會主義制度，就必須在全面推進依法治國上做出總體部署，採取切實措施、邁出堅實步伐。」可見，中國夢中也包含着法治夢，建設中國特色社會主義法治的最終政治目的就是實現黨和國家長治久安，實現中華民族偉大復興的中國夢。

就實現黨和國家長治久安而言，當年毛澤東在延安著名的「窰洞對」中，面對中國歷史王朝興衰的「周期率」問題給出了破解答案，那就是「民主」，現實人民當家作主。而今天，同樣面對黨和國家長治久安的歷時性難題，習近平在新的歷史條件下給出了新的破解答案，除了「全過程民主」，就是「法治」，實現全面依法治國，不僅要依歸治黨，而且依法治國，將黨規和國法結合起來，推動服從規則治理的偉大事業。在這方面前蘇聯共產黨黨紀渙散，破壞民主和法治、導致權力不受約束無疑是一面重要的歷史鏡子。正是在總結歷史興衰的經驗教訓基礎上，習近平將法治上升到「駕馭人類自身」的哲學高度，將法治看作是人類實現自我治理的重要途徑，反覆強調要「把權力關進制度的籠子裏」。為此他特別指出：「法治的精髓和要旨對於各國國家治理和社會治理具有普遍意義，我們要學習借鑒世界上優秀的法治文明成果。」

就文明復興而言，法治在文明秩序的建構中扮演着重要的角色。法治秩序滲透在整個文明秩序中，每一個文明秩序必然要形成自己獨特的法治秩序，這就是我們經常所說的「法系」。不同的文明秩序也自然

形成具有自身文明特徵的法系。法系一方面是文明秩序的反映，另一方面又是建構文明秩序的重要力量。

中國是一個擁有輝煌文明傳統的世界性大國。中國法治建設不可能簡單照搬照抄西方的法治秩序，成為西方法系的一部分，而必須融入到自己的文明傳統中，探尋與自己的文明秩序相匹配的法治秩序。中國法治建設要實現中華民族偉大復興的「中國夢」，就必須在中國法治文明的歷史基礎上創建新的法治文明。正如習近平所言：「我國古代法制蘊含着十分豐富的智慧和資源，中華法系在世界幾大法系中獨樹一幟。要注意研究我國古代法制傳統和成敗得失，挖掘和傳承中華法律文化精華，汲取營養、擇善而用。」因此，接續傳承傳統中華法治文明，在現代法治的基礎上實現中華法系的「創造性轉化」理應當成為中國法治建設的歷史使命。

現代法治的中國方案：融合古今中西法律傳統

中國法治要扎根中國大地，扎根中國文明傳統。然而，中國文明傳統本身就是一個不斷演變和發展的過程。今天中國的法治建設必須清晰意識到中國文明傳統的歷史演變。

中國古典文明傳統內在有一個漫長的演變過程，從商周時代經過春秋戰國到秦漢時代，形成了中國文明所建構的天下大一統秩序，此後雖然經歷了佛教和異族統治，但天下大一統秩序歷經損益基本上保持穩定，從而形成了儒釋道互補的格局，共同奠定了古典中國文明秩序的核心價值。而這些核心價值貫穿於儒家的禮制體系和法家的法律體系中，從而形成了德主刑輔、禮法互補、道德與法律相互交織、成文法與

判例法並重的中華法系傳統。這種禮法傳統尤其強調強調道德教化、風俗習慣對於法治秩序的塑造作用，強調領導集體的道德信念、人格楷模對於法治秩序的推動作用。

從晚清以來，中華法系受到西方法律傳統的全面衝擊而解體。國際法層面上條約體系取代了天下朝貢體系，在國內法層面上，西方現代法律體系取代了傳統中國禮法體系，禮制體系被全面廢除，法律體系經過了改革和再造。特別是新中國成立後，我們建立了社會主義制度，從而形成與共產主義道德和社會主義制度相匹配的法治傳統。這個傳統就是我們的政法傳統。我們的政法傳統在古典的成文法傳統的基礎上，又吸收了西方大陸法系傳統的有益要素，強調立法的科學性、統一性和法典化。然而，在政法傳統中，我們始終強調政治原則高於法律，法律服務於政治目標，服務於貫穿整個社會的核心價值觀，強調政策對於法律實施的重要性，強調法律的原則性和靈活性的統一，強調人民羣眾廣泛參與法律專業化運作的統一。

改革開放以來，中國的法治建設又開始全面借鑒西方資本主義國家的法治傳統，尤其是借鑒英美普通法傳統中服務於市場經濟內在要求的法律制度，強調市場經濟乃是法治經濟，強調中國市場經濟的法律制度要實現與全球市場經濟法律制度的接軌。這一法律傳統將自由和人權保障作為法律的核心價值，強調法律與政治、道德和政策等因素的適度分離，從而突顯法律的形式合理性、程序性、公開性和專業性，強調法律規則內在的邏輯性、法律專業的自主性和法院審判的獨立性和權威性。

鑒於不同歷史其法治建設重點不同以及借鑒的法律傳統的不同，中國法治建設呈現出兼容並包的特徵，既有傳統中華法系的特徵，又具

有現代法制的基本架構，既有大陸法傳統的法典化傳統，又有普通法中強調司法權威乃至判例制度的痕跡。在這些不同傳統相互借鑒的基礎上，中國法治建設的一項歷史性任務就在於如何把不同文明傳統中的核心價值和不同法律傳統中的法治理念和法律技術有機地結合起來，共同服務於中國特色社會主義法治的建構，而將這些不同法律傳統統合在一起的根本力量和機制就是黨的領導，將其融合在一起的精神價值紐帶就是「以人民為中心」，不同法律傳統、原則和技術在不同領域、不同角度，以不同方式共同服務於人民的整體利益。十八大提出的社會主義核心價值觀實際上就是把上述不同文明傳統中的核心價值進行了全面概括和總結。而十八屆四中全會提出的建設中國特色社會主義法治的戰略目標無疑是融合不同的法律傳統，建構新的中國法治傳統。

比如，強調「法律的權威源自人民的內心擁護和真誠信仰」，明確提出將「堅持依法治國和以德治國相結合」作為法治的基本原則，無疑吸收了中華法系傳統中的有益要素。強調「黨的領導」與「依法治國」相統一並將「黨的領導」看作中國特色社會主義法治的本質特徵，堅持法律面前人人平等，堅持人民群眾在立法、執法、司法和守法各個環節中的積極參與，無疑是在堅持和發揚社會主義政法傳統。明確提出「公正是法治的生命線」，並按照法律理性化和程序化的內在邏輯，以司法權的合理配置為目標，提出了一系列司法改革的具體內容，實際上就是對西方現代法治傳統中有益要素的積極吸收。

然而，在這些不同的法治傳統中，習近平始終堅持馬克思主義法治理論中國化的立場，強調法治服務於國家治理現代化，強調法治建設始終「以人民為中心」，這就意味着習近平法治思想始終將中國法治建設扎根於社會主義政法傳統中，積極吸收中國古代禮法傳統和西方現代

法治傳統的有益要素，從而實現黨的領導與依法治國相統一、依法治國和以德治國相統一、公民參與程序化和法治過程專業化相統一，探索一條邁向現代法治的中國道路，提供了一套建構現代法治的「中國方案」。

中國法治的歷史飛躍：政法傳統與禮法傳統的有機統一

習近平法治思想乃是對馬列主義、毛澤東思想、鄧小平理論、「三個代表」重要思想和科學發展觀中的法治理論的繼承和發展。在這個法治理論傳統中，習近平法治思想的最大貢獻就在於旗幟鮮明地主張「黨的領導是中國特色社會主義最本質的特徵，是社會主義法治最根本的保證。堅持中國特色社會主義法治道路，最根本的是堅持中國共產黨的領導。」由此，將「黨的領導」上升為中國特色社會主義法治的首要原則，從而實現了黨的領導、人民當家作主和依法治國的有機統一。

正是在習近平法治思想的指導下，十八屆四中全會決定在中國法治建設的歷史實現了一次歷史性飛躍，即第一次將黨章所統帥的黨規黨法黨紀納入到國家法治建設的總體戰略目標中，從而突顯了黨規黨法體系在國家法治體系中的重要性，強調黨規和國法並舉、黨規和國法相統一、相銜接。它標誌着中國法治走向了一條涵蓋黨規黨法、國家法律和法規以及社會性規範和道德習慣法在內的多元一體的法治模式。而在這種多元一體的規範體系中，黨規和國法處於核心地位，其中黨章和憲法共同奠定了中國特色社會主義法治的憲制基礎。

正如習近平所言，「當代中國是歷史中國的延續和發展，當代中國思想文化也是中國傳統思想文化的傳承和昇華，要認識今天的中國、今天的中國人，就要深入了解中國的文化血脈，準確把握滋養中國人的文

化土壤。」要準確認識和把握中國特色社會主義法治，把握黨規和國法關係，就必須理解中華法系所塑造的法治傳統。中華法系採取多元一體的法治模式，其中最重要的就是禮法二元格局。禮作為系統的規範和體制是古代士大夫階層修身教化、治國理政的指南。其中既有「天下為公」和「小康社會」的理想信念，也有君臣父子相處的行為準則，既有祭祀外交的規則，也有婚喪嫁娶的規矩，既強調禮樂教化的意義，也重視刑賞征伐的功能。古代德治實際上是指禮治，德治和禮治互為表裏，由此形成了德刑相輔、儒法並用、出禮入法、禮法互補的古代禮法傳統。

習近平法治思想中將黨規黨法納入國家法治建設，從而突顯強調黨規和國法的有機銜接、以德治國和依法治國的有機結合，無疑在推動對中國古代禮法傳統的「創造性轉化」，從而推動了中華法系的現代重構。中國共產黨作為中國工人階級的先鋒隊以及中國人民和中華民族的先鋒隊，繼承了「天下為公」「天下大同」的古代政治理想，繼承了古代士大夫階層「先天下之憂而憂，後天下之樂而樂」的道德情操，始終不忘實現共產主義的「初心」，牢記「全心全意為人民服務」的道德信念。在這個意義上，我們可以將中國共產黨看作是現代的士大夫階層。

黨章及整個黨規黨法體系就是黨的組織和行動的規範，其中既有黨的理想信念宗旨，也有黨的領導組織體制；既有路線、方針和政策，也有具體的行為規範；既有黨內政治生活準則，也有黨員日常活動的紀律；既有規範黨組織運作的法規，也有規範黨員道德修養的規矩。這套龐大複雜的規則體系完全可以看作是現代的禮制。黨章以及黨規黨法所確立的理想信仰、政治準則、行為規範和道德規範等，無疑要高於國家法律的要求。國法是對普通老百姓的底線要求，而黨規對黨員幹部提出

了更高的政治和道德要求。黨規和國法的關係類似於古代禮和法的關係，二者相輔相成，相互促進。正因為如此，習近平才特別強調治國必先治黨，治黨務必從嚴，尤其要抓好「關鍵少數」。要實現依法治國，必先實現依法執政。中國共產黨，尤其是黨的高級領導幹部，要成為遵紀守法的先鋒模範，在依法治國中起到率先垂範的作用。

可見，在習近平法治思想的指導下，中國特色社會主義法治建設正在開闢中國法治的新傳統，即在古代禮法傳統的基礎上構建全新的現代政法傳統。正是在多元一體法治共和國的格局中，中國特色社會主義法治將傳統法與現代法、大陸法與普通法融為一體，將中國傳統價值與現代法治理念融為一體，從而為中華法系的「創造性轉化」奠定了基礎。

法治的技藝[*]：
抽象社會的建構與國家治理現代化

我對王紹光老師的研究有一定了解，除了他關於國家能力的系統論述，還有對民主問題的獨到研究。他今天所講的內容雖然並不陌生，但完整聽了這個研究報告，還是很震撼。他有一個如此宏大的想法，且要寫成著作，我非常期待。作為評論人，我想就王老師演講的內容，談三點看法。

一、「中國學派」：跨越學科，面向世界

這個講座放在大學裏非常重要，尤其有助於在座的大學生或研究生開展學術研究。

其一，關於學術研究或科學研究問題。大學是探索真理的地方，而真理是用科學方法展現出來的，因此大學研究一定要秉持科學研究方法，從而將你的研究最大可能地區別於意識形態宣傳，不同於意識形態

---

* 2019 年 6 月 15 日，王紹光教授在中信改革發展基金會組織的報告會上以「國家能力、改革開放與經濟增長」為題做了演講，本文為評論發言，根據現場錄音整理修訂。

宣傳，科學研究則強調論證過程的重要性，取決於我們能不能共同接受一套科學的論證方法，以及相關理論、數據和歷史材料的支撐。王老師的研究就是要挑戰一個意識形態問題，即關於「改革開放」意識形態，這種意識形態假定只要「改革開放」就可以促進「經濟增長」，並由此來批判改革開放前三十年的經濟社會政策。然而，王老師恰恰從科學研究的角度，用大量的數據、圖標、案例、文獻來說明，「改革開放」與「經濟增長」非但沒有必然關係，甚至在很多國家恰恰由於「改革開放」導致國家經濟不是增長，而是經濟崩潰，典型的例子就是烏克蘭。當然，非洲、拉美哪個國家沒有按照西方的模式進行「改革」，哪個國家沒有對西方「開放」，可這並不一定帶來經濟增長，反而產生很多「失敗國家」。然而，王老師的目標不是簡單地批判這種「改革開放一搞就靈」的意識形態，而是進一步探討在什麼樣的條件下，改革開放可以促進經濟增長。為此，他特別提出「軍事財政國家」這個問題，研究國家的軍事能力和財政汲取能力對於改革開放推動經濟增長的支撐性作用。

剛才孔丹理事長介紹王老師，說他是「中國學派」的重要代表人。我的理解「中國學派」就是強調用科學研究的方法展現中國人看問題的獨特性，「中國學派」就不能理解為研究中國問題。在這個意義上，「中國學派」恰恰要有一種全球視野，從中國的角度看世界，看全球人類歷史發展。王老師的研究就是這種典範，你看他用的數據和文獻大多數是西方學者，但他得出的結論往往不同於西方主流學者的觀點，因為西方主流學者往往從西方的視角看問題。如果我們從這個角度看王老師的研究，就會發現他始終在與西方主流學者進行對話。他關於民主、選主、抽籤問題的研究如此，關於國家能力的研究也是如此。

講到國家能力問題，就會注意到王老師所提到的「失敗國家」問

題。這就涉及到政治學研究中如何研究國家問題。一類研究就是強調從政體入手來研究國家，從而比較各類政體。這種理論顯然受到意識形態影響，從而將「自由民主政體」看作是人類的最佳政體，以至於很容易將經濟社會發展歸結為政體因素。比如「華盛頓共識」就是建立這種理論假定之上，主張要推動經濟發展就必須採取私有化、自由化和民主化。王老師熟識的福山就是這種理論代言人之一。他在《歷史的終結》中主張自由民主政體是人類政治秩序的終極目標。這本書差不多成為一個時代、一種意識形態觀念的代名詞。在嚴格意義上，這是一本具有哲學思考和意識形態主張的暢銷書。在嚴肅的學術思想界，往往會批評這種類似媒體寫作的意識形態宣傳。就像當年哈耶克的《通往奴役之路》也是缺乏嚴肅學術論證的意識形態暢銷書。後來，哈耶克花很大精力寫《自由秩序原理》，證明自己是嚴肅的學者。福山也是這樣，他後來寫作了大部頭的《現代政治秩序的起源》，放棄了《歷史終結》中的意識形態主張，而強調國家能力、責任政府和法治的重要性，政體問題淡出其理論視野。

其實，當福山沉醉於「歷史終結」問題時，王紹光教授在 1992 年就開始系統提出國家能力問題，福山多年後對國家建設和國家能力的強調某種意義上也是受到了王老師們的影響。不過，在王老師和福山之前，福山的老師亨廷頓（Samuel P. Huntington）在《變化社會中的政治秩序》這本經典著作中就率先批判西方政治學中基於意識形態劃分的政體理論，並從國家能力的角度提出了「政治秩序」這個概念。他提出的「政治衰敗」這個概念就變成後來所說的「失敗國家」。亨廷頓提出的一個問題是：為什麼那麼多接受西方自由民主政體的國家最終陷入動亂、暴力、無政府狀態的「政治衰敗」？他意識到要回答這個問題，就

不能從政體出發思考問題，而必須以更為嚴肅的科學態度思考現代化進程中政治秩序與國家能力的關係問題。因此，亨廷頓在書中首先就批評美國流行的自由民主政體推動經濟發展的意識形態宣傳，率先在西方思想界高度讚揚蘇聯和中國的共產黨體制，認為政治現代化的導師不是在華盛頓，而是在莫斯科和北京，他甚至讚揚土耳其軍人政府在政治現代化中的作用等等。在冷戰氛圍中，亨廷頓的學術主張無疑需要有追求真理的勇氣，將嚴謹的學術研究區別於意識形態宣傳。

比較之下，中國學界往往不能區分嚴謹的學術研究和意識形態輿論宣傳，甚至主流理論研究非常意識形態化，普遍從政體意識形態角度看待中國政治和西方政治，以至於王紹光老師的研究往往被貼上「新左派」標籤。這種意識形態的標籤其實很有意思，大凡被貼上「新左派」標籤的往往是最具有思想活力、學術研究最扎實的學者，相反的很多自由派知名人士人往往習慣於宣揚一些意識形態上看起來政治正確的東西，但卻恰恰是思想貧乏、研究乏力的人。這些人一旦離開媒體炒作在學術界就沒有多少影響力。我們把王老師的研究放在這個政治學研究的傳統中，就會看到他和亨廷頓乃至福山都在關注國家能力問題，從而將社會科學研究區別於意識形態宣傳。因此，「中國學派」必須要在全球思想對話中產生的，而絕不是關起門來自說自話，必須變成扎實嚴謹的學術研究而不是意識形態宣傳。我希望在座的大學生和研究生在讀書期間要區分學術研究和媒體輿論，像王老師這樣扎扎實實地讀書做學問。

其二，關於專業化與跨學科專業的問題。王老師講的問題非常重要的，但他追隨「問題」展開的的思考就會不斷突破學科專業的限制，進入到經濟學、政治學、歷史學、社會學、財政學、軍事學等領域。我

們在大學首先面臨的就是學科劃分乃至學科中的專業劃分以及專業中的具體研究方向的劃分。專業化是非常必要的，它讓我們把一個專業問題向下扎。可是，一旦我們脫離專業領域，進入其他專業領域，可能就是一個「文盲」。這一方面意味着我們思考問題首先要有專業的意識，尤其是要知道自己所學專業的邊界和局限性，另一方面意味着我們一旦越出自己的專業進入其他專業不僅要小心說話，而且要大量閱讀其他專業領域中的文獻。王老師的講座內容本身就是一個典範，他從政治學問題入手，深入到財政、經濟、歷史問題中，閱讀了大量的相關領域的專業文獻。

比較而言，我們今天的大學學術研究中最大的問題一方面是專業的隔膜，局限於專業知識，從專業知識出發，而不是從可能跨越專業的真實問題出發，導致不同專業知識缺乏對話，未能就共同關注的問題展開對話，因為一旦開始思考問題，就會隨着問題牽引而越出專業向其他專業學習並展開對話。今天大學中最大的問題是缺乏專業自覺和自我節制，以一種「專業帝國主義」的態度，一旦在自己的專業中取得點成績，就認為能夠用這種方法對所有問題都擁有發言權。比如我們的經濟學研究集中在微觀經濟學，研究企業和市場，這本身沒有什麼問題。但問題是大量的經濟學家缺乏基本的政治學素養和社會學素養卻大談特談政治改革和社會治理，甚至談歷史問題、人類文明問題，似乎要將政治、社會、歷史問題化約為微觀經濟問題。因此，我希望在座的同學以王老師為榜樣，圍繞問題的思考，越出專業的局限，但又尊重每個專業中的知識和經典著作，廣泛閱讀其他領域的著作，這樣的閱讀和思考反而能夠獲得一個相對整全的視野來看問題。正如潘維教授剛才講的，我們現在面臨的根本問題不僅僅是微觀經濟學所講的企業、市場和政府的

關係問題，也不是法律理論中的公民與政府的關係問題，而首先是人類歷史中國家與國家的競爭、文明與文明的競爭、羣體和羣體的競爭問題。王老師的研究恰恰是給這樣一個宏大的理論框架中，研究國家競爭、國家能力和經濟發展、改革開放的內在關係是什麼。

我們內地現在許多主流學者眼睛就局限在改革開放這 40 年，不僅不講改革開放前 30 年，更忽略地理大發現以來全球 500 年的人類歷史發展進程，以為一講改革開放好像一切問題都解決了。王老師的研究就是針對「改革開放一搞就靈」的意識形態宣傳，這種宣傳和當年的「階級鬥爭一抓就靈」一樣，很容易誤入歧途。所以，我希望大家不要意識形態化，而要扎扎實實讀書做學問，既要有專業的自我意識和自我節制，又要思考一些超越專業的重大問題，從而推動跨學科和跨專業的研究。

二、西方國家的治理轉型：從殖民主義到帝國主義

王老師一開始說，我們今天面臨着中美貿易戰，從中美貿易戰來思考國家能力問題。那麼什麼是中美貿易戰？就是中國想要和美國進行貿易，可美國想要對中國關起國門，提高關稅，甚至禁止美國所有公司與華為這樣的中國公司開展貿易，將其逐出美國市場。

這是什麼故事？這不就是 1840 年中國不要和西方做貿易的故事嗎？西方想和中國做貿易，中國說，你要做貿易，可以，必須和政府的商行，也就是廣州的十三行進行貿易。或者說你想做貿易也行，但必須代表你們的君主給我們的皇帝行跪拜禮，納入中國的朝貢體系。這不是乾隆皇帝對馬嘎爾尼使團的態度嗎？可那個時候，西方列強怎麼說中國

政府的？他們不就是批評中國「閉關鎖國」，妨礙「自由貿易」嗎？那怎麼辦？最後的結果我們都是知道，就是西方列強用炮艦戰爭打開東方大門。今天，我們的許多知識分子不都批判清政府「閉關鎖國」，批判修長城的封閉思維，甚至為西方列強打開中國大門做辯護嗎？如果按照這個邏輯，中國應該怎麼辦？我們今天成為自由貿易的推動着，而美國卻要搞關稅貿易保護。美國自甘落後，連 5G 都不讓用，脫離人類文明的發展方向，那是不是我們也要用炮艦打開美國的貿易大門，用炮艦摧毀美國在墨西哥邊境上修建的長城，幫助美國進入到人類文明的發展軌道上？我不知道大家面對着兩個類似的案例，怎麼保持自己在理論上的內在一致性，而不要搞意識形態上的雙重標準。

今天美國之所以試圖將中國排除在全球貿易體系之外，一個重要理由就是「美國優先」。我不知道在一個全球秩序中，「美國優先」的主張是不是具有正當性，或者理論上的正當性。今天，美國說的每句話都被一些開明人士看作是具有道德性和正當性，所有也就不會質問和批判「美國優先」。當年清政府「閉關鎖國」，將西方列強排除在中國的朝貢貿易體系之外，不接受西方的自由貿易體系也有自己的道德理由。這個理道德由源於中國朝貢體系所依據的天下觀和禮制秩序，即中原王朝對高麗、琉球、安南等這些邊緣相對落後的藩屬國具有經濟援助的道德義務。中國一旦採用西方模式的自由貿易，那就意味着中原王朝與周邊藩屬之間道德互助關係變成了赤裸裸的利益交換，那就意味着將要藩屬國變成殖民地，變成中原王朝的殖民地。事實上，日本一旦脫離中華朝貢體系和中華價值觀念的文化體系，就立刻將朝鮮、琉球變成其殖民地，甚至在中國東北開拓殖民，將中國變成其殖民地。我們可以設想一下，如果中國清政府當時像日本那樣率

先改革變成一個資本主義國家，那麼高麗和安南不就會順利成章成為其殖民地，甚至連日本也可能首先變成中國的殖民地，那麼 1840 年以來的全球歷史就會完全改寫。由此引發的問題是：比較中華朝貢貿易體系中的藩屬國和西方自由貿易體系中的殖民地，哪一個在制度安排更具有道德性和正當性？這個問題至今依然是未能回答的問題，古今中西的問題都纏繞在這個問題上。今天，特朗普提出「美國優先」，而我們的領導人提出「人類命運共同體」，這兩個對世界體系的不同理念背後具有悠久的文化歷史傳統。

我們今天在王老師這裏看再次重溫了馬克思對資本主義和殖民主義的強烈批判，如果把這種批判與對中國「閉關鎖國」問題和「美國優先」問題放在一起思考，與在中國文明和西方文明對人類秩序的不同想像一起來思考，或者與西方主導全球五百年和中國崛起對人類命運共同體的意義一起來思考，就會變得非常有啟發性。因此，對全球秩序的思考，對人類命運共同體的思考，對中美貿易戰的思考，不能脫離全球秩序的道德基礎和正義基礎的思考。而很多人自覺不自覺接受了美國的說法，喪失了對基本的正義、正當問題和道德問題的判斷力。將西方強大霸道的「客觀事實」當作「價值規範」，這實際上接受了「正義乃強者的利益」這種觀念，以至於我們面對美國在全球拿着關稅大棒搞赤裸裸的霸權主義，也喪失了理論思考能力和思想批判能力。比如，最近大家都看到美國拿不出任何證據卻可以赤裸裸地扣押孟晚舟、全面圍堵華為。我們組織翻譯了《美國陷阱》這本書，相信在座不少看了這本書。看完這本書，你就會想起當年魯迅對中國文化傳統批判，說翻開歷史每一頁都看到歪歪斜斜的寫着「仁義道德」四個字，但最後發現背後是「吃人」兩個字。魯迅對中國傳統太刻薄，但把「仁義道德」換成「自

由法治」四個字來看所謂的西方文明史，我覺得非常恰當。今天，王老師強調在西方工業革命的前提條件是「軍事財政國家」的崛起，國家能力首先就展現為軍事能力和財政能力，前者不就是「火槍」暴力掠奪的殖民主義，後者不就是「賬簿」隱蔽詐取的資本主義，這兩個制度哪一個不是「吃人」的制度？

　　但是，如果從國家能力的角度看，我們要注意王老師講的內容集中在 19 世紀之前的「軍事財政國家」所發展起來的殖民主義，這實際上是西方資本主義的第一個階段，然而進入 20 世紀之後，資本主義對全球的控制逐漸放棄了赤裸裸的殖民主義掠奪，而是變成了一套更加精巧的帝國統治，那就是依靠金融的資本投資、知識產權保護、文化教化的話語權控制等手段來控制全球，這實際上是西方資本主義的第二個階段，也就是全球自由貿易的「世界帝國」階段，英美帝國就是這個階段的典型。今天全球進入互聯網的時代，進入根服務器和人工智能控制全球的時代，那是不是意味着西方資本主義進入第三個階段，我們暫且不論。我這麼說的意思是，同樣是國家能力，也有一個升級換代的問題。因此，我希望王老師對國家能力的論述能夠從 19 之前的論述推進到 20 世紀的論述，看看二十世紀以來國家能力進行了怎樣的升級和演進。我為什麼要提到《美國陷阱》，就是從這個上看出美國對世界的控制已經到了非常精細和微妙的地步，這就是法律技術的運用。我剛剛給《美國陷阱》寫了書評，就是提醒大家注意美國建構了一個「全球法律帝國」，我們都知道美國在全球的軍事霸權，也有人不斷寫「金融帝國」，但很少管關注「全球法律帝國」這個問題。在這個意義上，我們可以說法律技術的運用已經成為一種獨特的國家能力。這就是涉及到我要講的第三個問題。

三、國家治理現代化：
充分認識現代法治的抽象建構能力

首先，我想給王老師的研究補充一個案例。比如同樣是現代的軍事財政國家，同樣是歐洲殖民帝國，為什麼西班牙、葡萄牙這些帝國最後衰落，而荷蘭、英國這些帝國興起。在帝國理論的比較研究中，這是一個普遍的話題，有很多討論。這裏，我只想提供孟德斯鳩的一個思考，他認為二者的差異在於對美洲發現的黃金、白銀的不同態度上，前者將黃金白銀作為財寶珍藏起來，後者將黃金白銀作為貨幣流通媒介。這就意味着前者依然是封建主義的財富觀念，而後者是資本主義的財富觀念。那麼，這兩種財富觀念的區別在哪裏？就在於封建的財富是有形的、具體的土地、糧食和金銀財寶，而資本主義的財富是無形的、抽象的資本、法律乃至文化意識形態。而這種從有形、具體到無形、抽象的發展演化，馬克思在《資本論》中對其作最為全面、深入的哲學、社會學論述。具體的財寶總是有限的，而抽象的資本貨幣確實無限的。這才是為什麼荷蘭英國的資本主義新帝國最終戰勝葡萄牙、西班牙的封建舊帝國的根本原因。

然而，如果我們在追溯這種不同財富觀念的起源，必須關注抽象貨幣觀念的發展。早在 15-16 世紀，威尼斯就成為對財富進行抽象的貨幣交易中心。但我們必須注意：財富從有形轉向無形的關鍵就在於法律的建構，恰恰是一套關於財產法、金融法、證券法乃至後來的知識產權法建構起資本的無形價值，抽象的法律技術建構出抽象的公民身份乃至抽象的財富：資本和知識產權等。可以說，如果沒有這一整套法律體系的建構和支撐，就無法理解為什麼一張紙（貨幣）可以無所不能。因

此，抽象財富是由抽象的法律所建構起來的，韋伯關於形式理性法的討論，就是以這種維護抽象化財富的市場交易體系作為基礎的，形式理性法建構一種「穩定的預期」，這種穩定預期就是財富的祕訣。美元一張綠紙就建立在美國的法律體系所建構起來的穩定預期之上，當然這種預期最終由美國的軍事實力來保護的，這在法學理論中就是法律必須有國家暴力來強制執行以建立穩定的預期，沒有國家強制力強制實施的法律根本就不是法律。但是，我們必須辨證地看，如果沒有這種創造抽象財富的法律建構能力，暴力統治也無法持久。這就是為什麼歷史上的草原帝國很快就崩潰，而海洋帝國卻依然持續存在，因為後者創造了一套用法律來建構的全球財富轉移體系。

由此，我們恰恰看到全球資本主義霸權也隨着資本主義金融交易中心的轉移而轉移，比如從早期的威尼斯轉到後來的鹿特丹，最後在 18 世紀轉移到倫敦，二戰後轉移到紐約。這種財富轉移的過程，既是經濟中心和軍事政治中心的轉移過程，也是隨着社會發展而法律的抽象建構能力不斷升級的過程。在這個過程中，早期殖民主義的「軍事財政國家」，轉向了用科技、金融、法律和文化觀念編制起來的更為複雜的「自由帝國體系」，霍布森和列寧稱之為「帝國主義」並就其看作是資本主義的「高級階段」。在此，我們應當關注「高級」這個詞，它隱含着社會發展和帝國演變的規律，即從初級社會向高級社會、初級帝國向高級帝國的轉型，而工業化社會的現代金融、法律的抽象治理紐帶比之於農業化社會的金銀、倫常這些具體的紐帶顯然就是一種「高級」，它意味着社會治理或帝國統治的技術越來越隱蔽。王老師所說的軍事能力和財政能力固然是其重要的支撐性力量，但法律技藝的運用，法律治理能力的提升卻可以放大這些軍事和財政力量。如果我們比較蘇聯和美

國，當年在科技、軍事和財政能力上，蘇聯甚至一度佔據相當優勢，但是由於缺乏金融、法律和文化觀念這些國家能力的配合，最終失敗。

我們要注意到，蘇聯解體之後，美國的一個重要戰略就是從全球軍事征服（比如反恐戰爭）轉向對全球經濟的控制，而其控制手段都是通過法律建構出來的。比如我們大家都知道「反恐戰爭」這個概念，但真正的「反恐戰爭」不是我們電影上看到的打打殺殺，而是美國以「反恐」為名通過一系列法律，其中最著名的就是《愛國者法案》，通過這部法律合法地審查全球資本的流動情況，「反恐」一線的真正戰士乃是美國財政部、司法部、國土安全局的文職官員，他們追查哪些機構為恐怖組織提供經費，切斷恐怖組織的資金鏈比戰場上的槍炮更能消滅恐怖組織。而這就涉及到美國訴訟法中的「長臂管轄」問題，包括海外反腐敗法，以及在此基礎上建構的一系列國際公約。在這方面《美國陷阱》提供了一個生動的個案。任何企業和個人如果用美元交易、如果用服務器在美國的郵箱發送郵件，都在美國的「長臂管轄」範圍。在這個意義上，世界上大多數企業和個人都落入到「長臂管轄」的範圍，都成為美國建構的世界法律帝國下的臣民。

由於中興通訊、孟晚舟蒙獄和華為遭受的打壓，我們知道了美國的海外反腐敗法。可就在 2018 年 3 月美國通過了《雲法案》，將美國互聯網公司的信息雲或者任何服務器在美國的信息雲都置於美國司法的管轄之下。我們今天都知道「百度雲」「阿里雲」「騰訊雲」，那我們就要問：這些「雲」是否落入美國司法的「長臂管轄」範圍？尤其是我們國家在大力推進政府信息化建設，政府與這些大公司進行大規模合作，將許多國家重要信息都存儲在這些「雲」上。那麼，美國是不是可以合法地要求這些公司提交它所需要的信息，否則就以違反美國的法律

而遭受嚴厲懲罰呢？這顯然是我們應該思考的問題。

讓我們回到王老師討論的問題上，在信息化時代，講國家能力的時候，可能需要把這個能力進一步細化。王老師概括了八種重要的國家能力。我覺得應該增加一種能力，那就是法治能力或者法律能力，即用法律的技術手段來巧妙地解決問題的能力。法律能力是一套完整的抽象化的東西，把一個具體的東西變成一個抽象的東西。換句話說，如果我們看人類歷史的發展，就是從簡單的、具體的治理走向越來越複雜的、抽象的治理。現代社會就是一個抽象社會。如果從抽象治理的角度看，在科學技術中，最抽象的莫過於數理化，我們今天的技術發展的瓶頸就在於這些基礎學科；在財富中，最抽象的莫過於貨幣，目前區塊鏈技術的發展也就是在探索一種比紙幣更抽象的電子貨幣；而在權力中，最抽象的莫過於法律，中紀委幹部可以留置手握軍權的將軍，就是因為他們掌握着法律武器；而在思想觀念中，最抽象的莫過於核心價值，政治哲學和政治神學的爭論都在這個抽象層面展開。

如果我們理解了人類歷史治理不斷邁向抽象化的發展方向，那麼在國家能力中，法治這種抽象化的能力就變得非常重要。福山在《現代政治秩序的起源》中將法治看作是一個重要因素，就是看到法治在建構秩序中的重要功能。從這個角度看中國的國家治理能力，看目前的中美貿易戰，那麼我們和美國的最大差距就在這種抽象能力上。比如在教育領域，我們最薄弱的就是基礎教育，我們在工程技術的具體動手能力非常強，但科學思辨和抽象的想像力能力比較弱。在財富領域，中國人今天依然都熱衷於房地產、購房、囤積黃金，關心具體的、可見的財富，而對股票沒有信心，相反美國人的財富都集中在股票中，中美貿易戰中對美國最大的殺傷力其實在股票市場，西方資本主義危機都出現在

股票市場上。這種虛擬經濟雖然有其脆弱的地方，但能夠建構起虛擬經濟體系本身恰恰證明其具有強大的軍事支撐、法律技術的複雜建構和文化觀念的引導塑造，從而建立起對這種虛擬價值的認同和信賴。我們可以在理論上批判這種虛擬經濟體系，但不能不承認全球化必然推動人類邁向這種虛擬體系之下。我們在國內的經濟發展批判「脫實相虛」是對的，因為我們的「脫實向虛」最後維持得是美元霸權體系。但是，如果中國未來要發展為真正的世界強國，必須將「實體經濟」與「虛擬經濟」結合起來，「兩手」對要硬，都要強。美國現在的問題就在於「虛擬經濟」缺乏「實體經濟」的支撐，所以會對中國展開科技戰，甚至金融戰，以便回流資本，推動其實體經濟的發展。而中國在加強實體經濟的同時，必須重視虛擬經濟，讓虛擬經濟服務於實體經濟。我們要推動人民幣國際化，就必須具有用複雜的法律技術來建構抽象財富的能力，必須具有管理和駕馭這種抽象財富的能力。我們設立亞投行、在上海建立石油期貨市場等等都是着眼於全球，加快提升建構和駕馭抽象財富的能力。

因此，國家的軍事能力和財政能力固然重要，但要將這些能力從原始的、初級的野蠻能力，提升可以種精巧的、高級的、複雜精妙的能力，這就必須要具有法律技術的建構。而這種法律技術的建構不是我們法學教授講講怎麼立法，而是要具有實戰經驗的專業律師來操作。在我們國家法治發展中，這種抽象能力最強的並非是法學家和法官，而是在建構全球商業法律秩序的國際商業律師階層。因此，我們不能把「法治」搞得很神祕，像啟蒙思想家那樣將其變成了一套神化了的意識形態，而要在社會科學意義上強調，法治乃是一套技巧精妙的國家治理術，用王老師的概念來說，這是一種獨特的國家能力。我在博士期間的

研究提出「法治」作為一種國家治理術，並不知道王老師早就提出國家治理能力這個問題。直到差不多二十年後，中央在十八屆三中全會提出推動國家治理體系和治理能力的現代化，四中全會作為「姊妹篇」又進一步提出建設中國特色社會主義法治，顯然是希望通過法治的治理來推動國家治理能力的升級換代。五中全會進一步提出積極參與全球治理，全球治理首先就是全球法律治理。

今天中美貿易戰的核心是什麼？依然涉及到法律和規則，涉及到知識產權、WTO、反壟斷和政府補貼等法律問題，這也是全球法律治理中的規則問題。美國貿易談判代表團中很多是熟悉具體國際金融和法律操作的金融從業者和商業律師，而中國貿易談判代表團中很多是熟悉經濟政策的政府官員和經濟學家，這個小小的差異反映的不僅是國家制度方面的差異，而且是國家治理體系和治理能力的區別。但是，我們必須要注意，法律規則是武器，關鍵是你用武器來幹什麼。由於長期受西方法律教育的影響，中國法律人的主流都缺乏政治主體性和文化自主性意識，在思想意識和精神氣質上已經臣服並認同美國法律體系，因此面對美國的全球司法霸凌，他們習慣於站在美國立場上指責中國缺乏法治意識，而缺乏站在中國立場上批判美國法律霸凌主義的勇氣和能力。因此，我們注意到，從中興事件到華為事件，中國民營企業遭受美國的司法霸凌，可是我們的法律專業人士，尤其是國際法和國際經濟法領域的專業們，無論是法學家還是律師，很少有人站出來講兩句公道話。中國法律界在精神上差不多完全被西方法律意義形態所「洗腦」，面對美國用法律來屠宰中國企業，就像魯迅筆下的「看客」一樣麻木。可以想像，如果讓這樣的專業人士主導貿易談判，很容易認同美國立場，主張中國應當讓步以符合美國提出的法治精神。相反，恰恰是這些不懂美

國法律的經濟官員們，他們每天面對真實的全球經濟競爭，從而具有起碼的捍衛國家利益的政治本能和政治常識，不會被規則治理之類的法律專業意識形態所洗腦，自覺地保護我們中國的產業和經濟發展，維護中國的國家利益。因此，我們今天的困難不僅是缺乏高端的專業法律人才，更缺乏具有全球政治視野、自覺捍衛國家利益的高端專業法律人才。

因此，今天的中美貿易戰恰恰讓中國思考如何面對全球法律治理問題。而要具備全球法律治理能力，首先必須提高依法執政、依法治國、依法行政的能力和水平，尤其是發揮商業律師和訴訟律師在國家治理的作用。西方的商業貿易到哪裏，人類學家、傳教士、商業律師和會計師就跟隨到哪裏，知識、信仰、商業、法律相互交織在一起，構建起西方的世界帝國體系。比較而言，我們的商業貿易已經覆蓋全球，但我們的人類學家依然滿足於調查中國的村莊，而不能走向海外，我們的知識體系亦步亦趨跟着歐美，缺乏對世界問題獨立的思考，我們在海外文化傳播滿足於大學中的孔子學院，而缺乏中文幼兒園和小學。一句話，我們商業貿易是依附於西方建構起來的全球體系，而未能建構自己的全球體系，這就意味着我們需要着眼全球來思考我們的文化教育、政治法律體系來保護我們的全球商業利益。

最後，我想用兩句話結束今天的討論。第一句話就是「師夷長技以治夷」，近代以來，我們接觸和學習西方不到 200 年，中間還有知識上的斷層，所以我們對西方的理解依然很皮毛。批判美國的全球法律霸權很容易，但要建構起全球法律體系，就有很多難題。因此，我們對於美國建構的全球法律治理體系，不僅要持批判的立場，更要持虛心學習的立場，學習越認真，才越有資格批判。大家都知道最近香港因為《逃

犯條例》修訂引發的政治爭議，我們在「一國」之內香港、台灣和內地之間的司法協助問題都搞不定，我們在「一國」之下治理香港彈丸之地都面臨如此巨大的難題，就知道我們距離全球治理有多遠。這就意味着我們應該老老實實、更加虛心地學習。

第二句話就是「羅馬不是一天建成」，西方建構的這種商業法律的世界體系有 500 多年的歷史，我們被納入這個世界體系還不到 200 年的歷史，我們在這個體系中獲得獨立的尊嚴和地位只有 70 年的歷史。更重要的，中國真正告別農耕生活邁向現代工商業城市生活也不過 30 來年，我們的價值觀念、思維方式和國家治理方式很大程度上脫胎於農耕時代。在這個意義上，中國雖然在崛起，加入到全球商業貿易體系中，但我們缺乏建構全球體系的觀念、知識和人才儲備，缺乏在資本主義條件下治理世界的能力。我們習慣於政府主導的治理模式，而不理解社會主導的治理模式，看不到今天的全球治理已經進入到「後主權時代」，各種商業機構、非政府組織與主權國家交織在一起，成為建構全球秩序的重要力量。

總之，面對世界格局的變化，我們應當以一種從容的心態面對，「在游泳中學習游泳」，在應對美國發起的貿易戰中，不斷學習美國治理全球的經驗，從而提升我們參與全球治理的能力。過去幾十年，我們很快學會了如何駕馭市場經濟，相信我們也會學會如何駕馭一個法治社會，進而學會駕馭複雜的全球法律治理。

第三部分

經濟社會與文化

契約自由與壟斷 *

　　《人民日報》（一九九四年八月六日）刊登了一份記者的調查報告，說的是包頭市一電話用戶懷疑長途電話費有誤而要求核查，最後引起包頭市郵電局訴該電話用戶一案。據說這是第一起官告民的案件，它與搞得沸沸揚揚的旅客訴西北航空公司案雖然訴訟當事人錯位，但卻有異曲同工之妙。

　　其實，這倒不是什麼官與民之間的官司，郵電通訊、鐵路航空等皆為商業壟斷組織，只不過在多數國家屬於國家壟斷的行業。因此，這樣的官司不過是壟斷組織和個人之間的合同糾紛而已。

　　契約（合同）制度是現代商業社會裏財富流轉的主要形式。法學家們從中抽象出要約、承諾和對價三個要素，而其基礎則是十八、十九世紀的自然法思想和自由主義哲學。這意味着只要合同當事人出於真實的意思表示，那麼他所自由選擇的合約在法律允許的範圍內是神聖不可侵犯的。「契約自由」「契約神聖」不過是理性人的選擇自由外化了的制度保障而已。它最終體現在《法國民法典》中。

＊　原載《讀書》1995 年第 2 期。

　　建立在「契約自由」之上的古典合同理論在實踐中被證明是那個時代特有的理性幻想的產物。它實際上假想了兩個在自然稟賦、財產地位、各種資訊等方面幾乎平等的理性主體來簽訂契約，而事實上這種假定是不存在的。「契約自由」結果就形成強者控制弱者的不自由局面。雖然《法國民法典》規定受欺詐、脅迫的合同無效，《德國民法典》規定了誠實信用原則，但杯水車薪，與事無補。因此，十九世紀以來，隨着自由主義思潮的式微和壟斷組織的興起，合同自由也就成為一句空話，大量的標準合同代替了古典的協議合同。合同不再由當事人協商約定，而是直接由國家或行業壟斷組織來規定其詳細條款。貨物買賣、郵電通訊、交通運輸等方面的合同皆有相應的立法來規定。這樣對於合同當事人的另一方來講，只有接受還是不接受的自由，而且由於行業的壟斷性只能有（被迫）接受的自由。

　　當然，標準合同的出現也是時代的產物。首先它節省大筆交易費用。隨着商業的擴大，合同締約人由於受地域、文化、民族等因素的影響而使其在討價還價、相互了解對方的資訊中花費了過高的成本，且合同形式千差萬別，不利於執行。標準合同不僅省去了許多麻煩，而且使法院在審理合同案中如同現代化的大批量生產一樣，形成固定的審判程式，提高了訴訟效率。其次，標準合同在一定程度上彌補了「契約自由」帶來的不公平，實現了公平。比如買賣合同中，由於商業交易的網絡化，在市場上今天你是買方，明天你就是賣方，因此，買賣合同一般都能做到「無知之幕」（羅爾斯 John Rawls 語）後所形成的平等。就拿一開始的例子來講，如果按古典合同理論，任何消費者都無能力與郵電局、航空公司來討價還價，可能票價和電話費高得出奇。但是標準合同的存在，使整個消費者作為合同的一方與壟斷組織的另一方相對抗，使

合同的價款還能比較令人滿意。

但這實際上暗含了一個假定，即國家是作為超然於市場經濟之外的公平仲裁者出現的。它能平等地保護消費者的利益。因此，國家制定的標準合同是公平的，而且國家可以通過《反托拉斯法》《反不正當競爭法》等來制止私人壟斷組織製作的不平等的標準合同。但是，國家不過是一個抽象的概念，其真實內容由其政府官員構成。現代公共選擇理論表明，政府官員和普通公民一樣是追求利益最大化的「經濟人」，因此，國家壟斷行業制定的標準合同也可能是不利於消費者的，由此才引起我們一開始所說的那兩起訴訟，可以預示，這樣的訴訟將不僅越來越多，種類也會越來越複雜。

既然國家壟斷行業也是市場中的主體，那麼，消費者（公民的經濟術語）就應當將自己的利益委託給自己的代理人即立法機關。因此，標準合同就應當由立法機關來制定，而在我國標準合同皆由行政機關制定，比如鐵道部的《鐵路貨物運輸合同實施細則》（一九八六）等，這必然造成令出多門，法律相互重疊、法律體系不統一，且出現在不同程度上侵害消費者的現象。另一方面，消費者（公民）作為壓力集團出現，必然促進公共選擇過程的民主化，使政府官員的任何選擇的機會成本普遍提高，從而使其選擇更有利於保護廣大消費者的利益。

市場邏輯與政府職能 [*]

「政府不僅要退出市場，也要退出社會」

趙曉：我想今天我們討論的是一個大題目。政府職能的轉換一直是中國市場化改革的一項大任務、大挑戰，這一步完不成或做不好，市場化改革就會遇到障礙。不過，坦率地說，我的感覺是，這些年政府職能轉換有些雷聲大、雨點小，雖然政府機關減了人，但職能轉換不夠。相信在加入 WTO 後，這一進程會大大加快。

政府職能怎麼轉？最近我和張維迎教授就管制與放鬆管制的話題作了一個對話，一個重要看法就是政府要逐步退出市場，即市場能做的事都讓市場做，政府不應直接從事或干預經濟。張維迎教授甚至對政府以經濟建設為中心提出質疑，認為政府應以制度建設和維護市場公平為中心。以經濟建設為中心相對於「以階級鬥爭為綱」是了不起的進步，但現在市場已經起來了，民營企業也已經進來了，還要同國際接軌。在這種情況下，搞經濟建設越來越不是政府的事，政府真正的職能是制度建設，維護市場公平。

---

* 原載《21 世紀經濟報道》，2001 年 5 月 7 日。

我很高興，政府目前正在致力於減少行政性審批以及打破壟斷，我相信從長遠看，這兩件事比財政政策對中國經濟和中國人民的積極影響要大的多。

渠敬東：政府不僅要退出市場，也要退出社會。凡是社會組織能幹的事都應該逐步讓社會來做，而不是政府大包大攬。

「社會」本來是相當重要的，它能夠發揮政府難以發揮的許多作用，但現在由於政府的進入，社會的作用沒有得到很好的發揮。

其中之一是「中間組織」沒有得到很好的發展。我特別強調「中間組織」的概念，因為它是社會學傳統中有關現代社會分析的一個重要傳統。眾所周知，科斯（Ronald Coase）把企業拿出來單獨談，意味著企業不是簡單地等同於政府和市場的組織形式和運作形式。不過，在社會學領域中，企業從某種意義上說也是一種中間組織或中間羣體（secondary group），儘管這樣說並不是很確切，而所謂中間組織的範圍也要廣得多。因為在某些社會理論看來，現代社會既不是純粹意義上的國家體制，也不是純粹以功利原則為基礎的市場機制，在這個意義上，中間組織具有多重的涵義和作用。首先，對國家與市場來說，中間組織是一種中介，既可以成為從市場向政府系統傳達信息的途徑，也可以成為市場關係的保護者，特別在細分市場比較脆弱的情況下，中間組織是維護市場關係的牢固紐帶。其次，由於意識形態和利益最大化不可能提供信任體系的基礎，所以，社會團結關係的建構必須由中間組織來承擔，換句話說，儘管分化和分工瓦解了社會得以成形的價值基礎，但社會學傳統並沒有忽視現代社會體制的價值基礎——實現這一道德團結的重要途徑，就是組建這種中間組織。

強世功：我們講國家在退出市場的時候也要退出社會，但一定要

意識到，政府退出之後，社會要能自己組織和管理，否則就是一盤散沙，問題百出。在西方是先有社會、市場然後有政府，所以即使政府出了問題，社會依然是穩定的，而我們看到在中國當政府要退出市場的時候，市場會有些問題，那麼在退出社會的時候肯定也會有問題。

更為關鍵的是，政府一定要給市場和社會一個自我管理的學習過程。不要一出問題就很驚慌，習慣於馬上自己去管理。就像一個小孩，你想讓他學會走路，但是，他不小心摔了一跤，你就害怕，馬上抱起來再也不讓走。我想這樣小孩是學不會走路的。

就市場來說，國家一放開市場的時候，的確很亂，但是經過這幾年的學習，市場秩序好轉了。這首先是市場競爭的結果，而不僅僅是政府管理的結果。

同樣，政府退出社會之後，肯定會面臨這樣的問題。比如村民自治、村民選舉，一開始選舉的結果可能不令人滿意，一些村民由於貪圖500元錢而賄選，但是他最終發現選上的人為自己辦不了事情，下次他就會傾向於選對自己的長遠利益有利的人了，這就是學習。在這個過程中，政府要學習如何管理市場和社會，其中最重要的一條就是立法確定市場和社會的遊戲規則，並維持這個遊戲規則。在此基礎上，市場和社會都要學習如何運作，學習如何運處理好政府、社會與市場的關係，這都是必需的學習過程。

另一個重要的問題是在談治理國家的時候，大國與小國這種國土空間關係往往被大家所忽略。其實，治理中國和治理新加坡是不一樣的。在一個大國裏，政府的退出不僅是功能上的退出，更重要的是要在地理空間上的退出，給社會留下更大的運作空間。具體來說，政府是否可以退出鄉和村一級，實行鄉村自治。讓村民們自己管理地方的事

務。在中國歷史上，修橋打壩、農田水利、公共福利等事務並不是國家所管，都是地方管，國家只管治安和稅收。現代國家雖然和古代不一樣，但是，在大國治理中，鼓勵發揮地方的積極性，「繁榮社會，無為而治」依然是一種普遍的治理思路，像美國這樣的大國甚至採取中央地方明確分權的聯邦體制，讓基層社會承擔起自己的治理責任，這樣可以讓中央集中力量辦大事。

政府、市場與中間組織

趙曉：我想社會學所關注的「中間組織」的話題，經濟學和管理學同樣關注。早先經濟學家只關心市場，對企業視而不見，只把企業看作一個生產單位，一個投入－產出體，一個黑箱。但後來科斯撬開了這個黑箱，從此之後，經濟學對市場和企業這兩維都比較關注，而現在開始關注介於市場和企業之間的所謂「中間組織」，像企業間「戰略聯盟」「行業協會」以及所謂「關係型合同」乃至教會組織等都成為新的經濟學研究的對象。經濟學家們有時用「network」來稱中間組織。「network」非政府，非市場，也非企業，但被認為是廣泛存在、非常重要的東西。行業協會就是其中之一。很顯然，我們國家政府管理職能轉換的一個重要方向就是將目前的一些行政管理職能一步步轉移到行業協會。

渠敬東：我想社會學對「中間組織」概念的認識比較獨特。對於企業的問題，我已經說過，這是社會學傳統自形成以來就有的關懷。塗爾幹（Emile Durkheim）說，所謂「中間組織」的實質形態就是法團（Corporation），法團實際上是社會學傳統中一個最核心的概念。就

Corporation 本身來說，它是否僅僅指一個企業，一個具有獨立法人的企業，還是指一個戰略聯盟，一個帶有行業協會色彩的民間組織？這些問題所牽涉到的關鍵，並不只是我們平常所說的究竟是自上而下，還是自下而上來建構市場，相反，就現代社會的建構來說，Corporation 可以說是資本主義整個秩序的基礎，尤其是道德意義上的基礎。然而就目前情況來說，我們的社會不僅幾十年來將這樣的組織形態摧垮了，而且改革開放至今也沒有對組織的重建工作有足夠的重視。

我們必須明白，有些東西是國家體制提供不了的，與此同時，光靠游移在市場中的每個功利個體，也無法像自然主義者所說的那樣，能夠提供信任和團結的紐帶。

趙曉：社會學強調中間組織是道德的基礎，我想經濟學家不會反對，不過，經濟學家們可能更願意用「信譽」這樣更易於觀察和實證的詞來描述中間組織的作用。

對於信譽的建立，我覺得「功利個體」和市場是很重要的。中間組織一定要建立在「功利主體」的基礎上，建立在公平、公正、開放的市場競爭的基礎上，才能取得真正成效。

中國不能說沒有中間組織，但作用不明顯，問題就在於中國的國有企業不同於私營企業。大量國有企業存在，政府壟斷性的中間組織為的就是國有企業的利益。我們抱怨中間組織是政府壟斷組織，其實真正值得抱怨的是：政府為什麼要搞那麼多國有企業？

我們說行業協會應該是自願形成的，就算如此，如果背後站的都是國企，那有什麼意義嗎？到頭來大家還不都得聽命政府。其實，中間組織只有建立在真正的「市場細胞」的基礎上才有意義。而這樣的「市場細胞」一定是功利主體，每個功利主體的追求因互相制約，最後昇華

出信譽和道德。

強世功：我認為不能僅僅從表面的行政屬性來認定中間組織。我們不能把通常的「事業單位」看作是「中間組織」，比如各種商業協會、律師協會等等。這樣的觀點依然是從現有的政府組織機構體系來理解「中間組織」，而不是從「社會」的意義上來理解中間組織。

如果從區別於政府的「社會」的意義上來理解所謂的中間組織的話，那麼承擔社會職能的「中間組織」應當從社會自下而上自發生成，而不能由國家強制組成。當然，對於一個發展中國家來說，國家強制組織也是可能的，比如「三資」企業中的工會。但是，在我看來，一個組織不管是行業協會、行業聯盟還是中間組織，不管是從社會中發育成長起來的，還是由政府設立的，區分這個組織是社會性組織還是政府性組織的唯一標準就是：這個組織是競爭開放的還是壟斷封閉的？如果是競爭開放的，那麼這個組織就是社會性質的，否則，無論我們如何試圖區分於政府機構，它在性質上一定是政府的，至少是準政府的。

如果按這一標準來衡量的話，我們目前大多數行業協會或者組織都是壟斷的，是政府性質的。比如，北京幾家搞證券的律師事務所可不可以組織一個北京市證券律師協會，由他們來自己制定從事證券律師的業務水準和職業道德，由他們自己來選舉最佳的證券律師呢？理論邏輯上可以，但實際困難重重，比如你要找一個行政機構作為掛靠單位，還要經過全國律師協會的批准。更重要的事一旦已經成立了這樣的組織，那麼其他的律師事務所就不能成立類似的組織。由此可見，即使在市場化相對發達的律師行業，其行業內部自我管理、自我約束、自我監督的社會組織仍然很難建立起來，有的只是政府壟斷性的行業組織。

經濟學強調在自由的市場競爭中產生信譽、信任之類的社會道

德。這可能抓住了要害的東西。事實上只有在競爭的基礎上才能產生真正承擔行業道德，也就是社會道德的組織。因為你要在競爭中取勝，就要成為這種市場上最優秀的，而這樣的社會組織也最關心這個行業本身的發展和利益。比如說，在律師行業中，最優秀的律師事務所才關心律師的職業道德問題，因為律師職業道德的敗壞會影響到整個律師行業在社會中的商業利益，因此也會直接影響到自己的利益。因此，只有律師行業自身最關心律師的道德問題。但是，在目前的體制束縛下，律師事務所無法成立自己的協會來承擔起行業的道德自律。這樣，面對律師行業整個的道德敗壞，我們不僅無法區分道德好的律師（好的服務）和道德差（壞的服務）的律師，我們無法通過市場內部的選擇來確立行業的道德，我們只能訴諸市場外部的政府性質的壟斷性律師協會。

由於行政壟斷性的行業協會在本行業的競爭中沒有自身直接的利益，也就是說這個行業中的道德好壞不會影響他們的利益，這樣它們的利益就在於收取各種費用，而它們對自身的壟斷利益追求往往會敗壞這個行業的道德，比如各種各樣的行業協會的評比、認證就成為該協會利用它們對公共信譽的壟斷而謀取自身利益、敗壞行業信譽道德的重要途徑。這樣的事例實在是太多了。

因此，我們如果不能區分政府和社會本身的不同性質，不能區分壟斷和競爭對於維持社會秩序的不同含義，就不能理解「社會組織」對於良好社會秩序的重要意義。可怕的是，這種實質上壟斷的組織以社會組織的名義來維持社會秩序的時候，不僅無法維持一個良好的社會秩序，而且敗壞了社會組織的名聲。這正是我們在關注「中間組織」或者「第三部門」的時候需要特別注意的。

渠敬東：行業協會是大家容易想到的社會性組織，但是，所謂

Corporation，並不見得是人們平常理解的那種規模很大、由國家系統指定或認定的的組織系統。舉例來說，在徽州地區，我們可以發現一些明清時期的小市場或小集市，這些市場的結構簡單得不能再簡單，無非是一些小型的商品集散地。可是，它很有秩序。好多市場前面都立一塊碑，碑上大概都寫上：凡在此地從事交易的小商小販，如有投機倒把、坑蒙拐騙之劣行，一概驅逐市場之外！這塊碑是誰立的？維持這個小市場的規範究竟由何而來呢？無非是同業人員共同形成的約定，它的實質形式就是由各個商販組織而成的，僅限於此地的職業組織。

可惜的是，長久以來，現行的大一統體制已經把這些東西統統打碎了，但對於一個市場來說，實際上也許依照國家體制確立的工商部門並不比這樣的不管是組織形成的還是自發形成的帶有行業色彩或職業色彩的，哪怕是最微小的組織狀態有效。我的意思是說，在管理和監管市場上，政府工商部門的功能當然不能抹殺，但並不是唯一的途徑，甚至不見得是最有效的途徑。

更進一步說，政府工商部門是否能夠提供局部市場中的團結基礎呢？我們是否應該創建另一種市場規制的模式呢？這個問題當然就牽涉到對市場的理解。對市場來說，國家機器的系統和散兵游勇的個體是否能夠真正提供維繫市場有效運作的紐帶，市場中的約束關係和信任關係是否還需要一種市場主體所形成的組織化建構？所有這些，都是目前我們不能不加以細緻考慮的問題。如果從社會學的角度來講，現代市場，或者說是現代性的基礎不單是一般意義上的宗教基礎，還需要具有公共精神的組織基礎和規範基礎。無疑，自中世紀晚期以來，法團就已經構建了這一現代基礎的雛形，這是社會學研究給我們的一個重要啟迪。

市場完善：羅馬不是一天建成的

王忠明：我今天主要是聽，但是我先講一個市場秩序形成的案例，可能有助於各位討論。對於溫州人，有三個說法：「可憐的溫州人」「可怕的溫州人」以及「可敬的溫州人」。為什麼是「可憐的溫州人」呢？因為溫州人一開始很窮，自然條件也不好，只好出賣苦力，走遍千山萬水，走進千家萬戶，吃盡千辛萬苦，積累原始資本。有了錢後，溫州人就想，我不能再出賣苦力了，我要賣腦力。結果一動腦，溫州人發現假冒偽劣來錢快，於是搞假冒偽劣，一雙鞋一個禮拜穿不到就掉跟了，人稱「可怕的溫州人」。後來，溫州人發現假冒偽劣到頭來坑的是自己，沒有人敢跟他們做生意了。這時候，溫州人就想到了重建信譽，於是不僅自己打假，還請外人幫着打假。溫州的行業協會現在是全國搞得最好的，溫州人現在已經比較注意講信譽，於是就成了「可敬的溫州人」。

我認為，政府應該把更多的信任還給市場，還給社會，還給公民，因為市場經濟發展的本身從道德倫理上是個提升的過程。現在大多數溫州人是用智慧、誠意來掙錢，這是社會倫理道德角度所鼓勵和倡導的，是市場自發調節使他們的行為變得規範的結果，其中的關鍵則是在溫州沒有政府的干預。否則，當初一出事，政府一管，如今會有什麼結果很難說。

一個為人民謀利益的政府要把痛苦的經歷還給人民和企業，那是成熟必須付出的代價。如果痛苦都讓政府來承受了，可能會隱藏着更大的痛苦。

趙曉：溫州的案例很能說明問題。第一，它說明市場本身有建立信譽的基礎。這個基礎依賴於重複博弈。在重複博弈的情況下，關鍵不

是你講信譽說你是好人，你道德比別人都完善，而是不講信譽你會被市場淘汰，只有講信譽的人才能在市場上生存，這樣最後大部分的人當然都是講信譽的人。在此過程中，政府應相信市場有形成信譽的內在機制。如果政府為打擊假冒偽劣大搞管制，反而會成為不講信譽的禍根。第二，溫州人搞行業協會，還雇人來打假，這意味着市場開始形成自己的中間組織和維護制度。維護信譽的中間組織居然生長在自利的細胞上，是不是很有意思呢？！

說到這裏，我想為經濟學做點辯護。人們常說經濟學自私自利，實際上經濟學追求的是高尚的帕雷托最優境界（Pareto optimality）。對於溫州案例，一開始人們的動機可能很卑微，但最後昇華出講信譽的道德倫理。可見，卑微的自利動機只要是在公平的市場競爭的框架下，完全有內生高尚道德的可能。

韋伯認為，市場的精神或者說資本主義的精神存在於清教倫理之中，市場交易發展不過是資本主義清教倫理精神的表現。但我想，更大的可能是，市場交易理念和秩序的建立是長期學習的過程，至於法律和社團都是這個過程的產物。信譽的精神其實包含於交易的精神之中，後者只不過是制度化、組織化的結果而已。

在我們今天講德治的時候，我建議讓政府退出，讓市場完善，讓百姓自由交易。

渠敬東：在溫州的案例中，「可敬的溫州人」要中間組織來維護，這意味着市場的培育必須提升一個檔次，達到這一階段，才會形成一種自我維持的作用。信任關係絕不是一個單獨的商人來維持，必須依靠組織，而且，這個中間組織必須與政府之間形成張力。

其實，剛開始市場教給你的，還是從功利目的的出發，如果只認

識到賣假給別人會使自己的利益受損，那還不行，在這種條件下，市場依然沒有發育。市場必須有另一個重要的前提，即圍繞職業紐帶形成的團結，以及彼此認同的基礎，進一步說，這種基礎還必須是程序和技術意義上的規範，也就是真正意義上的「社會規範」。從實定法的角度講，法律的動力也來自於此，制定和實施法律不單是專家推敲字句的工作，如果沒有這樣一種安排，沒有這樣一種維繫社會的道德基礎，沒有這樣一種認同，法律也會形同虛設。

強世功：道德和倫理的形成有一個學習過程。不過，在培育這個機制過程中不會那麼順利。好比說溫州的市場秩序好了，其他地方秩序不好，這些市場間不是分割而是連貫的，這就可能出現一次性博弈，對溫州來說就會形成外在的危險，或者溫州人可能會懷疑外地人不講信譽。

因此，在一個大規模的社會裏還有必要靠法律來建立一個制度的基礎。我的看法，在全國這麼大的範圍內要建立自我約束的社會機制必須依賴良好的法治。公正統一的法律可以將地方保護和信譽風險降低在最低限度上，所以，法律是功利或者道德意義上而不是倫理意義上建立信任。

那麼，如何看待法律與社會的關係？第一，國家的法律從系統意義上看需要向社會學習，它的靈感來自社會，在這個意義上，法律不是憑空制定的，而是在社會生活中發現的。第二是法律要為社會的自我規範提供一個空間、框架和程序。法律最大的作用不是管理社會，而是給一個最低標準，給出一個最低標準後，人們想怎麼做，自己去做，這就是哈耶克所謂的「自生自發秩序」。

韋伯當年特別關注資本主義倫理的問題。資本主義有好多種，亞洲也有交易，但這些不能叫資本主義，韋伯意義上就一個資本主義，那

就是基於新教倫理支撐的通過理性計算來獲取利潤才叫資本主義，其中倫理很重要。

倫理與道德是不同的，道德是外在的約束，倫理是內心的信仰的約束。比如，一個人不隨地吐痰是怕有損自己的形象，這就是公共輿論的道德約束，如果他堅信一個人不應當隨地吐痰，即使沒有人看見你也不偷偷隨地吐痰，這就變成了具有信仰意義的倫理了。

就像溫州人為什麼最後變得可敬。一開始不賣假貨是因為知道會受懲罰，市場信譽會受影響，這還是一個外在道德約束，是長期市場的約束。但是，久而久之形成了倫理習慣，認為一個真正的企業家就應該誠實做事，這就形成了一個倫理。因此，從不講道德，到講道德，再到形成資本主義倫理，都是一個在市場中學習的過程，他不可能一開始就很那麼可敬。

在這個過程中，教育很重要。我們常說「三代出一個貴族」是有道理的。一個商人按照我們現在的說法可能吃喝嫖賭、欺騙賄賂樣樣俱全，但是，他在教育自己小孩的時候，一定會強調做人要誠實、講信譽等等。這對於下一代來說，就可能形成比較健全的倫理價值觀。

憲政、產權與社會安排

趙曉：關於政府與市場的關係，經濟學上有一個著名的「產權悖論」。產權意味着一個東西我可以用來交易，可以進行剩餘索取，但是交易的權利是否能夠得到保護呢？顯然需要政府來保護，可是政府憑什麼保護你？事實上，政府是有可能破壞你，損害你的。諾斯（Douglass C.North）曾研究過各個國家的經濟史，他發現西班牙的王

權曾經長期地蹂躪產權，政府就像黑社會一樣。這就是「產權悖論」：產權需要政府來保護，因此離不開政府，但政府有可能傷害它，因此政府太強了不行。一旦發生政府損害產權的情況是很麻煩的，因為政府是壟斷組織。

那麼，在現實中如何達到均衡？從英國來看，英國後來是有了議會，然後就把王權給制約起來了，有了問題直接上法院，法律成為契約而不是國王的玩物。

通常，政府都是缺乏挑戰的，因此是絕對的壟斷。相比之下，競爭中的企業如果獲得超高的壟斷利潤，別人就有可能趁機進入。因此，那怕是 OPEC 這樣的國際石油壟斷組織對石油的壟斷，也只有相對的意義。

強世功：「產權悖論」最初在羅馬法那裏就已經出現了。如馬克思所說，羅馬法是代表商品經濟的法律制度，它的發達依賴於羅馬帝國的擴展。但是，研究羅馬法的學者發現在羅馬帝制時期，最發達的不是民法而是皇帝的敕令，皇帝的敕令可以隨心所欲的干預市場、經濟和社會領域，羅馬法形同虛設。面對這種狀況，法學家做的一個最大的貢獻就是提出了劃分「公法」與「私法」的概念，並且將「私法」的法則編纂為法典式的教科書，把「私法」自治的精神保留了下來。不過，在羅馬的時候，人們沒有找到約束皇帝權利的途徑，「公法」問題法學家是不能碰的，「君主的意志就是法律」，這一直是羅馬法的信條，這與「私法」自治的原則構成了一個悖論。

這樣的問題同樣出現在近代。12 世紀羅馬法的復興運動與歐洲的市場經濟和資本主義的產生具有密切的聯繫。但是，這種符合市場經濟的資本主義性質的羅馬法在實際中遇到的最大障礙就是地方性的習

慣法。因此，誰來保護統一的市場經濟的法律，誰來貫徹羅馬法？因此，以羅馬法為藍本的近代歐洲民法典的制定與絕對主義國家的興起之間就有一種內在的關聯。貫徹私法自治原則的近代民法典都依賴於中央集權的統治，這或許就是「產權悖論」面臨的問題。

拿破崙和《法國民法典》最能說明這一點。拿破崙是近代歐洲絕對主義國家的象徵，《法國民法典》是 18 世紀民法典的典範。不過，在近代已經出現了解決羅馬法悖論或者「產權悖論」的成熟方案，那就是通過三權分立、法治和憲制等來約束國家的絕對權力，保護市場和社會的自治。因此，市場經濟的必然邏輯就是走向法治和憲制。沒有完善的法治和憲制，就不會有真正的市場經濟。目前，我們正在制定民法典，真正的困難其實不在於法律技術，不在於仿照德國的還是中國台灣地區的，而是如何在民法典中處理政府與市場秩序之間的關係，比如物權法中的土地問題，合同法中的電信、郵政、電力、鐵路這樣的行業壟斷性合同的問題。這些問題實際上不是民法能解決的，必須通過法治和憲政來解決。

渠敬東：無論西方資本主義的形成史，還是當前史，究竟能夠給我們什麼樣的啟發？首先，市場絕對不是政府或國家體制對日常生活的直接安排，同時，市場本身也不像人們天然所想像的那種個人功利的集合，所謂有了社會利益最大化，也就有了道德基礎。社會理論家之所以用「社會整合」的概念來討論現代社會安排，可以說是用心良苦。嚴格說來，只有「現代」，才有「社會」，只有「社會」，才有市場，這樣的社會安排並不僅僅局限於市民社會的概念，市民社會與國家相對舉的意涵遠遠大於維護社會整合的意涵。這裏，我所說的社會安排，實際上是以分工為前提的一套在日常生活中培植出來的帶有特定職業色彩的組

織。說得具體一點，比如，小到地方市場中的同業組織，集市的管理委員會，大到企業家協會，企業聯盟，甚至是不以國家系統組建的地方委員會，鄉和村一級的委員會。

但是，這裏必須說明一點，這些組織的成員必須由職業主體，或者是它所涉及到的實際參與者來組成，這套體制不是國家體制，也不是國家體制所劃定的，或者說，這種安排的一整套的選舉、組織、實施、規定辦法，都要以職業為核心，由參與者自發形成。在這個意義上，還給老百姓的，只是與老百姓息息相關的生活和生存條件，讓他們以集體的方式在最小的範圍內決定自己應該怎樣謀生。當然，國家體制也很重要，我的意思是說，在國家體制的制度原則下，給社會一定的生長空間，只有這樣，在面對實際的外生環境時，社會才能形成自發的應對措施和創造力。

強世功：其實，我們所談的問題涉及到國家在什麼限度上干涉社會？這就涉及公法的問題，如果沒有一個公法的界限，社會是難以生成的。比如社會組織可能形成了，但是，有一天某個政府官員突然告訴你，這個組織是非法組織，要被取締，那怎麼辦？如果社會組織沒有憲法的保護，沒有法治對公法的約束，成熟的社會和市場經濟都是不可能形成的。

當然，憲制和法治的形成本身就依賴這些社會組織的成長。因此，這是一個互動的過程。國家憲法是政府和社會組織共同遵守、相互溝通促進的根本法，雙方正是在憲法的前提下團結起來。在這個互動中，政治民主很重要，它是政府和社會之間，以及不同社會利益集團之間相互溝通、協商、談判、妥協的程序性紐帶。如果在政府裏沒有社會聲音的表達，一方面政府不可能獲得社會的支持，政府也就是軟弱的政

府，無法從社會中汲取力量；另一方面，如果沒有政府守法，依法行政，這個社會最後是保不住的。所以，二者的程序性溝通很重要。對中國來說學習很重要，民主也是學習，要習慣於容忍不同的意見，這樣才是學習。

在這個程序性溝通的問題上，我們要總結經濟體制改革的教訓。比如在改革開放初期，只是解放農村，而不改革城市經濟尤其國有經濟，不刺激私人經濟，結果是農業的繁榮掩蓋了城市經濟隱含的危機，尤其是國有企業的大面積虧損，銀行的呆賬、壞賬問題。這個危機轉嫁到現在，90 年代以來，政府一直被國有企業的改革所困擾，步子慢了影響到了整個經濟發展的速度，步子快了下崗職工再就業是一個很大的社會問題。如果在 80 年代就開始鼓勵私營經濟，逐步解決國有企業的問題，那麼 90 年代就不會有如此巨大的壓力，國有企業的下崗職工就可以容納消化到已經發展起來的私營經濟中。所以，目前國有企業的改革不是產權問題，而是整個經濟系統中如何容納龐大的就業隊伍，巨大的失業就構成社會問題。私營經濟剛剛起步，國有經濟大面積壞死，整個經濟系統本身陷入了危機之中。

同樣，國家與社會之間溝通程序的改革也是如此。中央一度提出了民主協商的社會對話制度。但是，這個制度沒有運行起來。民主問題只有在村民自治的意義上有所動作，在其他層面上層沒有觸及。我們不能依賴經濟的繁榮來掩蓋社會問題中隱藏的危機。隨着加入 WTO 引起的經濟波動，隨着城市失業問題的加重，農民負擔的加深，以及腐敗問題導致的信任危機，這都是未來潛藏着的危機。如果政府不能儘早地讓人民學習對話、學習協商、學習程序、學習妥協，創造一個可以接受的自主活動空間的社會心理，那麼，這些在經濟發展掩蓋下的危機最終將

轉嫁給未來。

因此，無論是市場經濟還是民主程序制度都是一種人們生活的技藝，是人們需要學習的，甚至要為這種學習付出成本。如果政府不能為人們的學習創造一個適當的機會，那麼正如經濟改革中的「休克療法」所帶來的震盪一樣，政治改革中也會出現「大民主」這樣的社會震盪。我們在經濟改革中積累了漸進改革的成功經驗，應當將這樣的經驗運用到政治法治化程序化的治理之中。

政府變革：WTO 與內部機制的互動

趙曉：聽說把我國已簽定的 WTO 的文件放在一起足有幾千頁，這些文件都具有法律效力，是不可隨意變更的。如果把 WTO 上千條款都內部化、法律化，那是多大的一件事啊！

這也就意味着，本來政府可以為所欲為，現在不行了，你要接軌的話，就得接受外部制約。我以為，這可能是 WTO 給中國帶來的最大影響。我們的企業其實是有競爭的，20 多年來企業競爭一直在加強，加入 WTO 後無非是競爭更激烈一點，所以對於企業，WTO 的影響只是競爭變得更激烈一點的問題。但是，政府缺乏競爭，加入 WTO 後這一切就改變了。

渠敬東：WTO 提供了一個非常有利的條件。這個條件不僅是進入世界市場要遵守什麼樣的規則，也不止是在法律領域建立與國際接軌的法律體系，或者是促使政府轉變職能。WTO 給我們的最重要的機會是在這樣的有利條件、制度框架內，社會能否抓住原發動力的機會，倘若錯過這個機會的話，我想也就是把最根本的培育社會的機會給錯過

了，而且，如果我們在包括 WTO 在內的歷史條件下，不從內發的角度形成社會配置、社會安排的話，可能會面臨更大的問題。

不過，同樣令我感興趣的是，如果把 WTO 的協定放到國內法中，那麼它的基礎是什麼？也就是說，它能超越主權的基礎是什麼？或者，我們也可以這樣說，這一基礎需要什麼樣的社會安排？

什麼是法律的要求，按社會學的理解，就是社會必須組織一整套的社會安排與之相應，同時用這一套社會安排來支持法律體系的制定和實施。不過，更為根本的是，社會安排必須為制定法律和實施法律提供一個支點，或者說是靈感。在市場非常強調「社會維度」的情況下，能夠提供這種支點和靈感的顯然不是政府。實際上，WTO 的一個效果就是，既要求社會維度的發展和完善市場的建立，同時要求這種發展的動力必須來自「社會」。也就是說，用制度移植的辦法來培育市場是非常不夠的，還必須形成一個自發的社會能動過程才行。我的看法，在今天這種道德安排和制度安排，甚至是心理安排上都很不充分的情況下，單純的制度移植恐怕不一定就能帶來積極的效果。所以，從根本上說，培育市場必須得有內生性的衝動或動力，這種動力從哪裏來，只能從社會學意義上的「社會」而來。

趙曉：東南亞是危險的先例。外面已經放開了，壓力進來了，可是沒有相應的內生的機制，也沒有監管，好多方面都沒有準備好，最後就出了危機。

渠敬東：韓國也是一個例子。

強世功：這樣的問題也表現在法律之中。司法公正的意識形態合法性很大程度上就來源於 WTO。其實，我們加入 WTO 後，即使違反了其中的某些規則，也不會有一個超國家的機構來制裁。但是，WTO

給中國內部的國際化動力帶來正當性。這才是真正的機會。

通過法治和憲制來約束政府權力，這實際上是一種內部的約束機制。而WTO是一個我們往往忽略的外部的約束機制。近代以來，以疆界為邊境的民族國家的興起導致了如何建構國際秩序的問題，從格勞秀斯（Hugo Grotius）開始到二戰以來，人們一直致力於在國際公法的領域裏建立合法的政治秩序，來解決戰爭衝突和暴力的問題。二戰以後，國際領域中合作的一項重大成就是建立起國際政治經濟秩序，甚至要求國家的政治經濟秩序要服從國際政治經濟秩序。建立合理的國際政治秩序對國內市場影響相對簡單，比如在聯合國體系中維持和平就可以保障交易安全。但是，建立國際經濟秩序則可以直接影響到國內的經濟市場的，從而將國內市場秩序與全球市場秩序綑綁在一起，其重要意義可能超過了國際公法。

因此，以WTO為代表的現代國際經濟秩序對於國家的絕對權力的外部約束可能和國內的法治憲制的約束同樣重要。甚至可以說，WTO所確立的國際經濟秩序直接推動了國內的法治和憲制建設。比如WTO的某些規則必然會轉化成為我們的國內法，法院甚至要適用其中的某些規則。WTO內在要求的合理的法律、獨立的司法審判、司法審查、公開透明的行政等，雖然不可能在很短的時間裏建立起來，但對於中國的法治建設和憲制會有巨大的推動意義。

在法律裏有兩個主要問題。一是司法審查，如果政府的文件違背了WTO的文件，可以訴諸法律進行審查。現在中國的司法監督就涉及審查權。二是關於透明度的問題。因為WTO有一個要求是對法律法規的制定要透明公開，如果有衝突要作出專門的解釋，這就加快了程序正義的進程。這實際上是為社會提供了一個參與監督政府行為的一個重要途徑。

　　趙曉：我們都強調 WTO 對政府職能轉換的動力作用，我們同時也都非常注重內部機制。我想，這兩者間還有一個互動的問題。第一，要有一個最基本的市場的發展空間，這個空間改革開放二十年至今，已經有相當基礎，這是 WTO 能對國內起促進作用的基礎。第二，政府要繼續放權，因為政府和市場有的時候就好比洪水和土地的關係，洪水進一尺，土地就少一尺。第三，開放要講求循序漸進。

　　強世功：我們在理想模型的意義上，可以想像一個政府和一個發育成熟的市場，它們各自發揮自己的職能，同時在這兩者之間要有一個程序性的法治的紐帶，使之相互有促進作用的良性的關係。但是，在現實生活中，這種理性模型是不存在的。

　　因此，重要的是我們要從目前的路徑中尋找改變這種狀況的社會力量。由此，社會變革才能成為一種內生的機制，而不是外在的推動。我們以前的改革就是外在的推動，是國家在推動。但是在這個過程中，市民成長起來了，市民社會也在開始出現。由此，改革由外在的推動變成了內在的動力，這種動力足夠強大的時候就會推動政府改革。

　　因此，健康的改革或者說國家與社會之間的良性互動關係就在於社會不斷地承擔起一定的公共職能，把一些原來屬國家承擔但是管不好的職能爭取過了，主動地、積極地、有效地為政府分憂減難。當然，政府也要主動地將不屬於自己管、自己管不好的問題放心地交給社會來自己管理。這樣一種關係集中地通過法律的形式反映出來。比如制定統一合同法就使得許多原來屬於政府的職能現在交給了企業和社會，原來屬於外經貿的出口代理和許可制度就已經通過合同法的形式取消了。

　　在這個過程中，國家和社會之間肯定會有些爭奪，這都屬於正常的。在改革一開始，政府管的太多，所以幾乎是政府主動放權，放權的

幅度也很大，現在的改革比較難以推進就在於從以前的政府主動放權發展為政府使勁地和社會爭權爭利，比如目前的電信壟斷。對於這些領域，政府不可能自動讓出，但社會也不會自動放棄，這就需要社會積極地去努力爭奪。《南方周末》等媒體這些年最大的成就之一就是使得電信壟斷的社會合法性徹底喪失了，連許多電信部門的人自己都覺得這樣的壟斷不合理。

目前，圍繞物權法的制定，政府和社會之間也會針對土地問題展開新的爭奪。可是，其中的問題關鍵並沒有為人們所認識，也沒有形成必要的社會共識，比如，在土地問題上，政府是一個公共管理者，還是一個土地本身的經營者？如果政府是土地的經營者，政府如何保證作為平等的市場主體公平地進入市場？如果是公共管理者，這個公共管理的範圍、限度和法律程序是什麼？而目前在這些問題上，並沒有一個明確的說法，導致政府幾乎是隨心所欲的徵地，一方面為腐敗提供了可能，比如陳克傑的受賄中有很多是來自批土地；另一方面破壞了社會安定，亂徵地造成了大批無地的農民。如果這個問題上政府和社會之間還沒有形成基本的共識，那麼，改革的難度就會大一些。土地問題的解決比電信問題的解決要複雜的多。

知識產權與國家經濟戰略 *

一

知識產權在今天之所以如此重要，是因為在知識經濟時代，知識在市場中能夠創造巨大的經濟價值。用法律來保護知識所創造的價值，就是知識產權制度的目的所在。就像農業時代強調對土地產權的保護，資本時代強調對票據、債券這樣的抽象資產的保護一樣，知識經濟時代不過是把知識看作是一種可以創造財富的特殊資產加以保護。但是，我們不能簡單地在消極意義層面理解法律保護，而要看到法律保護本身是在積極地激勵着這種資產的增值。比如一個人通過艱苦努力發明了一項新技術，如果沒有專利技術保護，這項技術會被其他人隨便拿去發大財，而這個發明人可能除了付出卻沒有任何回報。在這種情況下，從制度上講，就沒有激勵發明人發揮聰明才智的機制，反而鼓勵了盜竊別人智慧的機制。因此，從長期的制度效果看，如果沒有對知識產權的保護，就沒有刺激智力創新的動力，而智力創新是當代經濟增長最強勁的動力之一。由此，知識產權不僅是對個人權利的一種法律保

---

* 原載《21 世紀商業評論》，2004 年。

護，而且成為國家刺激經濟增長的制度性機制。

眾所周知，美國是推行保護知識產權最起勁的國家，甚至推動將知識產權寫入憲法之中，這是因為美國把保持科學技術的絕對領先地位作為一項長期國家戰略。道理很簡單，只有科學技術居於領先地位，才能在軍事技術和工業技術上處於領先地位，由此才能取得並維持世界霸權。從人類歷史發展看，戰爭、爭霸和軍備競賽成為刺激人類科學技術進步的重要動力。但隨着貿易的全球化，美國的最新技術很容易通過產品貿易而為其他國家所模仿和複製，其他國家就會通過貿易迅速提高科學技術，就像古代中國的四大發明傳到歐洲曾經引起一場導致歐洲現代轉型的技術革命，那個時候並沒有知識產權保護制度和全球法律體系讓其他國家為中國支付知識產權費用。同樣，自由貿易本身對美國在科學技術領域中的絕對領先地位構成了挑戰。

在這種情況下，美國就面臨着兩難境地。一方面希望推動全球自由貿易，把世界各地變成其原料產地和銷售市場，從而保持其貿易優勢；但另一方面全球自由貿易會導致美國掌握的高科技的擴散，不利於其保持科學技術在全球的絕對領先地位。在這種情況下，知識產權制度不僅是一項保護私人產權的制度，而且成為美國解決全球化的自由貿易時代維持技術壟斷優勢的制度設置。正是在這種背景中，美國就巧妙地把對知識產權的保護就與自由貿易聯繫起來。在關於關稅貿易協定的烏拉圭回合的談判中，美國把知識產權保護作為國際貿易的附加內容，這就是著名的《與貿易有關的知識產權協議》（TRIPS）。這意味着加入自由貿易的國家，也必須遵守美國人提出的知識產權保護制度，美國在維持對其有利的自由貿易的同時，還要維持對技術的壟斷地位。因此，知識產權制度是美國保持其霸權地位的重要戰略。

　　但是，TRIPS 協議僅僅作為世界貿易組織的國際性條約，屬於國際法的範疇，它只有變成一個國家的國內法才能具有最終的法律效力。在這種情況下，美國就以自由貿易為誘餌，以「貿易制裁」為大棒，利用保護產權、保護人類文明成果之類的法治意識形態神話，在第三世界國家強行推動以美國知識產權保護為標準的知識產權立法，其目的無非是為了保護其科學技術領域的領先地位、保護其國際競爭力。中國的知識產權立法就是在這種國際政治鬥爭的大背景下展開的。

二

　　早在 1970 年代，隨着中美貿易逆差的出現，美國就開始利用《綜合貿易法》中的 301 條款對中國展開調查，試圖通過貿易報復的手段迫使中國保護美國產品的知識產權。這樣的貿易戰必然變成兩個國家經濟主權之間的較量，其結果往往是兩敗俱傷。為了避免兩敗俱傷的結果，美國開始在與中國進行進行貿易談判的同時，也在進行知識產權談判。

　　早在 1979 年 1 月，中國與美國就簽署了《中美高能物理協議》，其中提到了版權保護問題。同年 3 月，中美開始商談貿易協定，美國再次提出知識產權保護的問題。在這種背景下，中國開始了第一輪知識產權立法。1982 年，全國人大常委會通過了《商標法》；1983 年，全國人大常委會接着通過了《專利法》。其時，據《民法通則》的出台還有兩年多的時間。知識產權立法竟然先於《民法通則》而通過，這在中國法律發展史上，無疑是一個奇跡。

　　1988 年，在美國國際反仿冒聯盟、美國國際知識產權聯盟的游說

下，美國國會在《貿易法案》（OTCA）中規定了所謂的「特別301」條款。根據該條款，美國可以對那些保護美國知識產權不力的國家或地區採取報復性制裁。正是以貿易制裁作為大棒，美國政府通過談判不斷強迫中國制定保護知識產權的立法。在這種背景下，中國積極加入知識產權保護的國際性組織或者公約，並按照美國的要求掀起了第二輪知識產權立法。1990年，《著作權法》通過；1993年，《專利法》第一次修改；1994年，《商標法》也進行了修改；同年，全國人大常委會制定了《關於懲治假冒註冊商標犯罪的補充規定》（後來納入到1997年《刑法典》）。

1994年，中國代表團在關貿協定烏拉圭回合的最終協定上簽字，認可了美國提出的TRIPS協議。1999年，我國正式加入了WT0，知識產權立法再次掀起高潮，在按照WTO標準實現「與國際接軌」的原則下，按照TRIPS協議的要求，全面修改知識產權法。2001年，《專利法》和《商標法》分別進行了第二次修改，《著作權法》也被全面修改。

從這段歷史中，我們可以清楚地看到，知識產權不僅是私法上的私權利，而且也是公法上的國家利益。知識產權不僅是一門私法，而且是一門公法。知識產權保護與國家的利益密切相關。知識產權法不僅是法律學科，而且也是一個國家重要的政策學科。在這個意義上，是不是要進行知識產權立法，如何進行知識產權立法，知識產權保護的範圍和執行程度，是一個國家在特定情況下對國家利益進行周詳的考察和清醒的計算。美國為了在第三世界保護其知識產權，不僅推動這些國家進行立法，而且不遺餘力培訓法官、政府官員、學者，資助各種知識產權項目，可以說美國有一個在全球推廣知識產權保護的周詳完整的計劃。然而，由於知識產權保護涉及到國家利益，第三世界國家在實踐中慢慢形

成了一套應付美國的辦法。比如，國家的正式立法激進而完善，完全按照美國的要求來立法，但行政規章比較保守，而司法判決更難以執行，盜版侵權的現象在實際中難以遏制，由此形成了一場政治的和法律的游擊戰。事實上，只有當知識產權保護變成國家現實利益的一部分時，知識產權的立法才能在現實中真正發揮作用。

三

儘管在過去二十多年中，知識產權立法一直是我們立法工作的重點之一。打擊盜版、推進知識產權保護也一直是執法的重要內容之一。但直到最近一些年，隨着中國企業的成長，知識產權的保護不僅是保護西方國家企業的利益，也成為中國企業的利益所在。在這種情況中，中國的知識產權保護逐步嚴格起來。但在知識產權對於企業和個人越來越重要的時候，國家的經濟政策也應當把擁有知識產權作為國家的經濟戰略。也就是說，中國對知識產權進行嚴格保護的同時，也要通過國家的力量鼓勵和扶持中國企業擁有自主的知識產權，使知識產權保護不僅是防止侵犯外國企業的消極工具，而且變成保護中國企業利益的積極工具。這個國家經濟戰略在今天之所以如此重要，是因為我們過去的國家經濟戰略中忽略了對知識產權的考慮，把知識產權問題僅僅理解為單純的民事法律問題，而沒有把知識產權理解為企業利益乃至國家利益問題。之所以出些這種狀況，主要有三個原因。

第一，在改革開放過程中，以出口貿易為導向的經濟政策使得勞動力密集型的低端加工業成為中國經濟的支柱產業，這種產業本身的技術含量比較低，不需要擁有很多知識產權，在這種情況下，不可能形成

以技術創新和擁有知識產權為主導的產業政策。

第二，在改革開放過程中，吸引外來資本和技術成為經濟發展的主要方向，由此形成了所謂的「以市場換技術的」思路，即中國以巨大的市場為誘餌換取西方的資金和技術的進入。在這種情況下，技術表面上引進了，但由於知識產權保護，這些技術的知識產權依然保留在西方企業手中，這意味着我們在把巨大的市場讓出去的同時，並沒有真正獲得技術。而這種思路的一個消極後果就是中國企業不重視自身的科研隊伍建設和技術開發，遇到技術難題首先想到的就是技術引進，想到進口和合資，其結果導致中國企業整個技術開發體制和科研隊伍的滑坡。

第三，中國經濟改革是按照鼓勵私營企業、削減並改造國營企業的私有化道路進行的。在這個過程中，私營企業由於剛剛起步，資金和規模有限，不可能進行自主知識產權的研發，而傳統的國營企業處在削減和改造之中，主要精力都放在了產權改革、機構精簡上，不僅沒有精力組織技術創新和新產品開發，而且原來的科研隊伍也轉移到外資企業或者合資企業之中。

這三個原因，既有中國經濟發展的大背景，也有國家經濟決策的思路，更有企業自身的發展規律，以及中國企業家自身的素質等。今天回過頭來看，在我們發展思路取得巨大成就的同時，也凸現出根本的弊端，這就是對知識產權的國家經濟戰略意義認識不夠。從而在知識經濟時代的國際競爭中，我們的企業由於缺乏核心技術、拳頭產品和知名品牌而處於劣勢地位。企業競爭的主要手段就是廉價傾銷，這不僅在國外引起許多法律糾紛，而且企業的微薄利潤反過來無力支撐需要巨大投入的技術開發、品牌管理等。如果這種惡性循環持續下去，則中國可能勉強維持經濟大國的地位，但難以成為經濟強國。

在企業經營中，有這樣一句話：「一等企業賣標準，二等企業賣專利，三等企業賣技術，四等企業賣勞動」。如果按照這句話來衡量，我們目前的經濟結構中，主要依靠第四等企業，即勞動密集型的加工業。但是，而諸如汽車、飛機、船舶等需要精密技術和知識產權的第三等和第二等的企業，中國少的可憐，要麼依賴進口，要麼拱手讓給外資企業或者合資企業。至於在金融、信息、電子等高技術領域中，中國只能服從西方大公司提出的行業標準。

在這種背景下，中國企業每年要向西方公司交納巨額的專利使用費。而由於國外企業設置的技術貿易壁壘，中國企業更是蒙受巨大損失。從 1994 年微軟訴北京巨人公司計算機軟件銷售侵權案，一直到最近的 DVD 行業繳納大筆的專利費；從單個企業發展到整個行業（比如 DVD、數碼相機、通訊設備、計算機軟件、飛機製造等等），中國企業已實際上陷入發達國家及跨國公司的某些專利技術雷區和技術陷阱中。

正因為如此，有不少人認為，我們的知識產權立法「太超前」了，標準設置得太高了。但我們必須認識到，知識產權保護是中國經濟融入世界經濟必須跨越的門檻。在這方面，固然可能由於我們對情況不熟悉，缺乏國際經驗，在知識產權談判中作出一些不該有的讓步，但根本原因還在於我們沒有把知識產權作為國家的經濟戰略，以至於我們在知識創新方面不但沒有進步，某些領域反而有所倒退。同時，由於我們沒有把知識產權變成企業的發展戰略，以至於許多企業還沒有把利潤增長與技術創新和知識產權聯繫起來。

目前，國家的經濟戰略有了很大的調整，所謂產業結構的調整實際上就是重要知識產權在經濟發展的戰略地位。增加具有知識產權含量

的行業和企業在中國經濟結構中的比例，通過重整東北老工業基地來增加中國製造業和工業的比重，使中國企業向「賣技術」和「賣專利」的行列邁進。只有這樣，「中國製造」才能逐漸變成「中國創造」。

四

把作為私權利的知識產權保護與國家經濟戰略聯繫起來，需要突破現有一些似是而非的錯誤觀念。

首先，在國家與經濟發展上，往往迷信市場經濟的自由競爭，把國家作為防範、排斥的對象，而沒有把國家作為一個依賴和庇護的對象，在企業與國家之間無法建立起良性的互動關係。由於技術開發和擁有知識產權需要大量的資金和時間，很難立刻見效，這就使得企業在發展中往往關注眼前利益，而忽略未來長遠的利益。在激烈經濟競爭中，企業沒有資金和精力關注技術發展和新產品的開發，無法通過技術創新來爭取壟斷利潤，其結果往往採取低價銷售的市場策略。只關注眼前的市場，而無法考慮長遠的未來。這樣的自由競爭使企業陷入惡性競爭中。比如，中國的彩電、冰箱、DVD 產業以及航空業的競爭主要依賴價格戰，相互削減利潤，最終沒有資金實力進行技術創新。同樣，我們有如此龐大的製鞋業，溫州鞋暢銷全世界，但卻沒有一個知名品牌，主要是因為這些企業只在價格上做文章，而沒有在品牌的經營上花精力。眾所周知，聯想與韓國三星差不多同時起步，但是目前兩個企業在國際上的地位簡直無法相比，三星擁有大量的知識產權，聯想卻只能組裝和製造 PC 機，其區別不僅在於企業的發展戰略，也與國家的產業政策息息相關。

　　要改變這種局面，一方面，國家要出台相應的法規和政策控制惡性競爭，更重要的是投資基礎教育和技術創新，扶持相關行業進行科研開發和技術創新，引導和教育企業走向良性運行的軌道。另一方面，企業也要改變思路，不是僅僅從國家那裏要資金、要項目，而是要從國家那裏要政策、要法律保護，甚至要藉助國家的外交力量乃至軍事力量開拓海外市場。在這個意義上，我們可以看到自由的市場經濟與強大的國家之間存在着相互促進的關係。

　　其次，在知識產權法領域，往往把知識產權作為一種需要遵守的法律，而不是一種可以利用的商業武器和商業發展戰略。由於知識產權屬於法律領域，所以，企業的思路往往是消極地遵守知識產權法。強調不盜版、不侵權，而沒有思考如何利用知識產權，如何通過知識產權來提升自己的企業，如何把知識產權作為企業創造財富的武器。在這方面，知識產權課程不僅應當在法學院裏講授，而應當在經濟管理學院和商學院進行講授，從而改變企業的知識產權觀念，把知識產權作為一項企業的投資對象。一個優秀的企業不僅應當有法律顧問、公關顧問、企劃顧問，還要有知識產權顧問。

　　比如，一個企業如果想上馬一個生產數碼相機的項目，首先不是考慮生產和市場營銷問題，而是通過知識產權顧問查詢目前的知識產權保護狀況，看那些技術在保護的範圍中，哪些技術已經喪失了保護；哪些專利技術需要購買，哪些專利技術不需要購買；究竟需要逐項購買，還是需要打包購買。只要了解了這些狀況，才能對產品開發、定位和專利引進作出科學的定位。當然，除了這些防止侵權意識外，還應當與知識產權專家討論哪些專利技術經過簡單改進之後可以變成自己的專利技術；哪些專利技術是未來的發展方向，需要提前投資；哪些專利技術需

要在在哪些國家申請等等。而這種領域的研究和開發，與品牌的經營管理一樣，無疑是一項高智力和高利潤的投資。

最後，往往把主張自主知識產權的觀念看作是狹隘民族主義，認為在全球化時代不需要國家主權，因此也不需要什麼國家經濟戰略。不少人一聽到國家要制定知識產權戰略，強調企業要擁有組織知識產權，就說這是一個狹隘的民族主義。其實，知識產權首先是企業的發展戰略，只有擁有知識產權才能擁有高額的壟斷利潤，這是所有優秀企業家追求的夢想，而國家的經濟戰略不過是幫助這些企業和個人實現夢想而已。聯想缺乏自主的知識產權，首先是聯想的生存空間受到了限制，每一個在聯想工作的員工的飯碗或經濟收入可能受到了限制，而國家只有扶持企業擁有自主知識產權，這些知識產權反過來才可能幫助國家實現自己的目標。

許多跨國公司的發展無疑需要國家提供幫助。國家越強大，也越能為企業帶來利潤。比如，在伊拉克開採石油肯定是好生意，但目前主要是西方國家參與競標，中國企業努力了很長時間也收效甚微，原因是我們國家的力量還不夠強大。而國家力量的強大又依賴企業的強大，只有企業強大了，上繳的稅收多了，擁有的技術先進了，國家也才能變得強大。因此，企業的發展與國家的經濟發展是一榮俱榮，一損俱損的關係。國家發展知識產權戰略不過是為本國的企業、員工和社會謀求更大的福利而已。在這個意義上，國家發展自主知識產權戰略不是什麼民族主義，而恰恰是真正的自由主義思想，即國家要保護公民追求自己的利益。如果一個國家不是優先保護本國的公民和企業的利益，而是保護外國的公民和企業的利益，那不就變成殖民地政府嗎？

在這個意義上，在全球化時代，國家主權不但沒有削弱，反而更

加重要了。尤其是目前的國家主權不僅是傳統意義上的政治主權，還包括經濟主權和文化主權。目前，我們的政治主權受到了諸多限制，比如實現祖國的完全統一，已經由國家主權問題變成了中美關係的國際問題，而經濟主權更是處在西方經濟的支配之下，至於文化主權，西方文化明顯地強勢。正因為如此，中國的和平崛起不僅僅是政治主權的伸張，必然要伴隨着經濟主權和文化主權的伸張。

中國改革再起航：
對話「空談誤國、實幹興邦」[*]

只有用事實才能打敗教條

　　問：剛才在來的路上，要穿過北大校園，想起這裏離清華也很近。我一直試圖在腦海中回到當年——應該是二十年前了吧——「空談誤國、實幹興邦」這句口號產生的時代現場，那個時候的政治、社會氣氛，環境、氣場，還有就是非常重要的那個時代的人身上湧動的東西。

　　這句口號是在蛇口發軔的，率先在蛇口喊出來，進而在全國叫響。為什麼是在蛇口？我覺得其中很重要的一個原因，是因為當年蛇口正好匯聚了南北不同的兩種精英文化。痛定思痛之後，揚棄了傳統文化中「空談」的弊端，但又不是典型的嶺南文化那種蒙頭做事、「不起名字」的風格，這一點正顯現了那個時代蛇口的風貌。

　　蛇口當年是被稱作中國改革開放的「試管嬰兒」，它的實驗比深圳還早，從 1978 年就開始了，可以說它是中國改革開放的策源地和堡

* 載王京生：《深圳十大觀念》，深圳報業集團出版社，2011 年，採訪人為金敏華。

壘。我記得，蛇口開發之初，袁庚他們就專門趕到北大、清華招兵買馬，找了很多人過去。當年蛇口所謂的「黃埔一期」「二期」中的很多骨幹，都是在袁庚等人的鼓動下南飛的北京高校熱血青年。當然，還有不少的中堅力量來自全國各地，包括深圳、廣東本地。袁庚本身就是本土精英代表，他就是深圳人，老寶安人。

這兩股力量、兩種不同的區域文化在蛇口匯聚、碰撞之後，產生了不少至今聽來仍是振聾發聵的口號。比較有名的、在當時產生很大社會影響，某種程度上甚至影響了歷史進程的，一個是「時間就是金錢，效率就是生命」；一個就是「空談誤國，實幹興邦」。

我剛才在想，「時間就是金錢，效率就是生命」，這樣的一個口號實際上在當年的普遍社會語境下，是有很大爭議的。因為整個社會的價值體系，突然被過渡到所謂的「金錢、效率」這樣的概念，會比較敏感，反而可能是「空談誤國、實幹興邦」這個話，更容易被當時的輿論、主流社會所接受。當然，反過來講，會不會它的衝擊力相對也就弱一些？它有點像是兩個不同社會發展階段之間的一種過渡，如果有人對「空談誤國」這個話有看法，產生了爭議的話，它可以把重點落在「實幹興邦」，這個應該很難產生爭議。

囉囉嗦嗦講了這麼多，其實是想把它作為一個引子，請你講講當年這個口號產生的背景。當時的中國整體來說，是一個剛剛復甦的狀況，百廢待興。為什麼會有這樣的一些口號在深圳出來？如果說，深圳作為改革開放的先驅，出幾個口號並不稀罕，那為什麼是這兩句或者這一句口號能夠引起如此巨大的全民共鳴，從而走入歷史？

第二個，這句口號中特別提到「空談誤國」，它的指向性應該是有特定背景的，後面有很多潛台詞。中國的傳統文化，其實一直是兩大脈

絡，既有清談的傳統，也有務實的傳統。就是有只做不說的，也有述而不作的，一直是兩種傳統並存。所以想請教，這句口號中所謂的清談的概念、空談的概念，到底是什麼？當年討論民族劣根性時，列出的單子很長，為什麼「空談」會被專門提出來？

強世功：說到這個口號，我對它的印象特別深，恐怕比你的印象還要深。

問：哦，為什麼？

強世功：我在香港中聯辦工作了四年。

問：是哪一年到哪一年？

強世功：2004 年到 2008 年。這四年中間，我差不多每周都要到深圳的西麗大學城，利用周末給北大深圳研究生院的學生上課。比較方便的路線就是從香港上環碼頭到蛇口碼頭，然後打車去西麗大學城。差不多每次我都會注意到馬路邊立的巨大廣告牌，上面寫着「空談誤國、實幹興邦」這八個大字。

問：這塊牌子現在還在，快二十年了……

強世功：有時看到這八個大字，也會琢磨一下，所以對這個口號印象深刻。這兩句話不僅要放在改革開放初期的特定環境下來理解，即使離開了改革開放初期的背景，在今天乃至未來依然具有重要的意義。

改革開放初期，整個社會處於高度意識形態化的狀態中。換言之，從國家的政治、經濟、文化到家庭和社會乃至人們的吃穿住行等日常生活，所有方面都與特定的意識形態聯繫在一起。這個意識形態可以用「社會主義」這個概念來概括。每做一件事情都要問是否符合「社會主義」。只要不符合社會主義的標準，整個生活就沒有正當性。

這種思維模式影響了我們對許多問題的思考，以至於形成了某種

教條主義。在中國革命的歷史上，一直存在着某種教條主義影響。比如共產黨依靠的力量究竟是城市工人階級，還是鄉村的農民階級。一開始人們瞧不起彭湃、毛澤東等從事的農民運動，可事實證明是農民運動成就了中國革命。後來就是有眾所周知的王明路線，「延安整風」的意義就在於從思想上肅清中國共產黨人在蘇聯影響下對馬克思主義的教條理解，確立了中國共產黨人在精神的自主性和獨立性，即中國革命不是歐洲社會主義運動在中國的自然延伸，而是中國自身革命歷史的一部分。從此，中國共產黨人在實事求是原則的指導下開闢了馬克思主義中國化的時代。

建國之後，我們在社會主義建設中也進行了有益的探索，其目的就在於從中國國情出發，擺脫教條地照搬蘇聯模式。但在特定的歷史背景下，我們對社會主義的探索也慢慢陷入了一套新的教條主義，這就需要有新的動力來衝破社會主義建設中的教條主義。由此，我們可以理解十一屆三中全會前開展的真理標準的大討論，就是要回到延安整風運動確立的「實事求是」的原則立場上，衝破新的教條主義，重提「實事求是」原則，以至於連黨的機關刊物《紅旗》也改為《求是》，其目的無非在於提醒「實事求是」才是黨的基本政治原則。

從 1942 年的延安整風運動到 1978 年的真理標準大討論，都在展示一種特殊的真理觀。不同於科學真理或哲學真理的普遍性，政治的真理從來都是本土的、時代的、局部的，因為政治不是理論思考，而是實踐，沒有普遍的實踐，只有特定時空背景和特定約束條件的具體的實踐。因此，要衝破社會主義建設中的教條主義，關鍵的力量要來源於實踐。換句話說，戰勝教條主義的，不是一種理論的辯論和說教，最終要依賴於實踐。1978 年的真理標準討論只是在理論上批駁了教條主義，

但最終需要在實踐中駁倒教條主義。

只有在這樣的背景下，我們才能真正理解深圳等四個經濟特區，尤其是最初蛇口開發區的理論意義和政治意義。換句話說，教條主義不是依靠真理標準的討論在理論上解決的，最終要依賴改革開放的實踐來解決，如果改革開放失敗了，像拉美那樣導致貧窮分化和普遍的貧困，那社會主義革命可能就不是教條，而是真理。今天，我們往往有一種誤解，以為是那場真理標準大討論戰勝了教條主義，以至於改革開放三十年之際人們都想起這場真理標準討論，但普遍忽略了當時蛇口創業的獨特意義。這其實依然在理論、書本和文字的範疇中打轉轉，而忽略了「實踐」才是檢驗真理的唯一標準，最終真正戰勝教條主義的是改革開放的實踐，尤其是改革開放初期在蛇口和深圳取得成功的實踐。

在蛇口和深圳實踐中，提出了許多口號，但最切合當時狀況的就是這句「空談誤國，實幹興邦」。這個口號首先有其現實針對性。所謂「空談誤國」就是指當年爭論「社會主義的草」與「資本主義的苗」，結果社會主義理想變成了畫餅充飢，人們連基本的溫飽問題都無法解決。「實幹興邦」就在於強調先不管社會主義和資本主義，關鍵是把生產力搞上去，解決人們的溫飽問題，這都需要「實幹」。而這句口號尤其能反映鄧小平的治國理念。比如我們看《鄧小平文選》，發現其中沒有什麼大理論，每篇都是針對如何解決具體的現實問題，以至於面對1990年代初期再次出現「姓資」和「姓社」之類的「空談」時，鄧小平乾脆提出「不爭論」，其實是擔心「空談誤國」，擔心這種爭論導致中國錯失發展的最佳機會。

要注意鄧小平1989年之後的幾次談話中，多次強調中國面臨着工業革命以來百年不遇的發展機會，以前由於中國處於封建、割據、戰

亂、冷戰封鎖等不利環境中，未能進行現代化建設，而現在中國面臨難得的國際和平環境，應當抓住機遇，一方面不爭論，埋頭幹，另一方面要求穩定，抓大局。這都是反映了鄧小平「實幹興邦」的重要思想。現在回過頭來看，鄧小平在關鍵時刻把握了問題的關鍵，把握住了稍縱即逝的歷史時機和時勢。

中心與邊緣之間的辯證

問：這樣的一個口號，為什麼當時沒有在發起「真理標準討論」的北京冒出來，反而在那麼邊遠、偏僻的一個地方給豎了起來？

強世功：我想原因比較簡單。中央提出「實事求是」並展開真理標準的討論都具有現實的政治針對性，即打破計劃經濟，搞市場改革。從當時中國的發展格局來講，要搞市場改革，最方便的地方就是吸引香港和海外華人的投資，並從那裏學習搞市場經濟的技術和經驗。所以，當初在東南沿海設立四個經濟特區，都是針對海外華人而來的，這也能看出中央當時的佈局具有戰略眼光。直到今天，在中國和印度發展模式的比較中，比較海外華人與海外印度人回國投資狀況的不同也是一個重要的話題。

問：這個現象很有意思，深圳這樣的一個邊陲小鎮，那個時候根本就沒有什麼話語權，或者說，它距離中心話語權非常遙遠。而這個口號之所以被關注，其實又是通過在北京的全國性媒體的傳播，來影響整個中國。

強世功：深圳雖然是一個相對邊緣的地方，但在中國你會發現，邊緣和中心是互動的。雖然廣東距離北京政治中心很遠，但距離全球

資本主義世界卻比較近。從全球資本主義體系看，廣東距離中心可能很近，北京反而成為邊緣。歷史上廣東就被看作是化外之地，但大清王朝在海禁時代就容許廣東開設海外貿易的窗口。在文化革命時代，廣東人紛紛湧入香港。可以說，廣東在中國最具有海外貿易和市場經濟的頭腦，教條主義的影響比較弱。因此，廣東更容易擺脫意識形態的教條。在 1978 年改革開放的時代，可以說深圳恰恰處於中心地帶，而北京可能受到意識形態教條的影響，反而處於邊緣。

問：很奇妙的一種關係。

強世功：對，從一個更大的背景看，我們要特別注意中國處理中央與地方關係的機制。在西方政治理論中，關於中央與地方關係往往要麼強調中央集權，要麼強調地方自治，二者被想像為一種此消彼長的零和博弈關係。但在中國，毛澤東提出的「兩個積極性」思想，同時發揮中央與地方的積極性。因此，從 1950 年代，中央實際上已經拋棄了蘇聯的高度專家計劃的中央集權模式，而是不斷削弱中央的計劃範圍，鼓勵地方的積極性。尤其「大躍進」過程中，各地獲得了很大的經濟自主權，這其實為中國改革開放的經濟持續發展奠定了基礎。

從西方的幾次工業革命看，都集中在幾個大城市，而中國的改革開放和經濟發展不是從大城市開始，也不是集中在幾個大城市，而是從鄉鎮企業開始，遍地開花。這就為中國經濟發展提供了持續的動力，「東方不亮西方亮」，沿海發展有限制就開發大西北、實施中部崛起等等。這一切都得益於我們處理中央與地方關係的正確思路。

正因為如此，當中央提出某種發展思路，就希望地方來試驗，有個地方的樣本或榜樣，以便總結經驗，進行推廣，而在推廣過程中，也希望有更多的地區來支持你。一旦深圳這樣的邊緣成為改革的樣本以

後，反過來又會強有力地支持「中心」。回過頭來看，我們說改革開放之所以取得成功，很大程度上在於造就了深圳這個樣板，如果沒有這個樣板，一切還和以前一樣，很難說你的政策取得成功。所以，談改革開放，不能離開深圳，大家經常說「一日三變、深圳速度」，就是說深圳變成了改革的樣板，這個樣板回過頭有力地支持了中央的改革開放政策。因此，當地方出現了某種自主的實驗之後，如果中央從中發現了未來的發展方向，也往往會將其提升到中央政策的層面。

由此，我們可以發現中國政策形成的基本機制，大體來說要經歷三個步驟：中央首先提倡，然後地方實驗或地方創新，最後中央總結經驗集中推廣；或者地方首先試驗，中央總結經驗並加以肯定，最後中央在全國進行推廣。你可以說這是「中國決策三部曲」，甚至可以說是「中國模式」。正因為如此，中國地方的自主性和創新積極性很高，往往有各種各樣的發展模式。在這個意義上，說中國是中央集權國家並不準確。中國歷來鼓勵地方的多樣性自主發展。在地方自主發展過程中，中央往往扮演領導者、倡導者、協調者、輔助者、推廣者、監督者的角色，而不是單純中央計劃或中央命令。這與歐洲絕對主義國家時代的中央集權以及蘇聯計劃體制下的中央集權完全不同。

何謂「空談」，何以「誤國」

問：雖然是「實幹興邦」重要，但「空談誤國，實幹興邦」本身也是一個口號，應該也是屬於「談」的範圍，至於是不是「清談」或「空談」，這個可以討論。這就帶來一個有趣的話題，深圳本身不出產這種「談」，它出產「實幹」，信奉「實踐」，就是你具體地去做，那麼這裏

面是不是有矛盾和弔詭的地方？

　　強世功：從字面上看，「空談誤國，實幹興邦」實際上區分了人類的兩類活動：一種理論思考，一種現實行動，由於社會分工使得人們在這兩類工作有所側重和偏向，由此形成我們常說的理論型人才與實務性人才。這種分類往往形成一個被誤解的關係：要麼認為「實幹」屬於「只顧埋頭拉車」，由此缺乏「抬頭看路」的方向感，從而很容易遭到批評；要麼認為理論工作者似乎傾向於「空談」，實務性人才傾向於「實幹」，由此從「實幹」的角度否定理論工作的意義，認為理論屬於「空談」或「清談」。在這個問題上，應當澄清這麼幾層關係。

　　第一，要考慮「談什麼」。一般說來，有兩類「談」，一種就是哲學或文人的「談」，這些「談」往往歸入到抽象或想像的範疇，從「實幹」的角度看可能屬於「空談」，但這樣的「空談」對人類的生活具有重大意義，如果沒有這樣的「空談」，人類生活就變成了動物式的生存活動。這種「談」奠定了人類文明的基礎，比如宗教、文學、藝術、哲學等等。這種「談」並不會誤國，反而有助於建成一個文明國家，今天我們經常講「軟實力」或「話語權」，就是在肯定這種「清談」的力量。

　　另一種就是從事經濟學、社會學、法學和政治學之類的社會科學家們的「談」，這些「談」固然有清談或空談的成分，但更多的是直接針對解決現實問題的「談」，這種「談」本身就是一種「實幹」，解決具體的現實問題。可以說，在今天這樣高度複雜化的社會中，離開社會科學的「談」，實際上無法「實幹」。由此可見，「空談」不僅是人文學科確立人生意義，更重要的是社會科學研究為「實幹」指名了目標和方向。因此，不能在一般意義上講「空談誤國」。

　　第二，關鍵要考慮誰來「談」，對「誰」。有哲學家的「談」，文

人的「談」，也有政治家的「談」；有對同行「談」，私下裏「談」，也有對大眾「談」，公開「談」的問題。不同的主體、不同的對象、不同的場景，對「談」的要求當然要有所區分。

「空談誤國」所針對的不是哲學家的空想或文人清談，而是批評政治家陷入了「空談」。政治家與哲學家或者文人之間有着職業意義上的分工，政治家的任務就是要把哲學家或文人們的「空談」變成實際。哲學家和文人思考的問題往往是抽象的、普遍的、一般化的，但政治家面臨的任務就是如何具體化、本土化，由此對於政治家而言，關鍵是要從實際出發，要「實事求是」。如果說「空談」是哲學家和文人的美德，那麼，「空談」是政治家德性中最惡劣的德性，甚至比貪腐還要惡劣的德性。托克維爾針對法國大革命提出了「文人政治」這個概念，就是批評當時法國的政治家與啟蒙思想家們糾纏在一起，政治家們也喜歡空談自由、民主理念，而缺乏對具體現實問題的討論，致使法國革命陷入到激進主義的災難中。

這其實也是韋伯討論政治家時特別區分「責任倫理」與「信念倫理」的要義所在。韋伯認為虛榮心是政治家的大忌，因為政治家最大的虛榮心就是來自文人們的讚美，甚至想像着名留青史，由此很容易與文人糾纏在一起陷入「空談」，從而關注文人的評價和讚美勝過關心解決具體的實際問題，甚至很容易在「信念倫理」的激勵下，將國家推入到災難中。

第三，要考慮何時「談」。政治家避免文人政治式的「清談」或「空談」，這當然是指政治相對清明的時代。當政治徹底敗壞，只剩下私利爭奪，缺乏政治的公共性時，就需要這種「空談」從根本上拯救國家和社會，不是「空談誤國」，而是「主義救國」。比如五四以來，中國政

治敗壞，社會凋敝，這時候類似洋務運動之類的「實幹」似乎無法解決問題，而必須依賴「主義救國」。魯迅「棄醫從文」可以說是從「實幹」轉向「空談」的過程中。於是，三民主義、社會主義到無政府主義，可以說都是從「空談」開始的，但恰恰是依靠這個「空談」把大家凝聚起來。人類歷史發展總是處於「革命政治」與「常規政治」的波浪發展中，其實也是處在「主義救國」與「實幹興邦」的波浪發展之中。在這個意義上，「空談」本身就是「實幹」的一種，是在探索指導具體「實幹」的道路，是一種更高級的「實幹」。

第四，從根本上要正確處理「談」與「幹」的關係，也就是我們所說的理論與實踐的關係。一個是普遍原理，另一個是需要解決的具體問題，二者的結合就是我們前面所說的「實事求是」原則。中國古代儒家之所以推崇堯、舜、禹和周文王這些治國君主們確立的「道統」，其實也在於其中所包含的「實事求是」原則，這也是中國古典的「知行合一」傳統。「空談誤國」就在於批評割裂「知」與「行」的關係，沒有行動，缺乏實踐，獲得的往往是「知識」，而不是「真知」或「真理」。

對於許多普通的政府官員而言，由於很難到達「知行合一」的境界，所以強調「知」往往會陷入「空談」中，其結果必然是「空談誤國」。由此，「空談誤國，實幹興邦」這個口號主要針對大多數普通的政府官員和公務人員，如果他們無法達到「知行合一」的最高境界，與其「空談」，不如「實幹」。因此，我們要特別注意：「空談誤國，實幹興邦」是由蛇口改革前線提出來的，而且更針對一線的具體操作人員提出來的。對於改革開放的試驗區而言，只有按照中央的改革開放路線「實幹」，而不需要對「改革開放」的路線本身進行討論，否則就陷入「空談」。但對於鄧小平而言，「真理解放大討論」絕不是「空談」，而

恰恰是符合實踐的真知。

因此，「空談誤國，實幹興邦」是針對普遍的政治文化而言，是反對政府官員陷入到清談文化中，尤其陷入到意識形態的教條之中，動輒上綱上線，致使政府官員「空談大義」，而對解決具體問題一籌莫展。比如後代在總結明亡的教訓時，最關鍵的一條就是士大夫陷入「清談」，每日空談道德綱常，卻根本無力解決當時的具體現實問題，最終只能陷入到「黨爭」之中。晚清李鴻章也批評當時士大夫對世界格局、經濟問題一無所知，只能空談仁義道德。最終結果就是連君主立憲都無法容忍，只能導致王朝徹底崩潰。

問：春秋戰國時期的百家爭鳴，還有魏晉南北朝的玄學算不算是清談文化的源頭？

強世功：春秋戰國時期百家爭鳴的局面絕非「空談」，而屬於「主義救國」。當時面臨禮崩樂壞的局面，各家各派都是針對現實問題，提出其解決方案，並游說諸侯國國王來實踐自己的主張。至於魏晉玄學這一段，講的似乎跟實際生活沒有關係，那是由於當時的政治太糟糕了，沒法直接去談了，因此往往被看作是「清談」。

問：或者是用另外的一種方法在談政治？

強世功：可以這樣說。需要注意的是，中國古代強調「知行合一」中所說的「知」和我們今天現代科學意義上所謂的「知識」有所不同。現代意義上的「知識」是一種不以人的意志為轉移的、外在的客觀存在，屬於我們今天所說的「科學」。但中國古典的「知」必須和人生、人心聯繫在一起，與日常行動和內心的幸福感受聯繫在一起的真實體驗，屬於「人生」問題或者終極關懷的意義所在，而這些知識若離開現實生活和人心的體驗，變成純粹客觀的知識就沒有意義。沒有經過行動

體驗的「知」屬於書本概念，而經過行動體驗的「知」才是「真知」。我們只有把「科學」問題與「人生」問題區分開來，才能看到古今在「知識」問題的不同。古代把「知識」看作是美德，是在思考人生問題，現代把「知識」看作是「權力」，其實是在思考科學問題。

人們常說，概念上知道了，理論上也想通了，但是無法落實到行動中，在行動中就忘了，理論上一套，行動中一套。那是因為這種外在客觀的、概念意義上的「知」，還沒有內化到起心動念的體驗中，沒有變成「真知」。因此我們可以說，知道概念和理論容易，把概念和理論內化到內心中、落實到行動中則非常困難。也可以說「空談」容易，「實幹」困難，喊「改革開放」「市場經濟」的口號很容易，但實踐改革開放並建成市場經濟實際上非常困難。我們都知道，有許多轉型國家都在市場化的過程中失敗了。因此，我們今天建成市場經濟絕對不是單純的口號喊出來的，還是大家實實在在幹出來的。

問：短短的八個字，背後是以民族的文化傳統做了悠長的鋪墊。

強世功：對。

工作與生活：青年與老年

問：我記得改革開放之初還有一條口號，影響也很大，叫做「玩命地工作，拚命地玩」。報道剛出來的時候，爭議很大。但是今天好像已經沒人提到這個口號了。

強世功：這個口號之所以今天大家不再提起，是因為這個口號本身有局限性。「玩命地工作，拚命地玩」本身沒有指明工作和生活意義，「玩命地工作」是為了賺錢，而「拚命地玩」又是為了消耗、消費，

這反而暴露出人生的無意義。既然人生沒有意義，為什麼要玩命地工作，而不像犬儒主義那樣懶洋洋地享受陽光呢。因此，這種具有後現代特色的口號可能適用於一時，但不可能長久，不可能成為人生的基本生活方式，尤其不適我們中國人的生活方式。

問：回過頭來看深圳的這三十年，應該說類似這樣的標語，已經成為了深圳這座城市的文化基因，或者是它血液裏天然流動的東西。研究中國企業發展史的人發現，深圳是中國少有的明星企業扎堆的城市，實際上這一點跟「實幹」理念緊密相關。我想請教的是，它的「實幹」基因跟城市的人口構成有沒有關係？我一直在琢磨的是，深圳這個地方，很多人說它白領少，藍領多。然後白領中，又是搞高科技的多，讀人文的少，所以就被說成是智商高、情商低。另外就是深圳的人口來源，大概 65% 是全國各地來的，32% 左右是廣東各地來的，只有 3% 是本地的土著；更細的定量分析是，不管是廣東各地還是全國各地來的，據說很少是北京、上海、廣州這樣的一線城市來的，基本上都是三線、四線城市，更多的人來自縣城、農村。

強世功：你的觀察很敏銳。「實幹興邦」的提出背景來講，它要求的人才類型就是我前面所說的實務性人才，也就說需要基層具體幹活的。

問：對，對。

強世功：深圳從一個小漁村白手起家的時候，可以說就是一個冒險家的樂園，去深圳的人都絕對不是清談的，清談的人到深圳生活都生活不下去。淘金的、實幹的、冒險的，甚至玩命的、賭博的、坑蒙拐騙的，都可以在這裏找到自己的生長的土壤。這樣一種發展模式和它的早期背景，決定了它的人才構成就是這樣。你可以有奇思妙想，但要去實踐，空談沒有用，如果你有一個很好的想法，就要變成現實，變不成現

實那不行，所以這決定了城市的整體取向。

「清談」需要有兩個條件。一是很好的物質生活保障，二要閑暇有時間。一個城市要有清談的環境，就要有這樣的閑人。這個城市中兩類人可以所作是「閑人」，第一類是知識分子或者文化人，這一類人可以看作是「閑人」，喜歡務虛，為城市創造情談的氛圍；第二個就是老年人，他們構成了獨特的文化氛圍。比如說起老北京，你就會想到茶館、遛鳥的老年人，說起成都就會想起街邊打麻將的閑人。可深圳缺乏自己的歷史根基，基本上都是年輕人去創業，因此沒有閑人，閑人也沒法養活自己。深圳是一座沒有歷史、沒有老年人、沒有文化人的城市。沒有什麼能夠穩定下來，這個城市充滿活力，一切都在運動和創造之中。所以，許多人把父母接到深圳，可老人都覺得住不慣，就是這個原因。

我想再過三十年，深圳就會有變化，因為它的人口結構變化了，其中最重要的，是這一代深圳人變成了老年人。城市一定要有老年人，有老年人整個城市的節奏就會慢下來，就會有張有弛。只有城市的節奏慢下來，人們才會有心情去看看演出，聽音樂會，才會慢慢發展出老年文化，人們的生活方式就慢慢改變了。那個時候，人們也不再說我家是湖南的、四川的等等，也不會說我到深圳來是為了賺錢，賺到錢再回老家，因為深圳已經變成了他們的家。一個城市只有讓市民有了「家」的感覺，才會滋生出自身的文化。

警惕「空談誤港」

問：強教授，因為你在香港工作過四年，所以我把話題稍稍扯開一些。為什麼在香港早期，它就沒有這樣的這種口號產生？這跟它的歷

史背景有關嗎？

　　強世功：簡單地說，香港早期的環境本身就沒有教條主義背景，沒有人問你這樣生活是不是符合資本主義或社會主義，而且那是一個沒有政府主導和組織的社會，也就不需要使用口號進行組織和動員。

　　問：就是它的「遺老遺少」的力量沒有。

　　強世功：沒有。香港早期類似於深圳，人們到哪裏就是求發財，直到 1970 年代，港英政府開始治理香港，香港才逐步穩定下來，「香港人」的概念也開始出現了。但是在 1980 年代香港回歸的歷程中，香港進入了政治組織和動員的時代，許多政治口號也開始出現了。就香港回歸之後的歷程而言，也可以說存在「空談誤港」和「實幹興港」的問題。

　　比如香港一回歸就遇到了亞洲金融風暴，就亞洲金融風暴的衝擊而言，香港受到的影響遠遠小於韓國和印尼，但香港從金融風暴中復甦的時間遠遠落後於韓國和印尼，由於金融風暴導致香港直到 2003 年都未能復甦，由此引發了香港大游行。考察其原因，與「空談」不無關係。比如香港回歸之後，部分香港精英階層害怕中央的干預和兩地融合，在處理中央與香港、內地與香港關係上陷入了「空談」，空談「香港良心」，高唱「兩制」和「高度自治」，排斥「一國」，拒絕在經濟上與內地整合，致使香港錯失了藉助內地經濟發展而迅速復甦的大好時機，由此引發了後來「香港邊緣化」的討論。正因為如此，2005 年曾蔭權先生出任行政長官之後，就提出「理念政治」和「務實政治」這對概念，強調香港應當遠離「理念政治」，而採取「務實政治」和「強政勵治」。這其實就是總結了之前「空談誤港」的教訓，而提出「實幹興港」。而今天香港又陷入到政制發展的爭拗，爭論何謂真正的「普選」，誰才是真正的「愛國者」，無疑陷入到空談中，因此要高度警惕「空談誤港」。

「和諧社會」：經濟、社會和文化要遵循不同邏輯

問：剛才你特別提到，你說這個口號其實在今天，還是有它的現實意義。我們感覺，從上世紀九十年代初開始，深圳在國內的這種觀念意識上的引領作用，似乎已經畫了句號。「南巡」的時候，復興過一段，但是時間很短。如果你覺得這個口號在今天，仍然有意義的話，實際上就意味着，深圳的這種話語權今天還有價值。

強世功：深圳話語是在特定歷史背景下圍繞市場經濟產生的，比如「時間就是金錢，效率就是生命」等等。在改革開放三十年中，深圳作為典範代表了發展的方向，因此深圳話語也就引領着全國的話語。

但是，改革開放三十年之後，市場經濟話語很難成為引導性話語。這一方面是由於全國的市場經濟發展基本普及了，不需要深圳的話語引領。另一方面，更重要的是，市場經濟發展的弊端也暴露出來了。且不說眾所周知的貧富分化問題，最關鍵的在於：不能把經濟領域的話語簡單地移植到政治、社會生活領域。「時間」的價值難道僅僅用來賺錢，而不能探索人生中其他有意義的事物，難道不能花時間陪父母聊天、教育子女？「生命」的意義難道只有追求經濟效率，而不能從事無經濟效率的、甚至消耗性的公益活動？面對這些問題，你會發現市場作為一種價值導向有它的限度。換句話說，你只能將這種價值觀放在經濟領域，而不能把這種價值推動到其他領域，比如在社會領域價值概念就是公平，而不是效率，而在家庭領域，幸福才是值得追求的價值。

問：對對。

強世功：正因為這樣，當市場經濟基本建成，我們開始轉向社會建設、政治建設和文化建設的時候，深圳當年圍繞市場經濟而形成的話

語權地位自然就下降了。許多口號不能說過時了，但也絕對不會起到持久的引領作用。比較之下，當年提出的「空談誤國、實幹興邦」這個口號可以作為深圳持久的思想遺產保留下來，並繼續發揮巨大的作用。因為這個口號揭示了「知」與「行」之間的內在關係，具有普遍的意義。這個口號不僅可以用於經濟建設領域，而且是用於社會建設、政治建設和文化建設等各種領域。

過去幾年中央到地方注重社會建設，強調「公平」，強調「社會和諧」。但近些年社會建設領域出現了一些動向，需要警惕新的教條主義的泛意識形態化趨向。比如最近幾年在「以民為本」的思想指導下，政府大搞各種福利項目和政績工程，尤其各地都在提倡搞免費醫療。我們要注意，中國目前是經濟最好時期，政府這幾年大規模賣地導致地方財政收入充沛。如果政府按照目前的財政狀況提供社會福利，那麼假如未來中國經濟發展放緩，地方政府賣地空間越來越小，財政收入開始減少，如何可能維持今天確定的高福利項目呢？今天的福利繁榮可能就變成明天的災難。以中國國情，我們無法維持歐美式的高福利。況且政府大規模提供福利必然推動「大政府」的形成，社會福利究竟有多少最終惠澤民眾，需要算筆賬。我們看到了市場的弊端，但也不能盲目依賴政府。

這裏，我想提一本美國保守派的著作《美國同情心的悲劇》。這本書研究了美國在民權保障時代推行的家庭福利制度。在美國中產階級同情文化的推動下，政府採取新政自由主義的政策，為下層家庭等提供教育和醫療等高額的社會福利。但是，由於中產階級倡導個人放任的後現代文化，致使家庭遭到破壞，離婚率上升，單親家庭大規模出現，家庭無力承擔教育子女的社會功能，即使在家庭教育中，道德約束也往往被

批評為扼殺兒童的自由和創造力，子女的放任自由受到鼓勵，結果下層家庭的兒童很早就輟學失業，甚至走向犯罪的道路，最後又要等待政府的福利救助。中產階級當年希望通過政府福利來改變下層家庭的命運，卻沒有想到享受社會福利的下層家庭就這樣永遠被置於下層的地位上。

最近，耶魯大學法學院的華裔女教授蔡艾美（Amy Chua）就寫了一本中國人教育子女成功經驗的著作引起了美國社會的廣泛爭論，她的認為中國傳統的家庭教育對子女們嚴加管教使他們更容易取得成功，而美國家庭教育以倡導孩子個性自由為理由，實際上放棄了家庭承擔的社會責任。這些著作對我們今天的中國至少有三點啟示：

第一，現代社會是一個複雜社會，解決社會問題僅僅靠流眼淚是不夠的，空談道德理念也是不夠的，而應當用社會科學的方法具體、細緻地研究現實問題，否則往往會導致「同情心的悲劇」，導致「好心辦壞事」，這也是「空談誤國」。

第二，解決社會不公平、改變下層社會的命運，僅僅依賴政府是不夠的，政府提供的福利不過是外因，真正起作用的是教育這個內因，尤其是家庭教育。鞏固家庭就可以減少政府的責任，削弱家庭就只能強化大政府的思路，當每個人都置於政府的福利保護之下時，政府就像父母一樣包辦、監護老百姓的生老病死，人自由也就開始消亡了。

第三，文化道德建設是根本。經濟問題要從政治的角度來思考，政治的問題要從文化的角度來思考。家庭是道德教化的根本，也是政治穩定的根本。市場經濟強調自由選擇，而道德建設恰恰反對自由選擇，強調強制約束。重建道德必須強調道德約束力和法律的強制力，要把個人自由選擇限制在經濟領域，而不能在家庭文化領域中倡導後現代

的自由解放。

問：是不是說，經濟、社會和文化領域中應當有不同的價值標準？

強世功：是的。現代社會的基礎是自由主義，但必須在不同的領域中用不同的價值來制約自由主義，從而克服自由主義本身帶來的弊端。比如在市場經濟領域中，我們可以倡導個人主義，鼓勵自由創造或自由競爭，但在政治領域中，共和主義、積極自由可能比消極自由主義更能體現政治的公共性。在社會領域中，集體主義、社羣主義或法團主義可能更有助於克服個人主義的弊端，增加社會的有機整合。在家庭文化領域中，保守主義才能夠更有助於塑造完善的個體的到的提升，提升個人的幸福，尤其家庭、宗教生活的情感體驗的幸福。總之，不同領域的不同價值之間相互制約、相互平衡，這樣才能真正建成「和諧社會」。

過去三十年，由於市場經濟強調自由選擇和個人價值，這個價值也不受約束地在其他各種領域中橫行，整個社會陷入到「自由空談」或「自由清談」中，以為自由社會就是在政治、社會、文化領域中的全面「自由化」，導致了家庭等社會組織的社會穩定功能和道德教化功能大大弱化，以至於我們雖然有了市場自由，但卻沒有建立起真正的自由社會，反而形成了碎片化的放任社會。

我們要區分「自由的個體」與「任性的個體」，前者意味着道德、律法和責任的強制約束，後者則把這種約束看作是權力壓迫，要求全面解放。因此，自由社會必須強調自我約束和法律的強制權威。然而，今天的社會意識形態中開始出現普遍的不滿情緒，以至於一旦訴諸「大眾」或「弱者」身份，哪怕無理纏訴或殺人放火，往往會獲得其他人的同情和鼓勵。當下的社會情緒很容易同情弱者，而且不自覺地仇視強者或政府，在這種民粹主義的意識形態中，整個社會容易喪失理性判斷和

是非標準，用道德同情取代法律，用輿論情緒取代理性。這無疑不利於建設一個自由公正的社會。

如果說深圳當年提出的諸多市場經濟的口號可能過時，那麼「空談誤國，實幹興邦」永遠不會過時，在今天依然具有特別的意義。我們今天所要警惕的「空談誤國」可能不是來自共產主義或社會主義這樣的老教條，但可能是形形色色的新教條。這些新教條可能以「自由」的名義出現，也可能以「平等」的名義出現，有可能以「普適價值」的名義出現，也可能以「中國特色」的名義出現。因此，無論是政治建設、社會建設，還是文化建設，都要汲取經濟改革的成功經驗，堅持「實事求是」原則，牢記「空談誤國，實幹興邦」。

「改革共識」：不是改什麼，而是什麼不能改

問：說到這，我想起了深圳的政治體制改革。2003 年，深圳的政治體制改革開始推出了一套方案，原來叫三權分立，後來改叫政府行政體制改革。然後去年三十周年大慶以後，新一輪的東西也在醞釀。我想問的是，從你剛才講的這種泛道德意識化的情景，如何看待深圳的政治體制改革？

強世功：政治體制改革討論了好多年。二十年多前就有人說政治體制不改革，經濟改革就不可能進行下去，且改革成果也會喪失。這樣的聲音從來沒有消失過，最近這種聲音又開始出現了。可事實上，三十年經濟改革持續發展，並沒有出現經濟體制改革進行不下去的局面，這至少說明政治體制也作了很大的改革。可直到今天，我們也沒有認真研究過這三十年我們的政治體制究竟作了哪些改革。問題不在於改革，而

在於我們不能「空談」政治體制改革，而是要具體討論我們面臨的問題是什麼，究竟應當改什麼，改革可能的後果什麼。

今年是辛亥革命 100 周年，中國共產黨建黨 90 周年，百年來的革命讓我們付出了巨大的代價，「告別革命」已經成為主流意識形態，甚至有不少批評、否定辛亥革命的輿論。但是，「告別革命」一方面意味着我們要繼承並消化革命的遺產，另一方面也意味着已經確立起來的制度和傳統不應當輕易摧毀，這就要求我們探索中國的政治傳統和立國根本，有些技術性制度可以改，但作為立國根本的基礎性制度或基本制度不能改。否則，我們就無法區分「改革」與「革命」的有什麼區別。

在這方面，我們應當認真總結鄧小平推行改革的政治智慧。鄧小平搞改革首先從凝聚最大多數人的政治共識開始，思想解放的討論就是凝聚改革共識的過程。這個共識包括兩方面：一是在政治上不改變「四項基本原則」這個立國根本，在此基礎上推行經濟體制改革，二是在經濟領域中不改變「共同富裕」的社會主義理想，而改變計劃和市場這種經濟運作方式。三十年經濟體制改革之所以能夠順利進行，一種重要原因就是大家分享了鄧小平確立的改革共識。上世紀 80 年代後期就是因為改革共識的破裂導致改革受挫，以至於鄧小平必須通過 1992 年的「南方談話」的重建改革共識。

如果用一句話來概括鄧小平的改革智慧，那就建立改革共識，獲得大多數人的支持。這包括兩方面：其一在改革策略上，運用「不改與改的辯證法」來確立改革共識。真正的改革共識不僅是改哪些東西，更重要的是明確：哪些東西不能改。一旦明確哪些東西不能改，那對於改什麼就可針對具體問題進行從容討論，並進行試點。其二在改革思路上，強勢者（得勢者）應當主動向弱勢者（失勢者）進行妥協和讓步。

這一點需要有天下為公的胸襟和氣度，因為天下不僅是強者的，也屬於弱者的。當年毛澤東就講過，政治就是把我們的人搞得多多的，把對方的人搞得少少的。要推動改革就應當把支持改革的人搞得多多的，而把反對改革的人搞得少少的。而要實現這個目標，提出改革方案和思路必須同時滿足的反對改革者的利益和要求，這樣才能獲得大多人的支持和擁護，才能確立「改革共識」。

這兩個思路都是為了確立改革共識，二者缺一不可，如何改革屬於「術」，哪些不改則屬於「道」。我們可能會注意到前者，但往往忽略後者。比如鄧小平在推動改革時就採取了一個重要的舉措，就是提前結束對「三種人」的審查。這一點往往被人們所忽略，以至於目前關於改革開放的紀念文章中幾乎不提這件事情。鄧小平代表的經濟改革派重新掌權之後，中央開始清除「三種人」，即「文革」中造反起家的人、幫派思想嚴重的人和打砸搶分子。很多人不僅被直接開除公職，而且被送進了監獄，一時間人心惶惶。這其實是「經濟改革派」對「文化革命派」的專政，超越了當時的法律程序，採取了法律溯及既往，法律成為反攻倒算的工具。但隨着「文化革命派」在政治上失勢，鄧小平很快中止了這場清查行動，並提出「放下包袱，團結一致向前看」。「放下包袱」就是指的這些人，他們對於改革心懷恐懼，如果清查運動不停止，他們就會成為改革最大的阻力。因此，鄧小平就是以巨大的胸懷，讓大家丟掉「文革」歷史上乃至黨的歷史上的派別仇恨，凝聚改革共識。沒有大胸懷和大氣度，想到這一點很難。要知道當時這兩個派別在「文革」有殺父之仇、奪妻之恨，是你死我活、不共戴天的仇敵，甚至鄧小平的兒子鄧樸方就是被造反派從樓上推下去致殘的。但是，鄧小平竟然能提出「團結一致向前看」，這不僅是政治智慧，更重要的是「天下為

公」的政治德性。

因此，要深化政治體制改革就應當記取經濟改革的成功經驗和挫折教訓，致力於最大限度地凝聚改革共識開始。一方面應當明確改革的底線，即哪些東西不能改革。記得在 2009 年，吳邦國委員長就曾經明確劃定政治體制改革的底線，可稱之為「三不原則」：不搞多黨輪流執政、不搞兩院制，不搞三權分立。這可以看作是政治體制改革的底線共識，如果沒有這個共識，或者試圖突破這些共識，那麼政治體制改革很難順利進行。另一方面，政治體制改革必須約束既得利益階層或強勢階層，尤其是經濟和文化上的強勢階層應努力營造一種相互包容、寬和的文化氛圍。可惜的是，目前經濟和文化上新興的強勢階層往往過於自信，缺乏自我約束，某些主流文化人利用自己掌握的話語霸權，以狹隘的派別心態和唯我獨尊的道德姿態對待不同的觀點，這無疑不利於凝聚改革共識。

因此，政治體制改革能否順利進行，關鍵在於看我們能否重新凝聚改革共識。這實際上考驗過去三十年成長起來的新興社會階層是否在政治上足夠成熟，是否有足夠的政治智慧，是否有寬闊長遠的歷史視野，是否有胸懷天下的政治德性。在這方面，「空談誤國，實幹興邦」很重要，應當少宣揚政治體制改革的理念，多做一些扎扎實實的具體改革。

深圳的體制改革：建立公正透明的現代政府

問：我想問的是，就像你剛才所講，深圳的政治體制改革，今天需要有一種當年改革家的魄力也好，實幹精神也好，你覺得具體要怎麼去做呢？因為這個問題深圳喊了很多年了，但至今進展不彰。

強世功：我並不了解深圳今天面臨的具體問題是什麼。我們應當

記住，改革是為了解決實際問題，不是為改革而改革。什麼叫「清談誤國」，什麼叫「教條主義」？就是為改革而改革，為社會主義而社會主義，為市場而市場，為民主而民主。

因此，政治體制改革必須針對要解決的具體問題，而不是從理念出發提出一攬子改革藍圖，這也就是我們所說的循序漸進的改革。深圳面臨的問題與其他地區不同，其改革思路也應有所不同。比如當年深圳學習香港的管理體制改革，但並不一定完全理解香港體制要解決的問題。當年港英政府確立這一套行政管理體制是把公司管理的思路引入近來，將決策和執行分開來。這其實是英國殖民當局撤退戰略部署中「放權」計劃的一部分，即把決策權掌握在英國人手中，而把具體執行權逐步下放給華人。如果深圳市政府要解決政府決策分散的問題，當然可以考慮採取這種模式。

總的來說，深圳的政治體制改革應當符合深圳自己的特點。比如，深圳距離香港很近，可否學習香港的社會福利制度，率先建立完善的社會服務體系。再比如深圳與香港的往來頻繁，涉及到大量兩地司法糾紛。能否在深圳率先進行司法體制改革，促進兩地的司法互動，容許香港律師在深圳的法院出庭，推動深圳法院學習普通法的司法模式。而建立一個公平合理的司法環境，剛好可以吸引民營企業落戶深圳。深圳與北京、上海不同，經濟結構中民營企業為主，而且許多是製造業，而不是金融或房地產，由此創造一個公平良好的司法環境，就可以吸引民營企業落戶深圳，鞏固深圳的經濟地位。

問：深圳國有經濟這一塊在經濟總量中大概佔的比例只有 10%。

強世功：民營企業看中深圳的是什麼？不光是自然條件和與香港互動的便利，更重要的是希望有一個公平的司法環境。深圳能否把司法

公正看作是體制改革的突破口？我相信這可以在深圳凝聚最大共識，不僅是深圳內部的民營企業主和廣大市民的共識，也可以利用中央促進香港與內地法律整合的長遠戰略，凝聚中央與深圳地方政府的改革共識。因此，深圳應當利用自己毗鄰香港的優勢，從中央治理香港的長遠戰略出發，提出在深圳建設內地與香港法律整合試驗區，同時也是全國司法改革試驗區，結合大陸法和普通法的優勢，為建立中國特色的社會主義司法制度探索新的經驗和道路。如果深圳從這個方向努力，我覺得比當年搞得基層選舉更有重要意義。

對於深圳這樣的城市，體制改革不見得要去提一個大而無當的目標，而是循序漸進，實實在在地去解決深圳面臨的問題。而且解決問題的關鍵不在於提口號，也不需要像當年的經濟改革那樣搞得轟轟烈烈，而是要靠實幹。

問：香港科技大學的丁學良教授，有一次來深大講課，他也講了類似觀點。他說港深之間目前存在三大差異，一是法律，一是教育，第三個就是媒體。為什麼說媒體呢？他說，現在深圳不是想跟香港一起共建國際金融中心嘛，如果沒有公平的司法體系，沒有教育，沒有開放的輿論環境，特別是公開透明及時的資訊體系，想建國際金融中心是不可能的。今天你也講到了教育跟法治，特別是剛才講的司法公正的問題，深圳還有一個優勢，就是它被授予了地方人大的立法權。

強世功：現在中國整個司法體系在國內外的形象很差，存在很大問題，而且很嚴重。那怎麼解決？由於中國各地的狀況千差萬別，既有北京、上海和深圳這些國際城市，也有西北地區落後的鄉村派出法庭。這就意味着我們根本不可能搞一套司法改革模式，而應當有不同的司法模式。過去十多年司法改革的最大弊端就在於全國「一刀切」。肖

揚時代強調司法理性化和職業化，把中國的所有法院都建成專業化的職業法院，結果改到最後西北基層法院連法官都沒有了，大量訴訟湧入法院，法院不堪負重，導致涉訴上訪激增，社會對法院的信任度大大下降。然而，目前最高法院則似乎又走向了另一個極端，試圖按照當年陝甘寧邊區的「馬錫五審判模式」來塑造北京、上海和深圳這樣大城市的法院，強調法院進行調解、穩定社會。正因為如此，深圳完全可以利用建立改革試驗區的優勢，探索符合深圳自己的司法模式，也為全國的司法改革積累經驗。

此外，我覺得深圳應當致力於建立一個公正廉潔、信息公開、運作透明的政府。與公正的司法一樣，這是深圳保持自己地位的核心競爭力。北京依賴政治中心，上海依賴金融中心，深圳在這兩方面都無法和北京、上海相比，但深圳應當着眼於建立自己完善的信用體系，並將此作為保持深圳優勢地位的核心競爭力。

我再舉一個例子。我曾經為《中國經濟》刊物組織了一期關於「香港在國家戰略中的定位」的專題討論。我在採訪特區行政長官曾蔭權先生時，專門提出如何看待上海定為國際金融中心對香港的挑戰。他告訴我，香港之所以不用擔心上海的挑戰，一個重要原因在於上海缺乏獨立公正的司法體制和信用制度，尤其上海不是普通法地區。香港的核心競爭力不僅是自由的市場和資訊，而且包括普通法下獨立的司法和廉潔透明的政府。這對於深圳也許是一個啟示：一個以民營經濟為主導、且與香港比鄰的城市，理應當把建立完善的信任體系，包括公正的司法和廉潔透明的政府作為政治體制改革的首要目標。

因此，無論是解決社會公平，還是進行體制改革，都不能停留在討論抽象的公平、正義、民主和憲政之類的宏大概念上，而應當從具體制

度和技術入手，這不僅有利於凝聚改革共識，也有利於問題的有效解決。

問：其實所有的技術問題都是牽一髮而動全身的。

強世功：對。

問：但要是沒有這種所謂的實幹的精神，也解決不了的。

強世功：是的。現代社會是一個複雜社會，技術手段特別重要。每一個小小的技術改革，就會引發重大的道德和政治難題。比如我們最近討論最高法院關於婚姻法司法解釋的徵求意見稿。這個司法解釋僅僅規定了房產登記等一系列處理家庭財產的技術手段，而其結果則可能導致一場中國婚姻家庭的革命。這就意味着一方面，我們要知道如何把政治問題和道德問題轉化為技術問題來處理，但另一方面，我們更應當洞察每一項技術化的改革措施最後導致的政治後果和道德後果。這就意味着我們在知識上要打通人文學科和社會科學，寓道於術之中。

「空談」與「實幹」：歷史中的波浪更替

問：對比一下的話很有意思，二十多年前的教條主義，其實也是一種泛道德化。這種泛意識形態化的思維模式，實際上就是認為自己有一種天然的道德制高點。那麼，為什麼目前又出現這種意識形態化的思維模式。

強世功：我在前面講過，清談和實幹之間有一個此消彼長的波浪式發展過程。經過三十多年的發展之後，之所以重新意識形態化一個重要的原因就在於社會發展相對穩定下來之後，相應的弊端也明顯暴露出來，而社會發展的空間也因此受限。在這種情況下，人們又試圖藉助意識形態的清談為改革提供新的動力。

目前，有兩個問題比較明顯。一是社會發展進入常規化，導致社會流動放緩，下層的上升空間明顯受到了抑制，很難再出現一夜暴富的情景。加之改革措施到了既得利益階層的影響，使得改革結果往往更有利於強勢階層，加劇了社會分化，導致社會心理的失衡和不滿情緒的上升。二是普遍精神空虛，缺乏凝聚人心的社會道德基礎。而按照自由主義的政治邏輯，個人倫理和人生意義屬於私人領域的事務，國家和政府不應當為個體提供人生意義。這無疑削弱了國家的道德基礎，不利於社會的穩定。

因此，如何收拾人心，重建道德價值，奠定中國人的生存意義與建設公平合理的制度一樣成為當前迫切的兩個問題。道德價值以及相關的「主義」乃是政治的基礎，只有在共同的道德價值和生存意義基礎上，政治體制改革才能穩步向前推進。如果人們在這個問題上缺乏共識，政治體制改革只能導致更大的分裂。

沃勒斯坦（Immanuel Wallerstein）認為，近代以來，自由主義和社會主義共同摧毀了保守主義的政治基礎，結果導致二者之間水火不容。辛亥革命和五四運動徹底摧毀了中國的傳統價值，導致社會主義與資本主義水火不容。今天，在體制改革問題上，我們也面臨着自由主義與社會主義之間的分歧，這個分歧也許只能共同信守傳統政治基礎和道德價值的基礎上，才有可能同時吸收自由主義與社會主義的有益要素，完成近代以來中國傳統政治現代化的任務。因此，我們面臨的任務就是超越辛亥革命和五四運動，在繼承其遺產的基礎上，重新接續中國的傳統文化。

問：我還是有一個小小的困惑，當年提「實幹興邦」這樣的一個口號可以理解。但我一直在想的是，我們的經濟改革或者說包括政治改

革的最終目的是什麼？是不是最後還是要回到人的生活？以前可能是求溫飽，現在是品質生活；或者說是追求一個相對公平的、讓人心情舒暢的、人盡其才的環境，享有一種不妨礙別人的自由。實際上這三十年最大的一個變化應該說是中國人的個人主體性凸現出來了，這跟千百年來的國家大於個人、一統掩蓋個性的傳統差異很大。這也就是我的問題，在今天這樣的一種語境下，還提所謂的「興邦」這樣帶有濃烈國族主義色彩的說法，跟時下這樣一種個人主體性很強的社會生活和環境，是否存在矛盾？

強世功：其實並不矛盾。個人和羣體、社會和國家，並不是割裂的。沒有個人就沒有社會和國家，只要人羣組合在一起，自然會有社會和國家。一個人努力創造財富時，社會就會富裕，國家也會興旺。但反過來，沒有社會和國家，個人只能處於野蠻狀態，無法進入文明狀態，沒有國家法律的保護，個人也不可能獲得其財產。我們講「實幹興邦」，不是說人們每天要想着國家，為國家幹事才叫實幹，而是說你只要實幹，按照國家的法律和政策實幹，其後果自然就是興邦。國家就是由一些細小的東西形成的。把家庭日子過好，把企業做好，把政府管理本職工作做好等等，國家自然會欣欣向榮。

現代社會的價值建立在個人自由的基礎上。個人自由很重要，但基於自然權利的自由概念能否成為中國人的根本價值，需要進行追問和證明。談道德價值就必須追問道德的哲學基礎，也就是康德所說的道德形而上學的基礎。康德之所以受到西方現代自由主義的推崇，就在於他奠定了「權利、自由」的道德形而上學基礎，而這個形而上學基礎要放在基督教的背景下才能理解。然而，對於大多數中國人而言，我們依然在生活中傳統中國人的生活價值中，這種生活價值曾經建立在天道、天理、心

性等一系列儒家學說提供的形而上學基礎上。但由於儒家文化受到了現代西方科學文化的衝擊，以至於我們今天不再接受天道、天理、心性等這些傳統儒家的精神基礎，只保留了儒家生活價值的日常碎片。

其結果，一方面我們在生活中可能依然遵守孝道、友誼、忠信、義氣、愛國、心懷天下等傳統價值，但我們無法給這些價值提供形而上學的證明；可另一方面，我們雖然在接受了西方現代科學和啟蒙學說提供的形而上學，但並不意味着我們在生活中就能完全接受西方人的現代生活方式。因此，中華民族的偉大復興不僅是在日常生活中復興傳統的生活方式，更需要為這種傳統的生活方式提供符合現代科學的形而上學基礎。

問：傳統的復興如何落到實處，避免陷入「空談」？

強世功：現在大家都談傳統的復興，但關鍵在於落實到行動中。儒家傳統本身就強調「知行合一」。傳統儒學與社會、政治高度整合，這就是我們所說的「道統」，你甚至可以說這是一種政教高度合一的社會形態。但現代政治往往強調要建立在自由主義的基礎上，結果導致政教分離，儒學與現代政治也出現了相對分離。在這種背景下，如何維持儒學對中國人生活方式的塑造，就面臨巨大考驗。西方政教分離之後，教會維持了對個人日常生活方式的塑造和影響。可儒學與政治分離之後，就失去了對中國人生活方式發揮影響的途徑和渠道，並在西學的衝擊下迅速走向衰落。當年康有為試圖建立「孔教」或許就是看到了這個難題。但問題在於儒學的精髓恰恰在於融個人、家庭、社會、國家和天下為一體，不存在西方現代意義上的主體與客體、個人與社會的區分、心靈與行為的區分。離開了家庭、社會、國家和天下，就無法理解個人道德和修養的意義。儒學的真正復興必須與社會建設和政治建設進行有機整合，前者也許要從家庭入手，後者可能要從教育入手。

族羣融合是新疆政策的最高目標 [*]

一、「新疆政策的關鍵是要有明確的最高目標」

問：當前，大家對新疆治理都非常關注，中央也推出一系列新的政策，您怎麼看？

強世功：理解新疆問題要從三個角度入手。

其一，新疆問題固然是中國內政，但必須放在全球政治權力格局中來思考。說到底，無論台灣、香港和澳門，還是西藏和新疆，都是中國和西方進行政治較量的前沿陣地。在全球化背景下，這種政治較量增加了新疆問題的複雜性。

其二，新疆問題要作為特殊的邊疆問題來思考。什麼是「邊疆」？從地理上講，它處於國家領土板塊的邊緣位置；從政治和文化的角度講，它是政治主權以及文化意識形態影響相對薄弱的地區。從中國歷史看，中華文明是中心文化與邊疆文化相互影響和交流的結果，其中最重要的是中心文化對邊疆文化的影響，以至於人們往往不恰當地把這個過

---

* 原載《南風窗》，2010 年 6 月第 12 期，刊出時有刪節，這裏為原文。採訪人為申欣旺、陳燕。

程理解為漢化過程。邊疆與內地在文化思想上的不一致往往被族羣、語言和宗教等因素所強化。我們的憲政體制中之所以採取民族區域制度和「一國兩制」正是為了處理邊疆問題。但目前的問題是：在民族區域制度下如何鞏固和強化中央在邊疆的政治權威，如何促進邊疆與內地在文化思想上的融合，從而鞏固人心的統一。這些問題不僅出現在新疆和西藏，也出現在香港和台灣，在香港我們稱之為「人心回歸」。因此邊疆問題首先表現為是政治文化思想問題，尤其是政治認同和文化認同問題。

其三，新疆問題要放在改革開放以來的經濟轉型背景下加以理解，經濟轉型導致了社會分化，從而增加了社會不穩定因素。

問：中央推出的新政策中，經濟問題是不是問題的關鍵？

強世功：經濟發展問題固然重要，但絕不能陷入庸俗的「發展主義」。經濟發展不一定能解決族羣團結，有時候反而會導致社會分化，製造族羣緊張。新疆族羣關係恰恰是在改革開放經濟高速發展背景下變得緊張起來，因為不同族羣適應市場經濟的能力有所不同，而一些致富的少數族羣精英提出更多的政治、宗教和文化的要求，甚至走向分裂的道路。我的意思是說，中央提出很多新的政策出發點是好的，但這些政策的效果可能是相互衝突和矛盾的。因此，必須有一個更高的政治目標來統領各項政策，使得各項政策的落實有利於實現這個目標。

問：在您看來，理解新疆治理問題的關鍵是什麼？

強世功：新疆的治理不能着眼於新疆本身，而必須放在中國發展的整體戰略中來思考。應當把新疆、西藏、台灣和港澳等放在中華民族崛起背景下，思考中國國家建設的戰略。這裏存在兩個問題：一是中央治理新疆的最高目標是什麼？為了實現這個目標，採取哪些戰略，包括

眼前的和長遠的？這意味着要有一個現代、有效的決策機制，形成一整套完整的國家發展戰略來處理新疆、西藏、台灣和港澳問題。目前，我們的對台工作、港澳工作、西藏工作和新疆工作是相互獨立的，但在應對全球化時代的複雜問題上，這些工作具有類似的規律性，應當在決策層面上打破目前的分割局面，相互借鑒和促進。二是目前推出的各項政策是否有效實現這個目標？這意味着要有一個有效的政策協調和整合機制，避免部門和政策之間相互扯皮和打架。

問：在您看來，新疆政策的最高目標是什麼？

強世功：近代以來中國始終面臨如何在全球化背景下建構獨立自主的主權國家，這個問題至今還沒有完全解決，由此才有我說的這些「邊疆問題」。當代中國的核心問題依然是繼續近代以來的主權國家建構，只不過時代不同，問題表現也不同。如果說台灣問題的最高目標是實現祖國統一，港澳的最高目標是長期繁榮穩定，那麼西藏要解決的問題是如何處理政教關係，新疆要解決的根本問題乃是族羣融合。因此，新疆政策的最高目標就是要如何促進族羣融合，任何政策的制定和落實必須有利於族羣融合，而不是族羣分離。在這方面，我認為美國解決族羣問題中提出的「熔爐理論」對我們有很大的借鑒作用。

二、「民族融合的核心在政治認同」

問：把族羣融合作為最高目標檢討我們目前的新疆政策，核心問題在哪？

強世功：族羣融合絕不能理解為簡單的漢化，而是在保持族羣文化多樣性的前提下，各族羣相互尊重、相互支持、相互理解、相互團

結，自覺地維護中華人民共和國這個政治共同體的統一並在政治上認同奠定中國的文化精神基礎，由此鞏固中華民族的政治和精神基礎。為了實現這種族羣融合，不僅要進行經濟和社會的融合，而且要進行法律與政治的融合，最終是促進思想意識形態和文化價值觀念的融合。在這個意義上，經濟融合不是單純的經濟發展問題，而是要把新疆的經濟發展整合到整個國家經濟發展戰略中，鞏固和強化新疆與內地的經濟紐帶，就像目前港澳經濟已經整合到內地經濟格局中。社會融合就包括族羣之間的人口流動、社區建設和不同族羣的通婚和宗教信仰的選擇自由等方面。政治融合就包括把新疆的少數族羣的精英整合國家政治階層中，尤其要充分利用並鞏固共產黨這一政治整合機制。法律融合就是強調國家公民身份高於族羣的社會身份，各族羣作為國家公民，共同維護國家憲法和法律，推進法律面前人人平等。但最難、最核心的是文化意識形態融合，也就是增加少數族羣對國家的政治認同和文化認同，而要解決這個問題必須堅持政教分離的現代政治原則，即不同族羣秉持的不同宗教信仰僅僅局限於個人私人生活領域，不能侵入到教育和政治等公共領域。這幾方面的融合要齊頭並進，相互促進，任何單一維度的融合都難以長期湊效。

問：如果按照融合的目標，您怎樣看過去 60 年的新疆政策？

強世功：簡單來說，前三十年中央治理新疆的最高目標就是族羣融合。首先就是內地的不同族羣，尤其漢族大規模入疆，全方位幫助新疆的經濟、社會和文化發展，將新疆地區從落後的遊牧農耕社會帶入到現代工業化的社會歷史進程中，只有這樣才能談得上融合。新疆建設兵團就是強力推動族羣融合的重要舉措。其次，充分發揮黨的整合機制。共產黨本身就是一個獨立於族羣、社會身份和性別等社會要素的政

治熔爐，它通過「階級」概念以及窮人翻身解放運動把少數族羣的下層百姓整合在國家的政治生活中。新疆庫爾班大叔騎毛驢進北京拜見毛主席具有強烈的政治意含，象徵着中國的政治基礎從傳統帝國向民族國家的轉變，即國家的政治基礎不是族羣，而是階級，是公民個人。最後，就是文化整合，推動漢語教育乃至一些被批評為「極左」路線的中國化政策。這些政策可能有不完善的地方，但目標很明確，也很有效，奠定了中央治理新疆的基礎。

改革開放三十年，在發展經濟的思路下，新疆政策實際上迷失了方向，甚至背離了族羣融合目標。比如中央政策讓大批漢族的幹部和羣眾撤離新疆；經濟改革導致內地其他族羣進入新疆僅僅為了賺錢，而沒有與當地族羣形成穩定的社會關係；基層的衰敗導致漢語教學集中在少數中心城市，清真寺取代了學校，致使社會下層失去了與國家的文化紐帶，開始接受另一套教育。這樣在思想意識形態方面不是走向融合和統一，而是走向分裂。而「階級」概念的衰落增加了政治融合的難度，法律上的族羣不平等甚至歧視，也阻隔了族羣融合。

問：您前面提到美國的例子，美國的族羣融合模式是否適合中國？

強世功：「熔爐」比較好理解，但關鍵是如何「熔」，「熔」到什麼裏面。美國的模式的精神基礎是自由主義，在此基礎上才能形成目前的多元格局。因此美國模式最終只能融到美國憲法中。憲法在美國之所以這麼重要，就在於它是把不同族羣融為「美利堅民族」的工具。這樣的模式不符合中國的歷史和現實，但有許多值得借鑒的地方。

問：那適合中國民族融合的模式是什麼？

強世功：首先要問：各族羣融合為中華民族的精神基礎是什麼？顯然不是自由主義，更不是各種宗教，而是中華民族歷史上形成的儒

家文化以及現代中國推動的馬克思主義中國化。因此，中華民族的融合模式也不同於美國，也不可能採取簡單的多元主義模式。中華民族的融合模式必須強調一個特點：即族羣中有大的族羣和小的族羣，要讓這些不同族羣之間平等相處，就不是用形式上的平等來掩蓋實質上的不平等（這恰恰是美國模式的精髓），而必須強調大的族羣對小的族羣的幫助和扶持，小的族羣對大的族羣的尊重和遵從，從而最可能追求實質平等。這恰恰是中國憲制秩序的特徵，包含我們的政黨融合機制和區域自治制度等。這種秩序的精神基礎乃是儒家禮樂文化，即在承認和尊重天地、夫妻、父子、君臣、親疏、長幼之類自然差異等級秩序的基礎上，構建「和而不同」的和諧秩序。我們強調五十六個族羣是兄弟姐妹，實際上也是要強調這種長幼有序的和諧秩序。而要維持這樣的秩序，這個政治責任必須由最大的族羣漢族來承擔。因此，中華民族的融合首先要成為是漢族的責任，漢族要在這方面做出更大的犧牲和貢獻，無論是近代以來面對西方列強的欺凌，漢族在維護中華民族的統一和團結並建立新中國的過程中，還是在新中國展開的工業化建設中，都是做出最大犧牲的族羣。包括漢族幹部、文化精英入新疆，也是捨家拋業，放棄相對優越的自然環境和經濟文化生活，進入新疆大漠的不毛之地，為新疆的經濟發展、文化教育、社會穩定做出了巨大的犧牲和貢獻，推動新疆各族羣眾的社會生活從遊牧狀態一躍進入工業化時代。

但是，面對現代法治觀念的興起，我們應當借鑒美國模式中的許多積極要素。把作為族羣融合的政治基礎從「階級」概念轉向「公民」概念，從強調族羣平等轉向強調「公民個人平等」，貫徹法律面前人人平等的原則，尤其要保護少數族羣的權利。比如在新疆，漢族實際上構成了少數族羣，他們在刑事、民事法律制度上受到了與其他族羣不同的

待遇。目前採取的各種對某些族羣的優待和照顧政策，一方面構成了對漢族在新疆作為少數族羣的歧視，必然妨礙了漢族在新疆長期扎根，另一方面也在強化其他族羣的區別意識和自我意識，而在其他族羣的精英意識中，認為這種照顧政策是對其身份和能力的貶低，這顯然不利於族羣之間的融合，導致了新疆各個族羣之間的相互分離。

三、「關鍵是淡化族羣身份認同」

問：您剛才提到了非常重要的一點，就是民族融合的關鍵在於共同的文化意識形態。那麼文化交流的關鍵要素是什麼？

強世功：首先就是語言。歷史學家已經指出，中國長期統一的重要原因是秦代推行的文字統一。因此，族羣融合的首要條件就是推廣國家語言普通話。我們所說的漢語不單純是漢族的語言，而是整個中華民族在建構政治國家的歷史進程中共同創造和使用的語言文字，屬於國家語言文字。而且在今天全球化的經濟格局中，全世界都在學習漢語，中國的少數族羣若不掌握流利的國語普通話，就不能接受良好的文化教育，必然在市場競爭中處於劣勢地位。因此，發展經濟、改善民生，不是對少數族羣大搞扶貧項目，而是從根本上提高他們的文化水平、文化能力和競爭力，大力推廣普通話。在這方面，香港就是一個教訓。香港回歸之後推行粵語的母語教學，結果導致香港教育中英語滑坡，而普通話又未能普及，影響到香港居民與內地居民的交流和溝通，不利於香港經濟的競爭力以及與內地的經濟文化整合。

問：請您講講幹部交流機制與民族融合這個最高目標的關係。

強世功：我剛才說了，要充分利用中國共產黨這個族羣融合機制。

既然黨是超越族羣、社會身份、信仰和性別等因素的先鋒隊組織，那麼就要促進不同族羣的黨員在黨的體系中的流動和融合。目前，我們的重要思路是選拔大批的內地幹部援疆，但還應當鼓勵邊疆少數族羣的幹部到內地進行掛職、鍛煉。只要在黨的層面和機制上實現了族羣整合，那麼在國家層面上比較容易實現族羣融合。共產黨本身就是一個大「熔爐」，只要在黨的層面上形成了政治共識，也很容易在國家層面上奠定政治認同。

問：實際上要淡化族羣身份認同，但我們做的正好相反？

強世功：少數族羣的文化要保護和發揚，但不能因此變成族羣上的刻意分割。在概念上應當糾正「少數民族」這個概念的誤用，代之以更為科學嚴謹的「少數族羣」概念。在目前全球主流的理論中，「民族」（nation）是一個政治概念，與「民族國家」和「民族自決」等概念聯繫在一起。漢族、藏族、維吾爾族等都不是政治概念，而是一個種族或文化概念，屬於「族羣」（ethnic）。我們有五十六個族羣，但只有一個民族，就是「中華民族」。相應地，自治區名稱中也應當取消其中的族羣概念，因為我們的自治區政策是「區域自治」，而不是「族羣自治」，中國民族長期以來形成「大雜居、小聚居」的格局。比如新疆就有許多少數族羣，稱之為「新疆維吾爾族自治區」實際上就對其他族羣不公平。因此，應當選擇適當時機，把自治區或者自治州等名稱中的少數族羣的名稱去掉，直接稱「新疆自治區」「廣西自治區」等更為恰當。

與此同時，在教育領域中就應當取消目前的民族學校制度，特定歷史條件形成的教育體制在「階級」整合失效的今天，無疑突顯並強化了族羣身份和族羣認同，造成了族羣之間的無形隔離。同時，民族學校的教育質量普遍較低，採取這種特殊政策，實際上對少數族羣構成了潛

在的歧視，不符合憲法中的平等保護原則。相反，讓不同的族羣作為共和國公民在一起上學、生活，有利於培養國家公民觀念，有助於形成穩定的社會關係網絡，有利於族羣的社會融合。

四、「需要對現有政策進行梳理」

問：您始終強調文化的功用，從這方面加強族羣融合我們可以做哪些工作？

強世功：關鍵在於掌握文化領導權和意識形態領導權。一方面當然是哲學層面的，如何全面闡述中華民族融合模式的精神基礎。另一方面乃是文學藝術領域，通過電影、音樂、小說等文化形式記載、保留和復活民族融合的記憶。比如關於新疆，我只記得歷史上土爾扈特部回歸的故事，60 年代的電影《冰山上的來客》，最近有電視劇《戈壁母親》。但總的來說，該領域的文化產品非常少。50、60 年代以來，一批又一批內地大學生懷着理想信念來援助邊疆，許多人就扎根新疆，獻身於新疆。關於他們的故事，尤其是與新疆少數族羣共同生活的歲月，如今基本上封塵於歷史之中，我們需要做這方面的口述史研究，喚醒中華民族大家庭相互扶持，團結融合的歷史記憶。從這些現象，說明我們治理邊疆缺乏一套明確的文化戰略。需要注意的是，冷戰以及後冷戰以來，美國中情局為分裂我國就採取了一套長期的文化戰略，許多著作甚至成為我們研究的參考資料。

問：您一開始就提出，新疆問題要放在全球化視野下，它和新疆問題的解決有什麼關係？

強世功：我們看過去六十年的民族政策，很多是有遠見卓識的。

有些政策和制度發揮了根本性的作用，比如「建設兵團」制度。但是，時代變了，條件也變了，也需要我們與時俱進，在新的環境下進行創新或者創造性轉化，而不是簡單的廢除看起來不合時宜的制度。在這些環境變化中，最大的變化一方面是經濟全球化，另一方面是後冷戰時代西方世界獨佔了文化和意識形態的主導權。因此，處理新疆、西藏、台灣和港澳問題一樣，實際上是中華文明與西方文明之間的一場持久競賽或持久戰。目前，我們在經濟領域取得了相當的成就，我相信從國家戰略角度對新疆經濟進行重新佈局肯定會全面提升新疆與內地經濟的融合，但我們還應當把經濟領域的成就轉化到文化思想領域，開始爭奪文化和意識形態的領導權。在這方面，我們可資利用的不僅是西方自由主義傳統和馬克思主義傳統，更應該發掘利用中國古代的政治和文化傳統。這無疑需要比經濟建設更艱苦的努力。

「熔爐」：族羣的社會身份與政治身份 *

　　去年拉薩的「3.14 事件」還沒有從人們的記憶中淡去，今年烏魯木齊的「7.5」事件便以更加極端的方式考驗着人們的情感承受力、道德判斷力和政治思考力。這兩起事件的性質不同，歷史緣由不同，但同樣夾雜着經濟生產方式、政治軍事組織形式這些所謂政治「硬權力」和宗教、歷史文化敘述這些所謂的政治「軟權力」。二者通過民族和領土這個政治的核心扭結結合在一起，凸現了未來中國面臨的重要問題。這既是中國歷史上反覆出現的邊疆治理問題，也是一個作為「未完成方案」的現代性問題。

　　政治的前提乃是領土，領土不僅提供了一種民族作為政治共同性凝聚起來的物質基礎，甚至奠定了這個民族的歷史命運。所謂地緣政治學說就是在探討不同的地緣條件下，不同民族的構想政治空間的方向與歷史命運。中華民族的形成及其歷史進程就是中原的華夏民族與四周少數民族互動中不斷擴大融合形成你中有我，我中有你的中華民族。由於地緣條件的影響，中國歷史上歷代王朝的安全隱患都來自西北邊疆，由

---

* 寫作於 2013 年。

於西北高地上的遊牧民族會順勢而下，席捲平原上安居的農耕民族，以至於東南方由於海洋的天然屏障成為避難偏安的一隅。今日江浙的繁榮首先要歸功於歷史上遊牧民族不斷侵襲中原，使得中原的資金、技術、人才、文化等逐漸向東南遷徙。而在這種地緣政治的背後，依然存在着遊牧民族和農耕民族兩種不同的經濟社會組織方式。

在這樣的背景下，戰國時代以來，中原民族不斷修長城試圖用人力來阻擋遊牧民族的鐵騎來改變中原民族在地緣政治上命定的劣勢，這無疑是人類挑戰命運的偉大創舉。秦朝就是憑藉西戎的鐵騎和地緣上的高地優勢征服了東方和南方的諸邦國，當然在這種地緣征服的背後是文明組織型態的征服，即法家構想的郡縣制組織形式戰勝了儒家的封建組織形式。錢穆將其稱之為「西方（法家）文化」對「東方（儒家）文化」的征服並不為過。漢代之後歷代偉大王朝之所以能夠越過長城，不僅依賴軍事實力，而且依賴郡縣制這種現代的政治組織，由此開創了中國歷史上的東方向西方的漫長現代化進程，即將西北邊疆遊牧文明逐步改造為現代的農耕文明。這個漫長的現代化過程固然是技術、文化和政治組織擴張的文明融合過程，而同時作為這種文明擴張的載體，也是漢族人口向西北擴張過程中與少數民族不斷融合的過程。在這個意義上，今天很難說有一個純正的漢族，或許廣東的客家人可以理解比較古老的漢族，漢族本身就是一個多民族融合的結果，歷史上諸多少數民族在融合過程中因為採納了漢族的姓氏而成為漢族。因此，漢族乃是一個文化民族，而非生物學上的族羣，它因此構成了中華民族的主體，而在漢族乃至中華民族的背後乃是中華文明。由此，西北邊疆的問題從來都是族羣融合、文化融合、文明提升的問題，中華文明的背後就是中華民族。由此，西北邊疆的問題，從來都是族羣融合、文化融合、文明提升

的問題。

新中國成立之後，我們對西北邊疆的治理形成一整套完整的治理方略：一方面繼承了秦漢以來的現代化思路，即在國家政權建設的基礎上，將現代的技術、生產方式和思想文化不斷傳入邊疆，從而提高邊疆少數民族的文化生活水平；但另一方面卻由於受到西方民族主義的影響，尤其是蘇聯的民族理論，一反秦漢以來伴隨文明融合形成的族羣融合趨勢，而是通過識別「少數民族」，創造出諸多的「少數民族」，對少數族羣進行了特殊的法律保護，並在民族區域自治基礎上，固化了少數族羣的身份認同。然而，這兩種方略形成了內在的張力甚至衝突。一方面，新疆建設兵團的屯耕戍邊政策、以及大量漢族幹部（尤其技術幹部）赴疆援助從根本上提高了邊疆少數族羣的文明水平，但另一方面，這些政策無法產生族羣融和的效果，因為少數族羣識別政策和特殊保護政策中，尤其是人口政策和司法審判政策，不斷改變當地的人口結構和強化族羣身份區別，甚至將少數族羣人口增長被看作是民族政策的成功經驗。在這種族羣結構不斷變化和族羣認同不斷增強的背景下，由於外部勢力的蠱惑，很容易造成族羣關係的緊張。這兩種不同的邊疆治理思路交織在一起會產生一個全球性的現代性難題：少數族羣的現代化進程可能會進一步強化其身份認同和政治訴求。

新中國邊疆民族政策的形成有其特殊歷史背景，但這種民族政策之所以有效就在於堅持「民族問題乃是階級問題」的政治原則，致力於建立社會主義乃至共產主義社會。其一，在經濟上，以土地改革和集體化為目標的現代化思路徹底打碎了邊疆少數族羣長期形成的首領或貴族專權的經濟和政治結構，摧毀了少數族羣的族羣認同、文化認同和宗教認同的經濟和政治基礎。其二，在政治上，族羣平等的政治基礎在於打

造一個超越族羣和宗教的無產階級這樣一個新型政治主體，這就是勞動人民及其代表中國共產黨，這實際上是用階級融合、政治融合來發揮族羣融合的功能。其三，在文化上，徹底的「文化革命」不僅將各族羣的歷史文化看作是封建文化而加以消除，進而在階級基礎上創造新型的人民大眾的共同文化。這種削弱族羣認同而強化階級認同的新型文化具有非凡的政治意義。

正因為如此，新中國初期雖然採取了的民族識別和民族平等的政策，從民國時代的「五族共和」發展到 56 個民族，但這種民族政策絕非採取各族羣並存分離的「沙拉碗」(Salad bowl) 政策，反而產生了一種「熔爐」(melting pot) 政策效果。

其一，繼承了歷史上的民族融合傳統，只不過將歷史上大民族主義提升為民族平等，強調 56 個民族「大家庭」的親緣關係以及在此基礎上形成中華民族，由此形成了一整套完整的歷史敘事和文化敘事。「熔爐」就意味着要將包括漢族在內的所有族羣融入到一個「中華民族」之中，從而使得「中華民族」具有惟一的政治民族身份。

其二，用現代的階級身份來融合族羣身份，而這個「階級熔爐」就是中國共產黨。正如毛澤東所言：「解決新疆問題的關鍵是我黨和維吾爾族的緊密合作」，由此大力發展維吾爾族黨員，培養維吾爾族幹部。中國共產黨之所以能夠起到「熔爐」的作用，就在於共產黨不僅是一個政治組織，而且是一個文化組織，並承擔起實現共產主義這種歷史使命的特殊組織。正如洛維特（Karl Löwith）所言，歷史唯物主義學說和共產主義不過以世俗歷史敘事來承擔起基督教救贖歷史的宗教使命。因此，儘管新中國以來邊疆民族政策具有激進的因素，但不可否認這一時期的邊疆民族政策是最成功的，其成功的祕訣就在於經濟、政治和文化

並舉的「熔爐」政策。共產黨之所以能夠成為「熔爐」的核心，就在於共產黨承擔的歷史使命超越了少數民族的族羣身份和宗教認同。只有在共產主義承擔救贖歷史功能的宗教背景上，我們才能真正理解維吾爾老人庫爾班大叔騎着毛驢進京感謝毛主席所具有的文化意蘊。

改革開放以來，在市場經濟驅動導致了社會分化，整個邊疆民族政策實際上逐漸從「熔爐」政策走向了「沙拉碗」政策。從經濟上看，社會主義集體經濟的瓦解和市場經濟的興起，將每個人從羣集中驅趕出來，從而成為一個孤立的個人，這也意味着各個族羣逐漸擺脫了黨領導人民的集體這個「大熔爐」。由此，個人優先於集體，部分優先於整體的市場經濟意識形態也悄然滲透到族羣關係中。與此同時，曾經的計劃經濟鼓勵平等並承擔起經濟援助的道德功能，然而，市場經濟的競爭性和掠奪性重新加劇了個人之間的競爭關係和經濟差異，甚至形成族羣之間的競爭意識和經濟差異。在這種背景下，黨領導人民的政治組織和動員趨於消退，與市場經濟推動的利益關係重建人與人的社會關係，這種政治和社會整合方式的此消彼長，使得個人若想避免在市場經濟競爭中的失敗或者因為失敗而尋求經濟援助、社會輔助和心靈慰籍，必然尋求更大的社會組織的庇護，以填補集體組織瓦解後留下的真空。在漢族地區，這些社會組織往往以家族的形式出現，而在新疆少數族羣地區就是宗教組織。因此，在改革開放的市場經濟發展必然刺激家族的復興和宗教的復興。

更為具體的是，邊疆少數族羣由於其歷史文化傳統，導致他們不能馬上適應市場經濟，一如在歷史上遊牧民族長時間無法適應農耕生活一樣。由此，廣東玩具廠新疆籍員工與當地員工的羣毆事件決非普通的鬥毆，而是兩種生活方式之間的深層差異。在這種背景下，單純運用市

場經濟的手段來開發大西北雖然在總體上提高了少數族羣的絕對生活水平，但是其中不少人會在市場經濟中利益分化中受損，其相對生活水平反而降低。由此，市場經濟的競爭必然導致階層社會分化的族羣化，即少數族羣在市場經濟發展中在整體上處於劣勢地位。這種經濟上劣勢所產生的被剝奪感，必然為宗教極端主義的傳播提供了社會土壤。假如看不到族羣問題背後隱含的社會分化根源，顯然無法理解問題的嚴重性：邊疆少數族羣的羣體性事件與內地社會底層的羣體性事件正在形成共振。而在這種經濟競爭產生的族羣差異的衝突中，少數族羣中在市場經濟中取得成功的商業精英和宗教文化精英就看到了政治機會，即他們作為少數族羣的政治代言人來加劇這種衝突，以謀求更大的政治利益，企圖恢復少數族羣歷史上的部落頭人和貴族統治的舊體制，甚至分離獨立。

　　從政治上看，由於改革帶來的整個階級意識和階級話語的消解，使各族作為「熔爐」的政治基礎發生了根本的動搖。尤其改革開放初年，推行內地漢族幹部和漢人大規模撤離的極端政策，實際上強化了漢族幹部和少數民族幹部區分的身份識別，不僅忽略援疆幹部對提高邊疆少數族羣文明程度所作的貢獻，也扭轉了不同族羣長期聚居形成的融合趨勢。與此同時，對少數族羣採取的各種特殊優惠政策，比如計劃生育政策，民族幹部政策，高考加分政策，刑事司法政策，婚姻家庭政策，福利政策等等，使得族羣、宗教這些文化要素通過政策和法律強制變成了進行身份識別的要素。而市場經濟中處於邊疆的少數族羣，卻在政治、法律和文化政策上成為一個特權階層，這進一步加劇了人為製造的族羣不平等和分裂，以至於在類似「7.5」這樣的邊疆騷亂事件中，真正受欺辱的反而是作為少數的漢人。漢人援邊守疆承擔起了文化傳

播、民族融合和穩定邊疆的文明使命，而今天他們非但沒有獲得應有的歷史肯定，反而受到了政治上、法律上和文化上的整體性歧視。

由此，要處理好邊疆的族羣問題，關鍵在於嚴格區分族羣所涉及到的問題哪些是社會問題，哪些是政治問題。族羣問題首先是一個社會問題。一方面每個族羣有自己的文化傳統和風俗習慣，從而呈現出多樣化的局面，但另一方面在人類歷史長河中，族羣融合乃是歷史發展的必然趨勢。一部人類文明歷史就是不同的人種和族羣不斷融合的歷史。湯因比（Arnold Toynbee）研究了人類歷史上眾多的族羣及其文明是如何在遭遇挑戰與應戰的進程中不斷融合壯大的歷史。同樣，一部中華文明史也是不同族羣相互交流、學習乃至不斷融合的過程。將族羣的社會身份政治化源於法國大革命推動的政治民主化進程導致民族主義興起，族羣自下而上的社會整合奠定了民主政治基礎，以至於形成「一個民族，一個國家，一個命運」這樣的民族自決原則，從而導致建構「民族國家」（nation-state）的政治訴求，而這種政治訴求又在 19 世紀晚期到 20 世紀初期全球大國博弈的背景下，導致多民族整合的傳統帝國紛紛解體，而民族國家發展壯大，尤其是從殖民主義和帝國主義中獨立出來民族國家紛紛成立，以至於民族國家成為建構政治共同體的主流形態。

從某種意義上講，族羣身份的政治化乃是歐洲現代的產物，其理論基礎才是啟蒙時代的社會契約論，它並不是中國歷史文化傳統的產物。由於 20 世紀西方文明在全球形成的壓倒性優勢，尤其是面對西方殖民帝國的入侵，迫使中國的不同族羣團結起來，共同締造中華民族的政治身份。如果說族羣是一個社會學的概念，那麼中華民族則是一個政治學概念，它是中國人民在帝國主義和殖民主義的壓迫下尋求民族的獨立解放運動中進行的自覺的政治鍛造。這就意味着我們必須將作為政治

概念的「中華民族」與作為社會概念的族羣嚴格區分開來。我們有 56 個作為社會學定位的族羣社會身份，但只有一個政治學定位的政治民族的政治身份，那就是中華民族。在這種學理上嚴格區分的基礎上，任何將族羣問題政治化都必然在有意無意地製造族羣的隔離、分裂和矛盾，而不是締造族羣的融合、團結與和諧。唯有將族羣的社會身份與政治身份進行剝離，將政治與宗教相分離，才能在肯定社會身份和宗教信仰多樣性的基礎上，鍛造中華民族政治認同的統一性和整體性。

區域經濟佈局的政治籌劃 *

今年以來，國務院先後出台了《珠江三角洲地區改革發展規劃綱要（2008-2020）》（1月8日）、《國務院關於推進上海加快發展現代服務業和先進製造業、建設國際金融中心和國際航運中心的意見》（4月29日）和《關於支持福建省加快建設海峽西岸經濟區的若干意見》（5月7日），而北京、河北和天津簽署的《京津冀旅遊合作協議》和《京津冀交通一體化合作備忘錄》（5月18日）已將環渤海地區的經濟一體化落實到更具體的層面上。中央高層政治推動，地方政府積極響應，中國區域經濟一體化的基本格局已經形成。顯然，面對金融危機的挑戰，中央政府除了投放400億刺激經濟並推出一系列產業政策之外，也通過推動區域經濟一體化來發揮地方的優勢，調動「兩個積極性」。

當然，國務院如此密集推出區域經濟一體化的措施，不過是借風使力，藉着金融危機所帶來的危機意識來推動形成早在籌劃中的區域經濟格局。這樣的區域經濟佈局本身是長期政治籌劃的結果。經濟區域格局的形成固然需要地理環境、資源配置、人口或勞動力素質、社會政治

---

* 原載《中國經濟》，2009 年第 3 期。

環境，但它絕非「自生自發的秩序」，相反，政治籌劃在其中起到了決定性作用。

韋伯在比較中國與西方的城市時曾指出，西方城市是基於商業貿易而自發形成的，而中國城市往往是用於軍事和政治的需要而建立的。這就可以解釋了資本主義為什麼從西方城市中發展起來，而中國城市不足以發展出資本主義。然而，我們不要忘了，這種圍繞軍事和政治目的興起的城市，自然也會衍生出相應的經濟模式和經濟區域。試想一想，如果沒有中國歷代統治者通過郡縣統治和軍墾模式在西北不斷建立軍事重鎮，西北不可能納入農業經濟的模式中，可能依然處在草原遊牧經濟階段。這種經濟區域變遷的力量恰恰來自歷代中國君主的向外擴張的政治意志。相反，正如韋伯對古代羅馬帝國衰落的研究中指出，地中海沿岸的海洋貿易之所以衰落是由於羅馬帝國的內陸征服使得農業經濟取代了商業經濟，帝國由此失去擴張的動力，既缺乏廉價的奴隸勞動，又缺乏貿易手段來解決財政，帝國也因此衰落。當然，大家都知道，正是歐洲新型帝國的崛起將其政治力量投向全球，從而將倫敦和紐約分別推向 19 世紀和 20 世紀的全球經濟中心。

近代以來，由於西方資本主義商業的衝擊，中國的區域經濟基本上形成了東南／西北格局，即沿着胡煥庸線形成東南沿海的工商業貿易和西北內陸的農牧業經濟，這樣的經濟區域版圖直接導致中國經濟政治力量不斷「北伐」的格局。直到日本出於長期戰略目的對中國東北經營，改變了中國的區域經濟格局，使得擁有工業化基礎的東北在中國的經濟佈局起到了決定性作用，以至於國共兩黨在遼瀋戰役之後就已經分出了勝負。新中國成立之後，除了繼續把東北作為工業區域進行經營，就是通過強有力的政治意志將東南沿海的商業城市改造為工業城

市，並在中部、西部佈局各種重點工業城市，包頭、太原、鄭州、西安、重慶、蘭州就是在這種背景下成為區域的工業中心。特別是 1960 年代以來，全國經濟格局完全依照軍事安全的需要化為「一線」「二線」和「三線」，並重點放在「三線建設」上。雖然後來有人批評這種區劃不符合經濟規律，可恰恰是「三線建設」將中國的工業化從沿海擴展到了廣闊的內陸，不僅奠定了中國的工業化基礎，而且奠定了今日中國迅速崛起的經濟基礎。

1980 年代以來改革開放形成了對外貿易和粗加工為導向的經濟模式，從而使得中國的區域經濟重新回到了 1840 年以來的東南／西北格局中，東南沿海利用海外貿易而迅速發展起來，而市場經濟導致資金、技術和人才迅速南流，由此原來通過政治力量和計劃經濟手段推動的西北和中部的工業城市不斷衰落，以至於進入 21 世紀，不斷有人談論「兩個中國」問題，一如當年英國首相狄斯累利（Benjiamin Disraeli）看到富裕發達的倫敦與貧窮落後的鄉村相對照的「兩個英國」（Two Nations）問題。

面對這種狀況，中央決心改變這種不合理的經濟區域佈局，先後推出了「西部大開發」「振興東北」計劃和「中部崛起」戰略。但幾年過去之後，中央在這些區域的資金和政策投放雖然有所成效，但並沒有像東南沿海的那樣收到預期效果。在市場經濟條件下，政治意志不可改變市場規律，且這種區域經濟佈局是全球經濟分工的產物，中國在全球經濟競爭中又必須充分發揮自己的「比較優勢」。然而，我們不要忘記，這種全球經濟分工本身恰恰是西方政治意志的產物：即發展中國家必須成為依賴原料和廉價勞動力的產品加工廠，而技術、品牌和標準必須掌握在西方國家手中。由此，要真正改變中國區域經濟的東南／西北

格局，一方面政治家必須學會巧妙地利用市場經濟力量發揮作用；另一方面必須具有改變國際經濟分工格局的政治決斷，不僅推動中國經濟從「中國製造」向「中國創造」轉變，從而將工業化向內陸轉移，更重要的是推動內陸地區沿着古代絲綢之路的方向加強與中亞、俄羅斯和歐洲的經濟聯繫。

然而，在今天高度複雜化的現代社會中，政治權力的行使不再是簡單的蠻力使用，而是一門高度精巧的藝術。要在市場經濟條件下調整區域經濟的佈局，意味着我們的政治家必須擁有駕馭現代經濟的政治技藝，這也是中共中央提出加強執政能力建設的應有之義。為此，中央對西北經濟的發展不再滿足於大面上的推動，而是在制度創新上做文章，嘗試在西北經濟區域佈局中做活幾個「眼」。於是，2005 年以來，陸續推出上海浦東新區、天津濱海新區、重慶和成都改革試驗區、武漢城市圈和「長株潭城市羣」等「綜合配套改革試驗區」，試圖通過這些城市圈的輻射，由「點」連城「線」然後形成「帶」，來帶動形成中西部的經濟發展。

然而，更重要的是，基於對「市場換技術」思路的反思，中央強力推動自主創新的產業政策，以減輕珠三角和長三角兩個區域對外貿易的依存度，間接改變中國經濟在國際經濟分工中的角色。今年以來，廣東省委書記汪洋在廣州進行產業改革的同時，國務院推出了「珠三角改革發展規劃綱要」，而在大飛機製造基地落戶上海的同時，國務院也明確將上海定為「現代服務業和先進製造業、建設國際金融中心和國際航運中心」。這兩項措施具有強烈的政治意味，其意義不亞於建國初年對沿海城市的工業化改造，其目的在於使中國在全球經濟產業鏈中從低端穩步升級到高端。這兩個經濟區域的升級換代將如何改變全球經濟分工

的佈局，還有待未來進一步觀察。不過就港台而言，香港與內地經濟的整合已成事實，目前「兩制」雖然不至於成為香港發展的障礙，但區域經濟整合無形中加重了「一國」的分量；台灣無論如何處理與內地的政治關係，經濟上納入中國經濟圈已成定局，中央推出「福建西海岸經濟區規劃」也是水到渠成。

　　從目前的區域經濟佈局看，中國的經濟重心依然在東南沿海，但其在全球經濟格局中的位置已發生了根本性改變。上海作為國際金融中心的目標顯然與人民幣的國際地位有着潛在的關聯。但要實現這個目標，除了需要強大的軍事力量保衛整個東南沿海，良好的法治環境也是必不可少。而 5 月份國務院批准深圳綜合配套改革方案就包括學習香港的管治經驗。比較而言，東北和西北的經濟佈局中，目前中央更多地依賴京津冀的內力牽動。假如中央能夠在東北推動形成遠東經濟貿易區，在新疆推動形成中亞經濟貿易區，把這兩個經濟區域與中國的北方政治戰略結合在一起，那麼中國未來在全球經濟和政治格局中的位置才能出現根本性的改變，而這需要在全國政治格局中深化中國與俄羅斯的戰略關係。

國家崛起與文化自信[*]

　　問：鴉片戰爭後，中國在強勢的西方勢力和西方文化的面前失去了自信，近代以來，我們一直在學習西方以「救亡」。「大上海」正是中國向世界學習的過程中崛起，透過「大上海」這一中國現代化的進程縮影，近代史 170 年來中國向西方的學習歷程如何評價？

　　強世功：近代以來，中國面臨巨大的轉型，既有來自西方文化的挑戰，也有來自中國社會自身的壓力，可以說內外交困。在這種緊迫的背景下，我們當然希望找到最直接的辦法來擺脫困境，「向西方學習」無疑是最直接、最方便的路徑。因此，必須高度肯定近代以來中國人向西方學習的歷程，是否具有強大的學習能力本身就是一個民族能否成長、一個文明能否延續的關鍵。這一百多年來的歷史已經證明了中華民族的創造力和中華文明的生命力。不可否認，在這個過程中出現了「全盤西化」之類的激烈主張，但我們不要忘記，在這種主張背後，往往是把「全盤西化」作為手段，是通過全盤否定來救治中國文化、復興中國文化。因此，我們要看待近代以來在保守與西化之間的論戰中，有一個

＊　2015 年，接受《瞭望》雜誌關於「世博會」的採訪。

共同的主題：即追求民族的獨立與自主，在西方主導的全球化進程中擺脫被支配的命運，爭取民族獨立和人民解放，實現人民當家作主。這種連續性體現了一種「保守」的精神氣質，即對中華文明作為「天下中心」具有根深蒂固的自信，正是這種自信心使得中國人以主人的心態積極參與到全球化進程中，並促成了今日中華文明的復興。

問：中國的 GDP 排名已緊逼世界排名第二的日本，並且經濟連續多年保持高速增長，在去年的金融危機中一枝獨秀，依然保八成功。有人認為，中國模式對於全世界都存在借鑒意義，也有人說，從中國館的設計中可以看出，中國依然缺乏文化自信，急於用搶眼的宏偉建築「證明」自己。在西方世界渡過經濟危機，面臨轉型的時代，中國需要向世界證明什麼？學習什麼？

強世功：中國是一個複雜多樣的大國，而且是一個擁有永久文明傳統的大國。這樣的國家在現代化的過程中，不可能依賴任何現成的制度模式，必然會形成「中國模式」。從近代以來的中國看，在中國這塊土地上，差不多實施了形形色色的人類試驗：既試驗過社會主義，也是試驗過資本主義；既有計劃的經驗，也有市場的經驗；既試驗過議會制，也試驗過總統制，更有二者混合的經驗；既有多黨競爭的經驗，也有多黨合作的經驗；既有競爭是民主的試驗，也有協商民主的經驗；既有中央集權的經驗，也有地方割據的經驗，更有地方區域自治和特區的經驗；既有大陸法的傳統，也有普通法的區域。所有這些恰恰說明中國的複雜性，但也為其他國家提供了可供研究的經驗。由此，「中國模式」不是唯理主義預先設計的產物，而是中國人民在實踐中摸索出來的，是學者們對現實經驗的總結。如果說「中國模式」對其他國家有什麼借鑒意義，那麼恰恰是「反對模式」，反對預先設定模式，反對教條

主義和照搬照抄，堅持走符合自己國情的道路。因此，我認為，今日中國應當有一種自信心，這種自信心一方面在於不要急於追求西方國家的讚揚或者承認，關鍵要做好自己的事情；另一方面也不需要刻意追求中國特色，反而應體現出海納百川的包容。

問：如果說北京奧運會證明了中國經濟實力和政治社會組織能力，世博會作為世界不同文明的際會，是不是檢驗中國文化軟實力的一把標尺？奧運會和世博會，對中國的意義有什麼不同？

強世功：如你所說，奧運會是對中國政治社會組織能力的考驗，也是對國家體制的考驗。但世博會不同，展現的是一個國家的科技、文化和思想方面的想像力和創造力，這不僅是對文化軟實力的檢驗，也是對技術硬實力的檢驗。中國人對未來科技發展和人類發展的想像，本身就決定中國未來的發展趨勢。中國要成為主導性大國，必須有自己對人類前景和世界未來的獨特想像，而不能跟在西方後面亦步亦趨。就此而言，我覺得上海世博會中國館的設計過於保守，過分強調中國古典元素，而對未來人類發展走向的想像力不足。中國絕不能固定化為一個古典的形象，而必須展現出它的多面性、豐富性和包容性。比較而言，奧運會期間北京的鳥巢和水立方反而更多展現出不同凡響的想像力。

問：黃浦江是近代以來中國被迫向西方敞開大門的那段歷史的前沿窗口，上海也是近現代革新思潮的溫牀。170 年過去，如今世博會又恰恰在黃浦江兩岸舉行，中國已經呈現出更加主動、開放的態勢。全球化的今天，世博會對開放中的中國將產生哪些深遠影響？

強世功：和奧運會一樣，世博會是向全世界展現中國的最好機會，從而改變西方人在過去一百多年來對中國形成的陳腐印象，從而改變對中國的認識和評價。而這種認識和評價反過來會增強我們的自信心。要

知道，在過去的歲月中，我們往往通過西方人的評價來尋找自己的生活準則，從而不斷追求被西方承認。而今後，開放的中國更需要不依賴於西方而確立自己的生活準則，這意味着我們更加從容地看待我們的歷史和文明傳統，不僅從中尋找有益的營養，更要從中尋找中國人自己的生活理想、生活方式和生活準則。

問：世博會開幕後，你是否將會來到現場，你最想參觀哪些國家或組織的場館，為什麼？

強世功：1851 年，也是在大英帝國鼎盛時期，倫敦舉行了第一屆世博會。中國廣東商人徐榮村將自己經營的「榮記湖絲」裝成 12 捆，參加了這次博覽會。我相信，當時的英國人雖然對中國這個神祕的東方大國充滿好奇，但更多的是對一個沒落帝國的輕蔑。可這也是中國人參與世博會的開始。如果記得這段歷史，我希望，我們今天不要過分關注美國、歐洲、日本等這些今日世界發達國家的場館，反而應該關注阿富汗、伊拉克、索馬里、泰國、吉爾吉斯坦等這些處於戰火、動盪和災難中的國家，以我們中國一百多年前的心情，來體會這些國家在今日世界中的感受。我希望，我們不要遺漏了這些國家，而應該給這些國家更多的報道和宣傳，更多的幫助和溫暖。因此，我希望這次世博會不要像 2008 年奧運會那樣辦成世界高官顯貴的盛會，而應當盡力展現世界的另一面，展現科技的人性基礎，展現對遭遇困難的落後國家的包容和支持，這才是我們中國的真正的軟實力所在。

「反不法」與「反腐敗」[*]

　　十八屆四中全會明確提出要「加快推進反腐敗國家立法，完善懲治和預防腐敗體系，形成不敢腐、不能腐、不想腐的有效機制。」反腐敗不僅涉及執政黨生死存亡的問題，也涉及國家長治久安的根本問題。然而，在反腐敗問題上，不僅要在概念上區分法律上的「不法」與政治上的「腐敗」，而且要理順黨規和國法的關係，更要理順黨和國家關係的基礎上改革相應的制度和體制。

一、區分法律上的「不法」與政治上「腐敗」

　　討論反腐敗的問題首先就要在概念上區分違法犯罪的「不法」問題與真正的「腐敗」問題。在《變遷社會的政治秩序》中，亨廷頓在討論腐敗問題時，就特別強調要區分「不法」與「腐敗」。所謂「不法」就是違法犯罪行為，官員不是神仙，與普通人一樣也會有違法犯罪問題。比如貪污、受賄、挪用公款等各種違法行為。導致這些問題固然有腐敗因素，但在性質上首先屬於法律層面上的「不法」，不完全等

* 2014 年在《經濟導刊》雜誌組織的討論會上的發言。

同於「腐敗」。我們不能把涉及到官員違法犯罪行為都看作是腐敗問題。這樣很容易混淆了「法律上的不法」和「政治上的腐敗」這兩個概念。

「腐敗」這個概念是從「生命」概念中衍生出來，是指背離事物的性質，開始走向這個事物性質的反面，從而導致事物腐朽死亡的力量。從生命的角度看，任何消極的、陳腐的、趨於死亡的力量就屬於「腐敗」。因此，不同的事物，不同的對象，不同性質，其「腐敗」的因素也不同。因此，討論「腐敗」首先要搞清楚事物的性質及其生命力量所在，必須針對事物的性質來談腐敗問題。比如說企業家的性質就是創造財富，如果一個企業家缺乏創造財富的動力，整天想着如何消費財富，如何想着做官甚至開始讀書希望成為所謂的「儒商」，開始做慈善活動，那麼只要這種行動不再創造財富，而是轉向對財富的消耗，那實際上就是一種腐敗，意味着企業家的死亡。相反，慈善家的性質就是關注慈善事業，如果關心如何賺錢，就不是慈善家，而變成了商人。同樣，如果知識分子不是熱愛讀書、知識和思想，致力於學術研究和思考，而是熱衷於媒體包裝，渴望成為明星一樣的意見領袖，順便攫取經濟利益和政治權力，那不就是當今最大的腐敗現象嗎？

同樣，當我們討論官員「腐敗」就必須要從官員的性質說起。官員的性質就是掌握公共權力來服務於大眾，也就是我們所說的盡職履責，由此「腐敗」是一個政治概念，需要用政治的尺度來衡量。如果從這個角度看，我們的黨政領導幹部和公務人員絕大多數都能做到這一點，尤其地方官員在招商引資、推動地方經濟發展方面取得了巨大成就。然而，在這個過程中，不少官員由於各種原因存在着「不法」，比如收取賄賂等。對於這種現象，我們要嚴格區分他們在法律上的「不

法」行為和政治上全力以赴推動地方經濟發展和社會治理的貢獻。對於前者，無疑要受到黨紀和國法的制裁，而對於後者也應當客觀肯定他們為老百姓做的許多好事，對黨和國家的事業作出了巨大貢獻，而不能完全將他們看作是「腐敗分子」，甚至將他們比喻為「蒼蠅」，在道德上、政治上、人格上貶低他們，並因此抹殺了他們對黨和人民所作的貢獻。這種對「法律上的不法」與「政治上的腐敗」的混淆，不僅讓真心為黨和人民利益奉獻的正直之士感到寒心，而且讓很多官員因為擔心犯錯誤或承擔責任而不願意承擔、不敢做事，導致官僚主義、形式主義愈演愈烈。而官僚主義、形式主義才是真正的「政治上的腐敗」，由此我們才能理解當前中央持續糾正「四風」的反腐敗意義。

由此我們注意到，有些領導幹部可能很清廉，甚至沒有任何不法行為，但他們對老百姓沒有感情，對黨和國家的利益漠不關心，要麼不承擔、不作為，當「太平官」，要麼採取形式主義，草率決策，將屬於全民的國有資產廉價專賣給一些個人，致使黨和國家蒙受巨大損失。這些領導幹部或許沒有從中獲取不法利益，但他們的思想和行為也已經完全背離了黨的領導幹部的性質，因為他們考慮不再是黨和國家利益，不再是公共利益，而是某個集團或個人的利益。今天不少官員以「改革」的名義損害國家公共利益，這些「昏庸糊塗官」難道不是比「不法」更有危害性的「腐敗」嗎？古人講，「當官不為民做主，不如回家種紅薯」，講的就是這個道理。可見，「腐敗」問題是一個嚴肅的政治問題，在政治上鑒定「腐敗」遠遠比法律上界定「不法」更困難。

同樣，有些黨的高級領導幹部，雖然很清廉，也有不錯的官譽和口碑，但在內心中對黨和國家政權沒有信心，早早把子女和家人送到國外，將家庭財產轉移到國外，使自己變成「裸官」。這些人往往在暗中

縱容各種「和平演變」的民主化主張，以便伺機跳到另一條船上，借民主化的混亂瓜分國家財富。這些人也許沒有任何「不法」行為，有的甚至很清廉，有的充滿對國家和民族的憂思，有的甚至很有道德感召力，但他們這樣的想法對於國家政權和人民的福祉而言，難道這不是比「不法」行為可怕嗎？對於一個服務於人民利益的執政黨而言，這不是更可怕的、不易察覺的「腐敗」嗎？由此來看，蘇聯解體的根本原因不是由於黨的高級領導幹部在法律上有多少「不法」行為，而是由於黨的高級領導幹部在整體上的政治墮落和腐敗，喪失了理想信念，而熱衷於推動「自由化」和「民主化」。因此，十八大提出的「道路自信、理論自信和制度自信」實際上就是針對這種可怕的政治腐敗。

亨廷頓認為，發展中國家政治秩序之所以混亂，與其說由於官員在「法律上的不法」，不如說是由於官員在「政治上的腐敗」，尤其是執政黨整體的腐敗，即執政黨不再考慮國家整體的公共福利，而僅僅考慮某個特殊的利益集團，從而導致執政黨脫離了人民群眾，引發政治秩序不穩定。

當前，不少人都說「反腐」面臨兩難困局，因為從「不法」的角度來「反腐」，那麼大多數官員都有或多或少的「不法」現象，這是由於中國轉型期制度不完善造成的，那麼如果從「反不法」的角度來反腐敗，難道準備把大多數官員都送到監獄中？但是，如果我們藉助亨廷頓的分歧，區分「法律上的不法」和「政治上的腐敗」。那麼，反腐敗就可以走出兩難境地。

首先，我們必要認識到當前大面積的「不法」有諸多原因，包括制度不健全，利益分配結構的變化，市場化背景下黨政官員對自身角色定位的混亂，轉型時期政治發展不確定導致的政治認識上的混亂，

中國人情文化的影響等等。在這種背景下，反腐敗固然要從「反不法」運動開始，但同時需要結合「羣眾路線教育」和貫徹落實「八項規定」，從總體上遏制「不法」現象蔓延的狀況。這可以看作是病急用猛藥。

然而，在度過這段緊急狀態之後，就要在政策上區分「法律上的不法」和「政治上的腐敗」。對於違法犯罪問題，關鍵在於加強法治，強調法律面前人人平等，黨政領導幹部犯法和普通公民一樣處理，只有嚴格實行法治，「違法必究，執法必嚴」，才能從根本上杜絕不法。若採取「刑不上大夫」，黨政領導幹部違法犯罪要由上級領導批示才能追求法律責任，那就不是法治，那麼不法問題就會長期存在，而且在一定情況下會愈演愈烈，反腐敗的任務也無法完成。一旦區分了「法律上的不法」和「政治上的腐敗」，那麼在法律上反不法進入常態化之後，就需要集中經歷在政治上反腐敗。反腐敗工作要與整頓黨的思想作風、清理黨的幹部隊伍這些政治任務結合起來。反腐敗就不能只盯着不法，而要有政治觀念，有政治大局觀。

從這個角度看，延安整風就是真正在政治意義上的反腐敗，它涉及到中國共產黨的性質問題。共產黨究竟是一個扎根於中國大地，服務於中國人民解放事業的政黨，還是共產國際的中國支部，服務於共產國際甚至蘇聯利益的政黨？如果中國共產黨的性質是前者，那麼黨內最大的腐敗就是「二十八個半布爾什維克主義」，他們給黨帶來的損害要遠遠大於黃克功之類的不法行為帶來的損害。因此，槍斃黃克功是「反不法」，但通過延安整風運動推動馬克思主義中國化，中國共產黨成為真正扎根於中華大地、服務於中國人民和中華民族的先鋒隊政黨，才是真正的反腐敗。

二、黨規与國法並軌：反腐敗體制的改革

在預防和懲治腐敗問題上，要理順黨規和國法關係先必須認真對待黨內規範體系。和國家法律規範體系相比，黨規黨法體系具有自己的特殊性。目前，黨內法規已經在黨章基礎上形成了龐大的規範體系，但是按照其性質和功能，應當區分三類不同的黨內規範。

其一是政策性規範，包括黨的政治信仰、路線、方針和政策。這一部分實際上是整個中國法治體系的靈魂所在，在實踐中黨規與國法的關係往往演變為政策和法律的關係。堅決反腐、從嚴管黨、治黨和建設黨，就是政策層面上的反腐敗規範。其二是準則性規範，主要指黨的政治紀律和倫理準則。這一部分內容往往接近於道德倫理規範。其三法律性規範。主要指黨組織運行的各種具體的可操作的規範。這一部分內容最接近於法律規範，是黨內規範中數量龐大的部分。要實現「不敢腐、不能腐」，就必須按照依法治國的原則系統清理並修訂這一部分法律性規範，使其與國家法相銜接，而清理、修訂或制定的總原則是：推動黨內規範與國家規範並軌，將已經成熟的黨內規範納入到國家法律體系中，能夠在國家法律中解決的問題就不再制定黨規黨法，在此基礎上增強黨內法規執行過程中的可操作性。

過去，黨內規範自成一體，沒有被納入到國家法治建設中，因此不少黨內規範缺乏應有的法律規範性。四中全會將黨規黨法納入到國家法治建設中，並明確提出「黨內規範與國家法律相銜接」要求，這就意味着要對黨內法律性規範進行系統的清理和修訂，特別是要符合法律規範所要求的可操作性。不可操作或不易操作的規範儘可能不要寫這一部分黨內規範中。這就意味着要區別黨內準則性規範中要求的黨內政治紀

律、黨員道德倫理與黨內的法律性規範。前者屬於政治、道德問題，應當採取政治和道德的解決辦法，而後者必須訴諸黨內法規甚至國家法律。正是由於強調黨內規範的可操作性，這就意味着黨內行為規範必須執行，因此這部分規範的制定或修訂需要符合中國國情，符合中國人的生活方式，這部分內容雖然可以比法律嚴格一些，但不可以規定得太死板，也不可以把標準規定得太嚴苛，否則往往無法在實踐中得到有效執行，最終會被各種潛規則所腐蝕掉。

在此基礎上，要進一步理順「不法案件」的查處机制。如果着眼於黨規與國法相銜接，那麼今後腐敗案件的調查應當按照依法治國的原則，保護被調查人員的公民權利，特別是紀委在調查案件中要保護黨員領導幹部的基本公民權利。目前，紀委調查案件備受關注的是「雙規」舉措，不少人認為這種舉措未能充分尊重黨員領導幹部的基本公民權利，以至於出現「在台上擁有特權，一雙規沒有人權」。無論是超越法律的特權，還是缺乏基本的人權保護，都違背了依法治國的大原則。

因此，要實現依法治國，就要做到權力與責任相匹配、權利和義務相匹配。一方面要把權力關進法律的籠子裏，但另一方面也要保護包括黨員領導幹部在內所有公職人員的起碼公民權利。這就意味着需要對「雙規」做出更為細緻的規定，包括審批程序、羈押期限、羈押過程中會見律師的權利、申訴的權利的等等。特別要需要注意的是，《中國共產黨章程》第四條第六至八款對黨員的權利救濟做出了明確規定，那麼無論是查處腐敗案件，還是因為其他原因受到審查和處分，在開除黨籍之前，就需要從制度上、機構上和程序上完善黨員的這些權利救濟。

三、整黨整风：塑造黨員政治人格

　　通過案件查處和建章立制，黨內法律性規範只能解決「不敢腐、不能腐」的問題，但無法解決「不想腐」的問題。因為「不想腐」涉及到了黨員幹部的政治信仰和道德人格問題，解決這些問題不能用法律手段，而必須從政治和道德手段入手。中國共產黨作為政治組織，必須要從健全黨內的政治生活和倫理道德準則入手，這一部分屬於黨內的準則性規範。運用法律性規範反不法的職能逐漸移交給國家機關的時候，中紀委的主要職能就是要關注這些「準則性規範」，通過強化黨內政治紀律，通過整黨建黨塑造黨員的政治人格。

　　中國共產黨不是一般的政治組織，而是一個具有理想信念的先鋒隊組織，因此我們也可以將其看作是一個信仰組織或道德組織。黨內的政治生活準則和政治紀律就是黨組織的生命所在，其根本目標就是塑造黨員、尤其黨的領導幹部的政治信仰、思想品質、道德人格、工作作風，從而將黨員區別於普通公民，使其成為普通公民的表率和楷模，從而能夠代表人民。因此，在四中全會的決定中，多處要求黨的領導幹部要帶頭，起到表率作用，並明確提出「黨規黨紀要嚴於國家法律」。也正是在這個意義上，我們將黨規和國法的關係看作是傳承了古代中國的禮法關係，將黨內規範建設看作是現代的禮制。

　　中紀委第一任書記陳雲特別指出，「執政黨的黨風問題是有關黨的生死存亡的問題」。黨風就是黨員、尤其黨的領導幹部的政治紀律和道德修養就形成了黨內政治生活、黨員思維模式和行為模式的普遍風尚。陳雲主張紀委「就是要維護黨規黨法，整頓黨風」。正是在中紀委的推動下，1980 年十一屆五中全會通過的《關於黨內政治生活得

若干準則》，明確提出了黨內政治生活的 12 條紀律，這些政治紀律面對「文革」結束後的政治混亂，對於統一全黨的思想、規範黨員的思想和行為，整頓黨的作風，保持黨的政治純淨性，起到了根本性的作用。

經過改革開放三十多年之後，黨的政治紀律和倫理準則受到了市場經濟的衝擊，受到了金錢的腐蝕。導致黨內關係喪失了平等的同志之間的政治友誼，被金錢化、利益化、封建化和朋黨化，導致黨喪失了精神凝聚力和戰鬥力。因此，四中全會關於黨內規範建設，明確提出「黨的紀律是黨內規矩，黨規黨紀嚴於國家法律」。中紀委書記王岐山在講話中進一步強調指出要「從嚴管黨、治黨和建設黨」，「加強紀律建設首先要嚴明政治紀律和政治規矩」，「黨內絕不允許搞團團夥夥、拉幫結派、利益輸送；絕不允許自行其是，陽奉陰違」。這就意味着中紀委應當根據目前的實際情況，修訂《關於黨內政治生活得若干準則》，並按照這種準則來規範和教育全體黨員，並以此來整頓黨的作風。

整頓黨的作風關鍵在於從政治紀律上建黨、從思想上建設黨，重新確立黨內政治生活的倫理準則，從根本上解決「共產黨員修養」的問題，這屬於「大黨建」的內容，其根本目標是塑造黨員的人格品質和倫理準則，真正解決「不想腐」的問題。在延安時期，中國共產黨通過整黨整風運動，在思想上糾正了黨內西化、洋化的教條主義，實現了馬克思主義中國化，將共產黨鍛造為扎根於中國大地、服務於中國人民和中華民族的先鋒隊政黨，從而為新中國的成立奠定了思想基礎和組織基礎。而今天，面對全球化和資本化的侵蝕，也亟需在路線上、思想上和道德修養上重新建黨，從而為實現中華民族偉大復興的中國夢奠定思想基礎和組織基礎。

鏟除「腐敗亞文化」土壤[*]

1. 對待「腐敗亞文化」應辨症施治

治理「腐敗亞文化」必須放在當前中國社會大轉型的背景下來思考。其一，中國正處於前所未有的現代化轉型期，即從小農社會轉向工商社會，從熟人社會轉向陌生人社會，從人情社會轉向規則社會，從人治社會轉向法治社會，這個大轉型不僅是利益格局的大轉型，也是價值觀念的大轉型。「腐敗亞文化」是在這種大轉型背景下滋生的。比如小農社會中狹隘的人情觀念往往把為親戚、熟人和朋友違規辦事走後門看作是有「人情味」，而把公私分明照章辦事看作是「六親不認」，這種傳統觀念無疑是腐敗滋生的社會土壤。二是社會大轉型也帶來社會大分化。大轉型意味着規則處於變化的脆弱狀態，大分化意味着利益格局的劇烈變化。當脆弱的規則面對巨大的利益誘惑，必然導致不少人為了追求巨大利益而不惜鋌而走險，過去二十年官員腐敗日趨猖獗與社會急速變遷帶來的巨大利益誘惑有着內在關聯。

* 原載《中國紀檢監察》，2016 年第 4 期，刊出時有刪節，這裏是全文。

2. 整治「腐敗亞文化」要打好「組合拳」

　　整治腐敗要走中庸之道，用現代法治手段來鞏固和發揚公私分明的廉政文化。反腐敗的關鍵就在於公私之間的明確劃分。而在處理公私關係問題上，往往出現不同的選擇路徑。一種就是以「私」害「公」的各種腐敗現象，比如假公濟私，損公肥私，徇私舞弊等等，我們將人情社會的弊端也是強調「私情」優先，損害公共利益。另一種就是以「公」害「私」，也就是我們所熟悉的種種「公而忘私」的高尚道德舉動，這種道德雖然很好，但要讓所有人做到也不現實。而整治「腐敗亞文化」要走中庸之道，即不是要鏟除個人私利和個人私情，也不是「狠鬥私字一閃念」，讓人們變得「公而忘私」乃至「六親不認」，而是要實現「公私分明」的基本要求，做到「深明大義」。而在現代社會中，公私劃分的界限就是法律，就是規則乃至規矩，因此我們必須要學會運用現代法治的手段來鞏固並發揚中國文化傳統中公私分明的廉政文化，一切按法律辦、按規則、按規矩辦。這樣既避免「公而忘私」這種不切實際的高調主張，也避免將人情或私情庸俗化，甚至腐敗化，而是走中庸之道，將依規依法區分公私之間的界限，鞏固和發揚公私分明、深明大義的廉政文化。

3. 治理「腐敗亞文化」是一項系統工程

　　人是文化的動物。要鏟除各種滋生腐敗的「舊文化」，關鍵在於培養滋養廉政的「新文化」。若不能確立滋養廉政的新文化，反腐高壓態勢之後各種滋生腐敗的舊文化必然會更加猛烈地捲土重來。因此，反腐

是一場輸不起的戰鬥，其長期性和艱巨性就在於如何樹立滋養廉政的新文化。在這項系統工程中，核心在於緊緊抓住黨的高級領導幹部這個羣體。「一家仁，一國興仁；一家讓，一國興讓；一人貪戾，一國作亂」。古人講的「一家一人」是指家長和君主，現代至少可以理解為黨的高級領導幹部這個羣體。對於這個先鋒隊的模範羣體，法治固然重要，但更重要的是從現代意義上的德治和禮治入手，把人生理想信念與黨內政治規矩有機結合起來，把個人道德修身與黨和人民的事業結合起來。因此，有必要在新形勢下重提「共產黨員修養」問題。在新形勢下，把高級領導幹部的個人修身齊家問題、領導全國各族人民實現中華民族偉大復興的「治國」問題和全人類實現共產主義的「平天下」問題有機結合起來，從而培養出滋養廉政的新文化，取得反腐鬥爭的決定性勝利。

4. 根治「腐敗亞文化」需久久為功

根治「腐敗亞文化」不僅要從「表層腐敗」入手，更要根治「深層腐敗」。所謂「表層腐敗」就是我們所熟悉的貪污受賄等違規和違法的行為，這種行為在嚴格意義上屬於法律上的「不法」範疇，之所以針對公職人員就是因為背離了公職人員的職能和性質。而「深層腐敗」就是指腐朽和敗壞，是指趨向於死亡的生命朽壞趨勢，任何背離了事物性質（也就是事物之所以成為事物的生命）的趨向和過程就是腐敗。這樣的腐敗就不是行為層面的貪污受賄等「不法」舉動，而是精神層面的思想意識形態。

由此，從「深層腐敗」的角度看，事務性質不同，其「腐敗亞文化」也就有所不同。比如對於執政黨，關心羣眾疾苦，積極服務社會

大眾就是其性質所在，如果黨的領導幹部事不關己，高高掛起，官僚主義，「當一天和尚撞一天鐘」，表面上看起來沒有貪腐受賄的不法行為，甚至不少人還是清官，以清流自居，但實際上已經是一種深層腐敗表現。然而，對於寺廟和尚，其性質就要求他甘於寂寞、看破紅塵，「當一天和尚撞一天鐘」，如果他整天忙着跑項目，辦公司，搞創收，搞演出，像政府官員那樣投入到公共生活中，雖然沒往自己兜裏放一分錢，也是可以看作是深層腐敗的表現。習近平總書記曾經明確指出，「當官發財兩條道，當官就不要發財，發財就不要當官。」這實際上就是告訴我們，不同的社會角色具有不同的職業倫理操守，因此也就面臨不同的「腐敗亞文化」。官員想着發財就是腐敗文化表現，而企業家老想着當官也是腐敗文化的表現。

由此可見，解決表層的行為腐敗固然困難，但更難的是解決深層的思想腐敗。讓所有黨員做到不貪腐受賄固然難，但更難的是讓所有黨員都能勤勤懇懇為人民服務，為實現共產主義而努力奮鬥。因此，要徹底根治腐敗，不僅要從打擊「不法」行為的入手，更要解決理想信念和價值觀念入手。要針對每個行業的具體社會功能和社會角色的定位，解決其思想價值觀念和職業倫理操守問題，只有這樣才能徹底根治形形色色的「腐敗亞文化」。

面對金字塔的世界 *

　　在做「碳政治」研究時，我注意到這樣一個普遍的說法：全球資源可以容納的全部人口總量的頂點是 100 億，這是上限，超過 100 億地球就不能承受。目前地球人口是 60 億，就意味着未來全球人口的增長依然有不少空間。但是，從能源角度和社會角度看全球人口的增長，那會是兩個根本的不同。從能源視角看，全球人口數量還會上升，但從社會的角度看，重要的不是人口數量的上升，而是哪些人口在上升，哪些人口在下降。

　　翻看地圖，我們看到歐洲、俄羅斯和美國，都面臨人口減少的問題。再看南亞、中東、非洲和拉美，正面臨人口增長的巨大壓力。這種人口的增長與減少，就必然在全球範圍內形成一個人口流動的潮流，那就是歐美的白人在減少，而有色人種的移民正在大幅度增加。即使在人口大國中國，廣東目前也已出現了大量的非洲移民，這是歷史上從來沒有過的。然而，在目前的民族國家體系中，移民問題成為一個棘手的政治問題。比如說歐洲關於非洲、中東的穆斯林移民問題，美國的拉美移

---

* 　本文為 2011 年 7 月中國文化論壇會議上的評議發言的整理稿。

民問題，就始終是一個政治爭論議題。那麼我們應該如何看待全球範圍內的不同種族和文明之間的人口移動所帶來的影響呢？這應該是中國學者關注的問題。

目前，關於能源問題、人口問題，我們提供的解決思路首先就是經濟學的解決思路，即通過資源配置由引導來解決。比如經濟學家常說的一句話就是通過提高生育的成本來限制人口，提高婦女的教育水平就成為最佳途徑，這或許是歐美甚至中國人口不斷減少的原因。但我們有沒有想過經濟與文化的互動呢？比如說人口數量之所以下降的一個重要原因是城市化，養老的社會化使得多子多福的家庭養老喪失了意義，那麼是不是要通過家庭養老的方式來鼓勵生育呢，比如新加坡在這方面就有很多很好的政策。這些政策雖然從經濟着眼，但已經觸及到家庭本身的文化凝聚功能。熊彼特（Joseph Schumpeter）曾經很擔憂資本主義的發展喪失動力，但其根源恰恰文化根源，即個人主義的文化享樂導致人們對於家庭和子女缺乏愛心和投入，以至於沒有動力為子女未來的發展而打拼事業。如果從這個角度看，歐美的女性解放恰恰是個人主義的享樂文化，而非洲婦女生育恰恰與一夫多妻的家庭結構和文化密切相關。

如果從文化的角度看，一個儒家文化盛行的社會，必然鼓勵生育，因為這種文化觀念使得姓氏傳家、子女繁衍的大家族受到鼓勵。如果子女孝順，子女越多老人越幸福，大家當然願意多生子女。記得以前看到過孫中山早期討論中國人口的一個論述。當時中國人口還比較少，只有 4 億多一點，又處在列強殖民的壓力下面臨着亡國滅種的危險。孫中山認為，要抵抗外敵列強入侵、讓中華民族不至於滅亡，即使不增加中國人口，至少讓人口數量不能下降。怎麼才能讓人口不要下降

呢？他認為唯有推崇儒家思想，讓子女孝順，形成多子多福的觀念，才能鼓勵生育。如果從大歷史的角度看，我們是不是可以說儒家文化導致中原漢族人口的不斷繁衍，從而支撐了一個不斷擴展的文明秩序。由此，我們看到經濟思維背後，必須與社會文化建設結合起來。文化的產生的經濟效果是持久的，甚至比單純的經濟政策更能發揮持久的作用。

有人提出中國面臨人口增長的壓力，通過移民來緩解國內人口壓力，同時不斷擴大海外人口的規模。這種人口戰略的意義不僅在於經濟，更在於政治。比如美國南部所謂的西班牙化的問題一直困擾着美國的保守派。我們可以想像，如果美國天天討論舊金山的中國化問題，那問題可能就是另外一番局面。然而，人說到底不是種族動物，而是文化動物。不在於你是什麼樣的種族，而在於接受什麼樣的文化。當年中國移民海外，到處創造了「中國城」這樣一個概念，對母國有強烈的認同，那是因為源於根深蒂固的儒家文化。可現代的中國人，並沒有對儒家文化的強烈認同，接受的都是歐美自由主義的東西，他們一旦出國移民之後，很快就會全球化或美國化了。就像今天的美國 ABC，對中國並沒有那麼強的文化認同。因此，強化中國固有傳統文化觀念，無論對國內還是在國外，都是思考人口問題必須關注的點。

大家關注資源問題、人口問題，核心還是關注發展問題。路風老師關注產業革命和技術革命，說到底就是技術進步推動產業升級，從而可以養活更多的人。如果要討論技術進步、產業升級，一方面必須關注能源問題，必須把產業升級與能源革命結合起來。第一次工業革命的能源基礎是煤炭，第二次工業革命的基礎是電力以及石油、天然氣。現在，我們都在討論第三次互聯網的工業革命，但新的工業革命需要和新

的能源利用結合起來。氣候變化問題之所以作為「碳政治」成為大國博弈的競技場，核心就在於歐洲國家希望通過氣候政治這個議題來遏制傳統的石油能源而推動新能源。這對中國而言，我們要在「碳政治」中堅持發展中國家的身份，從而為利用煤炭、石油能源來推動現代化建設提供更長的時間，但中國必須迅速加入到這場新能源革命中，如果在這場新的能源革命處於領先地位，那就必然帶動新的產業革命。因此，能源技術的革命乃是中國推動技術進步的重要領域。最近，報紙上经常報道我們的電力等行業到處在引進新能源技術。在新一輪新能源技術革命中，我們在引進新能源技術時，究竟走過去三十年的那種引進模式，還是展開自主創新，從而引領新能源技術的發展方向，這才是路風關注的中國自主技術創新的關鍵所在。另一方面，產業技術革命必然與金融資本聯繫在一起。歐洲工業革命的背後乃是金融革命。余永定老師認為中國的經濟增長符合世界經濟增長的一般理論，並不存在特殊性。如果從金融角度看，沒有金融領域中的融資信貸模式的革命，沒有金融資本與實體資本相互結合的壟斷寡頭在全球的擴張，不可能出現歐洲工業革命在全球迅速擴張和不斷迭代升級。因此，在今天中國面臨的這種技術革命、能源革命和產業革命的大潮中，中國的金融能不能發揮類似的作用，金融虛擬經濟與實體經濟應該如何互動，也必須成為我們考慮的問題。

如果我們把今天討論的人口、資源、產業、金融、消費、現代生產模式放在一起，那麼這個世界是不是一個金字塔式的世界？大家都假定，如果我們中國人要過美國的人生活，地球是承受不起的。這就提出一個問題：世界究竟是平的，還是金字塔式的。這些年，「地球是平的」這種說法非常流行，如果按照這個觀點，中國乃至所有發展中國家都應

該都過上美國式的生活方式。但是，如果世界是金字塔式的結構，下面的空間大，從底層向上攀升的機會和可能性也比較大，但是，越往上走，上升的空間越小。過去，我們在金字塔底部，往上擠一擠可能還不影響結構，現在中國可能快上升到中間以上了，再往上擠的話空間很小，競爭會非常激烈，你擠上去了，肯定有人要被擠下來。那麼人家願不願意下來？不願意下來怎麼辦？我們過去的發展思路僅僅從中國內部的經驗和條件來看，似乎世界是平的，中國可以無限制地持續發展，而忽略外部環境，忽略真實的世界乃是一個金字塔式的世界。那就意味着中國越往上發展，空間越來越小，外部競爭的壓力會越來越大。這無疑是一個根本性的問題。

如果從西方的歷史經驗看，這種相互競爭中的上升與下降的過程最終通過戰爭體現出來，那就是我們所說的帝國爭霸。在歷史教科書中看到的往往是軍事戰爭，西班牙與葡萄牙的戰爭、英國與西班牙、荷蘭和法國的戰爭，兩次世界大戰和冷戰。這種大國興衰實際上表明在這種金字塔的世界中，所有要素參與的競爭最終通過戰爭方式展現出來，因此戰爭勝負不僅是在於傳統教科書在俠義上所理解的軍事戰爭，而是現代廣義上的綜合實力的競爭。因此，「冷戰」的含義就是這種綜合實力的競爭，不僅是軍事，更重要的是技術的、產業的、能源的、政治的、文化的等等。因此，中國今天的發展就不能僅僅經濟增長，而必須推動全方面綜合實力的增長，尤其是軍事、政治和文化的短板必須補上。所以我想，我們雖然對中國的經濟增長和發展保持了樂觀，但要不要對中國可持續發展打上一個問號呢？

如果對中國可持續發展打一個問號的話，那麼我對中國未來更多的是一種危機感。這個危機感源於今天上午溫鐵軍老師的報告。中國的

發展有可能擠不上去，因為有一個強大的外部環境，包括政治的與金融的。過去我們遇到外部經濟壓力的時候，往往可以內部消化階層矛盾，而內部消化的前提是城鄉二元結構，從城市重新流到鄉村。溫鐵軍老師的報告已經告訴我們，從此以後你想內部消化的可能性沒有了。中國真正意義上的、馬克思主義講的工人階級已經開始出現了，這都是我們今天大規模的城市化的產物。如果再過二十年我們的城市化基本完成，如果中國的外部環境不讓你持續發展，經濟增長放緩，甚至爆發全球金融危機乃至戰爭危機，那麼中國怎麼辦？你沒有鄉村的蓄水池，不可能退回去，怎麼辦？這些危機的背後無疑會蘊藏革命。我覺得這應當是我們對中國是否可持續發展打上的第二個問號。

當然，面對這些可能的危機，路風老師的發言其實給我們很大的信心，就是說我們中國人可以擠上去，可以把一些人擠下來，靠的是什麼？靠的中國人的能力。首先就是不斷學習的能力，這個方面我們體會最深的就是在經濟領域。第二就是政府管理能力，不僅解決國內的各種問題，而且包括國際談判能力很強。如果說學習能力像路風老師強調的，最重要的不是 knowing what，而是 knowing how。那麼我會發現，我們有一個很重要的部門從來沒有「在游泳中學習」，那是我們的軍隊。改革開放三十年來，軍隊從來沒有「在游泳中學習游泳」，這可能是大家比較擔憂的問題。路風老師一直強調「幹中學」，我不知道軍方會怎麼理解「幹中學」。支配世界的法則乃是力量的法則。今天最大力量一是貨幣，它主導着整個經濟甚至政治文化領域，二是暴力，就是今天的武器和技術推動的戰爭能力，三是文化思想的影響力，也就是我們所說的軟實力。唯有把這三種力量整合起來，形成真正的綜合實力，才能真正支撐了這個金字塔式的結構。比較之下，中國目前在這三種力量

都處於中下的位置上，要想擠到金字塔的上面，必須取得這三種力量主導權，這無疑是一個漫長的過程。由此，我要對中國可持續發展的盲目樂觀打上一個問號。

我提出的這三個疑問不是要否定中國發展的可能性，而是要我們注意中國發展形勢的複雜性和道路的曲折性，從而使我們更謹慎，更認真、更勤奮，更明智，而不是盲目樂觀，自大妄為。在這個意義上，中國依然需要埋頭幹，需要韜光養晦，需要不聲不響地做事情。

如何面對全球治理格局的變化 [*]

  今天討論的「如何應對全球治理格局的變化」其實是個老話題。早在 1980 年代，中央就提出要「建立公正合理的國際政治經濟新秩序」。「國際政治經濟秩序」就是現在所說的「全球治理格局」。雖然是一個問題，但概念表述的變化本身就反映全球治理格局的變化。在 1980 年代，我們用「國際政治新秩序」是基於冷戰背景，這個時候雖然世界上分成不同陣營，或者兩大陣營或者三個陣營，但依然有一個「國際社會」（international society），那就是以聯合國為標誌的整個國際社會。國際社會是由主權國家構成的，主權國家之間的政治經濟關係構成了當時的國際政治經濟秩序。然後，由於冷戰中的全球霸權爭奪，這個國際經濟秩序不公正、不合理，政治上存在着霸權主義，美蘇兩個大國欺負其他小國，經濟上存在着帝國主義或新殖民主義的剝削壓迫，就是發達國家與發展中國家的關係問題，也就是當時所說的「南北問題」。但無論如何，整個國際秩序是由所有加入聯合國的主權國家共同構成的。國際秩序實際上是大家共同的事

---

* 2016 年 1 月在中信改革與發展基金會組織的中信青年學會上的發言。

情，每個國家無論大小都有份。這種「國際社會」的觀念和實踐就建立在近代歐洲所創立的「威斯特伐利亞秩序」的基礎上，這個概念本身具有濃厚的共和主義色彩，強調國際社會是我們每一個主權國家共同參與建構的秩序。在這種背景下，中國當時提出「國際政治經濟新秩序」的問題，就是反對帝國主義的政治霸權和經濟剝削，希望第三世界在國際社會中擁有更大的政治自主權和經濟發展權。

然而，蘇聯解體冷戰結束之後，國際政治秩序發生了根本性的改變。國際秩序由兩大陣營或三個世界，變成了以美國主導的單極世界，也就是美國人所說的「新羅馬帝國」的誕生。在這種背景下，美國推出了「全球化」這個概念來取代傳統的「國際社會」概念。因為「國際社會」這個概念的關鍵在於突顯國家主權，而「全球化」重在強調全球一體，全球一體就意味着世界帝國的來臨，而不會關注構成全球的主權國家。由此，用「全球化」來取代「國際社會」，用「人權」來摧毀「主權」，成為美國主導世界帝國的政治意識形態。當全世界都擁抱美國推出的「全球化」時，美國主導的新羅馬帝國的單極世界也就具有了正當性，美國因此而領有「天下」，歷史由此終結。

「全球化」雖然試圖徹底消解了主權國家的主體地位，但全球化並非意味着主權的消亡，反而是美國將其國家主權提升為全球性的世界帝國主權，而其他國家的主權被削減為封建性的地方性的諸侯邦國的主權。這樣的全球秩序並不是康德在共和主義基礎上設想的基於國際社會而構建的全球政府，而是符合羅爾斯在《萬民法》中所構想的「民主有差等」的全球帝國秩序。在這個背景下，如果講構建「國際政治經濟新秩序」就包含着對美國世界帝國霸權的反抗，從而主張回到聯合國的共和主義傳統中，相反，如果在理論上應和「全球治理」概念，實際上等

於承認了這種世界帝國秩序，而只是在這個秩序下如何改善美國主導的世界帝國的全球治理效果，甚至在這種世界帝國體系下討論霸權轉移的問題。在這個問題上，我們目前同時在使用這兩個概念，說明我們在內心中依然存在着含糊不清的東西，即我們究竟主張怎樣的世界秩序，是共和主義的聯合國秩序，還是世界帝國秩序，哪怕隱含着世界帝國的霸權轉移到中國。前者是正當的，但在現實中面臨諸多的困難，後者或者可行，但却面臨着來自對“帝國主義”的批判。如何建立一個正當而又有效的世界秩序，無疑是我們未來要考慮的。為此，我想提出兩個問題供大家討論：

其一，西方文明建構的世界帝國秩序出現了困境。西方文明建構的世界秩序建立兩個支柱之上。一是經濟上的資本主義，二是主權國家以及在此基礎上形成的威斯特伐利亞體系。這兩個支柱構成過往五百年西方治理全球的最主要特性，其他特徵都是附帶性的。然而，這兩個支柱之間是相互矛盾的。資本主義成為推動全球化的最大動力，因此資本主義在不斷摧毀民族國家、主權國家。全球資本尤其從二十世紀七十年代的跨國公司大規模興起以後，已經成為推動全球一體化的最大動力。美國之所以成為全球化的推動者就是服務於資本主義的全球化擴張。然而，資本主義的全球化必然削弱主權國家的獨立性，甚至要實現資本的全球一體化就必須摧毀這些國家主權在經濟政策上的保護壁壘，而經濟全球會流動必然導致西方金融資本席捲小國財富，這就帶來當今世界上大量的所謂「失敗國家」。在這種背景下，主權國家為了保護自己的利益，反對全球資本的掠奪，就必須藉助國家暴力來反對全球化，世界範圍內的重商主義、保護主義盛行恰恰來源於主權國家。而主權國家反對全球資本主義的鬥爭，又會包裝為形形色色的政治意識形

態。曾經的社會主義、過去的宗教激進主義都被主權國家作為反對全球資本主義的意識形態動員。換句話說，如果不能解決經濟上的資本主義和政治上的民族國家之間的內在矛盾，任何全球治理方式都不可能獲得理想的成果。

其二，如何來理解這兩個現象之間的內在矛盾？從學術角度來講，說到底是從古至今存在着難以和解的價值矛盾，說到底我們需要思考的核心問題是：金錢、利益、資本與道德、政治、宗教信仰，哪一個在價值上更具有優先。想一想，道理其實非常簡單。古典社會、古代文明傳統無論在什麼意義上講，一定是道德、政治和宗教優先於金錢、利益和資本，而資本主義在西方興起之後就將這種價值秩序顛倒過來了。西方現代的興起之所以溯源於馬基雅維利，說到的就是從此之後特別是經過啟蒙哲學之後，理性的利益計算高於被看作是「非理性」的宗教信仰和道德價值選擇。因此，資本主義與主權國家的矛盾，就在於資本主義的價值在摧毀民族國家所信守的道德、政治、宗教觀念。資本主義興起以來的五百年歷史，實際上是資本和民族國家之間的文明傳統不斷鬥爭的歷史，實際上也是資本如何摧毀傳統道德、宗教從而建立符合資本利益的新道德、新宗教的進程。由此，我們才能將9‧11引發的矛盾看作是資本主義與宗教激進主義的矛盾，美國將反恐戰爭理解為基督教對伊斯蘭教的新的十字軍東征，其實這是資本主義與伊斯蘭教的新十字軍東征。冷戰結束說到底就是資本主義戰勝了社會主義試圖樹立的新道德、新人類和新文明。如果從這個角度看，中國未來也會進入這個戰場，也許不是人類歷史上的最後一個戰場。因此，在後冷戰的中國，全部問題可以集中在政治與資本的關係，是資本控制政治，還是政治反過來控制資本。我想，這個問題需要從全球歷史範圍來看，中國的道

路，中國的體制，中國的發展模式能不能成功，不僅是中國自己的問題，也是全球、全球人類面臨的問題。換句話說，如果中國失敗了，資本主義的治理模式也就取得了全部而徹底的勝利。

為什麼中國如此重要，是因為中國社會主義傳統中政治高於資本並始終控制着資本。更重要的是，中國有幾千年的傳統，即便傳統中國存在高度發達的市場經濟，但資本和商業永遠從屬於政治，道德永遠高於資本，士農工商的社會結構與儒家的義利關係形成穩定的歷史文化傳統。因此，中國有那麼發達的商業社會，但並沒有變成西方式的資本主義。理解中國的社會主義歷史，其實要理解中國傳統政治，中國傳統政治是藉着社會主義這個概念，屬於借殼上市。所以，我認為中國和西方的鬥爭不是簡單的資本主義和社會主義的鬥爭，這個鬥爭在歐美的歷史中社會主義差不多徹底失敗了。在中國傳統社會中，如何處理政治和資本的關係，有着幾千年的經驗，和西方政治存在極大差異。在這個意義上，如果中國要參與全球治理，不管採用什麼模式，核心都是要讓資本從屬於政治，政治目標、道德目標、社會團結的政治目標肯定會高於資本的利益目標。問題是這種模式能不能在中國取勝，能不能作為一種範式在國際層面上取得勝利。

我們舉個例子來說明。比如在「一帶一路」倡議，就是中國參與全球治理的一個入手點。在這個倡議中，中國政府的着眼點不是資本的收益與獲利，而是推動以「合作共贏」為最高目標的行動，通過這種合作推動發展中國家的經濟發展。「合作共贏」的理念就不是資本主義的「勝者通吃」的理念，其中既有中國傳統的儒家文化意味，又具有社會主義和國際主義的傳統。為了推動「一帶一路」倡議，中國有組織建立了亞投行，不是「一帶一路」項目服從亞投行的利益，而是亞投行的建

立要服務於「一帶一路」項目，即資本邏輯要服務於政治邏輯。因此，我們看到不少人主張「一帶一路」缺乏商業收益，去投資的往往是國有企業，而民營企業很少參與，而國有企業本身的邏輯就是商業邏輯服從政治邏輯，這與民營企業的商業邏輯有很大的不同。因此，中國的國家治理模式能不能在全球範圍內成功，很快就和「一帶一路」能不能成功關聯在一起了。如果中國的國有企業失敗、「一帶一路」建設失敗，就證明中國也很難抵抗資本主義的邏輯。事實上，當年中國就對全球發展中國家展開大規模的經濟援助，而最終由於國內計劃經濟的政治邏輯摧毀了商業邏輯，導致經濟陷入困難，無法展開外援。可見，計劃經濟在國內與國際上的成敗是緊密聯繫在一起的。今天我們也要吸取這個經驗教訓，需要在政治邏輯與商業資本邏輯之間取得一個微妙的平衡，既要利用資本的力量推動發展，有需要抑制資本控制政治秩序的企圖。這不僅着眼於中國，而且要着眼於全球治理。在這一點上，社會主義的政治徹底壓倒經濟是失敗的，而中國傳統中的政治與經濟之間的微妙平衡或許對今天的政策有所幫助。

如果從這個角度看，我們的「一帶一路」建設要取得成功，最大的障礙在哪裏？一些我們曾經主張的立場可能反過來成為我們的障礙。比如說主權這個概念。近代中國從西方引入了資本主義和民族國家這兩個概念，但由於受到資本主義背後的殖民主義和帝國主義的欺壓，中國始終提倡主權無上，主權之間相互尊重，不干預內政。這種主張沒有錯，在西方資本主義模式下，雖然主張主權國家不能干預其他國家，但是資本可以，尤其跨國公司和全球資本，就在干預甚至控制着其他國家和政府。但在社會主義的中國，我們出去投資的又是國有企業，代表着國家意志。這種主權至上的觀念反而給我們帶來束縛，導致投資高度依

賴國家政治，依賴主權國家之間的談判，我們的海外投資往往政府更迭而面臨的巨大損失。在這種背景下，這就意味我們不能簡單地談主權至上，而應當強調國際法和國際條約的權威性，因為政府更迭而撕毀合作協議並由此帶來損失的，必須要承擔相應的責任和賠償。這意味着我們需要對主權概念的理解有更大的彈性和開放性，尤其在一個全球化的時代，必須着眼於全球治理來談論主權。

與此相關的是一個政策性問題。我們在「一帶一路」沿線國開展外交，和我們在歐洲國家開展外交有什麼不同？對歐洲國家，我們的外交依然是傳統意義上的外交，但對「一帶一路」國家的外交包含則包含了更多的幫助發展中國家展開「國家建設」。「一帶一路」項目着眼於基礎設施建設，就是在推動這些國家展開「國家建設」。「要致富，先修路」這是中國發展的經驗。新中國成立之後，我們就幫助非洲國家開展國家建設。一旦要開展幫助發展中國家的「國家建設」，那就意味着我們不能教條僵化地理解主權概念的「不干涉內政」原則，也不能僵化地理解外交工作。而需要把外交工作與幫助發展中國開展國家建設的外部援助結合起來，我們的外交工作需要在尊重發展中國家發展意願的前提下，為發展中國家提供發展規劃的建議、諮詢和項目推動實施。如果從這個角度看，要不要適當改造我們的外交機構和外交體系呢？

我們的外交機構現在有兩個基本特徵。一是高度專業化，背景單一，往往是學言語出身，從一開始就進入外交部門，僅僅熟悉傳統的外交工作，對全球、中國以及所在國家的經濟、政治乃至社會和文化問題並沒有專業研究。二是全部以歐美外交為範例，即嚴格按照外交禮儀，突顯國家與國家之間打交道，尤其是研究所在國家的先進制度供中國來學習參考。這個外交模式或許可以用來和歐美國家打交道，但在幫

助「一帶一路」國家開展建設國家問題上，外交機構很難勝任這個工作。因此，我們的外交官和所在國家的領導會談，只能談一些抽象的政治問題，對於所在國家面臨的經濟發展問題、國家治理問題，我們的外交官很難深入交流，更無法提供相應的意見和指導，以至於我們的外交官無法和當地政府打成一片，更無法與所在國家的社會各界真正交朋友。如果從這個角度看，中國未來一代外交官，不應該完全從外交部門內部挑選，而應該從地方的市長、市委書記中挑選。如果他們退休下來，應該讓他們參與到外交活動和對外援助項目中，尤其是搞「一帶一路」建設，他們輕車熟路，知道怎麼搞基礎設施，怎麼搞項目融資，怎麼搞招商引資，怎麼開展地方治理。我們必須認識到，今天「一帶一路」建設已不是傳統意義上的國際關係範疇，它實際上與中國自身的發展模式、發展道路緊密關聯在一起，是中國積極參與全球治理的重要組成部分。「一帶一路」建設的成功可以讓我們的體制在國際上更具有說服力。經過類似的長期努力之後，也許我們真的能夠探索一種新全球治理模式。

回應百年大變局　開啟發展新階段[*]：
中國在 2020 年

　　2020 年是中國農曆中的庚子年，而百年前的庚子年是八國聯軍侵華，中國民族處於歷史最低谷的時代。因此，庚子年在每個人心中似乎有一種不祥的歷史記憶。

　　果然，新冠疫情突然暴發打亂了原本正常的經濟社會秩序，以至於這一年的春節全國人民是在慌亂中度過的。此時的中國正處在美國發起貿易戰全面打壓的國際大背景下，西方媒體正準備將爆發疫情描繪為壓垮蘇聯的最後一根稻草的「切爾諾貝利事件」。一時間，西方輿論一擁而上，武漢「封城」被詆毀為壓制自由、侵犯人權，新冠病毒污名化為「武漢病毒」或「中國病毒」，以此全面詆毀中國、妖魔化中國，甚至引發西方有關組織和個人叫囂對中國發起訴訟索賠，以配合美國政府對中國的全面打壓。而在國內，因「李文亮事件」而不斷發酵的自媒體輿論和「方方日記」也在日益國際化。

　　如果說在國際上中國處於中美矛盾越來越激烈的大背景下，那麼

---

*　　本文為《百年新路：新時代國家治理的行動路綫》（强世功主編，中信出版社，2021年）一書的序言。

在國內中國處在從農業社會向工業社會乃至後工業社會「多重轉型」時期，這種轉型對國家治理提出挑戰，以至於從 18 大以來，積極推動國家治理現代化已成為執政黨貫穿始終的主線。而疫情初期的應對紊亂除了由於對病毒本身缺乏準確的認識，更重要是暴露出對新生風險預警滯後、疫情防控應急機制被動和治理體系不健全等國家治理方面的短板。然而，對着巨大風險的來臨，中國社會主義體制的巨大優越性也隨之展現出來。從中央到地方組織起高效有力的指揮體系，形成了從疫苗生產、物資供應、隔離防控到積極治療的全盤統籌，展現出全國一盤棋的資源調度和社會動員能力、工業製造能力和全社會積極配合的協作能力。由此，我們看到汽車企業一周內轉軌成為口罩生產企業，全世界人民在互聯網上見證了兩座現代化的隔離醫院在十多天內拔地而起，互聯網大數據生成的行程碼為防護隔離做到了精準定位和追蹤，無數個人、企業犧牲小我、積極配合國家防疫的社會自覺。更重要是，整個國家將個人生命看作是最高的價值，為了保護個人生命，整個國家和社會不惜犧牲個人自由、犧牲經濟利益，而這不僅是社會主義的傳統，更是中華文明的傳統。

如果從 19 世紀以來所形成的全球資本主義與社會主義兩條道路競爭的歷史敘事看，後冷戰以來中國的社會主義道路始終面對蘇聯解體以來西方資本主義全面勝利所帶來的「歷史終結」的意識形態壓力。正是在這種壓力下，中國不斷學習西方，積極推進國家治理現代化。在這種背景下，「西方」始終作為一種美好想像出現在國人的心目中，以至於中國在經濟上已經迅速崛起，但國民心理上依然缺乏與這種崛起的力量相匹配的自信心。然而，當中國經過艱苦的努力控制了新冠疫情之後，新冠疫情在西方卻變得越來越嚴重，醫療物資的不足、公民思想

觀念的牴觸，各政黨、政府各部門以至中央地方之間的相互掣肘，資本的力量抵制嚴格防控帶來的損失，正是為了保障資本的利益，「羣體免疫」成為迫不得已的選擇，於是病毒傳播的速度和死亡人數在統計表上不斷攀升。「時代的塵埃落在每個人身上都是一座大山」。這句話只有在以個人生命至上的國度中才有意義，而在西方資本主義的社會中，面對新冠疫情引發的死亡，不過是抽象數字。美國作為世界的燈塔，因新冠疫情死亡的人數已經超過了兩次世界大戰死亡的人數。可是在資本面前，這些死亡真的就像塵埃一樣，對美國以及整個西方資本主義社會的國家治理沒有產生任何的衝擊，甚至連戴口罩如此簡單的常識都難以達成共識。

　　從某種意義上，疫情就像一面鏡子，照出不同國家、不同社會、不同制度和不同文化面對災難的反應和態度。當疫情已經在全球資本主義體系中不斷蔓延，人們面對媒體不斷攀升的疫情感染人數和死亡人數已經變得麻木的時候，社會主義的中國萬眾一心、嚴防死守，成為全球唯一的淨土。中國不惜犧牲經濟利益、犧牲個人的自由和利益，來保護每個人的生命安全，無疑是人類人權事業的偉大壯舉。然而，中國人把政府關注民生、保護公民生命看作是不言自明的真理，從來沒有想到這和「人權」概念有什麼關係，未能從「人權」視角出發，講好中國抗擊疫情、保護人權的故事。中國孤獨地走在自己的道路上，面對西方資本主義話語體系對中國的人權指責，缺乏能力講好自己的故事，缺乏在國際上爭奪話語權的意識和能力。面對西方資本主義體系幾百年來形成的話語體系，中國做得再好，依然處在「捱罵」的境地中。如果說新中國成立已經通過抗美援朝戰爭、中印戰爭、中越戰爭都解決近代以來始終「捱打」的問題，改革開放以來隨着經濟發展解決了曾經的「捱餓」的

問題，那麼中國要真正「強」起來，就必須要解決「捱罵」的問題。全球疫情就像無邊的黑暗，而中國是這個世界上唯一的火焰。若中國無法照亮這個世界，全球就會被資本主義體系下羣體免疫所帶來的死亡和災難所吞沒。儘管互聯網時代往往被看作是「後真相時代」，可是自媒體的發展讓每個人有能力突破互聯網巨頭、網絡大 V 對輿論的操控和封鎖，從中美貿易戰到美國在疫情防控上的表演，美國這座燈塔的光芒在世界各國的心目中逐漸暗淡下來。伴隨着中國崛起，年輕一代的中國人越來越擁有文化自信心，以平常心態來平視西方和世界，不再對西方資本主義及其話語體系頂禮膜拜，而是越來越心懷樸素的良知和正義觀念對西方資本主義及其話語體系展開批判。

2020 年這一年，無疑是上天安排的大變局。一場疫情將這場變局以更加明顯的方式展現出來，其中最重要的就是突顯了在全球經濟彼此依存的世界上，社會主義的中國與資本主義的美國之間的更加緊張的競爭和對抗。疫情衝擊下全球經濟面臨經濟衰退、經濟分工鏈條趨向區域分割自保，區域主義、民粹主義興起而意味着全球化的退潮，尤其面對美國對中國科技和產業領域的打壓，中國必須調整經濟發展戰略並持續推動國家治理方式轉型。

就 2020 年而言，最重要的國家戰略集中展現在以下幾個方面：

中國經濟發展必須從過去過分依賴出口和全球外部循環所形成的產業鏈的分工佈局，轉向關注中國本土內部的產業鏈相互銜接，從而在擴大全球市場的同時，迅速培育並服務於國內市場，從而形成國際和國內經濟發展的「雙循環」格局。

中國經濟必須解決「卡脖子」問題，這就意味真正將國家經濟發展重心從互聯網獨大的虛擬經濟轉向支持產業發展的實體經濟，利用新

舉國體制的優勢，推動科技創新和產業升級的新發展裏念，以最快的經濟發展速度在經濟總量上超過美國，從而用最短的時間越過中美競爭不穩定期，為重新協調中美關係奠定堅實的經濟基礎。這無疑是「新階段」理論的核心要義，即在新形勢下以新理念和新舉措來重申「發展才是硬道理」，矯正以「供給側改革」名義來遏制經濟發展。

經濟加速發展必然進一步激化中美競爭和矛盾，這就意味着政治上必須圍繞國家主權和國家安全展開艱苦的工作，無論是軍隊改革還是處理香港問題，無論生物安全、糧食安全，還是技術安全、數據安全，無論「法治中國」，還是「平安中國」，都是在築牢底線，夯實國家安全的根基，以便抵禦美國打壓所引發的各種風險。

面對全球化退潮的趨勢，尤其是美國推動的「脫鈎」戰略企圖圍堵、孤立和遏制中國的圖謀，中國必須以更大的胸懷和力量來推動全球化，將中國的市場經濟與全球經濟緊密結合在一起。因此，不斷推動圍繞對外開放和市場經濟的管理體制改革，建構有利於市場經濟和對開放發展的法律制度，包括提出自貿區戰略、制定民法典、推出有利於維護公平競爭的一系列制度舉措，就成為推進國家治理現代化中的重中之重。

中美競爭既是力量的競爭，也是道路的競爭。中國必須堅定不移走自己的發展道路，不斷鞏固和完善中國特色社會主義制度，從制度上理順人民與政黨、政黨與國家、政黨與政府、政黨與法治的關係，整頓黨的作風和政法隊伍，推動以保障人權和公平正義為主題的司法改革，全面開展基層治理，從而為對抗外來壓力和風險凝聚力量。

中美競爭最終是創新機制和創新人才的競爭，而不斷深化的教育改革始終圍繞科技創新人才的培養展開。與此同時，培養扎根中國大

地、擁有「四個自信」、堅定不移走中國特色社會主義事業的接班人，無疑是教育改革的重點。

因此，被寫進歷史的 2020 年，無疑是歷經淬煉、極不平凡、難以忘懷的一年。它是本世紀 20 年代的起點，是決勝全面建成小康社會、決戰脫貧攻堅之年，也是乘勢而上開啟全面建設社會主義現代化國家新征程、向第二個百年奮鬥目標進軍的關鍵節點。2020 年的十九屆五中全會無疑是一次具有戰略意義的重要會議，標誌着中國進入新的歷史發展階段，以新的理念，開創新的格局，積極推進國家治理現代化。

如果從全球歷史的角度看，中國發展正在進入一個前所未有的歷史「瓶頸期」。如果克服困難，突破這個「瓶頸期」，中國必將實現民族復興的偉業，然而如果不能突破這個「瓶頸期」，那麼中國發展就會陷入停滯甚至出現倒退。然而，中國的發展不是孤立的，而是處於近代以來西方發達資本主義國家所建構起來的世界體系中。如果按照沃勒斯坦的劃分，西方資本主義國家始終處在世界體系的「中心區」。如果說 1840 年以來的近代史反映的是中國在世界體系處於「邊緣區」的悲慘境遇，那麼 1949 年新中國的成立以來的現代史就是中國人民付出巨大代價來努力改變自己命運的奮鬥史，即從世界體系中的「邊緣區」上升到「半邊緣區」。改革開放以來中國在經濟崛起的歷史奇跡，實際上就是中國在世界體系中從「半邊緣區」邁向「中心區」的偉大歷史進程。而龐大的中國一旦擠入世界體系的中心區，必然在世界體系中引發劇烈的政治經濟震盪，必然會將原來處在世界體系「中心區」的一些國家和地區擠到「半邊緣區」。由此我們才能理解中美之間競爭源於世界體系發展過程中的結構性矛盾。因此，中國崛起帶來的巨變必然是「百年未有之大變局」。如果從地理大發現推動西方崛起進而征服整個世界的角

度看，這場大變局也是過去五百年來未有之大變局。

　　從全球歷史的角度看，大國興衰、文明競爭乃是歷史發展的永恆主題。西方崛起與所謂「東方停滯」構成了世界近代史的基本歷史圖景。歐洲列強在全球展開競爭，甚至不惜引發兩次世界大戰和漫長的冷戰。這一切構成今天中國發展的基本歷史場景。在哥倫布發現新大陸以來的全球史中，歐洲列強競爭不斷更替，建立起支配全球的世界帝國。15、16 世紀的葡萄牙帝國和西班牙帝國，17 世紀的荷蘭帝國，18、19 世紀的大英帝國到 20、21 世紀的美利堅帝國。幾百年來，支配世界的力量雖然在不斷變化，但都是邁向現代化的西方列強支配世界，而非西方國家在這種被支配的歷史背景下，艱難地邁向現代化的歷史進程。其中，蘇聯一度成為社會主義現代化強國，甚至與美國展開了全球爭霸，而最終失敗並導致解體，今日俄羅斯雖然有其現代化的家底，但已從世界體系的「中心區」跌入「半邊緣區」，而印度則在「半邊緣區」中苦苦掙扎，既希望能夠邁向「中心區」，但又擔心不小心落入「邊緣區」。而唯有中國經歷了近代的苦難以後，從 1949 年新中國成立就一路高歌猛進，差不多利用一甲子的輪迴就擠入世界體系的「中心區」，這無疑對長期以來維持世界體系的美國霸權構成巨大挑戰，以至於中美關係普遍被看作正在陷入「修昔底德陷阱」。因此，從特朗普政府到拜登政府，美國對中國在高科技產業領域發展全面的圍攻和打壓已經成為朝野共識，只是二者採取的手段和戰略有所不同。而美國對中國發起的全面打壓，恰恰構成中國發展進入「瓶頸期」的最主要的外部環境。

　　面對「百年大變局」，面對中國發展環境越來越惡劣的「瓶頸期」，中國究竟應當怎麼辦？不少人主張面對美國打壓，應當採取一種妥協退

讓、委曲求全、消極防禦的戰略，以穩定中美關係大局，這就意味着中華民族偉大復興將會變得遙遙無期。然而，面對美國為了維持其世界帝國的霸權地位，中國始終圍繞中華民族偉大復興的戰略，始終將推進國家治理現代化作為開展各項工作的着力點，以「新的偉大鬥爭」的精神，採取積極進取的戰略，按照「以鬥爭求團結」的思路，積極推進中國邁向現代化強國，並在此基礎上來最終實現建構人類命運共同體的宏偉戰略目標。可以說，從十九大以來，在經歷了特朗普政府對中國打壓的洗禮之後，中國人在這個問題凝聚起了最大多數的共識，即以「無比堅定、無比自信」的姿態來推進中華民族偉大復興的目標。為此，面對美國的打壓和國際環境的變化，中央僅僅抓住一個「變」字。在 2020年 10 月十九屆五中全會上，中央明確提出要「認識和把握發展規律，發揚鬥爭精神，樹立底線思維，準確識變、科學應變、主動求變，善於在危機中育先機、於變局中開新局，抓住機遇，應對挑戰」，積極推動中國發展邁入新階段。在新階段上，必須創造性地開展工作，必須用新的發展理念，開闢新的發展格局。可以說，從十九大提出的「新時代」到十九屆五中全會提出的「新發展階段」，都是在積極回應並推動「百年大變局」。

承前啟後「新趕考」：二十大報告解讀 *

　　二十大報告的內容很豐富，我想從「序言」中的內容展開解讀。按照黨代會報告的慣例，每一屆報告都有一段序言。就像憲法序言是憲法的靈魂，黨代會報告序言也是整個報告的靈魂，因此要理解二十大報告，首先就必須從理解需要開始。

　　按照慣例，黨代會報告的序言大體會分成三部分：一是時代背景，即我們是在什麼樣的歷史背景下召開的。二是大會的任務是什麼，而這個任務往往凝聚在報告的標題中，也是報告具體展開的詳細內容。三是我們應該具備怎樣的精神狀態來完成這些任務。在這三部分中，人們往往忽略的第三部分，因為大家覺得「精神」這些概念相對比較「虛」，以至於專家學者的解讀更關注報告裏具體落實的戰略、措施等「實」的東西。而我今天想討論的恰恰是「虛」的部分，事實上，沒有這些「虛」的東西來支撐，「實」的任務也可能無法落實。我們經常說「功夫在詩外」，全黨的精神狀態不同、理解認識不同，落實任務的精氣神不同，那麼落實任務的效果也就自然不同。

---

* 　2022 于 10 月，在復旦大學中國研究院主辦的「中共二十大：新時代中國道路及其世界文明意義」研討會上的發言。張聰協助整理了發言稿。

一、「新趕考」：從「兩個務必」到「三個務必」

　　大家可能已經注意到，此次黨代會報告裏醒目地提出「三個務必」：「全黨同志務必不忘初心、牢記使命，務必謙虛謹慎、艱苦奮鬥，務必敢於鬥爭、善於鬥爭，堅定歷史自信，增強歷史主動，譜寫新時代中國特色社會主義更加絢麗的華章。」追溯歷史，我們會立刻聯想到1949 年 3 月，毛澤東在中共七屆二中全會上深刻指出：「中國的革命是偉大的，但革命以後的路程更長，工作更偉大，更艱苦。這一點就必須向黨內講明白，務必使同志們繼續地保持謙虛、謹慎、不驕、不躁的作風，務必使同志們繼續地保持艱苦奮鬥的作風。」這「兩個務必」在二十大報告中概括凝練為一個「務必」：「務必謙虛精神、艱苦奮鬥」。然後，再加上從十八大以來，尤其黨的十九大報告中提出的「不忘初心、牢記使命」和「敢於鬥爭、善於鬥爭」。就形成了二十大報告中提出的「三個務必」。

　　當年，毛澤東之所以提出「兩個務必」，很大程度上與 1945 年黃炎培來延安時與討論的「窯洞對」有關，即中國共產黨人如何跳出歷史上王朝興衰的周期律。而在此前的 1944 年，毛澤東專門將郭沫若寫的《甲申三百年祭》作為延安整風運動的文件，提醒全黨要警惕李自成式的悲劇，因為驕傲自滿和驕奢淫逸導致失敗的教訓。而當時，毛澤東說自己總是「兢兢業業，生怕出岔子」。可以說，毛澤東代表的中國共產黨人始終在探索如何避免李自成式的悲劇，跳出王朝興衰的周期律。而七屆二中全會，就是在中國共產黨取得全國勝利的前夕，從陝北根據地進入北京之前最開的最後一個重要會議。會議提出把黨的工作重心從鄉村轉移到城市，從軍事革命轉向經濟建設。面對從艱苦危險的革命環境

轉向建國後相對安全舒適的城市經濟建設，如何避免「李自成式的悲劇」就成為一個現實而迫切的問題。為此，毛澤東將中國共產黨進入北京執政看作是「趕考」。他特別提到要警惕黨內的驕傲情緒，「以功臣自居的情緒，停頓起來不求進步的情緒，貪圖享樂不願再過艱苦生活的情緒」，提到如何防止「用糖衣裹着的炮彈的攻擊」。正是在這種背景下，毛澤東向全黨提出了「兩個務必」的要求，實際上是在思想精神層面上建黨，即始終保持革命黨的本色，因為在毛澤東看來，對於實現共產主義這個理想而言，奪取全國勝利，建立新中國，「只是萬里長征走完了第一步。中國的革命是偉大的，但革命以後的路程更長，工作更偉大，更艱苦。」

如果從這個角度看，從新中國建立到改革開放以來所取得舉世矚目的「中國奇跡」，中國共產黨應該說實現了毛澤東在七屆二中全會上提出的戰略目標，即「使中國穩步地由農業國轉變為工業國，把中國建設成一個偉大的社會主義國家。」在這個意義上，毛澤東提出的「進京趕考」取得了優異的成績。這可以被看作是萬里長征走完的第二步。在這種背景下，在中國共產黨建黨百年之際，二十大之所以提出「三個務必」就在於中國發展面臨「新趕考」，這就是二十大報告提出第二個百年的新的戰略目標：「團結帶領全國各族人民全面建成社會主義現代化強國、實現第二個百年奮鬥目標，以中國式現代化全面推進中華民族偉大復興。」

如果說此前中國的現代化道路主要在結合自身的歷史實踐來學習、消化西方的現代化成果，既消化英美傳統，也消化蘇聯傳統，那麼經過這百年來的努力奮鬥，中國已經摸索出一條中國式的現代化道路。這條道路的重要意義不僅是對中國的發展和崛起具有意義，更重要

的是作為一條不同於西方的現代化道路，對於全球非西方國家的現代化道路選擇具有重大的示範意義，因為今日中國正如習近平總書記所言，已經「前所未有地走近世界舞台的中心。」循着這個思路，可以說毛澤東提出「兩個務必」着眼於中國執政來談論「趕考」問題，而今天提出「三個務必」是在中國前所未有地走近世界舞台的中心的背景下，執政黨面臨着「新趕考」，即中國能不能作為全球政治大國，為人類未來的現代化發展指出一條新的發展道路，從而帶領世界各國人民一起來建構人類命運共同體。

可見，這是兩次「趕考」的歷史背景不同，考試的級別也越來越高，考試的難度也越來越大，通過考試所需要的精神力量自然也需要更大更強。當年的「趕考」面臨內部戰爭環境和外部國際壓力，國內國民黨殘餘部隊還剩下一百多萬人，「分佈在新疆到台灣的廣大的地區內和漫長的戰線上」；國際上，以美為首的帝國主義對於新生的社會主義政權虎視眈眈，而彼時中國還是弱小的國家。因此，毛澤東的思考是在這種背景下，新中國在這種內外交困下能不能穩定立國，會不會變成李自成式的悲劇，能不能展開工業化建設，將中國從農業國變成工業國。而當前的這場「新趕考」是在百年變局引發中美競爭的大背景展開，二十大報告中概括為「逆全球化思潮抬頭，單邊主義、保護主義明顯上升，世界經濟復甦乏力，局部衝突和動盪頻發，全球性問題加劇，世界進入新的動盪變革期」。這意味着中國發展面臨的外部環境變得更加嚴峻，當年在冷戰格局中，中國還可以採取「一邊倒」的戰略，而今天中國必須單獨面對自己的成長。在這種背景下，提出「三個務必」就是強調全體共產黨人要一種新的「趕考」精神團結起來，振作起來，凝聚全黨和全國人民的智慧和力量，向中國人民

乃至世界人民交出滿意的答卷。

二、「新趕考」：現代化的老路和新路

雖然這兩次「趕考」有外在歷史背景下不同，但答卷的內容屬於同一個科目，甚至是同一個問題，只是回答的難度和水平要求不斷提高，就像同一個問題，中學生和大學生要求的回答顯然是不同的。而這個考題的內容就是：中國究竟走怎樣的現代化道路？人類究竟走怎樣的現代化道路。

在這個問題上，從西歐國家率先將人類社會從農業時代推進到工業時代起，西歐國家就確立起一條我們可以稱之為「資本主義」的現代化道路，資本主義雖然在不同的歷史時期又不同的表現形式，但其本質就在於「以資本為中心」，即圍繞資本的增值這個中心展開經濟、政治和文化價值的建構。資本主義這種新的組織方式必然摧毀人與人情感相通、命運相連的社會組織，導致社會關係的蛻變並墮落為利益關係，從而導致人的異化。因此，社會必然反抗資本的侵蝕，主張「社會主義」的「以社會為中心」的現代化道路。由此，波蘭尼（Karl Polanyi）所說的「嵌入」與「脫嵌」的鬥爭，實際上就是在最廣泛意義上的「社會主義」與「資本主義」的鬥爭。這種「社會主義」必然根據對「社會」本身的不同定義而形成不同的現代化道路。比如將「社會」理解為「民族」（極端如「種族」）必然導致「民族主義」的現代化道路，由此推動民族國家的政治力量來調控資本力量，甚至形成「國家資本主義」的現代化道路。如果將「社會」理解為「階級」必然導致在階級革命背景下的「共產主義」的現代化道路，由此形成無產階級專政和公有制相結

合的計劃經濟的發展模式。如果將「社會」理解為「宗教」那麼必然導致浪漫主義的政治，運用宗教力量來控制政治，進而控制資本的現代化道路。

如果從這個角度看，中國現代化道路的探索始終在「資本主義」道路與「社會主義」道路之間探索自己的方向。一方面近代以來資本主義的力量不斷瓦解傳統的社會形態，尤其改革開放以來，資本主義的力量以「全球化」的命運不斷擴張，但另一方面社會主義的力量也在不斷成長，其中就包括晚清以來的「民族主義」興起和民族國家建設，更有「共產主義」背景下的社會主義現代化道路。而這兩條「社會主義」道路的實驗都是接受了在西方人對「社會」的理解，並以歐洲大陸的民族國家建設和蘇聯的共產主義體制作為模仿和學習的坺本，在此基礎上，逐步探索我們自己對「社會」的理解。正是在現代化道路的探索中，中國不僅推動馬克思主義與中國實踐相結合，而且探索馬克思主義與中國文化相結合。正是在這「兩個結合」中，中國人逐漸找到了自己對「社會」的理解，那就是在中國傳統民本思想的基礎上，結合西方傳入的人民主權理論，形成了「以人民為中心」的社會主義發展道路，即「中國特色社會主義」。正是這種新型的社會主義為人類探索現代化道路提供了新的動力和方向，它必然與目前美國主導的資本主義現代化的老路形成競爭。如果說毛澤東時代的「趕考」始終面臨冷戰背景下「兩條道路」和「兩種命運」的競爭考驗，那麼今天的「新趕考」則在全球更大的範圍內依然面臨類似的競爭考驗。

不同現代化道路的競爭最終要回答哪一條現代化道路才代表人類未來的發展方向。「中國共產黨為什麼能，中國特色社會主義為什麼好，歸根到底是馬克思主義行，是中國化時代化的馬克思主義行。」說到底，

要在這場現代化道路競爭的「趕考」取勝，就必須在實踐中進行檢驗。正如二十大報告所言，「新時代的偉大成就是黨和人民一道拼出來、幹出來、奮鬥出來的。」「撸起袖子加油幹」無疑是「新趕考」的要旨所在。

三、「新趕考」的精神人格：「仁智勇」

這樣我們就回到最後一個問題，面對「新趕考」的歷史使命，「三個務必」要求共產黨人具備怎樣的精神人格？二十大報告雖然重提七屆二中全會的「兩個務必」，但由於時勢的變化，在面對步入世界舞台中央的「新趕考」，僅僅有這「兩個務必」是遠遠不夠的，因為時代發展變化，原來共產黨人具備的精神人格品質隨着時間推動發生了重大的變化。

其一，在經歷了「文化大革命」和改革開放的市場化進程之後，尤其是全球後冷戰思想意識形態的影響，「共產主義」作為理想信念對年輕人喪失了吸引力，而作為科學社會主義的一部分，在哲學社會科學中也很難找到自己的位置。在西方理論思潮的影響下，中國人面臨着前所未有的精神危機、思想危機和理論危機。在這種背景下，從十八大以來，尤其是十九大以來，習近平總書記推進馬克思主義的中國化和時代化，將馬克思主義與中國文化相結合，從而將馬克思的共產主義理論與中國傳統的心學結合起來，展開了「不忘初心，牢記使命」的主題教育活動和理論建構工作，從而賡續紅色血脈，重新激活共產主義理想信念的感召力，重新奠定了中國共產黨人的精神基礎，正是在此基礎上，二十大報告提出的「三個務必」中，首先就提出「務必不忘初心，牢記使命」。

　　其二，在改革開放之後，中國加入美國主導的全球經濟體系，由此形成中美在經濟、政治乃至文化領域的頻繁交往和互動，以至於穩定中美關係已經被看作是中國開展現代化建設的前提條件，甚至由此產生出「中美夫妻論」的論調。而在長期的和平合作環境中，中國人重新染上了「崇美」「媚美」和「恐美」的心態，甚至以委曲求全的心態來應對美國對中國採取的打壓和霸凌。可以說，新中國成立之前毛澤東着力批判的民族資產階級對美軟弱的人格心態又重新出現改革開放後興起的新型階層中。在這種背景下，隨着中國最近世界舞台中央與美國發生的競爭和衝突，共產黨人有沒有「亮劍」的勇氣和決心就成為能否通過「新趕考」的精神條件。在這種背景下，從十八大以來，習近平總書記就不斷提出全黨要勇於面對新的歷史條件的偉大鬥爭，不僅要「敢於鬥爭」，更要「善於鬥爭」。而這自然被成為「三個務必」的重要內容。

　　可見，從「兩個務必」到「三個務必」，恰恰可以看出改革開放以來中國共產黨人的精神人格的變化。對於當年在革命戰火鑄就的共產黨人而言，毛澤東當然不需要提「不忘初心、牢記使命」和「敢於鬥爭、善於鬥爭」，而今天在承平日久的盛世繁華中，必須重新鑄就共產黨人的精神人格。

　　如果我們從共產黨人的精神人格的角度來看這「三個務必」，那麼我們就會發現這「三個務必」恰恰反映出中國文化傳統所塑造的君子理想人格所具備的仁智勇這三種最高德性。

　　「不忘初心、牢記使命」實際上強調的是「仁」。在這個意義上，努力推動實現共產主義的大同理想不是基於社會發展規律的必然歷史進程，而是基於中國人具有的仁愛之心，也是中國文化價值觀念所強調的宇宙大本大源的仁愛之心。因此，對於中國共產黨人而言，「不忘

初心、牢記使命」說到底就是強調要「為人民謀幸福，為民族謀復興，為世界謀大同。」而「謙虛謹慎、艱苦奮鬥」實際上強調的「智」，因為只有謙虛謹慎、擺脫驕傲自大才能獲得客觀和理性，只有擺脫欲望的蒙蔽才能獲得清明和智慧。無論是關羽敗走麥城，還是李自成式的悲劇，中國歷史文化的教育始終強調政治家要如臨深淵，如履薄冰。而這種擺脫虛驕、虛榮和空談而獲得智慧，就必須腳踏實地，強調實事求是，由此我們看到二十大報告裏特別提出改革開放以來重視的概念——「空談誤國，實幹興邦」。而「敢於鬥爭、善於鬥爭」實際上就是古人講的「勇」，而勇敢剛毅是君子理想人格的重要內容。

如果從這個角度看，中國共產黨人要走出一條中國式的現代化道路，通過「新趕考」，就必須繼承中國古代仁智勇三種德性，以新的精神狀態和人格品質來推動新的偉大事業。比較之下，西方資本主義的現代化道路也是建立在自由平等的價值觀所塑造的「自由人格」或「主人人格」的基礎上，以至於兩條現代化道路的競爭也可以看作是兩種價值觀念和兩種人格的競爭。

世界帝國與文明復興[*]：
認真對待後冷戰以來的文明復興論述

後冷戰以來，伴隨著亨廷頓的「文明衝突」理論，全球出現了關于文明復興的話語論述，尤其伊斯蘭文明和中亞文明，最近一些年來，這股論述愈演愈烈，成為全球思想理論共同關注的重要主題在美國，從亨廷頓的理論到「特朗普主義」（Trump Doctrine）的建構，美國保守派始終有一套文明論的話語，甚至一度希望用「文明衝突」為中美競爭定性。曾經擁有深厚傳統文明的非西方國家，紛紛藉助文明復興的話語來重新定位其政治方向，比如普京訴諸俄羅斯文明，土耳其也在藉助泛突厥主義的文明話語，印度始終主張推動歷史文明傳統的復興，甚至連歐盟也不斷訴諸歐洲文明傳統來加強歐洲一體化。建設，甚至希望將歐盟建設為一個「文明型國家」。中國也不例外，中國民族偉大復興無疑意味著文明復興，而張維為教授關於「文明型國家」的論述就是一個典型的例子。

---

* 2022 年 12 月在復旦大學中國研究院組織的「思想者論壇」上的發言。

一、為什麼會出現「文明復興」的話語論述

在這股「文明復興」的全球大合唱中，或多或少隱含着對自由資本主義秩序的批判，這些不同甚至相互矛盾的文明論述在這個大旗下團結起來。我們要問：奠定現代秩序的「自由主義」怎麼了？從歐洲啟蒙時代以來，自由主義經受住保守主義、浪漫主義、民族主義以及共產主義的挑戰，以至於福山曾經自信地宣佈，冷戰結束意味着「歷史的終結」，自由民主政體成為人類唯一的政體形式。而今天，各種政治主張紛紛披上「文明」的外衣復活意味着自由主義全球化遭遇重大挑戰。

自由主義遭受的挑戰一方面是由於其理論內在的局限性，但更重要的是，自由主義在政治上演變為世界帝國這種新型的全球政治建構，以至於對「世界帝國」的批判不免變成對「自由主義」的批判。今天全世界對「自由主義的帝國」「自由的利維坦」乃至「自由的國際秩序」這些概念的批判中，與其說針對的是「自由」或「自由主義」這些概念，不如說針對的是「帝國」或「利維坦」這些概念。因此，要激活自由主義的活力，就必須將自由主義理論從世界帝國的政治建構中解放出來。

為此，我們首先要問：自由主義理論是如何與「帝國」這個概念捆綁在一起，甚至形成一種帝國主義不斷擴張趨勢。事實上，在目前全球復興的文明論述中，往往是從保守主義的理論視角復活的各種文明話語，並以此來批判「自由主義」，這顯然抓住當前世界面臨的主要矛盾。當前世界的主要矛盾並非保守主義與自由主義在價值觀層面的鬥爭，而是世界大多數國家，無論是南方的發展中國家，還是北方歐盟、日本韓國等這些發達國家，都面臨來自「世界帝國」的經濟政治壓

迫。因此，當今世界的主要矛盾並非自由與保守的文化價值觀之爭，而是世界帝國秩序下自由與壓迫的政治經濟之爭。這就意味着我們需要將理論關注點從文明復興論述所體現的的保守主義價值觀，轉向文明復興論述中隱含的政治經濟學分析，即分析世界帝國的起源及其面臨困境。

二、帝國與文明：從「區域性文明帝國」到「世界帝國」

　　面對全球政治和理論環境的變化，我在 2019 年發表的《超大型政治實體的邏輯：帝國與世界秩序》一文中，主張中國學者應當擺脫西方現代人文社會科學中主流的「民族國家」的理論範式，比如今天法學、政治學、經濟學和社會學中主導的理論範式乃是國家範式，由此形成了主權、憲制、法治、民主、國家建構和國家社會理論等理論概念。事實上，這些理論必須放在全球帝國秩序中來理解，為此，我提出用「帝國」理論范式來重新理解人類歷史，主張一部人類歷史乃是帝國演化的歷史，即從傳統的「區域性文明帝國」（the regional civilization-empires）邁向現代的世界帝國（the world empire）的歷史。之所以提出我用「區域性文明帝國」這個概念試圖指出傳統帝國的兩個空間面向與文明面向。就空間而言，傳統帝國雖然自詡為普遍主義，但事實上僅僅佔據了地球上的某一個特定區域；就文明而言，傳統帝國都塑造了文明秩序，尤其宗教在帝國秩序的建構中發揮了關鍵作用。帝國興衰的政治版圖不斷變幻，但宗教力量導致這些帝國始終能維持相對穩定的空間區域，以至于這些「帝國」往往變成了某種「文明」的代名詞。比如羅馬成為歐洲文明或基督教文明的代名詞，俄羅斯成為東正教文明的代名詞，而土耳其帝國和阿拉伯帝國也往往是伊斯蘭文明的代名詞。正是由

於這個原因，白魯恂（Lucian Pye）將中國看作「佯裝成民族國家的古老文明。」如果從這個角度看，今天世界各國正在復興的形形色色的「文明」論述，實際上隱含着這些古老的「區域性文明帝國」的復興。

地理大發現以來，歐洲通過商業貿易、產業分工、金融和法律等現代手段將全球「鏈接」為一個整體，在區域性文明帝國的廢墟上開始建構世界帝國。可以說，18 世紀以來的歐洲現代思想家都在討論一個共同問題：即為什麼歐洲能夠建構出一套普遍化的生活方式，並強加於其他文明建構出人類歷史上的普遍秩序。

在這裏，我想舉出一位大家熟悉但往往被忽略的思想家：亞當‧斯密（Adam Smith）。他在《國富論》中認為，中國走了一條從農業、工業到商業的自然發展道路，歐洲走了一條從商業、工業到農業的非自然道路（unnatural way）。歐洲國家通過推動商業貿易的全球擴張，邁向了「財政 - 軍事國家」（fiscal-military state）。最能汲取財富的國家有能力發動戰爭、擴大市場從而增加貿易，而軍事最強的國家最容易獲取金融信貸，由此推動歐洲崛起並摧毀了區域型文明帝國而，稱霸全球並開始建構世界帝國。這種財政 - 軍事國家的當代典型就是美國的「軍工複合體」。

如果我們從這個角度看，1805 年大英帝國戰勝拿破崙帝國之後，不僅擁有全球最強大的軍事暴力，更重要的是倫敦成為全球金融中心，英鎊取代了東亞的白銀資本成為全球貨幣。這意味着世界帝國初步形成，我們可以把大英帝國看作是世界帝國的第一個版本。約翰‧加拉赫（John Gallagher）和羅納德‧羅賓遜（Ronald Robinson）將其概括為「自由貿易的帝國「（the Imperialism of Free Trade），就是強調通過商業貿易的手段來建構起世界帝國。兩次世界大戰之後，世界帝國的

主導權從大英帝國轉移到美利堅帝國手中，我們將其看作是世界帝國的第二個版本。翰·伊肯伯里（John Ikenberry）將其概括為「自由主義的利維坦」（liberal Levithan），實際上強調了美國通過軍事暴力、政治法律等對世界帝國的「利維坦」塑造。當然，目前還有「新羅馬帝國」（New Rome Empire）之類大家熟悉的概括，也是利用「羅馬」這個概念來強調美國建構的世界帝國的暴力特徵。

基於上述研究，我在 2021 年出版的《文明終結與世界帝國：美國建構的全球法秩序》一書中，用「文明終結」這個概念表明「世界帝國」用民族國家體系終結了人類歷史上的「區域性文明帝國」，從而將區域性文明帝國的「文明」變成了「傳統文明」，人類隨着世界帝國的興起而邁向新的「現代文明」。這本書的主要目的是回應福山的「歷史終結」論和亨廷頓的「文明衝突」論。在筆者看來，這兩種理論共同構成世界帝國的意識形態，即世界帝國對內實現了歷史終結，對外處於文明衝突之中。而我們今天討論文明復興必須放在全球帝國史的背景下，尤其放在世界帝國的背景下來理解。

三、民族國家（世界帝國）的文明根基

在我們今天討論的「文明國家」這個概念中，不少人將其與「民族國家」對立起來，強調「文明國家」的文明基礎，似乎「民族國家」缺乏文明基礎，僅僅是「國家暴力機器」。在「國家」或「民族國家」這些概念本身建構中，的確集中在國家建構的法律基礎和民族與背景下上，很少關注到其文明基礎。但這並不意味着「民族國家」沒有文明的根基，事實上，民族國家首先是在羅馬‐基督教這個區域性文明帝國的

碎片上興起的。所有歐洲的民族國家都共享的是歐洲基督教文明的基礎。因此，每一個民族國家都有其自身的文明根基，甚至有所謂的「法蘭西文明」「德意志文明」這樣的概念。

歐洲興起的「民族國家」與歷史上的「區域型文明帝國」在秩序建構上的一個重要區別在於兩種不同的處理政教關係的模式。「區域型文明帝國」需要藉助宗教的文明力量來維持帝國，因而往往採取政教統合模式，甚至形成神權政治，而民族國家則在自由平等的現代價值觀基礎上推動政治與宗教的分離、公共生活與私人生活的分離、國家與社會的分離，從而將「國家」變成一個理性化的現代組織，一個壟斷暴力的政治組織，這就迫使宗教退出政治領域而退縮到私人生活領域。這意味着西方的崛起正在建構一種新的文明秩序，這就是我們經常所說的「現代文明」，而過去區域性文明帝國所塑造的文明就被稱之為「傳統文明」。正如布魯諾‧馬薩艾斯（Bruno Maçães）所言，現代西方文明是一個抽象的架構（an abstract framework）、一個操作系統（an operating system）。這種操作系統塑造了人人自由平等的現代價值觀。現代文明的根基乃是歐洲宗教改革產生的加爾文教，而恰恰是這種清教精神推動了現代科學的興起，催生了上帝之下人人自由平等（all men are created equal）的觀念。

可見，民族國家的文明基礎乃是新教、現代科學和啟蒙理性。這或許可以理解為什麼世界帝國是由信奉新教的盎格魯‐撒克遜人建立的。在世界帝國的建立過程中，新教世界帝國與天主教的拿破崙帝國與路德派的德意志帝國乃至東正教傳統的蘇聯展開過「文明的衝突」並取得勝利。而在歐洲崛起的歷史中，歐洲國家始終以科學、工業、民族國家、自由平等理念等等作為「文明」的尺度，從而將東方古老的區域性

文明帝國看作「停滯的帝國」，並將其描述為「未開化」或「野蠻」的國度，由此西方列強建構世界帝國的殖民主義和帝國主義擴張被自詡為將野蠻人提升到文明高度的「白人的負重」（the white man's burden）。

正是在殖民戰爭的壓力下，古老的區域型文明帝國被迫展開宗教革命，接受自由平等的現代價值觀，並因此開啟了邁向現代文明的現代化歷程。比如伊斯蘭文明的典範就是土耳其的基瑪爾改革，而東方文明的典範就是日本的「脫亞入歐」。隨着宗教與政治關係的分離，傳統的區域性文明帝國紛紛解體，分裂為民族國家的碎片，最終被納入世界帝國體系。福山之所以對「歷史終結」深信不疑，就是他相信自由主義的價值觀最能滿足人性中的欲望和激情，美國人會把欲望和激情投入到科學研究、商學院和法學院中，而不會投入到對宗教禱告或道德形而上學的沉思中。後者要麼是古老的區域性文明帝國關注的，要麼就是今天談論文明復興時形形色色的文化保守主義者所關注的。

四、世界帝國的衰落：後現代、保守派與文明論

今天世界帝國體系處於衰落之中，對於根源有很多理論解釋。比如馬丁‧雅克（Martin Jacques）提到的中國等諸多發展中國家的崛起以及西方民主的危機等等。我們暫且不討論其政治經濟根源，這裏想特別提到幾種思想理論思潮，它們共同瓦解世界帝國體系的正當性。。

其一，就是我們熟悉但往往忽略的馬克思主義批判資本主義世界帝國體系的革命性理論，尤其列寧主義、世界體系理論和依附理論。馬克思主義雖然批評資本主義的全球殖民擴張，但往往將這種擴張看作是推動傳統邁向現代的力量。而列寧站在後發達國家的立場上，認為自由

資本主義已經發展到帝國主義金融壟斷的高級階段，歐洲列強通過對後發達國家的殖民掠奪和帝國控制來維持其寄生腐朽的帝國統治，由此反帝國主義、反殖民主義的革命運動就成為終結殖民主義、帝國主義及其背後的資本主義的核心動力。在此基礎上，無論是世界體系理論，還是依附理論，都強調世界帝國體系建構中形成的中心與邊緣的不平等結構，導致後發達國家被鎖定在全球產業鏈分工的低端，從而長期處在帝國秩序的邊緣地帶。這就意味着南方國家要邁向現代化就必須在政治和經濟上獲得獨立性，擺脫對西方建構的世界帝國體系的依賴。改革開放以來，中國經濟政治發展的主要方向就是融入世界經濟體系，因此學界的主流理論乃是西方建構的現代化範式，這套批判帝國主義與資本主義的左翼理論處於邊緣位置。直到最近中美競爭，美國試圖採取「脫鈎」戰略來打壓中國在世界體系中的上升，帝國主義和霸凌主義的話語開始逐步復興。這就意味着面對世界帝國的擴張，我們需要重新激活馬克思主義傳統中的左翼理論遺產。

其二，就是文化左翼的後現代理論、解構主義、去中心化的論述從內部摧毀世界帝國的意識形態權威。後現代解構主義帶來的文化多樣性、文明的多元性表面上象徵着將全球囊括在世界帝國秩序中所帶來的繁榮昌盛。但是，就像羅馬帝國將其所征服之地的諸神帶入羅馬的萬神殿時，帝國的輝煌埋下了解體的種子，即羅馬擁有整個世界，但自身卻什麼也不是。後現代主義的解構實際上就是在這種雜多文化的背景下，解構西方崛起及其建構世界帝國的歷史進程中為其建構的正當性話語，無論是啟蒙哲學思想、現代化理論，還是文明／野蠻話語的各種理論建構。在這種解構主義無疑也在摧毀世界帝國的文明根基，以至於今天世界帝國的內部出現了一羣在全球游盪的「新野蠻遊牧民族」，那就

是「達沃斯人」（Davos men）。他們寄生於世界帝國中，通過科技、金融手段掠奪全球資源，不需要對帝國邊緣的南南地區承擔任何治理的責任，自然沒有 19 世紀「自由的帝國主義」（liberal imperialism）時代的那種所謂「白人負重」的文明理想和道德責任感。今天美國的量化寬鬆政策就是這個「野蠻遊牧民族」在摧毀世界帝國的經濟根基、政治權威和文化信用，由此導致西方學者紛紛批評世界帝國的「無根性」。正如楊榮文（George Yeo）所言，美國內部的核心分裂是老的自由主義與新的自由主義。其實這兩種自由主義的區分可以看作是有道德責任主義與無道德責任的自由主義、有文明根基的自由主義與無文明根基的自由主義。而西方自由主義之所以喪失道德責任和文明根基，恰恰是從後現代主義對自由主義意識形態的解構開始。

其三，面對世界帝國的無根性，美國的保守主義強勢復興，試圖重建世界帝國的文明根基。然而，當美國新保守派（neo-conservatives）試圖將新教福音派奠定為世界帝國的文明根基，那就必然以「文明衝突」的面目陷入到新的十字軍東征中，最終導致全世界目睹美國在坎布爾如何再現當年逃離西貢的狼狽一幕。窮兵黷武的漫長戰爭導致世界帝國無力面對邊疆新興經濟體的崛起以及全球產業鏈乃至經濟重心的轉移。全球財富再分配觸發了美國內部的階級戰爭，世界帝國成為美國人無法承擔的重負。因此，特朗普的保守派不再是右翼帝國主義的保守派，反而變成左翼的大眾保守派（popular conservative）或民族保守派（national conservative），他以「退羣」的方式瓦解世界帝國。而拜登政府為了強化對世界帝國的財富控制，不惜通過俄烏戰爭推動歐洲的資本和產業向美國轉移，強迫日本和韓國乃至中國台灣的高科技產業向美國轉移。而這種丟卒保車的舉動恰恰表明世界帝國的衰落命運。在這個

意義上，美國保守派，無論是亨廷頓的文明衝突論，還是特朗普式的大眾的、民族的保守主義，都再反對美國建構的世界帝國體系，主張文明對話的基礎上探索新的人類未來圖景。

其四，如果說後現代主義與保守主義在世界中心地帶以不同方式瓦解世界帝國，那麼，在帝國的邊疆地帶，尤其在這些新興經濟體中，他們從西方學來的後現代主義成為解構世界帝國的理論武器，而他們從西方學來的保守主義無疑強化他們對自身文明傳統和歷史經驗的自豪感。因此，文明復興的話語代表古老的區域性文明帝國的再度復興，以及由此對世界帝國的反叛。我們唯有在這種世界帝國演進的歷史背景下，理解後冷戰以來，從伊斯蘭世界、到俄羅斯的文明敘述。在這個意義上，世界帝國邊疆地帶左翼的激進理論傳統和右翼保守的文明論述與世界帝國中心地帶後現代左翼思潮乃至保守主義論述實際上處在同一個知識考古的層面，它們之間相互形成共振，在共同批判全球「新遊牧野蠻人」、批判世界的無根性的過程中，共同瓦解世界帝國體系。

這些復興中的文明論述，雖然針對自由資本主義的世界帝國結成臨時的盟友，但它們之間存在着更深刻的分歧。隨着世界帝國未來的進一步衰落和區域型文明帝國的復興，目前復興的文明論述與世界帝國之間的理論鬥爭，是否會逐漸演變為它們彼此之間的「文明衝突」呢？這無疑是我們應當警惕的。俄羅斯藉助文明話語陷入到俄烏戰爭中；埃爾多安治下的土耳其通過語言、民族、宗教的文明論述來建構「突厥語聯盟」，推動其向中亞和中東擴張；印度追求重建歷史上作為印度洋霸主的輝煌，必然在伊斯蘭世界和東南亞地區引發緊張。當今天這些古老文明的「幽靈」再次從歷史的墳墓中復活，我們從這些古老區域型帝國的領土擴張衝動中，似乎看到未來「文明衝突」的不祥徵兆。而「文

明衝突」的背後實際上隱含着古代與現代的衝突，即拋棄世界帝國秩序之後，人類如何建構一個新的現代秩序？新的現代秩序的文明基礎是什麼？

五、文明復興在中國：邁向更高更完美的現代化

在這種背景下，我們應當注意區分中國出現的文明復興話語與俄羅斯、土耳其、印度乃至中東的文明復興話語的共同點和不同點。早在2004年，我在《大國崛起與文明復興》一文中，主張中國崛起必然推動中國文明的復興，中華民族的偉大復興乃是文明的復興。然而，中國文明的復興並非反自由主義的現代性，而是推動中國傳統文化的「創造性轉化」，探索邁向現代化的中國道路。這條道路就是今天所說的「中國式現代化」。

「中國式現代化」的重點乃是「現代化」，即中國首先必須建構一個面向全球的現代化國家，只不過由於中國的歷史文化傳統和社會主義的價值觀念，使得中國必須走一條不同於西方的現代化道路。亞歷山大・盧金（Alexander Lukin）敏銳地觀察到了這一點，他顛倒了白魯恂的說法，認為中國是「一個佯裝成文明的現代國家」（a modern state pretending to be a civilization）。這個具有挑戰性的概念恰恰突顯了中國的現代性，而中國的現代性尤其展現在福山所說的中國建構起一個「負責任的政府」，不僅對中國人民負責任，而且對世界人民負責任，恰恰是中國古典的天下主義傳統和現代國際主義傳統的完美結合。因此，中國雖然批評美國建構的世界帝國體系，尤其是其採取脫鈎政策，將美元工具化，破壞全球經濟和政治合作，但卻堅定不移地站立

在威斯特伐利亞體系的基礎上捍衛聯合國權威，始終追求與美國乃至其他國家建立合作關係，在文明對話、文明互鑒的基礎上，建構人類命運共同體，建構人類文明新形態。因此，中國不會追索歷史上丟失的領土，也不打算重建朝貢體系的勢力範圍。中國不是現代國際社會的破壞者，而是現代國際秩序的堅定建設者。中國式現代化實際上要修正資本主義現代化道路必然帶來的殖民主義掠奪和帝國主義戰爭，將全人類的現代化事業推進到一個更高、更完美的歷史時代。

唯有從這個角度，我們才能理解張維為教授為什麼強調要區分「文明－國家」（civilization-state）與「文明型國家」（civilizational state），他強調中國在吸收傳統文明有益要素的基礎上建設一個現代的文明化的國家（civilizational state），而不是像其他文明復興話語中，試圖將目前的國家領土擴展到歷史上文明覆蓋的地方的「文明－國家」（civilization-state）。對於這兩個概念的區分，筆者贊同文揚教授的精湛分析。所謂「文明－國家」（civilization-state）實際上就是我所說的歷史上的「區域性文明帝國」，文明復興意味着帝國的復興，而「文明型國家」（civilizational state）是要為國家奠定文明基礎，從而多元文明的基礎上，捍衛並完善聯合國體系。在這個意義上，中國崛起就具有了世界歷史的普遍意義，即中國崛起和其他地區的文明復興需要共同努力，共同避免世界帝國衰落之後重現區域性文明帝國在歷史上爭霸的「文明衝突」悲劇，將全球化的歷史帶向不同文明之間和平對話、共享繁榮的新時代。

原版後記

我依然清晰地記得那個夜晚，法學院的模擬法庭擠滿了人，有法官，有律師，有法學院的老師學生，當然還有會議的主人公劉燕文博士。然而，這個討論會的主人公恰恰成了整個會議的邊緣人，他臉上的茫然與會場的氣氛形成截然的對照。他只有在最後才獲得了一個發言的機會，這個戴着深度近視眼鏡的理科博士對整個會議的最深感受就是「學法律的口才真好」。這個場景深深地震撼了我，和他一樣，我已經感受到學法律的人已經構成了一個獨特的羣體。儘管他自稱此前為了這場官司看了許多法律的書，但是，他真的無法理解這個決定他命運的羣體，甚至無法和他的辯護律師進行真正的溝通。

那時候，我剛剛畢業，也參加了北大法律信息網的前期創建，網站的 BBS（論壇）也是在那個晚上因為這次討論會而匆匆開張，我自然捲入到這些討論中。也是趁着這股思考的激情，我差不多一氣呵成寫作了《法律人共同體宣言》。「法律人」（lawyer）作為現代社會的一個職業羣體，也成為我後來研究中國法治的一個重心。可以說，這篇文章代表了我思考的一段軌跡，這就是以權利為中心的自由主義法律觀。

從自由主義的權利觀出發，很容易用權利來解構傳統的權威國家體制，那麼同樣的邏輯也可以用來解構現代國家體制（比如批判法

學），而法律人又試圖幫助建立現代的國家體制，這難道不是自相矛盾嗎？如果說法律人站在「為個人權利而鬥爭」立場上，那麼法律人也必須站在捍衛政治權威和國家權力的立場上，因為沒有強大的國家權力不可能實現個人的權利，個人自由必須用不自由的法律和權力來保證。一旦從「反叛者」的角度進入到「立法者」的角度，從幼稚的自由主義立場轉變到成熟的自由主義立場，問題就變得更為複雜，因為國家是與民族和歷史聯繫在一起的，而政治和權力涉及到了意志決斷和價值追求，所有這些絕不是個人權利所能思考的。

正是在這個意義上，我們必須承認一個簡單的常識：法律人不是建立生活在真空之中，而是生活在國家的政治生活之中，這就是《法律人的城邦》的意旨所在。城邦是一個倫理生活的共同體，它意味着一種共同的價值選擇，意味着一種共同的責任承擔，意味着一個生活方式。如果我們把法律人共同體置於城邦這個更大的共同體來思考，法律人自身在其中的位置就成了一個問題。而這個問題絕不可能通過法律人的權利來思考，因為法律人的身份先於法律人的權利。而法律人的身份則關乎法制的形態，這種法制的形態不僅有一個具體的歷史淵源和未來走向，而且涉及到城邦這個倫理共同體的構成（constitution）。我自己的思考由此逐漸轉移到憲政問題上來，其中尤其關注法律人職業羣體與憲政的關係，比如說最高法院在憲政中的位置。但是，我不僅是從保護個人權利的自由主義角度來思考的，更主要的是從城邦建構意義上來思考憲政的。因為保護個人權利的方式有千萬種，問題是我們要的是哪一種。而這自然涉及到對自身歷史傳統、文化價值和現實條件的認識，涉及到對人性的認識，涉及到對城邦主體身份的認識。

正是在城邦意義上，法律人的自我認同也必須從法律知識的認同

轉化為城邦倫理生活的認同，將法律人凝聚在一起的不應當僅僅是法律知識，而應當是對理性真理的追求，對城邦責任的承擔。這實際上恰恰是我在《法律人共同體宣言》中所缺乏的。有感於這些年法律教育中過分強調自由主義的個人權利，而忽略了承擔公共責任的公民教育，我後來逐漸關注大學通識教育問題，一定程度是對我原來主張的更正或補充。

現在我們的法律教育只強調權利，不強調正義（或者把正義理解為法律權利的實現），只強調自由，不強調責任，其結果只能培養出沒有靈魂的訟棍和沒有良知的法官。而這樣一個社會職業羣體，這樣一個社會精英階層，怎麼能夠承擔起城邦共同生活的建構呢？我自己在這幾年的法律教育中對此深有體會。法律生似乎有能力用權利、程序之類的話語為自己的行為進行充分的辯護，甚至到了喪失起碼道德感的程度。以至於讓別人代替自己考試的學生在東窗事發後竟然理直氣壯地說，是別人自己走進考場從而侵犯了他的名譽權。就像阿里斯多芬在喜劇《雲》中所講的故事，兒子從思想所中經過法律教育之後，學會的是「母雞不是雞」之類的詭辯術，最後的結果是毒打老子，放一把火燒了這個思想所。而今天，我們的法律生中也有人想放火燒了城邦來做世界公民。如果這還有點難度，至少可以逃離城邦，做沒有城邦邊界的資本的奴僕。

《雲》描述的就是沒有公民教育的法律教育的失敗。法律教育的這種失敗責任不在學生，而在我們老師。因為我們老師中普遍流行着一種討好學生、取媚於學生的集體無意識。就像韋伯在《以學術為志業》所批評的那樣，我們的老師不是獻身於科學和真理，而是獻身於喝彩和掌聲。在課堂上以一種欲言又止的神情，用政治暗示和文化反諷的方式，與學生的青春期反叛情緒暗中達成共鳴。在師道尊嚴被摧毀的時代

中，我們老師喪失了「傳道」使命，在知識市場上像小販一樣吆喝着自己的批發生意，這樣的吆喝只能附和流行的大眾意見，滿足公共的心理。而老師越是討好學生，就越沒有獨立的智識尊嚴。正是這種智識尊嚴的喪失，老師才將自己降低到知識批發商的位置上。

我們不能遇到什麼問題都將責任推到制度或者文化傳統之上，好像自己就生活在制度和文化之外的真空中，清白無辜。我們其實就是我們所批判的制度或者文化的承擔者，因此是老師自己在詆毀自己的尊嚴。當我們批判摧毀師道尊嚴的「文革」時，這種批判本身正在構成第二次文革。「文革」表面上摧毀了傳統價值，但是，它依然承認老師是園丁，是靈魂的工程師，是培育價值、塑造靈魂的主人，這種批判僅僅是追問誰適合於成為這樣塑造靈魂的主人。然而，我們現在的文化革命卻在根本上顛覆這種傳統。

法學中用權利來解構道德，歷史學中用野心來解構高尚，經濟學中用市場來解構國家，政治學中用個人自由來解構民族，哲學中用西方來解構東方。我們不正從淺薄的自由主義出發，解構自己的傳統、羞辱自己的文化、瓦解自己的城邦嗎？我們批判和解構最終將我們暴露在主觀主義、相對主義、虛無主義的境地中。大學變成了文化培訓公司，寫作變成了碼字的職業，老師變成了吆喝的小販。而在這所有的解構後面，暴露出臣服西方文化的奴隸心態。如果我們老師在大學中沒有主人意識，中國人就無法確立其文化的主體意識，只要我們沒有這樣的主體意識，做老師就無法獲得與「老師」這個稱號相匹配的尊嚴，做中國人也就無法獲得與悠久的歷史和燦爛的文明相匹配的尊嚴。為邦弘道，為民請命，本應是師者的使命。

本書中收集的這些評論、對話、書評和會議摘要等等，大多發表

在報紙和公共期刊上，有些是在這裏第一次發表。我要感謝諸位編輯：
賈寶蘭、龍希成、秦平、張東生、張娜和張翔等，許多文章是在他們
的催促下寫成的，而這種愉快的合作已經成為自己生活的一部分。當
然，我還要提到本書內地版的編輯王笑紅。當我得知她費盡周折從法院
辭職出來加入了上海三聯書店，我知道她終於找到了自己。一個人知道
自己真正想過什麼樣的生活並不難，難的是如何不惜付出代價過上自己
想要的生活。正是由於她的提議，我才想到將這些東西整理出來。最
後，我要感謝我的家人和親人，在我遠離她們，生活在「一個人的城
市」裏，是她們和書籍給了我幸福和力量。

2003 年 10 月 24 日於深圳西麗湖畔

修訂版後記

　　《法律人的城邦》於 2003 年刊行之後，原本計劃在 2005 年做一次修訂再版。後由於種種原因未能再版，這次啟動修訂再版也由於疫情拖了兩年多。感謝侯明、顧瑜的支持鼓勵，感謝王春永和李茜娜的督促，使得本書順利編輯出版。第一版出版時，僅僅從文體的角度，將評論、隨筆、訪談這類可讀性文章收集在一起。雖然囊括在《法律人的城邦》這個題目下，但畢竟主題有些分散。考慮到這些年自己的研究領域不斷推進，就決定把以前寫的這些文章重新編輯出版，也算給時代做一個留念。

　　這次修訂在內容上做了大幅度的重組，《法律人的城邦》集中在「法律人共同體」「法治與憲制」「經濟社會與文化」這三個標題下。除了刪除原書中一些與這些主題無關的內容，這次修訂主要增加了最近一些年來圍繞這三個問題撰寫的小評論、報告和媒體訪談等。有些內容不免重複，但也看出來我一直在這些領域的思考，只是沒有來得及將這些想法寫成嚴謹的學術論文。這些內容都集中在一個問題上：我們法律人想要建構怎樣的法治秩序？我們所建構的法治秩序嵌套在怎樣的社會秩序、國家憲政智族乃至文明秩序中？這也是提出「法律人共同體」和「法律人的城邦」這兩個概念的初衷。我在每篇文章下面標註了寫作的時間。如果順着時間來讀，可以看到法律人共同體的成長始終與法治道

路探索以及國家憲制秩序的建構緊密聯繫一起。同時，這些文章也記錄我自己思考「法律人的城邦」的心路歷程。雖然目前自己的很多想法有所變化，但在本書編輯中儘可能保留文章的原貌，作為時代發展和學術成長的佐證。我要感謝所有的邀請我撰寫評論和報告、參與訪談的朋友們，我們一起見證了「法律人的城邦」不斷成長。恰恰是在這段全球巨變的偉大歷史中，我們才能深切體會到法律人共同體如何與國家法治秩序和文明秩序緊密地聯繫在一起。

本書雖然使用了「城邦」這個形象的概念，但並沒有展開對「城邦」問題的討論。大約從 2010 年開始，我在法理學課堂上將柏拉圖的《理想國》作為必讀的經典文獻，並在最後一次課堂上，我們一起朗讀《理想國》第七卷的片段來結束整個課程，其中結束的一段是這樣說的：

> 我們的立法不是為城邦任何一個階級的特殊幸福，而是為了造成全國作為一個整體的幸福。它運用說服或強制，使全體公民彼此協調和諧，使他們把各自能向集體提供的利益讓大家分享。而它在城邦裏造就這樣的人，其目的就在於讓他們不致各行其是，把他們團結成為一個不可分的城邦公民集體。

我們一起朗讀這些段落，讓這段經典穿越時光將我們所有人緊密地凝聚在一起。我們是課堂上共同學習的友愛共同體，也是從事法律職業的法律人共同體，更是與城邦中其他人同呼吸共患難的命運共同體。這才是《法律人的城邦》的靈魂所在。

2022 年 10 月 21 日於北京大學法學院陳明樓

法律人的城邦（增訂版）

強世功　著

責任編輯　李茜娜
裝幀設計　譚一清
排　　版　黎　浪
印　　務　周展棚

出版　　開明書店
　　　　香港北角英皇道 499 號北角工業大廈一樓 B
　　　　電話：（852）2137 2338　傳真：（852）2713 8202
　　　　電子郵件：info@chunghwabook.com.hk
　　　　網址：http://www.chunghwabook.com.hk

發行　　香港聯合書刊物流有限公司
　　　　香港新界荃灣德士古道 220-248 號
　　　　荃灣工業中心 16 樓
　　　　電話：（852）2150 2100　傳真：（852）2407 3062
　　　　電子郵件：info@suplogistics.com.hk

版次　　2024 年 1 月初版
　　　　© 2024 開明書店

規格　　16 開（230mm×160mm）

ISBN　　978-962-459-330-3